Arwed Emminghaus

Allgemeine Gewerkslehre

Arwed Emminghaus

Allgemeine Gewerkslehre

ISBN/EAN: 9783741158216

Hergestellt in Europa, USA, Kanada, Australien, Japan

Cover: Foto ©Thomas Meinert / pixelio.de

Manufactured and distributed by brebook publishing software (www.brebook.com)

Arwed Emminghaus

Allgemeine Gewerkslehre

ALLGEMEINE GEWERKSLEHRE

VON

Dr. jur. A. EMMINGHAUS,

PROFESSOR DER WIRTHSCHAFTSLEHRE AN DER GROSSH. POLYTECHNISCHEN SCHULE
ZU KARLSRUHE.

(RECHT DER UEBERSETZUNG VORBEHALTEN.)

BERLIN.
VERLAG VON F. A. HERBIG.
1868.

Vorwort.

Die Nothwendigkeit einer Gebietstheilung zwischen der Allgemeinen und den Privatwirthschaftslehren wird — ich weiss es wohl — noch vielfach bestritten. Für mich ist sie ein Axiom. Denn je länger ich mich mit dem Studium der Wirthschaftswissenschaften beschäftige, je deutlicher wird es mir, dass die Begründung der Gesetzmässigkeit der wirthschaftlichen Erscheinungen eine völlig andersgeartete Gedankenarbeit erheischt, als die Entwickelung der Regeln, nach denen, unter Berücksichtigung jener Gesetze, die Privatwirthschaft einzurichten ist, wenn sie ihrem Zwecke entsprechen soll.

Aufgaben aber, welche verschiedenartige Denkprozesse zu ihrer Lösung erfordern, werden jedenfalls sicherer nacheinander, als nebeneinander gelöst. Es scheint mir, der Fortschritt in der Begründung der Gesetzmässigkeit der wirthschaftlichen Erscheinungen wird stark beeinträchtigt durch das Bestreben, uno tenore dogmatische und praktische Aufgaben zu lösen. Mehr als ein lange fortwuchernder Irrthum verdankt diesem Methodenfehler seine Entstehung. Man denke nur an das Merkantilsystem! Die Einzelwirthschaft ist in den Zeiten der Geldwirthschaft und in verkehrsreichen Gebieten durch Reichthum an Geldkapitalien stets in eine günstige Lage versetzt; ihre Lage wird günstiger mit dem Wachsthum dieses Reichthums; für die Lage der Weltwirthschaft würde jedes Pfund Gold oder Silber, welches mehr geprägt wäre, als der Bedarf der Preisausgleichung erheischt, völlig irrelevant sein. Eine gewissenhafte Unterscheidung zwischen dem allgemein- und dem privatwirthschaftlichen Gesichtspunkte würde den merkantilistischen Irrthum im Keime erstickt haben.

Die Ueberzeugung, dass jene Arbeitstheilung der Allgemeinen Wirthschaftslehre wesentlich zu Gute kommen muss, ist nicht der schwächste unter den Gründen, welche mich zur Bearbeitung des vorliegenden Buches bestimmt haben. Stärkere Beweggründe freilich drängten sich mir auf, wenn ich die Allgemeine und die Privat-Wirthschaft als zwei von einander getrennt zu haltende Forschungsgebiete ansah, und nun einerseits den eifrigen Anbau des ersteren mit der dürftigen Kultur des anderen dieser Gebiete verglich, andererseits mir vergegenwärtigte, wie dringend das Bedürfniss sich geltend macht, die so dürftig angebaute Theorie der Privatwirthschaft mit der in unserer Zeit so mächtig fortschreitenden Theorie der Technik einigermaassen auf das gleiche Niveau zu bringen.

Die Befriedigung dieses Bedürfnisses erfordert vielseitige Kraftanstrengung; der Vorsprung der Technik ist gewaltig.

Ich habe mich mit dem Versuche begnügt, auf einem einzelnen, freilich immer noch gar weit umfassenden, Gebiete des Wirthschaftslebens den Pfad zu ebnen, auf dem es meines Erachtens gelingen muss, jenen Vorsprung am sichersten einzuholen. Bei der Wahl gerade dieses Gebietes, des gewerklichen, haben mich, von äusseren Gründen abgesehen, folgende Erwägungen geleitet:

Es ist erst in einer einzigen Gewerbslehre, der Landwirthschaftslehre, der Versuch gemacht, aus den Gesetzen des Wirthschaftslebens ein System von Regeln für den rationellen Gewerbsbetrieb zu entwickeln. Auf das grosse Gebiet der industriellen Gewerbe, (der Gewerke) und des Handels hat man diesen Versuch noch nicht ausgedehnt. Man muthet dem Maschinenbauer nicht zu, die Theorie des Maschinenbaues sich selbst aus der Mathematik, der Physik u. s. w. zu entwickeln; aber man muthet ihm, wie jedem Gewerksmann, wie dem Kaufmann, zu, dass er, ohne jede Anleitung und Anregung, ohne Darreichung gesichteten Erfahrungsmateriales, aus den Gesetzen des Wirthschaftslebens, — wenn anders man es für gut findet, ihm das Studium der Allgemeinen Wirthschaftslehre (Nationalökonomie, Volkswirthschaftslehre), welche jene Gesetze systematisch darstellen soll, zu empfehlen, — sich selbst die Regeln für den rationellen Betrieb dieser Gewerbe entwickele, oder man bietet ihm, wie dies vielfach in den sogenannten Handelswissenschaften geschieht, einen geistlosen Extrakt aus irgend einem Kompendium der Allgemeinen Wirthschaftslehre — Steine statt Brodes.

Nun scheint mir gerade für die Gewerke, in denen ja in unserer Zeit bekanntlich die Technik die gewaltigsten Fortschritte macht, das Zurückbleiben der Theorie der Wirthschaft in hohem Grade bedenklich. Die Ausbildung der Technik — um nur ein Moment hervorzuheben — drängt in vielen Zweigen der Industrie zur Vernichtung des Kleinbetriebes. Die Verdrängung der Klein- durch die Grossindustrie würde ohne alle gefährlichen Konflikte vor sich gehen, wenn in den Trägern jener Entwickelung das Verständniss ihrer wirthschaftlichen Interessen ebenso geweckt und herangebildet wäre, wie das Verständniss ihrer technischen Aufgaben. Da dies nicht der Fall, vollzieht sich jene naturgemässe Entwickelung unter jenen bedenklichen Erscheinungen, die man mit der — freilich übel gewählten — Gesammtbezeichnung „Arbeiterfrage" zu charakterisiren pflegt. Darüber kann wohl kaum ein Zweifel walten, dass von der sogenannten „Arbeiterfrage" in dem hier fraglichen Sinne nicht die Rede sein würde, wenn auch nur die Mehrzahl der Grossunternehmer über ihre eigenen wirthschaftlichen Interessen vollständig im Klaren wären; womit selbstverständlich nicht entfernt gesagt sein soll, dass die Verantwortung für das Auftauchen jener „Frage" die Unternehmer allein, oder auch nur vorzugsweise treffe. —

Die Aufgabe, welche ich vor Augen habe, wenn ich von der Nothwendigkeit des Aufbaues einer Allgemeinen Gewerkslehre rede, ist so neu und so umfassend, dass ich nicht so kühn gewesen bin, zu glauben, mir allein würde es möglich sein, sie, gleich im ersten Anlaufe, auch nur annähernd vollständig zu lösen. Dazu bedarf es überhaupt jedenfalls eines Zusammenwirkens vieler Kräfte. Das Grösste, was ich zu hoffen wage, ist, dass es mir gelingen möge, durch das vorliegende Buch das Bedürfniss einer Sonderbehandlung der Privatwirthschaftslehren und insbesondere dieser einen unter ihnen, welche ich Allgemeine Gewerkslehre zu nennen vorschlage — einer Wissenschaft, welche für die Wirthschaft der Gewerke die Stelle einnimmt, welche für die Technik derselben der Technologie eingeräumt ist — zum allgemeinen Bewusstsein zu bringen. Sollte man dann weiter anerkennen, dass auf dem von mir gelegten Grunde mit Erfolg weiter gebaut werden könne, dass in der vorliegenden Arbeit das Gebiet der Wissenschaft klar und scharf genug umgrenzt, ihre Aufgaben mit logischer Vollständigkeit präzis und genug gezeichnet seien, um nun alsbald auf jenem Gebiete und innerhalb dieser Aufgaben der Détailforschung sich widmen zu können, so würde ich dies für einen fast unverhofften Gewinn erachten.

Als neu glaubte ich die Aufgabe bezeichnen zu dürfen, weil die sorgfältigste Umschau in der Literatur mich zwar hin und wieder werthvolle, und dankbar benutzte, Baumaterialien, nirgends aber auch nur die Skizze eines vollständigen Bauplanes hat entdecken lassen. Damit man mich recht verstehe, muss ich gleich hier wiederholt betonen, dass es sich ja für meinen Zweck nicht um Betrachtungen über den Einfluss der Gewerke, ihrer Organisation, ihrer Betriebsweise u. s. w. auf die Gesammtwirthschaft handelte. Solchen Betrachtungen begegnet man fast in jedem Lehrbuche der Allgemeinen Wirthschaftslehre, und nicht selten sind sie auch durchsetzt mit Rathschlägen für Gewerktreibende. Meine Absichten werden sofort klar an folgendem Beispiele: Wenn die Allgemeine Wirthschaftslehre fragt: „Welches Gesetz liegt der Erscheinung des Steigens der Arbeitslöhne zu Grunde?" so hat die Allgemeine Gewerkslehre zu fragen z. B.: „Was hat der Gewerksunternehmer im Interesse seiner Unternehmung zu thun, falls er ein allgemeines Steigen des Arbeitslohnes gewahrt und seine Gewerksgehülfen, Lohnerhöhung fordernd, vor ihn treten?" Und eine solche systematisch entwickelte, wie die Arbeit, so auch das Kapital, die unmittelbaren und mittelbaren Hülfsmittel, die Betriebsarten und Betriebseinrichtungen der Gewerke umfassende Interessenlehre hat auf das Prädikat der Neuheit jedenfalls gegründeten Anspruch.

Die Bezeichnung meiner Aufgabe als einer vielumfassenden endlich werden die Leser gerechtfertigt finden, wenn sie einen Blick auf das zunächst folgende Inhaltsverzeichniss werfen. Dieser massenhafte Stoff ist — ich bekenne es gern — durchweg nicht mit der erwünschten Ausführlichkeit, und in einzelnen Partieen minder eingehend, als in anderen, behandelt. Das Beste bleibt eben noch zu thun übrig. Möchten nun bessere Kräfte, als die meinigen, der Aufgabe sich bemächtigen!

Karlsruhe. Anfang Mai 1868.   A. E.

Inhalt.

	Seite
Vorwort	I—V
Einleitung	1—12

I. Was sind Gewerbe? S. 1. II. Die Wissenschaft und die Gewerbe. Die Gewerbswissenschaften. S. 2.

Allgemeine Gewerkslehre.
Erster Theil.
Einleitung.

Cap. 1. Begriff der Gewerke. ... 13—19

Sacherklärung. Andere Auffassungen des Begriffes. Besondere Erläuterung hinsichtlich des Ingenieurwesens.

Cap. 2. Arten der Gewerke. ... 19—22

Verschiedene Eintheilungsgründe. Keiner völlig stichhaltig. Am besten die Klassifikation nach Art der Erzeugnisse. Dann etwa acht Klassen. Spezialisirung.

Cap. 3. Stellung der Gewerke neben anderen Gewerben. ... 22—28

Der historische Fortschritt von der occupatorischen zur gewerblichen Wirthschaft. Die Gewerke gehören zu den frühesten Gewerben der Gütererzeugung. Verschwinden der Vorurtheile von einem Werths- und Geltungs-Rang unter den verschiedenen Gewerben. Unterschiede zwischen den Landbau-Gewerben, den Gewerken und den Handelsgewerben.

Cap. 4. Zweck des Gewerksbetriebes. ... 28—53

Vom privatwirthschaftlichen Gesichtspunkte aus betrachtet erscheint der Gewerksbetrieb nur als ein Mittel zur Vermehrung und Befestigung des Vermögens der einzelnen Betheiligten. Die höheren Zwecke des Einzeldaseins können in dem Maasse sicherer gefördert werden, als der Einzelne das nächste Ziel seiner wirthschaftlichen Thätigkeit fester und klarer im Auge behält. Uebersicht der Mittel zur Steigerung des gewerklichen Reingewinnes.

Zweiter Theil.
Die gewerkliche Arbeit.

Cap. 5. Der besondere Charakter der gewerklichen Arbeit. ... 84—89

Unterschiede zwischen der gewerklichen und der Arbeit in den occupatorischen, den Landbau- und den Handelsgewerben. Daraus hervorgehende Nothwendigkeit verschiedenartiger Vorbildung und verschiedenartiger Arbeitsdisposition.

	Seite
Cap. 6. Die Arbeit des Unternehmers insbesondere.	39—42

Erfordernisse der Vorbildung. Harmonische Entwickelung aller geistigen Kräfte. Technische Meisterschaft.

Cap. 7. Erwerbung der gewerblichen Hülfsarbeit. . . . . 42—44

Diejenigen Arten der Erwerbung, welche zu persönlichen Unfreiheitsverhältnissen führen, werden von der Betrachtung ausgeschlossen. Uebersicht der verschiedenen durch den Miethhandel mit Arbeit zu begründenden wirthschaftl. Verhältnisse. Verschiedene Gesichtspunkte: Art der ermietheten Leistungen; Maass der Lohnberechnung; Form der Lohnzahlung.

Cap. 8. Höhe des Lohnes. . . . . 45—52

Bestimmgründe des Lohnes. Bedeutung der Freiheit im Miethhandel mit Arbeit. Verschiedene Beschränkungen dieser Freiheit. Charakteristik ihres Einflusses. Kritik der Koalitionsverbote vom Unternehmerstandpunkt aus. Nothwendigkeit der Veränderung der Lohnsätze nach den Konjunkturen.

Cap. 9. Kritik der Lohnzahlungsarten. . . . . 52—72

I. Lohnarten für die eigentlichen sogenannten Handarbeiter.

A. Lohnung in Naturalien. Angebliche Vorzüge. Wirkliche Gefahren. Berechtigungsgrenzen. Erläuterung und Kritik des Truck- und des Cottage-Systems.

B. Zeitlohnung und Stücklohnung. Grossartige Bedeutung der Stücklohnung für die Industrie. Das kommunistische Moment in der Zeitlohnung. Bekämpfung des Vorurtheils von der engbegrenzten Anwendbarkeit der Stücklohnung. Prinzip für die Beurtheilung der Anwendbarkeit im einzelnen Falle. Berechnungsmethoden der Accordlohn-Sätze: Methode der Umrechnung, Methode der Schätzung.

C. Das Tantième- und das Kommissions-System. Erläuterung des Tantième-Systems. In seiner Reinheit Handarbeitern gegenüber nicht anwendbar. Erläuterung des Kommissions-Systems. Auch gegen seine Anwendung sprechen gewichtige Bedenken. Besonders bekannt gewordene Versuche der Anwendung. Am zweckmässigsten wird es angewandt in der Form, dass gewisse Theile des Reinertrages vertragsmässig zur Errichtung und Erhaltung gewisser, allen Arbeitern des betr. Unternehmens gleichmässig zu Gute kommender Anstalten bestimmt werden.

II. Lohnarten für die Leitungsgehülfen und für das Hülfspersonal bei'm merkantilen und rechnerischen Theile des Geschäftes.

Unterscheidung zwischen solchen Leitungsgehülfen, deren Leistungen von wesentlichem Einfluss auf den Reinertrag sind, und solchen, deren Leistungen diesen Einfluss nicht haben. Dort am besten Tantième mit Minimalgarantie. Hier am besten festes Gehalt, wenn auch mit im Voraus bestimmten, mit dem Dienstalter steigenden Zulagen. — Leitungsgehülfen gegenüber unter Umständen Naturallohnung — freie Wohnung, freie Station — unerlässlich.

Cap. 10. **Das persönliche Verhältniss der Unternehmer zu den Gewerks-gehülfen.** . . . . Seite 73—158

I. Im Allgemeinen. S. 73—76.
Begründung des Satzes, dass das Verhältniss des Unternehmers zu den Gewerksgehülfen im beiderseitigen materiellen Interesse und aus sittlichen Gründen ein Verhältniss treuer, hingebender persönlicher Fürsorge sein muss.

II. Die wichtigsten Gegenstände der Fürsorge des Unternehmers im Einzelnen. S. 76—158.

A. Der Kontrakt. S. 76—78. Begründung der Nothwendigkeit schriftlicher Kontrakts-Errichtung. Die wichtigsten Bestandtheile des Arbeitsvertrages. Schiedsgerichtliche Entscheidung von Differenzen. Chambres de prud'hommes.

B. Die Arbeitszeit. S. 78—90. Bestimmungen hierüber nur möglich, wo der Arbeitgeber Disposition über die Arbeitszeit des Arbeitnehmers hat. Bei Zeitlohnung kommt die Verlängerung der Arbeitszeit bei gleichbleibendem Lohnsätze einer Lohnverringerung, die Abkürzung aber keineswegs immer einer Erhöhung des Lohnes gleich. Wichtigkeit richtiger Bemessung der Arbeitszeit. Bei Arbeit im Freien sind die Jahreszeiten in Betracht zu ziehen. Erfahrungen über die Erfolge der Reduktion bisher üblicher Arbeitsstunden. Sonntags-Arbeit. Nachtarbeit. Ist die letztere da, wo sie durch die technische Natur der fraglichen Verrichtungen nicht geboten ist, immer so vortheilhaft und unerlässlich für den einzelnen Gewerksunternehmer, als häufig behauptet wird? Kritik der Forderung und der Versuche gesetzlicher Regelung der Arbeitszeit.

C. Die Beschäftigung von Frauen und jugendlichen Arbeitern in gewerkl. Unternehmungen. Fabrikschulen. Asyle. S. 90—100. Grenzen der Verwendbarkeit der Frauenarbeit in der Industrie. Im Interesse des Unternehmers gebotene fürsorgliche Schonung. Vortheile der Asyle für die Kinder industriell beschäftigter Frauen. Fabrikpensionen für ledige Arbeiterinnen. Verwerfung aller gesetzlichen Beschränkungen der Frauenarbeit. Gewerkliche Kinderarbeit. Berechtigungsgrenzen. Arten des Missbrauches. Nachtarbeit der Kinder auch im Unternehmerinteresse unvortheilhaft. Zweckmässigkeit und Einrichtung der Fabrikschulen. Fortbildungsanstalten. Auch Sorge für angemessene gesellige Unterhaltung macht sich bezahlt. Begründung der Nothwendigkeit gesetzlicher Bestimmungen zum Schutz gegen Missbrauch der Kinderarbeit. Aber der einzelne Unternehmer hat kein Interesse, solche Bestimmungen zu fordern.

D. Sorge für Gesundheit und Sicherheit. S. 100—107. Verschiedenartige Gefahren, welchen Leben und Gesundheit der Arbeiter bei der gewerblichen Arbeit ausgesetzt. Grenzen der Abwendbarkeit. Nachweis des Interesses des Unternehmers, gegen jene Gefahren soweit möglich Vorkehr zu treffen. Gesetzlichen

Schutz der Arbeiter vor jenen Gefahren zu fordern, liegt für den einzelnen Gewerktreibenden sowenig wie für die Gesammtheit ein Grund vor. Die Sorge muss eine präventive und eine repressive sein. Kranken- und Invaliden-Verpflegungsanstalten; besser als genossenschaftliche wie als Einzelunternehmungen. Anwendbarkeit des Versicherungsprinzips. Die Unfallversicherung.

E. Sorge für Sittlichkeit. S. 107—110. Begründung der Nothwendigkeit auch solcher Bethätigung. Unmittelbar ist gegen die drohenden sittlichen Gefahren wenig auszurichten; mittelbar mehr. Persönliches Beispiel. Statt der Forderung von Sittenzeugnissen besser probeweise Aufnahme neuer Arbeiter. Sittliche Zucht während der Arbeit. Wichtigkeit der Wahl der Aufseher. Verschiedene scheinbar wenig bedeutsame, aber doch wirksame Maassregeln.

F. Sorge für die Wohnungsverhältnisse. S. 110—132. Bedeutung der Wohnung für Gesundheit und Sittlichkeit. Statistisches. Bei Kleinunternehmungen ist diese Sorge weniger wichtig. In Grossunternehmungen sind verschiedene Fälle zu unterscheiden: Es werden in entlegenen Gegenden mit den Gewerksgebäuden Räume, die zu Wohnungen, und zwar zu kasernenartigen, benutzt werden können, mit erworben. Arbeiter, die in dem betr. Unternehmen Arbeit suchen, müssen diese Wohnungen annehmen. Dies giebt dem Unternehmer eine exorbitante Gewalt. Auch hat das kasernenartige Zusammenwohnen stets grosse Bedenken gegen sich. Der Unternehmer muss sich vor Missbrauch seiner Gewalt gewissenhaft hüten, und die Nachtheile des Zusammenwohnens zu mildern suchen. Etwaige Extragewinne sind immer zu solchen Zwecken zu verwenden. Wichtig die Hausordnung und die Persönlichkeit der Hausaufseher.. — Weiter der Fall, dass der Unternehmer durch Neubau für Wohnungen auf eigene Kosten sorgen muss, wenn er sich ein stets genügendes Arbeitsangebot sichern will. In solchen Fällen am besten kleine Ein-Familien-Häuser und Möglichkeit zum Eigenthumserwerb. — Ferner der Fall, dass es an Wohnungen nicht fehlt, diese aber mangelhaft sind. Ursachen der Wohnungsnoth. Mittel dagegen. Die Beseitigung der tieferen Ursachen kann meist nicht abgewartet werden. Es muss geholfen werden durch Bau auf Rechnung des Gewerksunternehmers oder Anregung und Begründung von Wohnungsbaugenossenschaften. System der „cités ouvrières." Geschichte und Wirksamkeit der Mühlhäuser „cité ouvr., der „société immobilière de Beaucourt", der „société Vervietoise pour la construction de maisons d'ouvriers." Gründung von Baugenossenschaften der Wohnungsinteressenten würde freilich noch segensreicher sein. Darstellung des Wesens dieser Genossenschaftsform. Unternehmer können ihre Arbeiter dabei unterstützen, ohne die Vortheile der Selbsthülfe abzuschwächen.

G. Sorge für Sparsamkeit. (S. 133—146.) Interesse des Unternehmers an sparsamer Gewöhnung der Arbeiter. Mittel der

XIII

Erziehung zur Sparsamkeit. Sparsame Einrichtung des eigenen Geschäftsbetriebes. Anregung zur Gründung von Spar-Instituten und Unterstützung dabei; Konsumvereine. Zwei verschiedene Formen. Die alten Sparkassen und die Fabriksparkassen. Kritik. Spar- und Vorschuss-Vereine; Einrichtung und Wirksamkeit.

II. Produktiv-Genossenschaften. (S. 146—149.) Wesen und Zukunft derselben. Beantwortung der Frage, wie sich der Unternehmer zu verhalten habe gegenüber der ernstlichen Absicht seiner Gewerksgehülfen, eine solche Genossenschaft zu gründen.

1. Die sogenannte Arbeitsgesellschaft (Partnership of Industry.) (S. 149—158.) Der Kampf der Klein- gegen die Gross-Industrie. Die selbständigen Kleinunternehmer sind die Unterliegenden. Ihnen besonders kann die Produktivgenossenschaft Hülfe bringen. Die unselbständigen Gewerksgehülfen führt der Weg der Partnership sicher an das Ziel der Selbständigkeit. Darstellung des Wesens der Partnership. Historisches aus England. Hoffnungen, die man auf die bisherigen Erfolge begründen darf. Voraussetzungen des Gelingens. Mitwirkung staatlicher Organe überflüssig.

Cap. 11. Das persönliche Verhältniss des Unternehmers zu den Gehülfen in der Leitung. . . . . 158—165

Wichtigkeit der Zentralisation der Leitung einerseits und der Erhaltung des Selbständigkeitsgefühls bei den Gehülfen andererseits. Beide Forderungen müssen erfüllt, der scheinbare Widerspruch zwischen denselben muss gelöst werden. Es gehören dazu besondere persönliche Eigenschaften des Unternehmers. Aber es giebt auch formelle Garantieen. Ordnung des Verkehrs zwischen Unternehmer und Gehülfen. Nothwendigkeit eines schriftlichen Dienstvertrags. Konventionalstrafen. Kündigung. Austritt oder Entlassung ohne Kündigung. Gehaltszahlung in solchem Falle. Kautionsbestellung Vertrags-mässige Beschränkungen im Betreff des Eintritts in den Dienst von Konkurrenten und der Mittheilung von Fabrikgeheimnissen etc. sind conditiones turpes. — Schiedsgerichtliche Entscheidung von Differenzen über die Auslegung des Vertrages. — Schriftliche Instruktionen; Gefahr derselben. — Geschäfts-Ordnungen. — Selbst wo es sich um den Verkehr der Leitungsgehülfen mit den Lohnarbeitern handelt, müssen die ersteren möglichst selbständig in der Exekutive sein. — Beachtung des aussergeschäftlichen Verhaltens der Leitungsgehülfen.

Cap. 12. Die Zahl der Gewerksgehülfen. . . . . 165—167

Momente, welche bei der Bestimmung dieser Zahl zu berücksichtigen sind. Nothwendigkeit, sich bei der Verwendung fremder Arbeitskräfte auf das äusserste Maass zu beschränken. Nachweis der Gefahren der Unwirthschaftlichkeit in dieser Richtung. — Einführung sogenannter arbeitsparender Maschinen.

Dritter Theil.
Das gewerkliche Kapital. 168—265
I. Abschnitt. Das gewerkliche Kapital im Allgemeinen. 168—190

Seite

Cap. 13. **Umfang und Inhalt des gewerblichen Kapitals**. . . . . . 168—172
Aufzählung der Kapitalgattungen, welche als solche jedem Gewerksbetrieb unentbehrlich sind. Gemeinschaftliche Merkmale dieser Gattungen. Begriffsbestimmung. Unterscheidung vom sogenannten Konsumtionsfonds. Einige Gegenstände dienen zugleich als Kapital und als Konsumtionsfonds. Die Grenze ist oft schwierig zu bestimmen; sie muss aber bestimmt werden. Kriterien.

Cap. 14. **Stehendes und umlaufendes gewerkl. Kapital**. . . . . . . 172—177
Begriffsbestimmung. Manche Gattungen können sowohl stehendes, als umlaufendes Kapital sein. Die technische Bestimmung macht sie im konkreten Falle zum Einen oder Anderen. Geld ist stets stehendes Kapital in der Allgemeinen, stets umlaufendes in der Privatwirthschaft. Bisweilen gehen Gegenstände des stehenden Kapitals in das umlaufende über und umgekehrt: Bestandtheile des umlaufenden Kapitales treten in den Bereich des stehenden ein. Altes stehende Kapital — ausser dem Boden — pflegt, sobald es abgenutzt ist, noch als umlaufendes zu dienen. — Beispiel zum Nachweis der Nothwendigkeit der Unterscheidung zwischen stehendem und umlaufendem Kapital.

Cap. 15. **Ermittelung des Bedarfs an eigenem Kapital in den Gewerken.** 177—181
Nothwendigkeit solcher Ermittelung. Voraussetzungen der Zuverlässigkeit dieser Arbeit: 1) Genaue Kenntniss vom Wesen und den Zwecken des Kapitals. 2) Klarheit über den Betriebsplan; genaue Kenntniss der technischen Erfordernisse des Betriebes. 3) Kenntniss der Verkehrs- und Rechtsverhältnisse, sowie der Lage des Arbeitsmarktes. 4) Annahme eines bestimmten passenden Zeitabschnittes. (Kalenderjahr, Kampagne etc.). Bei einem neu zu eröffnenden Betrieb ist als Erforderniss für das erste Rechnungsjahr zu betrachten: der ganze Bedarf für Anschaffung und ein Theil des Jahreszinses und des Abnutzes des stehenden Kapitales; von dem Bedarf an umlaufendem Kapital aber derjenige Theil, den man nicht schon im Rechnungsjahre selbst durch den Verkauf der Erzeugnisse ersetzt zu erhalten hoffen darf. Beispielsweise Veranschlagung. Zu berücksichtigen ist, ob auf feste Bestellung, oder auf Vorrath gearbeitet werden kann resp. muss.

Cap. 16. **Die Erwerbung des Kapitals in den Gewerken**. . . . . . . 181—187
Kapital wird erworben auf dem Wege der Selbsterzeugung, oder auf dem Wege des Handels. Der erstere Weg ist nur ausnahmsweise zweckmässig. Die Erwerbung auf dem Wege des Handels ist entweder Ankauf oder Ermiethung. — Ermittelung des angemessenen Kaufpreises: 1) nach dem Reinertrage, 2) nach den Herstellungskosten, 3) nach den augenblicklichen Marktpreisen. Wichtigkeit der Wahl der richtigen Methode. — Vortheile des Engros-Einkaufs und der Baarzahlung. — Der angemessene Miethpreis kann gewöhnlich nur nach dem Ertrage oder nach den Herstellungskosten ermittelt werden. — Bei der Ermiethung ganzer gewerklicher Etablisse-

ments kommt der Fall der Kapitalmiethe am häufigsten vor. Inventar. Eisernes-, Super-Inventar. Inventur. Taxirt und untaxirt übergebenes Inventar. Bedeutung der Taxe.

Cap. 17. Die Anwendung des gewerblichen Kapitals. . . . . 187—190

Sparsamkeit die oberste Regel. Die rechten Mittel zu dem rechten Zwecke, und zwar nur in dem Umfange anzuwenden, wie es zur Erreichung des Zweckes unbedingt erforderlich ist. Abschreibung und Reservefonds wegen der Tauglichkeitsverminderung. Genügt nicht für aussergewöhnliche Unglücksfälle. Kapitalversicherung. Latente und offene Versicherungs-Gesellschaft. Gegenüberstellung der Gegenseitigkeits-Versicherung und der Versicherung bei einer Versicherungsanstalt. Fälle, in denen die „Selbstversicherung" anstatt der Versicherungsnahme einzutreten hat.

II. Abschnitt. Die einzelnen Theile des gewerkl. Kapitals. 191—265

Cap. 18. Der Grund und Boden. . . . . 191—214

I. Zweck und Bedeutung. Unentbehrlich zwar auch den Gewerken, für sie aber hinter die anderen Kapitalien und die Arbeit an Bedeutung zurücktretend. Eine Ausnahmestellung nehmen in dieser Hinsicht die Baugewerke ein.

II. Auswahl des Grund und Bodens. Rücksichten, welche bei der Wahl des Ortes der Niederlassung zu nehmen sind. Natürliche Rücksichten kommen hier nicht in erster Linie in Betracht. Weniger wichtig, als für den Landwirth, ist für den Gewerktreibenden die Ausdehnung, die Gestalt, die physische Beschaffenheit des Areals. Weit wichtiger schon die politisch geographische Lage. Grösse des Staates. Mehr zentrale oder mehr der Peripherie genäherte Lage des Niederlassungsortes. Wichtigkeit der Staatsverfassung und der Verwaltungsorganisation. Rechtssicherheit. Heeresorganisation. Volksbildungswesen. Stellung der Regierungsgewalt zu den Gewerken. Anlangend die in Betracht kommenden rein wirthschaftlichen Momente ist zu unterscheiden zwischen auf örtlichen Bedarf berechneten und hierauf nicht rechnenden Unternehmungen. Bei jener Gattung ist die Ortswahl, sofern sie lediglich von wirthschaftlichen Gesichtspunkten sich leiten lässt, nicht schwierig. Bei dieser Gattung macht sich eine neue Unterscheidung nöthig: Solche Gewerke, welche der Arbeitsscheidung nicht sonderlich zugänglich sind, suchen am besten Orte, welche Konsumtionsvortheile bieten. Für solche, welche einer weitgehenden Arbeitstheilung zugänglich sind, ist das Terrain das günstigste, welches die meisten und grössten Produktionsvortheile darbietet. Beispiele.

III. Erwerbung des Grund und Bodens. Seltenheit der miethweisen Erwerbung. Die regelmässige Erwerbungsart ist der Kauf. Der Kaufpreis richtet sich nach der Höhe des Reinertrages und nach der Höhe des marktmässigen Geldzinses. Einfluss der Lage auf den Kaufpreis. Für den Gewerksmann ist, wo örtliche Rücksichten ihn nicht binden, oft der Kauf solchen Landes am zweckmässigsten, welches bei der bisherigen Benutzungsweise sehr niedrigen Reinertrag gewährte. — Bei zweckmässiger Einrichtung des Hypothekenwesens, und, wenn man gegen Kündigung sicher ist, erscheint es meist vortheilhaft, einen Theil des Kaufpreises gegen hypothekarische Sicherheit gestundet zu erhalten. — Expropriation. Nachweis, dass Gewerktreibende kein Interesse haben, das Privilegium des Expropriationsrechtes zu verlangen, selbst wo es ihnen zugänglich wäre. — Landpacht. Nur Zeitpacht kann frommen. Pachtpreis bestimmt sich nach dem Reinertrage, der bei der geeignetsten Art der Benutzung erzielt werden kann. Das Pachtgeschäft ist einfacher, als in der Landwirthschaft, weil Schutz gegen Deterioration meist nicht nöthig.

IV. Anwendung von Grund und Boden in den Gewerken. Minder entscheidend, als für den Landwirth sind für den Gewerksmann — mit Ausnahme der Baugewerke — naturwissenschaftliche Untersuchungen. In der Regel ist für den Gewerktreibenden die Art der Anwendung klar vorgezeichnet. Wo mit dem unentbehrlichen solches Areal mit erworben werden muss, welches für den fraglichen Betrieb nicht verwerthet werden kann, kann bald die Veräusserung, bald die landwirthschaftliche Selbstbewirthschaftung zweckmässig sein.

Cap. 19. **Die Gebäude als gewerkliche Kapitalien.** . . . . 214—221

I. Verschiedenartige Zwecke der gewerkl. Gebäude. Je nach den verschiedenartigen Zwecken zu unterscheiden 1) Häuser mit dem gemeinschaftlichen Zwecke des Schutzes gegen störende atmosphärische Einflüsse. (Wohngebäude, Arbeitsgebäude, Vorrathsgebäude, Maschinenhäuser.) Bestimmgründe der Ausdehnung und der Konstruktion. Anforderungen an die Einrichtung. 2) Häuser mit dem Zweck der Ersetzung mangelnder atmosphär. Einflüsse, oder der Ermöglichung einer direkten Einwirkung derselben, oder der Herbeiführung gewisser technischer Einwirkungen (Kunsttrockenhäuser, Lufttrockenhäuser, Maischräume). 3) Gebäude, die nicht Häuser sind (z. B. Brennöfen, Lohgruben, Schlemmwerke, Wasserwerke.) Die technische Bestimmung der Gebäude sub 2. und 3. ist für die Einrichtung maassgebend.

II. Erwerbung der gewerklichen Gebäude. Selbstbau im Gegensatze zur Veraccordirung empfiehlt sich nur ganz ausnahmsweise. Ermiethung selten, ausser in Kleinunternehmungen, oder wo Etablissements gepachtet werden. Bestimmgründe des Miethpreises. Miethvertrag. Bei'm Ankauf sorgfältig Rücksicht zu nehmen, ob die Gebäude nach Umfang und Einrichtung den Betriebsbedürfnissen entsprechen. Die Grenze des zu zahlenden Kaufpreises wird besser nach Maassgabe des Reinertrages, als nach Maassgabe der Herstellungskosten bestimmt.

III. Anwendung der gewerklichen Gebäude. Pfegliche Benutzung; Sorgfalt in Reparaturen. Reinlichkeit und Ordnung. Versicherung der Gebäude. Einwirkung des Betriebes, der Bauart und Einrichtung auf die Prämie. Andeutungen über die Staatsgebäudeversicherung.

XVII

	Seite
Cap. 20. Rohstoffe und Hülfsstoffe als gewerbliche Kapitalien	232—233

I. Zweck und Bedeutung der Roh- und Hülfsstoffe. Der Zweck besteht in der Verwendung zu neuen Erzeugnissen. Die Bedeutung besteht in der ausnahmslosen Unentbehrlichkeit.

II. Erwerbung der Roh- und Hülfsstoffe. Ermiethung ausgeschlossen. Erwerbung auf dem Wege der Selbsterzeugung widerspricht dem Gesetze der Arbeitstheilung. Bedingungen, unter denen sie gleichwohl zweckmässig ist. Mittel zur Verhütung übler Folgen. Kauf die Regel. Marktpreise normgebend. Aber 1) von wo sollen die Rohstoffe bezogen werden? Mannigfaltigkeit der Rücksichten, welche bei der Beantwortung dieser Frage entscheidend sind: a. Die Qualität an verschiedenen Orten, b. Preisverschiedenheiten bei gleichentsprechender Qualität, c. Unterschiede in Betreff der Sicherheit, Schnelligkeit, Bequemlichkeit, sowie der Kosten des Bezugs von dem frngl. Orte. 2) Wie vermag man sich, auch bei feststehendem Marktpreise, schon bei'm Einkaufe der Konkurrenz gewachsen zu machen? Wichtigkeit der genauen Waarenkenntniss, des Ankaufs im Grossen und der Baarzahlung.

III. Anwendung der Roh- und Hülfsstoffe. 1) Sie sind genau in der Qualität und Quantität anzuwenden wie es der Zweck erheischt. 2) Das unbedingt erforderliche Quantum ist in einer Weise anzuwenden, dass dadurch der höchstmögliche Vortheil erzielt wird. Kontrolle. Gewöhnung des Personals an Sparsamkeit. 3) Sorgfältiger Schutz gegen Verderb. Versicherung gegen Verlust. 4) Gewissenhafte Buchführung über Ab- und Zugang und Bestand.

Cap. 21. Geräthe, Werkzeuge und Maschinen als gewerbliche Kapitalien. 233—246

I. Zweck und Arten. Der Zweck besteht in der Unterstützung der gewerbl. Arbeit. Begriffliche Unterscheidung zwischen Geräthen, Werkzeugen und Maschinen. Hand-in-Handgehen der industriellen Entwickelung mit der Entwickelung der Unterstützungsmittel der gewerkl. Arbeit.

II. Erwerbung der Geräthe, Werkzeuge und Maschinen. Fälle, in denen die eigene Erzeugung geboten, in denen sie wenigstens zweckmässig, in denen sie unbedingt zu widerrathen ist. Ankauf die Regel. Wichtigkeit der Industrie-Konzentrirung in dieser Beziehung. Ermiethung selten; nur bei'm Pacht ganzer Etablissements ganz gewöhnlich. Rückverweisung auf die Lehre vom Inventar. Bei'm Kauf bemisst man den Preis am besten nach dem Reinertrage, wo dies angeht. Hauptregel: auf Kosten der Qualität nicht am Preise zu sparen. Vortheile des Ankaufs im Grossen und der Baarzahlung. Bei'm Ankauf grösserer Stücke Ausbedingung von Konventionalstrafen für nicht rechtzeitige und Garantieen für bestellungsgemässe Lieferung.

III. Die Anwendung der Geräthe, Werkzeuge und Maschinen. Augenscheinliche Nachtheile unpfleglicher Behandlung. Segen gebildeter Arbeiter. Es ist verkehrt, von der Einführung und Anwendung sogenannter arbeitsparender Maschinen abzusehen mit Rücksicht darauf, dass eine grössere oder geringere Zahl von in derselben Industrie beschäftigten Arbeitern dadurch beschäftigungslos werden könnte.

XVIII

Seite

Cap. 22. Das Geld als gewerbliches Kapital . . . . 246—255
I. Zweck und Bedeutung des Geldes in den Gewerken. Ueberall wo ein besonderer Stand der Gewerktreibenden sich bereits ausgebildet hat, bildet das Geld einen nothwendigen Bestandtheil des gewerblichen Kapitals. Angaben der Operationen, die des Geldes bedürfen.
II. Erwerbung des Geldes in den Gewerken. Sowohl auf dem Wege des Kaufhandels (Verkauf gewerblicher Erzeugnisse gegen Geld), wie auf dem des Miethhandels. Der Miethhandel ist hier ein eigen gearteter, ein anderer, als bei den Theilen des stehenden Kapitals.
  A. Erwerbung des Geldes durch Kaufhandel. Es ist zu unterscheiden zwischen Arbeit auf Bestellung und Arbeit auf Lager. (Ausführung von Bestellungen, und Verkauf vom Lager).
  1) Verkauf auf Bestellung. Die wichtigsten Mittel zur Besiegung der Konkurrenz sind: Genaueste Kalkulation, eingehendste Sach- und Geschäftskenntniss, strengste Solidität. Nicht an der Qualität der Erzeugnisse, sondern am Preise verdienen! Fälle der Pränumerando-, der Postnumerando- und der gemischten Zahlung. Einer Garantieforderung für die Qualität ist eine Sicherheitsforderung für den Preis gegenüberzustellen. Vortheile und nothwendige Bestandtheile eines schriftlichen Lieferungs-Kontraktes. 2) Marktverkauf. Vortheile eines raschen und sicheren Verkaufes. Mittel zur Sicherung dieser Vortheile. Einfluss der Entfernung vom Absatzmarkte. Bemerkungen über den Kommissionsverkauf. — Charakteristik des Zug-umZug- und des Kredit-Geschäftes. — Verkauf auf Probe, nach Probe.
  B. Erwerbung des Geldes durch Miethhandel. Der gewerbliche Kredit ist nicht ausschliesslich kurzfristiger Personalkredit. Formen, welche sich dem Gewerktreibenden zur Deckung seines Kreditbedarfs darbieten. Kreditinstitute, welche vorzugsweise geeignet sind, den Real- wie den Personal-Kredit-Bedarf der Gewerktreibenden zu befriedigen. Dieselben müssen so eingerichtet sein, dass sie den Interessenten einen jederzeit realisirbaren Anspruch auf Darlehen innerhalb gewisser Grenzen gewähren, aber die präzise Rückzahlung auch thunlichst sicher stellen. Am besten Kreditgenossenschaften verschiedener Gattungen.
III. Die Anwendung des Geldes in den Gewerken. Regel der Sparsamkeit. Dabei zu beachten, dass das Geld nur Nutzen gewährt, wenn und indem man es ausgiebt. Augenblicklich verfügbare Geldkapitalien müssen doch stets gewissenhaft verwerthet werden. Nutzen der Depositenbanken. Stets baare Kasse halten, aber möglichst nie im eigenen Hause.

Vierter Theil.
Die Hülfsmittel der Gewerke und deren Benutzung. 256—266
Cap. 23. Das Wesen und die Arten der gewerblichen Hülfsmittel . . . 256—267
Definition der Gattung und unterscheidende Merkmale der Arten: der unmittelbaren und der mittelbaren Hülfsmittel.

XIX

Cap. 24. **Die unmittelbaren Hülfsmittel der Gewerke und deren Benutzung
durch die Gewerktreibenden insbesondere** . . . . 267—280

I. Solche, welche entweder der gewerklichen Bildung oder Fortbildung, oder der praktischen Förderung gemeinschaftlicher gewerklicher Interessen dienen.

1) **Die gewerklichen Fachschulen.** Ersprieslichkeit der Theilnahme an deren wissenschaftlichem Leben.

2) **Die gewerkliche Fachliteratur.** Die Benutzung kann und muss eine zwiefache sein. Nehmen und Geben — Lesen und Schreiben, lesend empfangen und schreibend mittheilen.

3) **Gewerbvereine.** Als Interessentenvereine nur von Werth, wenn zur Vertretung solcher Interessen benutzt, die wirklich Standesinteressen sind, und durch deren Verfolgung das öffentliche Interesse nicht geschädigt wird. Als Mittel zum Gedankenaustausch über gewerkliche Zeitfragen stets werthvoll, wenn verständig organisirt. Je ernstere Betheiligung, je grösser die Wirksamkeit.

4) **Die sogenannte Gewerbekammern.** Verschiedenartige Organisation. Am besten diejenige, bei der die Kammern nur als Vorstände und amtliche Organe freier Vereinigungen von Gewerksgenossen erscheinen. Schilderung des Wirkungskreises. Die erste Bedingung der Ersprieslichkeit besteht in der lebhaften Theilnahme der Interessenten. Verderblichkeit der Scheu vor der Oeffentlichkeit.

II. Solche unmittelbare Hülfsmittel, welche auf die Erleichterung des Absatzes der Gewerkserzeugnisse, oder auf Vermittelung speziell des gewerklichen Kredits berechnet sind.

5) **Die Industriebörsen.** In Formen, in denen sie zur Zeit eingeführt sind, haben sie geringe Bedeutung. Möglich, dass bessere Formen aus dem Bedürfniss hervorwachsen.

6) **Gewerbebanken.** Da nicht von einem spezifisch gewerklichem Kredit die Rede sein kann, hat es auch keinen Sinn, Kreditinstitute lediglich für Gewerktreibende zu errichten. Wo Kreditinstitute unter jenem Namen Ersprisessliches leisten, emanzipiren sie sich, trotz des Namens, von der darin liegenden Beschränkung.

7) **Märkte und Messen.** Vorzugsweise bedeutsam bleiben auf hohen Kulturstufen nur die sogenannten Spezialmärkte. Nur lassen sich solche für die Bedürfnisse aller Klassen von Gewerktreibenden nicht wohl einrichten.

8) **Ausstellungen.** Schilderung des verschiedenartigen Nutzens. Bedingungen guter Erfolge für den einzelnen Gewerktreibenden als Aussteller.

Cap. 25. **Die mittelbaren Hülfsmittel der Gewerke und deren Benutzung
durch die Gewerktreibenden insbesondere.** . . . . 280—286

1) **Die Transportanstalten und Transportbetriebs-Einrichtungen.** Das spezielle Bedürfniss muss hinsichtlich der Wahl unter konkurrirenden Anstalten und hinsichtlich der Benutzungsart entscheiden. Rücksichten, welche hierbei zu nehmen sind. Ex-

kurz über die sogenannten Differenzialfrachten, Eigenverfrachtung oder Speditionsbenutzung?

2) **Kreditanstalten**. Können als Kreditnehmer wie als Kreditgeber den Gewerktreibenden die wichtigsten Dienste leisten. Grundsätze für die Benutzung dieser Dienste.

3) **Versicherungsanstalten**. Theils zu benutzen zur Krediterhöhung, theils zur Beschwichtigung störender Sorgen. Rücksichten, nach denen die Wahl unter konkurrirenden Anstalten zu treffen. Das Versicherungsgeschäft erfordert auch nach Abschluss der Police fortwährende Aufmerksamkeit.

4) **Einrichtungen zur zweckmässigen Verbreitung geschäftlicher Notizen im Publikum**. Insbesondere Anzeigeblätter. Winke für die Entscheidung der Fragen, welche Anzeigeblätter zu halten seien, welcher man sich zu Inseraten zu bedienen habe, was und wie man inseriren solle. Bedeutung der Reklame. Wirksam nur die Reklame, die auf Menschenkenntniss beruht.

Fünfter Theil.
Die Wahl der gewerklichen Betriebsart und Betriebs-Einrichtung. 287—306

Cap. 26. Einleitung. . . . . 287—288
Allgemeine Erfordernisse der selbständigen Unternehmung. Zusammenstellung der Entscheidungen, welche zu treffen bleiben, wenn die Selbständigkeit der Unternehmung entschieden ist.

Cap. 27. Kleinbetrieb und Grossbetrieb. . . . . 288—294
Unterscheidende Merkmale. Persönliche und ökonomische Anforderungen. Der Grossunternehmer muss von vornherein über einen grösseren Kapitalfonds verfügen können. In der Kleinunternehmung bildet die Arbeitsrente einen verhältnissmässig grösseren Theil der ganzen Rente, als in der Grossunternehmung. Gleich rationellen und gleich schwungvollen Betrieb vorausgesetzt, ist aber die ganze Rente hier verhältnissmässig grösser, als dort.

Cap. 28. Manufakturbetrieb und Fabrikbetrieb. . . . . . . 294—297
Unterscheidung zwischen Manufaktur- und Fabrikbetrieb. Dieselbe hat für manche Gewerke dauernde, für manche wenigstens zeitweilige Berechtigung. Kriterium dieser Berechtigung. Wo nicht technische oder wirthschaftliche Gründe dauernd oder zeitweilig den Manufakturbetrieb berechtigt erscheinen lassen, darf man sich für ihn nicht entscheiden. Denn ohne solche Rechtfertigungsgründe kann die Manufaktur mit der Fabrik nicht konkurriren.

Cap. 29. Einzelbetrieb und Gesellschaftsbetrieb. . . . . . . 297—306
Bei der Wahl ist zu berücksichtigen die Persönlichkeit und die ökonomische Lage des Unternehmers, die Art der Unternehmung und die Eigenthümlichkeit der sich darbietenden Erwerbsgesellschaftsform. Der Gesellschaftsbetrieb hat vor dem Einzelbetrieb an persönlichen Annehmlichkeiten, und — gleiche Kapitalkräfte hier wie dort vorausgesetzt — auch an wirthschaftlichen Vortheilen durchaus nichts voraus. Aber es giebt Fälle, wo er, wenn nicht auf jede Selbständigkeit

überhaupt vernichtet werden soll, nicht umgangen werden kann. Charakteristik der einzelnen Erwerbsgesellschafts-Formen vom gewerblichen Unternehmerstandpunkt aus: 1) Die Aktien-Gesellschaft. 2) Die offene Gesellschaft. 3) Die Kommandit- und die stille Gesellschaft. 4) Die Kommanditgesellschaft auf Aktien. 5) Die Produktivgenossenschaft.

Sechster Theil.
Die gewerkliche Buchführung. 307—328

Cap. 30. Einleitung. . . . . 307—310

Rationeller Gewerksbetrieb nicht denkbar ohne feste Ordnung und stets Selbstkontrole. Beides ermöglicht eine geregelte und dem betreffenden Unternehmen vollkommen angepasste Buchführung. Begriff der „Buchung". Die beiden im Laufe der Zeit ausgebildeten Methoden der Buchführung. Die Arbeit der Buchführung ist in nicht geringerem Masse entscheidend für das Gedeihen der Unternehmung, wie die Arbeit der gewerklichen Gütererzeugung selbst, wie die Arbeit der Erwerbung des Kapitals und des Verkaufs der Erzeugnisse.

Cap. 31. Die Einfache Buchführung. . . . . 311—320

Historisches. Begründung des Namens. Das Memorial als früher einziges Buch, jetzt Ausgangspunkt des ganzen Buchführungswerkes. Das Inventarium. Das Hauptbuch. Das Kassa-Buch. Die Skontro's. Andere, unwesentliche, Nebenbücher. Die Grenzen der Leistungsfähigkeit der Einfachen Buchführung. Die Schwierigkeiten der Ausdehnung dieser Grenzen. Das Prinzip dieser Buchführungsmethode widerstrebt einer zweckmässigen Fortbildung der letzteren.

Cap. 32. Die Doppelte Buchführung. . . . . 320—328

Charakteristik dieser Methode. Die durchgehende Annahme, dass jeder Geschäftsvorfall, der zu buchen ist, ein Verhältniss wie zwischen Gläubiger und Schuldner erzeuge. Die Personifikation der Bestandtheile des Geschäfts. Zerlegung des Begriffes „Geschäft" und dem gemässe Kontenbildung. Schwierigkeit der Vertheilung zu buchender Posten auf die verschiedenen Konten. Benennung und Einrichtung der Bücher: Inventurbuch, Memorial, Hauptbuch. Die persönlichen und die sachlichen Konten des Hauptbuches. Das Unternehmer-Konto. Der Bücher-Abschluss. Die Nebenbücher der Doppelten Buchführung sind theils Skontro's, theils sogenannte Hülfsbücher.

Einleitung.

I.

Was sind Gewerbe?

Gewerke sind Gewerbe. Eine Gattung von Gewerben bildet also das Forschungsgebiet der Allgemeinen Gewerkslehre.

Worin aber besteht das Wesen der Gewerbe?

Nicht alle wirthschaftlichen Thätigkeiten sind gewerbliche. Auch nicht alle Gruppen von zusammengehörigen wirthschaftlichen Thätigkeiten sind Gewerbe. (Die hauswirthschaftliche Speisenbereitung ist kein Gewerbebetrieb. Der Staatswegebau desgleichen meistentheils nicht.)

Der Sprachgebrauch des gewöhnlichen Lebens fasst den Begriff der Gewerbe enger, als der wissenschaftliche. (Handel und Gewerbe; Landwirthschaft und Gewerbe; Gewerbebanken; Gewerbsgesetzgebung; Gewerbschulen; Gewerbvereine, wo unter Gewerben immer nur gewisse Gewerbe der Gütererzeugung verstanden sind.)

Aber nach der Auffassung des gewöhnlichen Lebens, wie nach der der Wissenschaft besteht das allgemeinste unterscheidende Merkmal der Gewerbe darin, dass es Gruppen von menschlichen und zwar von wirthschaftlicher Thätigkeiten sind. Wer keiner Thätigkeit fähig ist, kann kein Gewerbe betreiben, und wer keine wirthschaftliche Thätigkeit entfaltet, treibt kein Gewerbe.

Es ist für den Begriff des Gewerbes gleichgültig, ob der Schwerpunkt, das wesentliche Ziel, der Thätigkeit auf dem Gebiete des Wirthschafts-, oder des Bildungs- oder des Gesellschaftslebens liegt. Sofern und insoweit irgend eine Thätigkeit auch wirthschaftliche Ziele verfolgt, kann sie eine gewerbliche sein. (Gewerbe des Arztes, des Anwalts, des Lehrers.) Sobald und insoweit sie andere Ziele verfolgt, ist sie es nicht mehr. (Krankenpflege aus lauterer Barmherzigkeit.)

Ein weiteres wesentliches Merkmal der Gewerbe ist die Dauer, die Regelmässigkeit, die Berufsmässigkeit der Beschäftigung. (Wer sich ab und zu einmal mit einer anderen, als den allen Menschen gemeinsamen, wirthschaftlichen Thätigkeit befasst, oder bei einem Lebensberuf, dessen wesentliche Bedeutung nicht auf dem Gebiete des wirthschaftlichen Lebens liegt, ab und zu, ausnahmsweise einmal von wirthschaftlichen Gesichtspunkten sich leiten lässt — von dem kann man nicht sagen, dass er ein Gewerbe betreibe.)

Aber auch die Regel- und Berufsmässigkeit macht die wirthschaftliche Thätigkeit noch nicht zu einer gewerblichen. (Nur in uneigentlichem Sinne kann man Jagd, Fischerei, Nomadenwirthschaft, Landbau Gewerbe nennen, so lange sie nur der unmittelbaren Bedürfnissbefriedigung dienen.)

Als drittes wesentliches Moment zur Erfüllung des Begriffes des Gewerbes tritt nämlich das der auf Gewinn gerichteten Absicht und der Verwerthung von Erzeugnissen oder Kräften auf dem Wege des (Kauf- oder Mieth-) Handels hinzu. (Auch historisch erscheint die Gewerbsgliederung erst mit dem Auftreten des Handels. Ohne Handel nicht nur kein Handelsgewerbe, sondern kein Gewerbe überhaupt; ohne Gewerbe kein Handel, nicht nur kein gewerblicher, sondern kein Handel überhaupt.)

Bei denjenigen Berufszweigen, deren wesentliche allgemeine Bedeutung nicht unmittelbar im Wirthschaftsleben sich geltend macht, fällt, sofern sie überhaupt Gewerbe sind, das erste mit dem dritten Moment zusammen. (Das Wirthschaftliche in dem Gewerbe des Arztes ist eben das Gewinnstreben, die Verwerthung von qualificirter Arbeit auf dem Wege des Miethhandels.) Mit Rücksicht auf jene anderen Berufszweige, deren wesentliche allgemeine Bedeutung sich in der That unmittelbar im Wirthschaftsleben geltend macht, müssen diese Momente auseinander gehalten werden. (Ein Prairie-Indianer, der nur jagt, um mit dem Fleisch der erbeuteten Thiere sich zu nähren, mit ihren Fellen sich zu kleiden u. s. w., wirthschaftet zwar berufsmässig, aber er treibt kein Gewerbe.)

Fassen wir die drei eben entwickelten wesentlichen Momente zusammen, so finden wir, dass Gewerbe Gruppen von wirthschaftlichen Thätigkeiten sind, welche darauf gerichtet sind, durch den regelmässigen Verkauf und die regelmässige Vermiethung von Gütern und Leistungen Gewinn zu erzielen, und den hauptsächlichen Lebensberuf Einzelner*) oder ganzer Berufsklassen ausmachen.

Die Güter, durch deren Verkauf oder Vermiethung Gewinn erzielt werden soll, können solche sein, die der Gewerbtreibende selbst erzeugt, oder solche, die er erst erkauft hat. Die Leistungen, durch deren Vermiethung Gewinn erzielt werden soll, können lediglich die eigenen Leistungen der Gewerbtreibenden, oder zugleich fremde Leistungen sein, deren Vermiethung der Gewerbtreibende nur vermittelt. (Heuerbaas, Inhaber eines Dienstmanns- oder Dienstbotenvermiethungs-Büreau's.)

Die Existenz von Gewerben in dem eben erläuterten Sinne ist lediglich eine Folge der ausgebildeten Arbeitstheilung, durch deren Fortschritte heutzutage vielleicht nicht mehr die Zahl der grossen Klassen der Gewerbe, in allen künftigen Zeiten aber jedenfalls die Zahl der Arten und Unterarten fortwährend vermehrt wird.

Die Arbeitstheilung und der Handel ermöglichen es, dass Einzelne oder ganze Berufsstände sich gewissen Gruppen von Berufsthätigkeiten ausschliesslich widmen können, ohne darauf zu rechnen, oder auch nur im Stande zu sein, mit dem Ergebniss dieser Thätigkeiten unmittelbar ihre Bedürfnisse zu befriedigen. (Es gäbe kein Arztgewerbe, wenn Arbeitstheilung und Handel es nicht ermöglichten, dass Einzelne von der Befriedigung ihrer Bedürfnisse auf dem Wege der Selbsterzeugung der Befriedigungsmittel ganz absehen, und sich nur der Heilkunde widmen können, deren Ausübung selbst sie nicht sättigt, noch kleidet. Es gäbe kein Gewerbe der Baumwollenspinnerei, wenn die Arbeitstheilung noch nicht über die Grenzen der Familie hinausgegangen wäre, wenn Jeder, etwa nur von den Seinigen unterstützt, Alles selbst beschaffen müsste, was zu des Lebens Nothdurft gehört; wenn die Arbeitstheilung und der Handel nicht die Möglichkeit des Garnverkaufes an den Weber, und die Möglichkeit des Lebensmittelkaufs Seitens des Spinners geschaffen hätte.)

Die Arbeitstheilung und der Handel haben die grossen Klassen von Gewerben geschaffen, und arbeiten fort und fort an der Vermehrung der Zahl der Arten und Unterarten.

Welches sind diese grosse Klassen und welche Gesichtspunkte bieten sich dar zur Gruppirung der Arten und Unterarten?

---

*) Es ist nicht nur möglich, dass ein Einzelner einmal der einzige Vertreter seines Gewerbes ist, sondern es kommt dies da immer vor, wo Einer zuerst einen ganz neuen Gewerbszweig in's Leben ruft.

Wir sahen: regelmässiger Verkauf oder Vermiethung von Gütern oder Leistungen ist das die gewerblichen von anderen wirthschaftlichen Thätigkeiten unterscheidende Moment.

Je nachdem es sich nun um den Verkauf oder die Vermiethung von selbsterzeugten Gütern, um die Vermiethung von eigenen Leistungen, oder um den Verkauf oder die Vermiethung von auf anderem Wege erworbenen Gütern, oder die Vermiethung von fremden Leistungen handelt, ergiebt sich die Eintheilung der Gewerbe in folgende drei grossen Klassen:

    I. **Gewerbe der Gütererzeugung.** (Verkauf oder Vermiethung von selbsterzeugten Gütern.)

    II. **Gewerbe der persönlichen Dienstleistung.** (Vermiethung von eigenen, nicht auf die Erzeugung von Gütern gerichteten Leistungen.)

    III. **Handelsgewerbe.** (Verkauf oder Vermiethung von nicht selbst erzeugten Gütern, Vermiethung von fremden Leistungen.)

Die Unterabtheilungen der Klasse I. (Gütererzeugungsgewerbe) ergeben sich aus den charakteristischen Eigenthümlichkeiten der Gütererzeugung, aus der Berücksichtigung des Umstandes, ob es sich um eine grössere oder geringere, eine einfachere oder vielfältigere Veränderung der der Natur abgewonnenen Gegenstände handelt. Die für die Eintheilung in Betracht kommenden Gesichtspunkte sind mehr **technischer, als wirthschaftlicher Natur**. Ist aber nach diesen Gesichtspunkten die Eintheilung durchgeführt, so treten sofort neben den technischen auch wirthschaftliche Verschiedenheiten vor Augen.

Die Gütererzeugungs-Gewerbe sind nämlich entweder

A. **rein occupatorische Gewerbe**, bei denen die Naturkräfte nicht systematisch geleitet werden zur Hervorbringung von Stoffen, sondern bei denen es sich nur um die Abgewinnung natürlicher Erzeugnisse da wo und so wie sie sich vorfinden, handelt. (Gewerbe der Jagd, der Fischerei, des Edelsteinsuchens, des Bergbaues.) Oder

B. **Landbaugewerbe**, bei denen die Naturkräfte systematisch zum Zweck der Hervorbringung von Stoffen combinirt und in den Dienst des Menschen gezwungen werden. (Ackerbau, Viehzucht, Landwirthschaft, Forstwirthschaft, Gartenbau u. s. w.) Oder

C. **Gewerke** — auch Industrie i. e. S., Gewerbe der Kunsterzeugung genannt, d. h. diejenigen Gewerbe der Gütererzeugung, welche sich mit der chemischen oder mechanischen Umwandlung der von den occupatorischen Gewerben, oder von den Landbaugewerben dargebotenen Güter beschäftigen. (Z. B. Bau-, Kleidungs-, Nahrungs-Gewerke u. s. w.)

Die Unterabtheilungen der Klasse II. (Gewerbe der persönlichen Dienstleistung) ergeben sich aus der Verschiedenartigkeit des Wirkungskreises der hierher gehörigen gewerblichen Thätigkeiten. Man wird zu unterscheiden haben:

A. Gewerbe der gewöhnlichen Dienstleistung. (Packträger, Bediente, Haar- und Bartschneider u. s. w.)

B. Gewerbe der wissenschaftlichen Dienstleistung. (Aerzte, Advokaten, Lehrer u. s. w.)

C. Gewerbe der künstlerischen Dienstleistung. (Dichter,*) Musiker, Schauspieler u. s. w.)

Die Unterabtheilung der Klasse III. (Handelsgewerbe) lassen sich bestimmen ebensowohl nach den Gegenständen, mit denen, als nach den Formen, in welchen Handel getrieben wird.

Der erstere Eintheilungsgrund führt zu der Eintheilung in

A. Handel mit Grundstücken.
B. Handel mit Waaren.
C. Handel mit Geld.
D. Handel mit Kreditpapieren.
E. Buch- und Kunsthandel.

Der andere Eintheilungsgrund führt zu der Eintheilung in

A. Verkauf und Vermiethung auf eigene Rechnung.
B. Verkaufs- und Vermiethungs-Vermittelung.

Von einem dritten Gesichtspunkte aus könnte man noch unterscheiden zwischen eigentlichen Handelsgewerben und Handelshülfsgewerben.

Der gemeinschaftliche Zweck aller gewerblichen Thätigkeiten als solcher ist bereits oben bei Gelegenheit der Feststellung des Begriffes der Gewerbe ausgesprochen. Auf Gewinn, Einkommen, Vermögensvermehrung sieht es jeder Gewerbebetrieb ab. Dies gerade

---

*) So ungewohnt es auch klingen mag, von einem „Dichtergewerbe" zu reden, und so unzweifelhaft auch der Werth poetischer Schöpfungen zunächst ganz anderen Lebensgebieten, als den wirthschaftlichen, zu Gute kommt, so ist doch nicht zu verkennen, dass überall, wo poetische Schöpfungen regelmässig als Erwerbsmittel betrachtet werden, die fragliche Thätigkeit unter Anderem die wesentlichen Merkmale des Gewerbes an sich trägt.

unterscheidet die gewerblichen von den nicht wirthschaftlichen Thätigkeiten. Dass aber der Gewinn auf dem Wege des Handels realisirt wird, unterscheidet das Gewerbe von den nicht wirthschaftlichen Thätigkeiten und von der nichtgewerblichen Wirthschaft. (Der russische Bauer, der sich irdene Gefässe, der sich Kleider und Hausgeräthe für seinen Hausbedarf selbst fertigt, strebt dabei auch nach Gewinn, und jedes Erzeugniss repräsentirt auch eine Vermögensvermehrung; aber das Gewerbe der Töpferei, Weberei, Tischlerei u. s. w. treibt er nicht.)

Vom privatwirthschaftlichen Gesichtspunkt aus betrachtet, giebt es keinen andern Zweck des Gewerbebetriebs, als den der Vermögensvermehrung auf Seiten des Gewerbtreibenden. Es bietet sich dem letzteren vielfach Gelegenheit zur Verfolgung anderer Ziele. (Befriedigung des Schöpfungs- und Gestaltungstriebes, Ehre und Ruhm, günstige Gestaltung der Lage Anderer). Lediglich diese Ziele zu verfolgen, mag seine **menschliche** Aufgabe sein; es ist aber nicht seine **gewerbliche**. Ueberdies vermag er sie um so sicherer zu verfolgen, je klarer ihm seine gewerbliche Aufgabe vor Augen steht, und je glücklicher er diese löset.

Die Mittel des Gewerbebetriebs sind theils Gewerbsmittel, theils Hülfsmittel der Gewerbe.

Unter **Gewerbsmitteln** hat man die ausschliesslich wesentlichen, allen Gewerben gleich unerlässlichen, in der ausschliesslichen Disposition des Gewerbtreibenden stehenden Mittel des Gewerbebetriebs, unter **Hülfsmitteln der Gewerbe** dagegen diejenigen corporativen, oder öffentlichen Anstalten und Einrichtungen zu verstehen, welche, obwohl begrifflich nicht unerlässlich für den Gewerbebetrieb, denselben doch wesentlich fördern, und deren Dienste der einzelne Gewerbtreibende zwar nicht dauernd ausschliesslich für sich in Anspruch nehmen, wohl aber neben Anderen — Gewerbtreibenden oder Nichtgewerbtreibenden — benutzen kann.

Die **Gewerbsmittel** erscheinen in zwei grossen Gruppen: der Gruppe der **Arbeit** und der des **Kapitals**.

Die Arbeit als Gewerbsmittel ist bald überwiegend körperliche, bald überwiegend geistige Anstrengung; sie ist bald äusserster Kraftaufwand, bald leichte, fast spielähnliche Bethätigung. **Ohne Arbeit lässt sich kein Gewerbebetrieb denken.**

Es lässt sich auch kein Gewerbebetrieb denken ohne Kapital. Bei den occupatorischen, bei den Landbau-Gewerben und bei den Gewerken leuchtet die begriffliche Unerlässlichkeit des Kapitales sofort ein. Aber es bedarf auch die Unentbehrlichkeit des Kapitales für die Gewerbe der persönlichen Dienstleistung und des Handels keines umständlichen Nachweises. Kann doch schon die Arbeit um ihrer selbst willen des Kapitales nicht entbehren! Muss doch die bei der Arbeit consumirte Kraft immer auf's Neue ergänzt werden, und gelingt dies doch auf anderem Wege nicht, als durch die Gesunderhaltung des Lebensorganismus, welche sich auf dem Wege der Ernährung, der Ruhe und der Beschützung vor widrigen natürlichen Einflüssen vollzieht! Die Nahrung, Kleidung, das Hausgeräth des Arbeiters sind — bisweilen ganz, bisweilen zum Theil — Kapitalien für ihn.

Unter den **Hülfsmitteln der Gewerbe** finden wir solche, die allen Gewerben eines gewissen Wirthschaftskreises, oder sogar einzelnen Gruppen von Gewerben, ausschliesslich dienen. (Schulen, Fachliteratur, Vereine, Kammern, Börsen, gewisse Banken, Messen und Märkte, Ausstellungen). Diese bezeichnen wir als **unmittelbare Hülfsmittel der Gewerbe**. Eine andere Klasse von Hülfsmitteln dient nicht ausschliesslich dem gewerblichen, sondern gleichzeitig anderen — namentlich den allgemeinen Verkehrs-Interessen. (Transportanstalten und Transportbetriebseinrichtungen, Kreditanstalten, Versicherungsanstalten, Einrichtungen zur regelmässigen Verbreitung geschäftlicher Notizen im Publikum.) Diese bezeichnen wir als **mittelbare Hülfsmittel der Gewerbe**.

Mit der fortschreitenden Kultur nehmen die Hülfsmittel der Gewerbe den Gewerbsmitteln viele Functionen ab, helfen also dem Gewerbtreibenden Arbeit und Kapital ersparen. (Wer öffentliche Wege, Transportbetriebsanstalten, Versicherungsanstalten, Bibliotheken benutzen kann, braucht keine eigenen zu schaffen und zu unterhalten; wer fremde Arbeit zur Nachrichten-, Waaren- etc. Beförderung miethen kann, braucht keine eigene zu verwenden.)

II.

Die Wissenschaft und die Gewerbe.
Die Gewerbswissenschaften.

Es hängt mit der Vernachlässigung und Missachtung, welche das Wirthschaftsleben überhaupt von Seiten der Wissenschaft lange Zeit erfahren musste, und mit tausenderlei tiefeingewurzelten Vorurtheilen von einer gewissen Rangstufe der menschlichen Beschäftigungen zusammen; dass erst sehr spät die Nothwendigkeit einer wissenschaftlichen Behandlung des Gewerbebetriebs erkannt worden ist.

Jahrtausende lang sind Gewerbe betrieben worden, ohne dass man für die meisten von ihnen mehr als nur Routine für nöthig gehalten hätte. Ja bis in die neueste Zeit herein reicht das Vorurtheil, dass wenigstens für die Entwickelung der meisten Gewerbe jede Wissenschaft eitel Ballast sei.

Nun kann allerdings jedes Gewerbe nach Gewohnheit und Herkommen und ohne jegliches oder doch mit sehr geringem Bewusstsein von der Gesetzmässigkeit, in welcher sich das Schaffen der Natur wie die Thätigkeit des wirthschaftenden Menschen bewegt, betrieben, und kann dabei, unter glücklichen Umständen, Reinertrag erzielt werden.

Aber Sicherheit darüber, dass der Zweck des Gewerbebetriebs erfüllt werde, erlangt man erst, wenn man ihn einrichtet nach gewissen, auf der klaren Erkenntniss von Gesetzen beruhenden, Grundsätzen.

Die erstere Art des Betriebes könnte man Gewohnheitsbetrieb nennen, die andere nennt man rationellen Betrieb.

Unter „Gewohnheitsbetrieb" versteht man jedenfalls eine noch niedrige Stufe des Gewerbebetriebes; unter „rationellem Betrieb" zwar eine vergleichsweise höhere Entwicklungsstufe; allein die Ergebnisse dieser letzteren Betriebsart brauchen nicht gerade unter allen Umständen bessere zu sein, als die jener ersteren. (Oft sehen wir den Routinier besser prosperiren, als den gründlich für sein Fach vor- und durchgebildeten Gewerbsmann.) Sie werden und müssen sich aber über die Ergebnisse des Gewohnheitsbetriebes im Allgemeinen stets in dem

Maasse höher erheben, als die Erkenntniss der Naturgesetze und der Gesetze des Wirthschaftslebens intensiv und extensiv wächst, und das Streben nach verständiger Verwerthung dieser Erkenntniss von Erfolg begleitet ist.

Es fragt sich nun: welcher Art sind die Wissenschaften, deren Studium den Gewerbebetrieb von jener niederen auf diese höhere Stufe zu erheben vermag?

Jedenfalls müssen es Wissenschaften sein, deren Urtheile sich in der Form von motivirten Betriebsregeln darstellen, also nicht sogenannte speculative, sondern sogenannte praktische Wissenschaften.

Jene Regeln oder Grundsätze müssen da, wo die Gewerbsthätigkeit als systematische planmässige Einwirkung des Menschen auf die äussere Natur erscheint, also bei den Gewerben der Gütererzeugung, gegründet sein auf die Kenntniss der Natur, ihrer Eigenschaften, Kräfte und Gesetze, und auf die Kenntniss des Wirthschaftslebens und seiner Gesetze; da aber, wo, wie bei den Gewerben des Handels und der persönlichen Dienstleistung, eine Einwirkung des Menschen auf die äussere Natur nicht zu den wesentlich charakteristischen Eigenthümlichkeiten gehört, genügt eine Begründung durch die Gesetze des Wirthschaftslebens.

In der That fassen wir unter dem Begriff der Gewerbswissenschaften bald eine besondere Kategorie von Natur- und eine besondere Kategorie von Wirthschafts-Wissenschaften zusammen, bald beschränken wir den Begriff auf die letztere Kategorie. (Die landwirthschaftliche Gewerbslehre besteht aus natur- und wirthschaftswissenschaftlichen Disziplinen, die Handelsgewerbslehre nur aus wirthschaftswissenschaftlichen.)

Immer aber stellen sich die Gewerbswissenschaften dar als Systeme von Regeln für den erfolgreichen Betrieb der Gewerbe.

Diese Systeme unterscheiden sich von den Rezeptbüchern früherer Zeiten durch die wissenschaftliche Begründung, d. h. durch die Rechtfertigung der Urtheile.

In der einen Gattung von Gewerbswissenschaften werden die aufgestellten Regeln begründet, die Urtheile gerechtfertigt durch die Zurückführung auf die in den Naturwissenschaften erforschten Naturgesetze; in der anderen durch die Zurückführung auf die in der Allgemeinen Wirthschaftslehre (Nationalökonomie, Volkswirthschaftslehre) entwickelten Gesetze des Wirthschaftslebens.

Die eine Gattung besteht aus angewandten Naturwissenschaften (so die Pflanzenbau- und Thierzuchtlehre, die Technologie), die andere aus angewandten Allgemeinen Wirthschaftslehren (Allgemeine Land- und Forstwirthschafts-, Allgemeine Gewerks-, Allgemeine Handelslehre).

Diese angewandten Wissenschaften entwickeln sich intensiv und extensiv in gleichem Schritte mit ihren Grundwissenschaften. Das System von Regeln kann um so vollständiger werden, je ergiebiger die Forschungen über die Gesetze der Natur und des Wirthschaftslebens sind, und die Betriebsregeln selbst werden um so gemeingültiger, je sicherer sie auf unumstösslich festgestellte Gesetze zurückgeführt werden können.

Aus dieser Entwickelung ergiebt sich, dass, was die methodische Behandlung anbelangt, die Gewerbswissenschaften, gleich ihren Grundwissenschaften, zu den angewandten Vernunft- oder theoretischen Wissenschaften — Theorieen —, nicht zu den historischen (empirischen, Wahrnehmungs-) noch zu den reinen Vernunftwissenschaften zu zählen sind.

Womit jedoch nicht gesagt sein soll, dass das historische, beschreibende Element a priori von der Darstellung auszuschliessen wäre. Im Gegentheil sind Hinweisungen auf das historisch Wahrnehmbare für die Darstellung in so hohem Maasse ersprieslich, ja häufig unentbehrlich, dass die Gewerbs-Geschichte, Statistik und Beschreibung als die wichtigsten Hülfswissenschaften der theoretischen, oder rationalen Gewerbswissenschaften betrachtet werden müssen.

Die auf die Naturforschung begründeten Gewerbswissenschaften nennt man Speciello Gewerbslehren im Gegensatz zu denen, welche sich als angewandte Wirthschaftslehren darstellen und welche Allgemeine Gewerbslehren heissen. Diese verschiedenartige Bezeichnung beruht auf der Thatsache, dass die Regeln der ersteren gerade, weil sie das die einzelnen Arten und Unterarten der Gewerbe Unterscheidende, die Technik des Betriebes, betreffen, immer nur innerhalb des Gebietes einer einzelnen Gewerbsart oder Unterart Geltung haben können, so dass sie für jede solche Art oder Unterart „speziell" modificirt werden müssen, während die Regeln der anderen gleiche, „allgemeine" Gültigkeit haben für alle Arten und Unterarten wenigstens jeder der verschiedenen grossen Klassen von Gewerben.

Die Zahl der Speziellen Gewerbslehren wächst mit der Zahl der

Arten und Unterarten der Gewerbe, wenn auch aus Gründen der Zweckmässigkeit hie und da die Kombination mehrerer Systeme zu einem einzigen (z. B. die Theorie des Maschinenbaues, die Theorie der Färberei u. s. w.) geboten erscheint.

Bei der Eintheilung der Allgemeinen Gewerbslehren ist man im Wesentlichen an die grossen Klassen von gewerblichen Thätigkeiten (s. Seite 4) gebunden; jedoch muss es jedenfalls für zweckmässig erachtet werden, die Klasse der Gütererzeugungsgewerbe unter Berücksichtigung der wesentlichen, nicht so wohl technischen, als wirthschaftlichen Verschiedenheiten wieder in verschiedene Gruppen zu zerlegen, und für jede Gruppe ein besonderes System von solchen Regeln für den rationellen Betrieb der betreffenden Gewerbe aufzustellen, welche durch die Gesetze des Wirthschaftslebens zu begründen sind. (Also z. B. Allgemeine Landwirthschafts-, Bergbau-, Forstwirthschafts-, Gewerks-Lehre). —

Eine Allgemeine Gewerbslehre — und lediglich mit einer solchen haben wir uns ja im Nachstehenden zu beschäftigen — wird sich zu verbreiten haben:

1) über das Wesen, die wirthschaftliche Bedeutung und die Zwecke des betreffenden Gewerbes, oder der in Betracht zu ziehenden Gruppe von Gewerben;
2) über das Wesen, die Bedeutung, die Erwerbung und Anwendung der Gewerbsmittel, also der Arbeit und des Kapitals, innerhalb des fragl. Gewerbes oder der Gruppe von Gewerben;
3) über das Wesen, die Bedeutung und die Benutzungsart der dem Gewerbe oder der Gruppe von Gewerben sich darbietenden unmittelbaren und mittelbaren Hülfsmittel;
4) über die innerhalb des betr. Gewerbes oder der Gruppe von Gewerben möglichen Betriebsmethoden und Betriebseinrichtungen;
5) über die Mittel zur Prüfung der Betriebsresultate und die zweckmässigste Anwendungsart dieser Mittel.

Bedarf es endlich noch einer ausdrücklichen Bezeichnung der Stellung, welche die Allgemeinen Gewerbslehren unter den die persönliche Seite des Wirthschaftslebens berührenden verschiedenen Wissenschaften einnehmen, so wird die nachfolgende graphische Darstellung diesem Bedürfnisse am besten genügen:

Grundwissenschaft.
Allgemeine Wirthschaftslehre
(Volkswirthschaftslehre, National- oder politische Oeconomie.)
Abgeleitete Wissenschaften.
Angewandte Allgemeine Wirthschaftslehren
nämlich:
Privatwirthschaftslehren.   Staatswirthschaftslehre*)
(Finanzwissenschaft.)

Allgem. Hauswirthsch.-Lehre**)   Allgem. Gewerbslehren

         a. Allgemeine Landwirthschaftslehre,
         b.   „   Forstwirthschaftslehre,
         c.   „   Bergbau-Lehre,
         d.   „   Gewerkslehre,
         e.   „   Handelslehre
                u. s. w.

Von den Allgemeinen Gewerbslehren ist bisher nur die erstgenannte — Allgemeine Landwirthschaftslehre — als ein System von Betriebsregeln, welche durch die Gesetze des Wirthschaftslebens zu begründen sind, behandelt worden.***)

Mit der Behandlung der Allgemeinen Gewerkslehre im gleichen Sinne wird u. W. im Nachstehenden der erste Versuch gemacht.

---
*) Wobei nicht verkannt wird, dass die philosophische Staatslehre (Politik) neben der Allgem. Wirthschaftslehre zur Begründung der staatswirthschaftlichen Regeln unerlässlich ist.

**) Jedenfalls eine Wissenschaft, die des Auf- und Ausbaues schon längst werth gewesen wäre, deren Bedeutung aber allerdings erst von jetzt ab recht gewürdigt werden dürfte. Einzelne Partieen derselben pflegen unabsichtlich unter der grossen und unbegrenzten Rubrik der sogenannten „Sozialen Fragen" mit abgehandelt zu werden. Die meisten der modernen genossenschaftlichen Institute stellen sich dar als hochwichtige Hülfsmittel der Hauswirthschaft. Ein breitspuriger und altfränkischer, in der Anlage aber verständiger Versuch zur Begründung einer Allgemeinen Hauswirthschaftslehre ist gemacht in Joh. Jac. Wagner's System der Privatökonomie. 8. Ausg. Ulm. Stettin'sche Buchh. 1848.

***) Vergl. z. B. die treffliche, in ihren musterhaften methodologischen Ausführungen für das gegenwärtige Lehrbuch mannigfach maassgebend gewesene Schrift von F. G. Schulze „Ueber Wesen und Studium der Wirthschafts- oder Kameralwissenschaften." Jena 1826 und Emminghaus und Graf zur Lippe „Lehrbuch der Allg. Landwirthschaft nach Fr. G. Schulze's System". Leipzig. O. Wigand. 1861.

Allgemeine Gewerkslehre.

Erster Theil.
Einleitung.

Cap. 1.
Begriff der Gewerke.

Der Ausdruck „Gewerke" für eine grosse Gruppe von Gewerben der Gütererzeugung ist nicht allgemein gebräuchlich; vielleicht auch, hingesehen auf die etymologische Herkunft, nicht vollkommen zutreffend; allein er hat den Vorzug, unter den verschiedenen überhaupt zur Gesammtbezeichnung jener Gruppe gebrauchten Ausdrücken der bezeichnendste*) und gemeinverständlichste zu sein; man darf hoffen, dass er sich einbürgere.

Diejenige Gruppe von Gewerben, welche wir „Gewerke" nennen, ist umfassend, und es vereinigen sich unter dieser Gesammtbezeichnung sehr verschiedenartige Gewerbe. Man denke nur an den Abstand zwischen dem Bäcker- und Metzger-Gewerbe und dem Maschinenbau, zwischen der Holzschnitzerei und dem Schiffsbau, zwischen der Spielwaarenfabrikation und dem Häuser- und Strassenbau, zwischen der Stückgiesserei und der Uhren- oder Spieldosen-Fabrikation!

Aber dass alle diese Gewerbe und alle überhaupt, welche unter der Bezeichnung „Gewerke" zusammengefasst werden, gewisse wesentliche und unterscheidende Eigenthümlichkeiten mit einander gemein

---

*) Neuerdings in gleicher Bedeutung wie hier gebraucht von W. Röhrich. „die Volkswirthschaft". Leipzig. F. A. Brockhaus. S. 148 ff. „Gewerbe" schlechtweg, „Industrie", technische Production", (von Soden) zu weit, „Industrie i. e. S." zu umständlich, „Fabrication" (Kraus, Krause, Riedel) und „Manufactur-Industrie" (von Jacob) höchstens zur Bezeichnung gewisser Formen des Gewerksbetriebs geeignet, „Technische Gewerbe" zu umständlich und zu Missverständnissen Anlass gebend, da so bezeichnet werden ganz besonders gewisse gewerkliche Nebenbeschäftigungen in der Landwirthschaft.

haben, berechtigt dazu, sie in einer Gruppe zusammen-, sie als einer und derselben Gattung angehörig aufzufassen.

Welches sind aber diese wesentlich unterscheidenden Eigenthümlichkeiten? —

Die gewerbliche Aufgabe besteht hier nicht in der regelmässigen Vermiethung von eigenen, nicht auf die Erzeugung von Gütern gerichteten Leistungen; sie besteht nicht in dem Verkauf, oder der Vermiethung von nicht selbst erzeugten Gütern, noch in der Vermiethung von fremden Leistungen. Sie besteht vielmehr in dem **Verkauf oder der Vermiethung von selbsterzeugten Gütern**.

Dies aber haben die Gewerke mit den rein occupatorischen und mit den Landbau-Gewerben gemein.

Sie unterscheiden sich jedoch auch von diesen durch ganz bestimmte, charakteristische Merkmale.

Diese Merkmale sind mehr technischer, als wirthschaftlicher Natur, obwohl, wie weiter unten gezeigt werden soll, auch rein wirthschaftliche Unterschiede zwischen den Gewerken und den anderen Gewerben der Gütererzeugung bestehen.

Während die gütererzeugende Thätigkeit der occupatorischen und der Landbau-Gewerbe in der Umwandlung von Dingen der äusseren Natur, die noch nicht Güter waren, in Güter, beruht, ist die Technik der gewerklichen Thätigkeit auf die chemische und mechanische Umwandlung von Gütern gerichtet, welche die Gewerke aus der Hand der occupatorischen, oder der Landbau-Gewerbe empfangen.

Das Material der Gewerke sind nicht Dinge, die noch nicht aus ihrem organischen Zusammenhange mit der äusseren Natur losgelöst, oder noch nicht occupirt, oder noch nicht menschlicher Disposition unterworfen sind, sondern Güter, mit deren Erzeugung sich bereits andere Klassen von Gewerbtreibenden beschäftigt haben*)

Dass man sie trotzdem zu den Gewerben der Gütererzeugung zählt, beruht auf der geläuterten Anschauung, welche man von dieser grossen Klasse wirthschaftlicher Thätigkeiten erlangt hat, seit die physiocratische

---

*) Dieser Behauptung könnte das Beispiel eines Ingenieurs entgegengehalten werden, der zu seinen Neubauten in unbewohnten Gegenden eigenthumloses Neuland erst occupirt, erst zu Kapital macht. Allein es geht schwerlich an, den Fundus, welchen der Ingenieur benutzt, sein Material zu nennen; die Steine, der Cement, das Holz, das Eisen, welche er verbaut, sind sein Material. Die Besonderheiten des Ingenieur-Gewerbes siehe weiter unten.

Eintheilung in „classes productives" und classes stériles" als unhaltbar beseitigt ist.

Sehr ungleichartig in der That sind diejenigen Gewerbe, welche den Rest bilden, wenn man von der Gesammtheit der gewerblichen Thätigkeiten die rein occupatorischen, die dem Landbau, der persönlichen Dienstleistung und dem Handel gewidmeten in Abzug bringt.

Diese Ungleichartigkeit hängt zusammen einmal mit der unendlichen Mannigfaltigkeit der technischen Verrichtungen, welche denkbar und erforderlich sind, um die verhältnissmässig wenigen dem Menschen dargebotenen Rohstoffe*) für die unmittelbare Befriedigung menschlicher Bedürfnisse vorzubereiten, und dann mit der grossen Mannigfaltigkeit der wirthschaftlichen Formen, in denen jene Verrichtungen ausgeübt werden.

Ein Genus aber bleibt immer ein Genus — die Zahl der Spezies mag noch so gross sein.

Die Gemeinschaftlichkeit der wesentlich unterscheidenden Merkmale vereinigt tausend Spezies so nothwendig unter dem einen Genus, wie zehn unter einem anderen.

Die wesentlich unterscheidenden Merkmale, welche die zahllosen durch die unendliche Mannigfaltigkeit unseres Kulturbedarfs geschaffenen gewerklichen Spezies unter dem Genus „Gewerke" vereinigen, lassen sich kurz zusammenfassen in dem Satze:

„Gewerke sind diejenigen Gewerbe der Gütererzeugung, welche sich mit der chemischen oder mechanischen Umwandlung, bez. der gewerblichen Verwendung der von den occupatorischen und Landbau-Gewerben erzeugten Güter beschäftigen." **)

---

*) Vergl. den Aufsatz „Zur Geschichte der Baumwolle und der Baumwollenmanufactur" von Dr. H. Grothe in M. Wirth's Deutschem Gewerbskalender für 1868. „Wenn man das gesammte Treiben der industriellen Thätigkeit auf den Gebieten des Fabrikwesens und des Handels überblickt...., so denkt man wohl kaum daran, dass die Haupttriebfedern dazu in gar wenigen Punkten vereinigt sind. Führt man aber die fertigen Producte dieser Thätigkeit auf ihren Ursprung zurück, so bleibt eine verhältnissmässig nur kleine Zahl von Körpern, die wir Rohmaterialien nennen, übrig und unter diesen wiederum wenige von umfassender Bedeutung."

**) Dieser Definition ist nicht vorzuwerfen, dass sie sich nur mit der technischen Seite befasse. Denn, indem die Gewerke als „Gewerbe der Gütererzeugung" bezeichnet werden, ist implicite ausgesprochen, dass es sich bei den Gewerken um den Verkauf oder die Vermiethung selbsterzeugter Güter handelt. Vergl. oben S. 4 f.

Der Begriff der Gewerke bedarf einer präcisen Feststellung an diesem Orte; das Wesen des Gegenstandes, auf den sich alle folgenden Erörterungen beziehen, muss von vorneherein unzweideutig klar sein.

Zu diesem Zwecke kann aber eine Rezeption anderweit aufgestellter Definitionen nicht genügen; denn sie sind eben nicht präzis und unzweideutig. Wenn — um nur einige Beispiele anzuführen — von Aelteren Chr. Jacob Kraus*) Gewerke, oder wie er sich ausdrückt, „Fabrication," nennt „jede Beschickung roher Naturalien zu weiterer Verarbeitung oder zum Gebrauche," so fragt man billig: Was ist Beschickung? Was sind rohe Naturalien? Ist das Wesen der Gewerke genügend charakterisirt durch die ausschliessliche Hervorhebung der technischen Vorgänge? Wenn unter den Neueren Riedel**) Gewerke, oder wie auch er sich ausdrückt, „Fabrication," bezeichnet als „die Gesammtheit von Gewerben, worin Bearbeitung und weitere Zubereitung von gewonnenen oder erzeugten Stoffen sowohl die Hauptthätigkeit des betreffenden Geschäftes bildet, als auch eigens nur zwecks zu erwirkender Nutzbarkeit oder höherer Nutzbarkeit zu anderweitiger Verwendung vorgenommen wird", so wird man auch hier einerseits die erforderliche Präzision vermissen, andererseits in der Angabe des Zweckes der erzeugten Güter eine überflüssige Zuthat erkennen. Die technische Seite der gewerklichen Thätigkeit wird durch das „chemische und oder mechanische Umwandlung von Gütern" jedenfalls richtiger gekennzeichnet, als durch die Worte „Bearbeitung und weitere Zubereitung von Stoffen." Rau***), welcher die passende Bezeichnung „Gewerke" eingeführt hat, legt irriger Weise den Nachdruck auf die Werthserhöhung, wenn er das Wesen der gewerklichen Thätigkeit in der „Umänderung roher Stoffe, um aus ihnen durch Verbindung, Trennung und Formveränderung Güter von höherem Gebrauchswerthe zu bereiten," erblickt. Hat wirklich das Leder einen „höheren Gebrauchswerth", als das ungegerbte Fell? Der Tisch einen höheren Gebrauchswerth, als der noch zu allen möglichen Holzwaaren, zum Bauen, zum Verbrennen zu gebrauchende eben gefällte Baumstamm? Wenn viele Andere, z. B. Roscher †) die Definition durch eine Uebersetzung, z. B.

---

*) Staatswirthschaft. Königsberg 1811. S. 188.
**) Nationalökonomie oder Volkswirthschaft. Berlin 1839. II. §. 542.
***) Grundsätze der Volkswirthschaftslehre. 6. Aufl. Leipzig u. Heidelberg 1855. §. 98.
†) System passim.

in „Stoffveredelung" umgehen, so ist damit auch wenig gedient. Auf „Stoffveredelung" läuft, ganz abgesehen davon, dass man sich, um das Wesen der Gewerke zu charakterisiren, mit einer Schilderung blos der technischen Vorgänge nicht begnügen darf, auch die Thätigkeit des Schafzüchters, oder des Rosenstöcke oculirenden Gärtners hinaus. Am weitesten verbreitet ist die Verwechslung der Bezeichnungen „Gewerbe" und „Gewerke". Dieselbe ist um so unüberlegter und unwissenschaftlicher, als es doch einleuchtet, dass fast jede wirthschaftliche Beschäftigung gewerbsmässig und nicht gewerbsmässig betrieben werden kann, jene Verwechselung also, wenn nach den technischen Eigenthümlichkeiten zwischen Landbau, Gewerben und Handel unterschieden werden soll, zu der monströsen Annahme von gewerbsmässigem und nicht gewerbsmässigem Gewerbebetriebe führen würde. Wollte man Beispiele für diese Verwechslung aus der Fachliteratur anführen, man würde kein Ende finden. *)

Da es an dieser Stelle darauf ankommt, den Inhalt und Umfang des Begriffes der Gewerke festzustellen, so wird es angemessen sein, einen Einwand, welcher gegen die oben beliebte Feststellung zu erwarten ist, auf seinen Gehalt zu prüfen.

Die genügende Vollständigkeit der Eintheilung aller Gewerbe in occupatorische, Landbau-Gewerbe, Gewerke, Gewerbe der persönlichen Dienstleistung und Handelsgewerbe vorausgesetzt, wird — so kann man sagen — das Gewerbe des Ingenieurs und des Civil-Ingenieurs nicht füglich einer anderen Klasse, als der der Gewerke zugewiesen werden können. Und doch handelt es sich hier wirklich um ein Gewerbe der Gütererzeugung, welches sich mit der chemischen und mechanischen Umwandlung, bezüglich der gewerblichen Verwendung der von occupatorischen und Landbau-Gewerben erzeugten Güter beschäftigt? Der Chaussee-, Eisenbahn-, Brückenbau, der Kanalbau und die Flussregulirung einerseits, die Maschinen-Konstruction andererseits — sind das Thätigkeiten, die gewerblich betrieben werden ebenso wie die Gerberei, die Spinnerei, die Weberei, die Spiritus- und die Zuckerfabrication? Sind die Ingenieure nicht meistens Bedienstete des Staats,

---

*) Ganz auffallend erscheinen solche Verwechselungen, wenn, wie bei S. Becher (Die Organisation des Gewerbewesens. Wien 1851) ausdrücklich alle Gewerbe stets Gewerbe genannt, und die Gewerke selbst da, wo es auf eine ausdrückliche Unterscheidung von den anderen Gewerben ankommt — wie in dem Becher'schen Gewerbegesetzentwurf — doch auch nur schlechthin als „Gewerbe" bezeichnet werden.

der Gemeinde oder von Erwerbsgesellschaften? Handelt es sich bei ihnen, und nun gar bei den Civilingenieurs, überhaupt um eine Gütererzeugung? Verfahren etwa der Ingenieur und der Civilingenieur so wie der Zuckerfabrikant, dass sie in eigenen Etablissements mit eigenen Mitteln Güter herstellen und diese dann für eigene Rechnung verkaufen?

Es ist weder undenkbar, noch unerhört, — wenn auch bei uns ungewöhnlich — dass ein Ingenieur Strassen u. s. w. auf eigene Rechnung baut, um sie mit Gewinn zu verkaufen. Wo er dies thut, ist sein Geschäft, wirthschaftlich genommen, ein Gewerbe, technisch genommen ein Gewerbe der Gütererzeugung, und zwar ein Gewerke; denn seine Thätigkeit besteht eben in einer mechanischen Umwandlung von schon vorhandenen Gütern. Baut der Ingenieur im Auftrage eines Staates, einer Gemeinde, oder einer anderen Genossenschaft: so fragt es sich, ob der Unternehmer Gewerbtreibender ist. Ist er's, so ist der Ingenieur eben sein ausführender Gehülfe, wie der Geschäftsführer einer Zuckerfabrik der ausführende Gehülfe des Zuckerfabrikanten ist. Baut der Unternehmer, wie häufig Staat und Gemeinde, nicht in gewerblicher Absicht, so ist die Thätigkeit des Ingenieur technisch genommen jedenfalls eine gewerkliche, vom wirthschaftlichen Gesichtspunkte betrachtet ist sie vielleicht persönliche Dienstleistung.

Es ist weder undenkbar, noch unerhört, noch auch nur ungewöhnlich, dass ein Civil-Ingenieur lediglich auf eigene Rechnung ein Bureau unterhält, in welchem auf Vorrath oder auf Bestellung Maschinen construirt und modellirt werden — lediglich zum Verkauf.

Warum sollte ein solcher Civil-Ingenieur nicht als Geworksmann aufgefasst werden? Etwa, weil bei seinen Zeichnungen und Modellen das stoffliche Element völlig gegen den erfinderischen Gedanken in den Schatten tritt, weil es fast zufällig, jedenfalls ganz unwesentlich erscheint, dass die Zeichnung und das Modell sich darstellen als eine mechanische Umwandlung von Gütern, nämlich von Papier, Holz u. s. w.?

Indess — wem es besser gefällt, diesen Civil-Ingenieur der Klasse der persönlichen Dienstgewerbe beizuzählen — dem bleibe es unverwehrt. Es giebt in allen Gewerbszweigen Gewerbe, die entweder theils der einen, theils der anderen Gattung zugezählt werden müssen, oder ebensowohl der einen wie der anderen zugezählt werden können. So ist auch das Bankier-Gewerbe theils ein Handels-, theils ein persönliches Dienst-Gewerbe und bald mehr das Eine, bald mehr das Andere.

Ein Civil-Ingenieur im Dienste eines grossen Maschinenbau-Unternehmers ist ohne Zweifel ein Gewerksgehülfe so gut wie der kaufmännische Disponent und der Werkführer dieses Fabrikanten, oder wie der Musterzeichner in der Web-Fabrik oder der Bunt-Druckerei.

Cap. 2.

Arten der Gewerke.

Für die Klassification der Gewerke bieten sich ungesucht drei verschiedene Gesichtspunkte dar, nämlich der Umfang des Betriebs und die Betriebsform, die Art der Erzeugnisse, die Natur der Stoffe, welche verarbeitet werden. Der erste Eintheilungsgrund bezieht sich auf die wirthschaftliche, der dritte auf die technische Seite des Betriebes, der zweite führt zu einer ebensowohl technischen wie wirthschaftlichen Klassification.

Der brauchbarste Eintheilungsgrund ist der, von dem aus man zu der schärfsten und für die Zwecke der Wissenschaft ergiebigsten Sonderung der Arten kommt.

Die Klassification nach dem Umfang und der Form des Betriebes genügt in dieser Richtung nicht.*) Denn es giebt Gewerke, die ihrer Natur nach nicht im Kleinen, andere, die nicht im Grossen betrieben werden können, wieder andere, welche dem Grossbetrieb so gut zugänglich sind, wie dem Kleinbetrieb. Bei den letzeren ist es im hohen Maasse schwierig, die Grenzen zwischen der einen und der anderen Form genau festzustellen.

In demjenigen Theile dieses Buches, welcher die Wahl der Betriebsart und Betriebseinrichtung zu behandeln hat (V. Theil), werden wir auf den Umfang und die Formen des Gewerksbetriebes näher einzugehen haben.

Die Eintheilung nach den zu verarbeitenden Stoffen ist schwer

---

*) Mit Schäffle (Das gesellschaftliche System der menschlichen Wirthschaft. Tübingen 1867. S. 450) die Gewerke, oder, wie er sich ausdrückt „den Gewerbfleiss" einzutheilen in „Hausfleiss — Handwerk — Industrie" entspricht weder dem Sprachgebrauch, noch der Logik. Zwischen hauswirthschaftlicher und gewerblicher Gütererzeugung muss eben auch in der Allg. Wirthschaftslehre unterschieden werden. Die hauswirthschaftl. Gütererzeugung ist kein „Gewerbfleiss". Die „Industrie" dem „Handwerk" gegenüberzustellen, ist eine durch Nichts gerechtfertigte Abweichung vom Sprachgebrauche.

durchführbar und wenig ersprieslich. Schwer durchführbar, weil die meisten Gewerke nicht lediglich Stoffe einer, sondern verschiedener Gattungen verarbeiten; wenig erspriesslich, weil an den regelmässigen Erzeugnissen vieler Gewerke der Stoff weitaus das Unwesentlichste ist (Buchdruck, Zeug-Kunstdruck, Gravirung).

Am zweckmässigsten wird es sein, die Gewerke zu classifiziren nach der Art der Erzeugnisse.*)

Dieser Eintheilungsgrund würde etwa folgende Klassen ergeben:

1. Baugewerke,
2. Kleidungsgewerke,
3. Nahrungsgewerke,
4. Gerwerke zur Herstellung von Werkzeugen und Maschinen,
5. Gewerke zur Herstellung von Gewerbs- und Hauswirthschafts-Geräthen und sonstigen Gebrauchsgegenständen des Haushalts,
6. Gewerke zur Herstellung von Medicamenten,
7. Gewerke zur Herstellung von industriellen Hülfsstoffen,
8. Gewerke zur Herstellung von Hülfsmitteln der Volkserziehung.

Es würden dann beispielsweise gehören:

in die erste Klasse der Häuserbau mit allen seinen Hülfsgewerben so gut, wie der Strassen-, Wasser-, Brücken-Bau und der Bau von Monumenten;

in die zweite Klasse die Spinnerei, die Weberei, das Posamentgeschäft, die Strohflechterei, die Gerberei, die Bijouterie so gut wie die

---

*) Nach ihren Gebrauchszwecken waren in der Pariser Weltausstellung von 1867 die ausgestellten Gewerks-Erzeugnisse klassifizirt, und diese Klassification hat ihre Probe bestanden. Folgende Hauptgruppen hatte die Kommission angenommen: 1) Matériel et applications des arts libéraux (ungefähr entsprechend unserer Klasse 8 oben); 2) Meubles et autres objets destinés à l'habitation (ungefähr entsprechend unserer Klasse 5, theilweise Klasse 7 oben); 3) Vêtements (tissus compris) et autres objects portés par la personne (Kl. 2 oben); 4) Produits des industries extractives. (Eine Abweichung vom allgemeinen Eintheilungsprinzip, weil ausgehend von dem technischen Verfahren. Ungefähr entsprechend theils Kl. 6, theils Kl. 7 oben); 5) Instruments (et procédés) des arts usuels (Vergl. Kl. 4 u. 5 oben); 6) Aliments à divers degrés de préparation (Kl. 3 oben). Die unserer Klasse 1 entsprechenden Gegenstände waren unter verschiedene Gruppen vertheilt. Selbstverständlich braucht die Klassification von Erzeugnissen und die Klassification der Gewerke nach der Art der Erzeugnisse nicht in allen Punkten übereinzustimmen.

eigentliche Herstellung von Bekleidungsgegenständen aller Art, also die Wäsche-, Kleider-, Schuhe-, Hut- etc. Faribrication;

in die dritte Klasse das Gewerbe des Müllers, das Gewerbe der Zuckersiederei, der Salzbereitung, der Fleischzubereitung, der Bierbrauerei, der Bäckerei, der Delicatesswaarenbereitung;

in die vierte Klasse das Gewerbe des Mechanikers, des Maschinenbauers, des Wagenbauers, des Uhrmachers, des Verfertigers von Waffen, von musikalischen, optischen, chirurgischen Instrumenten;

in die fünfte Klasse die Meuble-Schreinerei, Stellmacherei, Töpferei, Sattlerei, gewisse Zweige der sogenannten Quincaillerie, die Nadel- und Nägelfabrication, die Schlosserei, Metallgiesserei, die Schirm- und Stockfabrication, die Glas- und Porzellan-Manufactur, die Etui- und Karton-Fabrikation;

in die sechste Klasse das Apothekergewerbe, gewisse Destillationsgewerbe, die Bereitung von künstlichen Mineralwässern;

in die siebente Klasse die Bereitung von Droguen und Farben, die Glasbereitung, die Erzgiesserei, die Papier- und Tapeten-Fabrication, die Kalk-, Cement-, Gyps-, Dünger-Bereitung;

in die achte Klasse der Buchdruck, Steindruck, Holzschnitt, die Photographie, die Buchbinderei, die Spielwaaren-Fabrication. —

Es soll nicht in Abrede gestellt werden, dass auch diese Klassification ihre logischen Mängel hat. Sie übersieht es, dass in den meisten Gewerken Erzeugnisse hergestellt werden, die verschiedenen Zwecken dienen. (So dienen die Gerberei, die Spinnerei, die Weberei nicht nur den Bekleidungs-, sondern auch den Geräthe- und Wohnungsgewerben, werden bei der Salz- und Zuckerbereitung nicht nur Nahrungsmittel, sondern auch industrielle Hülfsstoffe erzeugt, und wird bei der Glas- und Thonwaaren-Fabrication nicht nur für die Herstellung von Geräthen, sondern auch für die Herstellung von Baustoffen gesorgt.)

Aber unzweifelhaft ist die Tendenz der Arbeitstheilung auf eine Sonderung der Gewerke nach dem Zwecke der Gewerks-Erzeugnisse — nach der spezifischen Nachfrage — gerichtet, und die Wissenschaft kann nicht dafür aufkommen, dass die Arbeitstheilung noch nicht reine Wirthschaft gemacht hat.

Die zur Zeit rationellste Klassification der Gewerke dürfte die eben angedeutete sein.

Bei der Kritik der verschiedenen sich darbietenden Eintheilungsgründe mag man berücksichtigen, dass die Eintheilung der Gewerke an dieser Stelle überhaupt nur zur Ergänzung der im vorigen Kapitel über den Begriff der Gewerke angestellten Betrachtungen dienen, den Inhalt dieses Begriffes erläutern soll.

Cap. 3.
Stellung der Gewerke neben anderen Gewerben.

Die einzelnen Stadien der wirthschaftlichen Entwickelung der Menschheit lassen sich urkundenmässig vollständig nicht darstellen. Die Geschichtsforschung reicht nicht in den Anfang der Dinge zurück; ihre dunkelsten Quellen selbst sind schon Erzeugnisse entwickelter, auch wirthschaftlicher, Kultur. Jedes Volk hatte, bevor ihm der Sinn für seine Vergangenheit erschlossen ward, bereits manche wirthschaftliche Kulturstufe hinter sich.

Es wäre unmöglich, sich ein Bild von diesen frühesten Kulturstufen zu entwerfen, wenn dem Menschengeiste zu solchem Bilde nicht andere Farben und Formen zu Diensten ständen, als welche der Mythus, die Sage und die historische Urkunde (selbst in der weitesten Bedeutung des Wortes) zur Verfügung stellen.

Zum Glück vermag er seine Farben und Formen ausser aus den historischen Ueberlieferungen auch aus anderen Quellen zu schöpfen, ja in gewissem Sinne gewinnt sogar das Bild an Naturwahrheit in dem Maase, als der Fortschritt der Zeit den darzustellenden Gegenstand zeitlich weiter hinter sich lässt. Denken wir uns die Entwickelung der wirthschaftlichen Kultur als eine Pyramide, die auf der Spitze steht. Je grössere Abschnitte dieser Pyramide wir kennen, desto sicherer gelingt uns die Ergänzung bis zur Spitze hin. Die Kultur der Menschheit entwickelt sich stetig und schrittweise. Aus den in unserem Gesichtskreise liegenden Entwickelungsstufen vermögen wir auf die vorhergehenden und bis zu einem gewissen Grade auf die folgenden zu schliessen. Dazu kommt, dass uns durch den in unserer Zeit lebhaft erwachten Sinn für geographische und ethnographische Studien und durch die grossen uns dargebotenen Verkehrserleichterungen ein unendlich mannigfaltiges Forschungsgebiet erschlossen ist und täglich weiter sich erschliesst, dass wir das wirthschaftliche Leben von Völkern kennen, die auf einer hinter der unsrigen um viele Generationen zurückliegenden Kulturstufe stehen, und dass wir ihre Kulturentwickelung zwar beeinflusst von Dem, was hochentwickelte Völker ihnen zutragen, und deshalb in künstlich beschleunigtem Tempo, aber doch in einer der allgemeinen Weltkulturentwickelung ähnlichen Stufenfolge, vor unseren Augen sich vollziehen sehen.

Bei einigen Völkern wird die eine, bei andern die andere Klasse von Gewerben sich frühzeitiger entwickelt haben. Das aus Analogien und Rückschlüssen sich ergebende Durchschnittsbild zeigt den folgenden Gang der Entwickelung als den normalen und naturgemässen, d. h. der Menschennatur entsprechenden:

Die rein occupatorische, den mindesten Kapitalaufwand erfordernde, Wirthschaft des blossen Sammelns und Gewinnens des Gesammelten wie es ist, der die Beute nicht tödtenden, dann der sie tödtenden, Jagd, der Fischerei — dies jedenfalls sind die, bereits unter sich einen Fortschritt bekundenden, ersten Stufen der wirthschaftlichen Entwickelung gewesen; eine höhere Stufe bildet die nomadische Heerdenwirthschaft mit ihrem schon grossen wenn auch nicht sehr mannigfaltigen Kapital-Bedarf und Vorrath, aber mit noch unentwickelter Naturbeherrschung. Aus diesem Stadium entwickelt sich das des constanten Ackerbaues und der Viehzucht auf der Scholle.*) Hand in Hand mit allen diesen Beschäftigungen müssen vom ersten Anfange an Verrichtungen, die es auf chemische oder mechanische Umwandlung der occupatorisch oder in regelmässiger Naturbeherrschung gewonnenen Güter absahen, gegangen sein (Moos zur Lagerstätte zusammenschaffen, Baumgipfel zu Zelten zusammenbinden, Steine und Knochen zu Werkzeugen und Waffen formen). Aber selbst im Zeitalter der ersten landwirthschaftlichen Niederlassung dienten Landbau und jene (nur im technischen Sinne des Wortes genommen) gewerklichen Verrichtungen nur der unmittelbaren Bedürfnissbefriedigung — so lange, bis die Zahl der zusammenwohnenden Menschen durch ihr Wachsthum zur Arbeitstheilung und zum Handel führte.

Da lösten sich ohne Zweifel von allen wirthschaftlichen Beschäftigungen zuerst diejenigen, welche es mit der chemischen und mecha-

---

*) Vergl. die geistvollen historischen Untersuchungen über „die Vorstufen des Ackerbaues" in Roscher „Nationalökonomik des Ackerbaues." 3. Aufl. Stuttgart. Cotta. 1861. S. 15—47., wo freilich der Unterschied zwischen dem Betrieb zur unmittelbaren Bedürfnissbefriedigung des Produzenten und gewerblichem Betrieb nicht hervorgehoben ist. — Vergl. auch Carl Dietzel „Die Volkswirthschaft und ihr Verhältniss zum Staat." Frankfurt a, M. J. D. Sauerländer. 1864. Cap. XX. S. 232 ff. Dietzel nennt die Ackerbau-Arbeit „die erste Hauptart der wirthschaftlichen Arbeit oder Production."

nischen Umwandlung von Gütern zu thun haben, zu eigentlich gewerblichem Betriebe ab, fanden sich für diese Verrichtungen zuerst eigentliche Gewerbtreibende, die mehr erzeugten, als sie für sich nöthig halten, und den nicht nur zufällig, sondern absichtlich erzeugten Ueberschuss gegen den zufälligen Ueberschuss der Landbautreibenden an diese absetzten. Dann werden Einzelne in der Wirthschaftsgemeinde angefangen haben, sich als Kaufleute ausschliesslich der Vermittelung dieses Umtausches zu widmen, und am spätesten werden sich die Landbauverrichtungen, die es am wenigsten nöthig haben, zu eigentlichen Landbaugewerben ausgebildet haben. (Unter ihnen am allerspätesten die Forstwirthschaft.) Bei normaler Entwickelung hat es überall jedenfalls früher Gewerktreibende und Handelsleute, als eigentliche Landwirthe im heutigen Sinne des Wortes (zu regelmässigem Verkauf produzirende Landbauer) gegeben.

Der Landbau mag mit seinen Vorstufen zu den ältesten regelmässigen Beschäftigungen der Menschen gehören; zu eigentlichem Gewerbebetrieb entwickelte er sich jedenfalls später als der Handel und die (technisch genommen) gewerkliche Beschäftigung.

Die im Vorstehenden dargestellte Entwickelung mag hie und da nicht ganz ebenso wie geschildert, vor sich gegangen, es mag hie und da ein Zurücksinken in ein bereits überwundenes Stadium, ein Ueberspringen der einen oder anderen Stufe — z. B. in Folge der Berührung des zurückstehenden mit einem vorschreitenden Volke — stattgehabt haben; im Grossen und Ganzen entspricht sie unserer Kenntniss von der wirthshaftlichen Natur des Menschen.

So sehen wir auch noch jetzt in neuen Niederlassungen in Gegenden, welche mit dem Weltverkehr noch nicht in Verbindung stehen, den ersten Ansiedler zuerst beschäftigt, sich eine Wohnung zu bauen; dann beginnen die Arbeiten des Ackerbau's und der Viehzucht; in den Mussestunden werden Kleider und Geräthe gefertigt, Werkzeuge gefertigt oder ausgebessert — Alles noch lediglich zum Selbstbedarf. Die nächstankommenden Ansiedler ermöglichen die erste merkantile Verwerthung der Landbau-Erzeugnisse des Erstangesiedelten; aber es mag, wie zufällig, geschehen, dass dieser jene mit Brod und Fleisch und Saamen versorgt, während jene ihm dafür mit allerlei neuen Gewerkserzeugnissen aushelfen. Bald aber fangen Einzelne in der kleinen Gemeinde an, ihre Kunstfertigkeit in der Herstellung von Kleidern, Geräthen, Waffen, Werkzeugen im Dienste aller Uebrigen zu verwerthen. Andere kaufen, sobald die Kommunication mit einem grösseren Strassennetz nur einigermaassen erleichtert ist, allen den Ueberschuss ihrer Erzeugnisse ab und verführen sie nach erst näheren, dann ferneren, Märkten. Die Möglichkeit des regelmässigen Verkaufs ihrer Erzeugnisse treibt die Landwirthe an, regelmässig mehr zu erzeugen, als sie zu ihrem Bedarf gebrauchen; dem Gewerksmann und dem Handelsmann schliesst sich endlich auch der Landwirth als Gewerbtreibender an.

Häufig genug wiederholt sich in solchen neuen Niederlassungen der ganze historische Verlauf der weltwirthschaftlichen Entwickelung — nur in dem Rahmen weniger Jahre; denn die Kommenden bringen, wenn sie auch, „der Noth gehorchend", mit der Occupation beginnen, bereits nicht nur die Kenntniss vielleicht des complicirtesten wirthschaftlichen Organismus, sondern auch jene Hülfsmittel der Arbeit mit sich aus der Heimath, welche ihnen den Sieg über die Naturkräfte so wesentlich erleichtern. —

Bald der vermeintliche Vorzug des Alters, bald das Vorurtheil grösserer Unentbehrlichkeit, bald das geschichtlich ausgebildete politische Uebergewicht des Standes der Grundbesitzer, bald endlich eine irrthümliche Grundanschauung von dem Wesen und den gegenseitigen Beziehungen der wirthschaftlichen Beschäftigungen der Menschen hat Anlass gegeben, dem landwirthschaftlichen Gewerbe einen höheren Rang einzuräumen, als den Gewerken.*) Hie und da mag dieser Bevorzugung auch die Beobachtung zum Grunde gelegen haben, dass in einer Zeit und in Ländern, wo die gewerkliche Industrie noch in den Fesseln des Zunftwesens einer- und des Monopolbetriebes andererseits schmachtete, und — im Vergleich mit der früheren, goldenen Zeit, da das Zunftwesen seine gute Berechtigung und hohe Bedeutung hatte —, eher Rückschritte als Fortschritte machte, — von den Landwirthen, wenigstens den grösseren, die Fortschritte der Wissenschaften zum eigenen Segen bereits eifrig verwerthet wurden. (In Deutschland

---

*) Auf eine noch andere Ursache (idyllische Sehnsucht des überarbeiteten etc. Grossstädters nach der Einfalt und Stille des Landlebens) führt Roscher a. a. O. S. 61 die bekannte begeisterte Lobeserhebung bei Cicero (de offic. II. 25. „Nihil uberius, nihil dulcius, nihil homine, nihil libero dignius agricultura") zurück. Worauf aber soll man das Urtheil Carey's zurückführen, welcher (Lehrbuch der Volkswirthschaft und Socialwissenschaft. Deutsche Ausgabe von Adler. München 1866. S. 134) die Landwirthschaft für „den wichtigsten Beruf des Menschen" erklärt?

hat in der Mitte des vorigen Jahrhunderts, zur Zeit des tiefsten Verfalles unserer Handwerke, die Landwirthschaft sich zu rationellerem Betriebe emporgeschwungen.)

Mit der steigenden wirthschaftlichen Bildung verschwinden alle solche Vorurtheile von einem gewissen Rangunterschiede unter den Gewerben. In unserer Zeit dürfen ebensowohl die Irrthümer des Mercantilsystems, welches die Gewerke und den Handel, wie die des Physiocratismus, welcher die Landbaugewerbe als das Fundament alles wirthschaftlichen Gedeihens der Völker betrachtet, als im Wesentlichen überwunden angesehen werden. In unserer Zeit kommt die Auffassung des Wirthschaftslebens, als eines Organismus, dessen jegliches Organ eine gleichwichtige Lebensbedingung des Ganzen darstellt, mehr und mehr zur Geltung.*) Immer klarer werden wir uns dessen bewusst, dass jeder Rangunterschied unter den Gewerben völlig aus der Luft gegriffen, und jede Standesüberhebung bei irgend einem Gewerbtreibenden ein Zeugniss von Geistesarmuth ist.

Je williger wir aber die Gleichberechtigung und Gleichunentbehrlichkeit aller Gewerbe anerkennen, um so besser wird es uns gelingen, ihre wirthschaftlichen Verschiedenheiten zu durchschauen.

Diese Verschiedenheiten**) laufen im Wesentlichen auf Folgendes hinaus:

Bei den Gewerken und dem Handelsgewerbe, so wie den Gewerben der persönlichen Dienstleistung bildet die Arbeit, bei denen des Landbaues das Kapital das vorherrschende Gewerbsmittel. Daher bei jenen Gewerben das Gedeihen mehr von menschlichen, bei diesen mehr von natürlichen Bedingungen abhängig ist.

Das Kapital der Landbaugewerbe ist meist stehendes, das der übrigen Gewerbe vorzugsweise umlaufendes. (Ein Landwirth, der einen Reingewinn von 1000 bezieht, benutzt vielleicht ein Kapital von 22,000, wovon stehendes 20,000, umlaufendes 2000; ein Fabrikant, der einen Reingewinn von 1000 bezieht, benutzt vielleicht ein Kapital von 16,000, wovon stehendes 7000, umlaufendes aber 9000.) Daher sehen wir auch dort in der Regel, selbst bei grösster Anstrengung

---

*) Vergl. K. Karmarsch „Die Verkettung der Gewerbe" in M. Wirth's Gewerbekalender für 1868.

**) Eine gute Darstellung der wirthschaftlichen Unterschiede zwischen den Landbaugewerben und den Gewerken s. bei Dietzel a. a. O. S. 288 ff. (Auch Dietzel nennt die „Gewerke" Gewerbe schlechtweg.)

und Intelligenz, in der einzelnen Unternehmung doch nur sehr allmälig steigenden Reinertrag, hier dagegen unter denselben Voraussetzungen sehr rasches Emporblühen. Damit hängt zusammen, dass in den Persönlichkeiten der Unternehmer dort in der Regel die conservative, hier eine mehr bewegliche, jedem Fortschritt zugetha'ne Richtung vorherrscht.

Die Landbaugewerbe sind an die Scholle gebunden. Für die übrigen Gewerbe sind die rein räumlichen Bedingungen für die Niederlassung viel minder maasgebend. Sie können selbst da noch ihre Stätte aufschlagen, wo wegen natürlicher Verhältnisse die Landbaugewerbe unmöglich oder unrentabel sein würden.

Die Arbeit der Landbaugewerbe ist der Theilung und Vereinigung minder zugänglich, als die der andern Gewerbe. Zwar führte dort der Wechsel der Jahreszeiten schon eine gewisse zeitliche Arbeitstheilung mit Nothwendigkeit herbei. Allein die Verrichtungen der nämlichen Jahreszeit sind zeitlich und persönlich schwer theilbar. Durch intelligente Arbeitstheilung und Vereinigung können die Betriebsresultate bei den anderen Gewerben in höherem Maase gesteigert werden, als bei den Landbaugewerben. Andererseits aber schützt die mindere Theilbarkeit der Arbeit in den letzteren Gewerben die Arbeiter mehr vor Einseitigkeit und geistiger Erschlaffung.

Die Erzeugnisse der occupatorischen und der Landbau-Gewerbe können meistens so wie sie aus der Hand dieser Gewerbe hervorgehen, zur Befriedigung menschlicher Bedürfnisse nicht unmittelbar verwendet werden. Der Handel vermittelt ihren Uebergang in die Hand des Gewerktreibenden, indem er dem Verkäufer im Preise zugleich Arbeits- und Kapitalrente zahlt, und in dem höheren Preise, den er von dem Gewerktreibenden als Käufer empfängt, sich für seine Vermittelungsthätigkeit entsprechend entschädigen lässt. Die Gewerke verarbeiten die Erzeugnisse der occupatorischen und der Landbau-Gewerbe stufenweise bis zu der Vollendung, in der sie zur Befriedigung menschlicher Bedürfnisse unmittelbar geeignet sind.

Die Vermittelung zwischen den einzelnen Stufen der technischen Verarbeitung ist wiederum Sache des Handels, welcher das fertige Erzeugniss der unteren Stufe als Rohstoff (z. B. Twist), oder Hülfsstoff (z. B. Indigo-Lösung) für die Verarbeitung der höheren Stufe (z. B. Weberei und Färberei) verkauft, und in dem Preise, den er zahlt, immer Arbeits- und Kapitalrente giebt, in dem, welchen er empfängt, sich überdiess für seine Vermittelungsthätigkeit entschädigen lässt.

Bis endlich das fertige Erzeugniss durch die Vermittelung des Kaufmannes in die Hand des Konsumenten übergeht.

Mit dem Preise, welchen der Konsument bezahlt, werden alle vorhergehenden Stoffarbeiten ebenso wie die Stoffe selbst und die sonstigen Kapitalaufwendungen, werden endlich auch die vermittelnden Funktionen, sowie die Opfer und Risikos der Kaufleute bezahlt. Und die Bezahlung Aller ermöglicht es, dass der Kreislauf nie ins Stocken kommt, dass Alle stets Konsumenten und Producenten zugleich sein können.

Cap. 4.

Zweck des Gewerksbetriebes.

In dem Organismus der Weltwirthschaft haben die Gewerke die Funktion, durch die Umwandlung von Gütern Mittel zu schaffen zur Befriedigung menschlicher Bedürfnisse. Vom Gesichtspunkte der Allgemeinen Wirthschaftslehre betrachtet, fällt demnach der Zweck der Gewerke, wenn man absieht von den technischen Verschiedenheiten der gütererzeugenden Thätigkeiten, mit dem Zweck der Gütererzeugung überhaupt zusammen.

Der einzelne Gewerktreibende aber fragt nicht danach, ob seine Erzeugnisse die Bedürfnisse Anderer befriedigen; es kümmert ihn nicht, ob sie gebraucht oder verbraucht werden; wenn er sie nur zu einem Preise verkaufen kann, der ihm eine entsprechende Rente gewährt, der ihn entschädigt für die aufgewandten Roh- und Hülfsstoffe, für den Abnutz seiner Gebäude, Geräthe, Werkzeuge und Maschinen, für die ausbezahlten Löhne und für seinen eigenen Arbeitsaufwand.

Er fragt nicht sowohl den Konsumenten, als vielmehr den Kaufmann nach dem Bedarf; er weiss, dass sich in dem Markte der Bedarf und der Geschmack des Konsumenten widerspiegelt.

Wo er auf Bestellung arbeitet, arbeitet er genau nach der Bestellung, selbst wenn er wissen sollte, dass eine anderweite Ausführung dem wahren Bedürfnisse des Konsumenten besser entsprechen würde.

Der Zweck seiner Thätigkeit liegt für ihn nicht in der Befriedigung wirthschaftlicher Bedürfnisse der Anderen, sondern in der Beschaffung von Mitteln zur Befriedigung **seiner eigenen Bedürfnisse, im Verdienst, im Reingewinn, in der Vermehrung und Befestigung seines Vermögens.**

Dies schliesst nicht aus, dass der tüchtigste Gewerktreibende zugleich die vorhandenen Bedürfnisse am vollständigsten befriedigt, dass er grossen Einfluss haben kann auf die Erzeugung neuer und die Veredelung alter Bedürfnisse.

Noch weniger soll damit gesagt sein, dass einem tüchtigen Gewerksmann nicht die Freude am eigenen Schaffen ein mächtiger Sporn zu immer erneuter Anstrengung sein könne.

Allein selbst diese Freude erscheint um so ungetrübter, wenn und in dem Maase als ihm der Gewinn wächst; zwischen dem Wachsthum des Gewinnes einerseits und der Möglichkeit und dem Begehren eines durchgreifenden Einflusses auf die Gestaltung der Bedürfnisse andererseits besteht eine beständige Wechselwirkung. (Der Baumeister baut schöne Häuser, um viel zu verdienen; je mehr er verdient, je mehr wächst seine Freude am Schaffen, je mehr vermag er das Bedürfniss nach schönen Häusern zu steigern, und, indem er diesem gesteigerten Bedürfniss verständig entgegenkommt, wirthschaftet er sich auch selbst wieder zum Vortheil.)

Für den Gewerksmann — er mag seinen Beruf noch so hoch halten, das Technische dabei mag ihm noch so grosse Freude bereiten — ist die Herstellung von Gewerkserzeugnissen nicht Selbstzweck und soll es nicht sein; er will nicht blos Güter erzeugen; er will nicht blos ein gebendes, sondern er will auch ein empfangendes Mitglied der Wirthschaftsgemeinde sein und soll es auch sein; er hat, wie jeder Gewerbtreibende, sein Gewerbe nur als Mittel zum Zweck zu betrachten; sein Zweck ist der Gewinn.

Der Gewinn hängt zunächst ab von der Grösse und Sicherheit des reinen Einkommens, also von der Grösse und Sicherheit der Ueberschüsse der Einnahmen über die Ausgaben. Das reine Einkommen, welches man mit Beziehung auf das Geschäft Reinertrag nennt, wird seit dem Aufkommen des Geldes nach Geld berechnet und in Geld ausgedrückt. Man kann daher sagen: der Gewerktreibende hat bei Betreibung seines Gewerbes den Zweck zu verfolgen, sich auf die Dauer ein möglichst sicheres steigendes Einkommen, einen möglichst sicheren und steigenden Geldgewinn zu verschaffen.

die Mitwelt. Wehe ihm, wenn er keinen dieser Wege sucht! Wehe ihm, wenn er je vergessen wollte, dass, wie der Dichter so schön sagt:

„Der Zweck der thätigen Menschengilde
Ist die Urbarmachung der Welt;
Ob du bestellest des Geistes Gefilde,
Oder pflügest das Ackerfeld!"

Jeder Unternehmer versammelt um sich eine kleinere oder grössere Gemeinde, deren treuer Hüter er sein kann und sein soll. Näher, als in vielen anderen Berufsarten liegt es dem Menschen bei dem gewerklichen Berufe, segensreich auf seine Umgebung einzuwirken. Auch materiell lohnt am meisten die treue, hingebende Fürsorge für die Gehülfen der Unternehmung, und die kleine Werkstatt wie die grosse Fabrik kann eine unvergleichliche Erziehungsanstalt, soll eine Stätte edler Zucht und Sitte sein.

Aber alles Das darf uns nicht verleiten, den privatwirthschaftlichen Zweck wie des Gewerbebetriebes überhaupt, so des Gewerksbetriebes insbesondere auf einem anderen, als dem rein wirthschaftlichen, Gebiete zu suchen.

Unternehmungen, die einen andern Zweck hätten, würden nicht Gewerbsunternehmungen sein; wenn sie es äusserlich schienen, wären sie es innerlich, ihrem Wesen nach, doch nicht.

Es liegt gewiss in der Aufgabe der Wissenschaft, welche ein System von Regeln aufzustellen hat für den rationellen Betrieb der Gewerke, auch auf die besonderen Gelegenheiten zu segensreichem Einwirken auf die Umgebung hinzuweisen, welche sich dem Gewerksmann in allen Zweigen des gewerklichen Berufslebens darbieten. Aber es ist hier zugleich unerlässlich, bei der wissenschaftlichen Feststellung des Zweckes des Gewerksbetriebes den privatwirthschaftlichen Gesichtspunkt nicht aus den Augen zu lassen, und sich vor verwirrenden Eingriffen in andere Gebiete zu hüten. So bestimmt muss hier jener Gesichtspunkt im Auge behalten werden, dass man sich selbst für incompetent erklären muss, über Unternehmungen abzusprechen, welche mit ihren Erzeugnissen geschickt auf die Thorheiten und Schwächen der Zeit speculiren, ja über solche selbst, deren Erzeugnisse — wie z. B. Branntwein, Opium u. s. w. in Gegenden, die von der Branntwein- oder Opium-Pest angesteckt sind — offenbar und, ohne dass der Unternehmer darüber im Unklaren sein kann, in der hergebrachten Anwendungsform unsägliches Unheil stiften. Die Gewerkslehre muss

Zweiter Theil.
Die gewerkliche Arbeit.

Cap. 5.
Der besondere Charakter der gewerklichen Arbeit.

Die Arbeit ist in technischer und in wirthschaftlicher Beziehung anders geartet, wo sie als Gewerbsmittel der Gewerke, als wo sie als Gewerbsmittel der occupatorischen und Landbau-, sowie der Handelsgewerbe auftritt.

Stellen wir zuvörderst die Gewerksarbeit der Arbeit der occupatorischen und Landbau-Gewerbe gegenüber, so ist zwar hier wie dort die technische Absicht auf eine Dienstbarmachung der Natur — in ihrer Stoff- oder Kapitaleigenschaft — gerichtet; aber während hier die Anstrengung nur entweder einer regelmässigen Occupation, oder Loslösung der Dinge aus ihrer ursprünglichen Verbindung mit der Erdoberfläche, oder einer Leitung der Naturkräfte zur Hervorbringung neuer Stoffe gewidmet ist — und so zwar, dass die menschliche Thätigkeit hierzu nur den ersten Anstoss giebt, die Einleitung trifft: — ist die gewerkliche Arbeit stets auf eine Umwandlung von Stoffen gerichtet, welche bereits der Natur abgewonnen sind. Dass dabei die Naturkräfte, z. B. die Schwere, Kohäsion, Adhäsion, Kapillarität, chemische Verwandschaft, Wärme, auch tausendfältig gebraucht und bezüglich bezwungen werden müssen, thut der Gültigkeit jener Unterscheidung keinen Abbruch.

Das eigentliche technische Arbeitsfeld der occupatorischen und Landbau-Gewerbe ist die Erdoberfläche mit ihren Geschöpfen, mit den an ihr haftenden, oder auf sie einwirkenden Naturkräften; das der Gewerke ist die Masse der von jenen Gewerben erzeugten Güter.

Dort ist daher die Technik der Arbeit weit mehr, wie hier, von den sogenannten Elementarkräften abhängig, und widerstrebt sie zugleich der beliebigen Theilung — der zeitlichen sowohl, wie der persönlichen — weit mehr. Auch dieser Unterschied ist durchgreifend, wenn er auch bei der Vergleichung gewisser einzelner Gewerbsarten aus jeder Gattung minder klar hervortritt. (Bergbau — Baugewerke).

Beinahe alle Gewerksarbeiten sind der Arbeitstheilung zugänglicher, als die meisten Verrichtungen der occupatorischen und Landbaugewerbe. Es giebt in letzteren Gewerben gar keine technischen Verrichtungen, die nicht immer noch komplizirter wären, als die denkbar einfachsten in der Klasse der Gewerke. (Steine vom Kleefeld lesen, vielleicht die einfachste technische Verrichtung in der Landwirthschaft, und doch noch komplizirter, als z. B. das Eintauchen von Streichholzbündeln in die Schwefelmasse, in einer Zündwaarenfabrik.)

Der Unterschied fällt theils zum Vortheil, theils zum Nachtheil der Gewerksarbeit aus. Zum Vortheil: denn mit der Steigerung der Theilung an sich schon, wenn sie nur ökonomisch durchführbar ist, wird eine Steigerung des Rohertrags vorbereitet; und die geringste Kraft des Schwächsten kann noch verwerthet werden. Zum Nachtheil: denn die an sich so erspriessliche, deshalb verführerische, soweit als technisch und wirthschaftlich möglich, getriebene Theilung der Arbeit übt ohne Zweifel einen entgeistigenden Einfluss auf die Arbeiter aus, dem andererseits durch künstliche Mittel entgegengearbeitet werden muss.

Es gilt, die aus der Natur der gewerklichen Arbeit hervorgehenden Vortheile voll zu verwerthen, und die dann hervortretenden nachtheiligen Wirkungen thunlichst zu neutralisiren. Es gilt, aus der grossen Theilbarkeit der Arbeit in den Gewerken den vollen Gewinn zu ziehen, aber in der That auch die einfachsten Verrichtungen den schwächsten Kräften, und, da auch die schwächste menschliche Kraft noch zu komplizirteren Verrichtungen erzogen und in solchen besser verwerthet werden kann, wo irgend thunlich der Maschine zu überweisen. Es gilt weiter, auf alle Mittel bedacht zu sein, welche dem entgeistigenden Einflusse der einfachsten Verrichtung entgegenzuwirken geeignet sind. (Rationelle Bemessung der Arbeitszeit.)

Je unbeschränkter und je einflussreicher auf die Betriebsresultate die Theilung der Verrichtungen in den Gewerken ist, um so mehr muss der Gewerksmann ihr seine volle Aufmerksamkeit widmen; die Frage der Vereinfachung verwickelter oder der Kombination einfacher Verrichtungen ist eine gewerkliche Kardinalfrage, deren Lösung um so schwieriger ist, als zugleich technische und wirthschaftliche Rücksichten dabei mitsprechen, und gemeingültige Regeln dafür nicht aufgestellt werden können; um so wichtiger aber, da Missgriffe auf diesem Gebiete sich nicht alsbald bemerkbar machen, und, wenn sie bemerkbar werden, bereits unwiederbringliche Verluste herbeigeführt haben.

Ein Zuviel kann in der Theilung der Arbeit ebenso verlustbringend werden, wie ein Zuwenig. Die Zuvieltheilung von Verrichtungen, die auf einander angewiesen sind, verführt den Arbeiter zur Trägheit, indem sie ihn zu Pausen nöthigt. Die Zuwenigtheilung führt Zeitvergeudung bei den Arbeitsübergängen herbei. (Sind in einer Streichholz-Fabrik die Verrichtungen des Stabhobelns, Stabtheilens und des Eintauchens der Bunde in die Schwefelmasse so vertheilt, dass für jede Verrichtung eine gleiche Zahl von Arbeitern vorhanden ist, so wird es sich herausstellen, dass die mit der dritten Verrichtung Betrauten wiederholt pausiren müssen; ihre Verrichtung ist zu einfach im Vergleich zu den vorhergehenden. Ebenso bei Erdarbeiten im Ingenieurfach, wenn wenig Kärrner und verhältnissmässig zuviel Einschaufler angestellt sind. Die letzteren müssen pausiren — je länger, je weiter der Kärrnerweg ist. 5 Minuten nothgedrungene Pause in der Stunde verursacht bei 12stündiger Arbeit und 2 Fr. Lohn pr. Tag eine Zeitvergeudung von 30 Arbeitstagen, oder eine Lohnvergeudung von 60 Fr. im Jahr. Andererseits: soll, wer die Bunde schwefelt, auch die Stabtheilung und Bundabmessung mitbesorgen, der Kärrner zugleich Einschaufler sein, so geht Zeit verloren bis die eine Verrichtung vergessen und die andere wieder völlig eingeübt ist.)

Am meisten Vorsicht verlangt die Theilung solcher Verrichtungen, welche an das Künstlerische anstreifen. (In Uhren-Fabriken sind alle dem Werke geltenden Verrichtungen so weit getheilt, dass das Poliren der Schraubenköpfe selbst verschiedene Gruppen von Arbeitern erfordert; aber die künstlerische Decoration der Gehäuse, z. B. der Holzgehäuse von Regulatoren und Pendulen, ruht doch meist von der gröbsten Laubsägen- bis zur feinsten Grabstichel-Arbeit in einer Hand.) Zuvieltheilung würde hier der Formen- und Farbenharmonie Eintrag thun.

Von so grossem Einflusse ist die richtige Erkenntniss der Natur des einzelnen Geschäftes rücksichtlich seiner Theilbarkeit, dass sie und eine ihr entsprechende Disposition oft die Ersparung grosser

Lohnsummen und die Vervielfältigung des Gesammtergebnisses des Betriebes selbst binnen kurzer Zeit ermöglicht.

Das, was man **Arbeitsdisposition** nennt, d. h. die Vertheilung der nöthigen Arbeiten auf einen gewissen Zeitraum und unter das verfügbare Arbeitspersonal, ist für den Betriebsvorsteher einer gewerklichen Unternehmung beinahe noch ein wichtigeres Geschäft, als z. B. für den einer landwirthschaftlichen. Die Fehler der, meist für längere Perioden im Voraus zu treffenden, gewerklichen Arbeitsdisposition treten minder rasch zu Tage und lassen sich minder leicht korrigiren. In der Landwirthschaft lässt sich eine Aenderung in der Disposition schon deshalb leichter treffen, weil meist sämmtliche Arbeiter, wenn auch nicht gleich gut, zu sämmtlichen Verrichtungen verwendet werden können. —

Von der Arbeit im Handelsgewerbe unterscheidet sich die eigentliche Gewerksarbeit insofern, als jene vorwiegend **geistige Thätigkeit** ist, während diese, als auf Formenveränderungen gerichtet, gleichzeitig Anforderungen an die **Ausbildung und Zähigkeit der Körperkräfte** erhebt.

Dies tritt bei kleinen Unternehmungen in beiden Zweigen gewerblicher Thätigkeit ebenso deutlich hervor wie bei grossen, bei den Gehülfen ebenso wie bei den Unternehmern.

Der wesentlichste Theil der Unternehmerarbeit ist hier wie dort vorwiegend geistiger Natur. Aber der Vorsteher eines Handelsgeschäftes disponirt nur über die Erwerbung und Veräusserung von Rechten, der Gewerksunternehmer disponirt zugleich über die **Formveränderung von Stoffen**, und zwar wird seine Unternehmerarbeit um so bessere Früchte tragen, je mehr sie unterstützt ist durch die vollkommene Kenntniss und Beherrschung der technischen Verrichtungen, welche die Formveränderung der Stoffe erheischt.

Der Gewerksunternehmer muss zugleich Meister sein in allen den **Stoffarbeiten**, welche in seiner Unternehmung vorkommen. Nicht dass er ohne Weiteres müsste eintreten können an die Stelle jedes seiner Gehülfen; allein beurtheilen können muss er die technische Leistungsfähigkeit und Leistung jedes von ihnen, und dazu gehört neben dem Wissen auch das Können. Nicht umsonst legt man insbesondere beim Hinweis auf diejenigen unserer Industrieheroen, welche sich aus der Stellung gewöhnlicher Handarbeiter emporgeschwungen haben zu ihrer nachmaligen Grösse, Gewicht darauf, dass ihre Carrière sie auch das Handwerksmässige an der Technik vollkommen gelehrt, dass ihnen neben der kühnen Kombinationsgabe, neben der unbeugsamen Willenskraft, neben dem kaufmännischen Blick auch die Meisterschaft in der Behandlung des Stoffes fördernd zur Seite gestanden habe.

Die Gehülfen der Handelsunternehmer beschäftigen sich ebenfalls entweder gar nicht mit sogenannter Handarbeit, oder nur mit sehr einfachen, verhältnissmässig leicht zu erlernenden Manipulationen, welche noch dazu niemals unter ihre wesentlichen gewerblichen Vorrichtungen gerechnet werden können.

Die Gehülfen der Gewerksunternehmer sind sämmtlich, etwa nur mit Ausnahme der den merkantilen Theil des Geschäftes besorgenden Komtoristen in Grossunternehmungen, Handarbeiter. Eine wie einfache, oder wie komplizirte Verrichtung ihnen obliegen mag — sie sind sämmtlich mittelbar oder unmittelbar betheiligt an jedem einzelnen Erzeugniss des betreffenden Unternehmens und jedes solche Erzeugniss ist das Resultat einer Stoffveränderung.

Aus diesem Unterschiede ergiebt sich die Nothwendigkeit einer anderen Vorbereitung für die gewerkliche, als für die Handels-Arbeit. Gewerksunternehmer — im Klein- wie im Grossbetriebe — müssen zugleich in der gewerklichen und in der kaufmännischen Technik, Gewerksgehülfen — je nach dem Posten, den sie einnehmen — entweder gleich den Unternehmern in dem einen und dem anderen Zweige, oder nur in der gewerklichen Technik vorgebildet sein. An die Bildung des Gewerksunternehmers und gewisser Kategorieen von Gewerksgehülfen werden vielseitigere Ansprüche erhoben, als an die der Unternehmer und Gehülfen im Handelsgewerbe; an die übrigen Kategorieen der Gewerksgehülfen — die eigentlichen sogenannten Handarbeiter — doch ganz andere Ansprüche, als an alle eigentlichen Handelsgehülfen. Zwischen der nöthigen Vorbildung der Unternehmer und gewisser Kategorien von Gehülfen besteht ein grösserer Unterschied in quantitativer und qualitativer Richtung, als zwischen der nöthigen Vorbildung der Unternehmer und aller Gehülfen im Handelsgewerbe. Die grössere Gleichartigkeit der Vorbildung hier (der Chef eines Handelshauses arbeitet neben seinen Komtoristen und meist an gleichartigen Aufgaben) führt auch zu einer grösseren Gleichartigkeit der gesellschaftlichen Stellung. Während der Abstand der Bildung und die Verschiedenartigkeit der Arbeitsaufgaben dort (Beides tritt bei Kleinunternehmungen minder, bei grossen meist sehr scharf hervor) grosse Rangunterschiede begründet und z. B. das Vorurtheil einer angeblichen „natürlichen Feindschaft zwischen Arbeit und Kapital" mit begünstigt hat.

Cap. 6.

Die Arbeit des Unternehmers insbesondere.

Nur in ganz kleinen Gewerksunternehmungen reicht die eigene Arbeitskraft des Unternehmers und etwa seiner Familie für den Geschäftsbetrieb aus. Mit der Grösse der Unternehmung steigt die Zahl der erforderlichen fremden Hülfskräfte, und zwar in keiner anderen Gattung von Gewerben in so starkem Verhältnisse, wie in den Gewerken.

Die Zahl der erforderlichen Hülfsarbeiter (vergl. auch Cap. 12. unten) richtet sich theils nach der Grösse, theils nach der Art des Betriebes, theils nach der Leistungsfähigkeit der zur Verfügung stehenden Hülfsarbeiter, theils endlich nach der Leistungsfähigkeit des Unternehmers.

Die Arbeit ist das geistige Element in der Wirthschaft. Der Unternehmer vermag mit seiner eigenen Kraft um so mehr zu leisten, je umfassender dieselbe und je besser geschult sie ist. Ein begabter und rationell vorgebildeter Gewerksmann kann mit dem halben Aufwand für fremde Arbeit oft mehr leisten, als ein unbegabter und mangelhaft vorgebildeter mit dem doppelten Aufwande.

Die Leistungsfähigkeit der Unternehmer wird da durchschnittlich am grössesten, es wird da verhältnismässig am wenigsten fremde Hülfe bei den Gewerksunternehmungen erforderlich sein, wo die den verschiedenartigen Unternehmerstellungen entsprechenden Bildungsanstalten — Elementarschulen, höhere allgemeine Bildungsanstalten, niedere und höhere Fachschulen — in genügender Anzahl vorhanden, am zweckmässigsten eingerichtet sind, und am meisten benutzt werden.*)

---

*) Wer möchte leichtfertig genug sein, diese Planmässigkeit mit Rücksicht auf die zahlreichen Beispiele des raschen Emporkommens völliger Autodidakten für überflüssig zu erklären? Es kommt bekanntlich auch in dem glücklichst angelegten Volke immer erst auf viele Tausende ein wahres Genie. Ein Genie kann Grosses leisten, auch ohne systematisch zu den Leistungen vorgebildet zu sein, welche das Leben von ihm fordert. Die grosse Masse der mittelmässig Begabten wird, wie in allen Lebensstellungen, so auch in den gewerklichen Fächern, um so Tüchtigeres leisten, je bessere Gelegenheit ihr dargeboten ist zur Erlangung einer gründlichen allgemeinen und fachwissenschaftlichen Bildung und je eifriger diese Gelegenheit von ihr benutzt wird.

Bildungsgang und Bildungsanstalten müssen andere sein für Solche, die sich für Klein-, als für Solche, die sich für Grossunternehmungen vorbilden wollen.

Wo frühzeitiger Beginn der Erwerbsarbeit geboten, und zugleich der Anfang der Unternehmung keine hohen Anforderungen an die Kapazität des Unternehmers stellt, mag es genügen, der Elementarschule alsbald die Handwerksübung, welche nur Zeit lassen muss zum Besuch einer niederen gewerklichen Fachschule, und dieser Bildungsperiode dann eine weitere folgen zu lassen, in der der künftige Meister, am besten in verschiedenen Ländern, als Gehülfe in verschiedenartig organisirten Unternehmungen seines Faches, gleichzeitig erwerbend und lernend, sich auf seine Selbständigkeit vorbereitet.

Bei der planmässigen Ausbildung für die Leitung einer gewerklichen Grossunternehmung wird die eigentliche theoretische und technische Fachbildung zweckmässig bis auf das reifere Jünglingsalter verschoben, die Zeit bis dahin aber der gründlichen allgemeinen Vorbildung, wie man sie auch von dem Arzt, von dem Advokaten, von dem Lehrer, von dem grösseren Landwirth u. s. w. zu fordern gewohnt ist, gewidmet. Dann mag zweckmässig Gelegenheit zu vorläufiger technischer Uebung und Umschau gegeben, dadurch aber das theoretische Fachstudium nicht allzuweit hinausgerückt werden. Für dieses wären Bildungsanstalten wie die grösseren deutschen Universitäten ganz vorzugsweise geeignet, wenn sie sich entschliessen könnten, den Kreis ihres Studienprogrammes für einige Fächer in gleicher Weise zu erweitern, wie sie es für andere (die Medizin z. B.) seit langer Zeit schon, vielleicht mehr als nöthig, gethan haben, wenn sie die alte, überlebte, längst durchlöcherte Facultäts-Eintheilung beseitigen, und sich ihres Namens (universitas literarum) mehr würdig machen, wenn sie ihre Hörsäle nicht nur einigen, sondern allen sogenannten praktischen Wissenschaften (also z. B. nicht nur der Staatswirthschaftslehre, der praktischen Pädagogik, der Therapie, sondern auch allen allgemeinen und speziellen Gewerbslehren) öffnen wollten. Bis dieser Fortschritt, auf den unsere Zeit hindrängt — auf vielen deutschen Hochschulen ist die Landwirthschaftslehre bereits eingebürgert — vollzogen ist, bilden die technischen Hochschulen — polytechnische Schulen — die geeignete Stätte für das theoretische Fachstudium der künftigen Grossgewerktreibenden. Freilich nur insofern sie den Grundwissenschaften — Natur- und Menschenlehren —

genügenden Raum gewähren, einen konsequenten Fortschritt der Studien von diesen zu den praktischen Wissenschaften gestatten und ermöglichen, und sich frei machen von der ihnen vielfach irrthümlich aufgedrungenen, niemals aber erfüllbaren Verpflichtung, ihre Schüler zugleich handwerksmässig abzurichten.*)

Nach vollendetem akademischen Studium hätte dann erst die eigentlich gewerklich-technische Uebung zu folgen, die ebenso gründlich sein muss, wie jenes, wenn sie auch nicht immer gleichen Zeitaufwand erfordert. Der Gewerksunternehmer muss Meister sein auch in der Technik seines Faches. Franklin's bekanntes Wort: „eine Katze, die Handschuhe anzieht, fängt keine Mäuse" kennzeichnet zur Genüge das thörichte und immer empfindlich bestrafte Vorurtheil, dass eine solche Uebung bis zur Meisterschaft für den künftigen Grossindustriellen eitel Zeitvergeudung sei. Es ist ein schlechter Trost, dass man sich ja für die eine oder andere Seite der Thätigkeit einmal auf einen Associé oder auf einen Angestellten werde verlassen können. Selbst, ob man das kann, vermag man nur zu beurtheilen, wenn man in ihren Funktionen selbst Meister ist.

Die vollständige Vorbereitung auf den Beruf, wenn sie den hier vorgezeichneten Gang verfolgt, erfordert viel Zeit, aber sie ist auch Vorbereitung auf einen grossen und verantwortungsvollen Beruf.

Es bedarf der Erwähnung kaum, dass diese Vorbildung eine harmonische, auf alle Kräfte des Menschen sich erstreckende sein muss.

Lesen wir in dem Buche der Geschichte unseres industriellen Fortschrittes! Die Träger jener Namen, welche wie Gestirne hervorleuchten aus der grossen Masse industrieller Unternehmer — sie sind nicht nur ausgezeichnet durch die Fülle des Wissens, sondern gleich ausgezeichnet durch Reichthum des Gemüths und der Willenskraft; die Grössesten auf diesem Gebiete haben auch als Menschen immer weit über dem Niveau des Gewöhnlichen gestanden.

---

*) Diesem Ideale strebt neuerdings mit Eifer und Erfolg die 1833 begründete, 1865 reorganisirte, polytechnische Schule zu Karlsruhe zu, welche u. W. auch die erste derartige Anstalt ist, auf der neben den naturwissenschaftlichen den wirthschaftswissenschaftlichen Disziplinen, und zwar neben den spekulativen auch den praktischen, der ihnen gebührende Raum gegönnt wird. (Vergl. das Programm der Grossh. Badischen polytechnischen Schule zu Karlsruhe für das Studienjahr 1867—68. Karlsruhe, Malsch u. Vogel. 1867. und den Aufsatz über „die polytechnische Schule zu Karlsruhe" in No. 775 des „Bremer Handelsblattes" vom 18. August 1866.

Die Verstandesbildung, ganz abgesehen davon, dass mit ihrer Hülfe der Plan der ganzen Unternehmung, sowie die Betriebseinrichtung, entworfen, die besten Bezugsquellen für die Gewerkskapitalien, die besten Märkte für den Absatz der Gewerkserzeugnisse aufgesucht werden, hilft das richtige Maass für die Benutzung fremder Arbeitskraft und die zweckmässigste Art der Erwerbung und Anwendung derselben bestimmen.

Die Gemüthsbildung befähigt den Unternehmer, das Interesse der Gehülfen an das seinige zu fesseln, und sie nach den Forderungen der Billigkeit zu behandeln.

Die Charakterbildung ist des guten Beispiels wegen und deshalb unentbehrlich, weil es der Gewerksmann vielfach mit ungebildeten Arbeitern zu thun hat, die nur mit grosser Willenszähigkeit und Energie an treue Pflichterfüllung zu gewöhnen sind.

Endlich ist die Gesundheit des Körpers, also die normale Ausbildung der Körperkräfte, eine Vorbedingung der Gesundheit der Seele, und jede Gewerksunternehmung erfordert auch da, wo nicht lediglich sogenannte Handarbeiten in Frage kommen, also auch bei dem Unternehmer, und zwar auch bei dem Grossunternehmer, körperliche Rüstigkeit, Ausdauer und Gewandtheit; letztere um so mehr, weil der Unternehmer, wenn er auch selten bei einzelnen Verrichtungen selbst mit Hand anlegen kann, doch alle Verrichtungen selbst am besten verstehen und in allen Anleitung geben können muss.

Cap. 7.

Erwerbung der gewerklichen Hülfsarbeit.

Das Zugeständniss, dass die Sklaverei, die Leibeigenschaft und andere Unfreiheitsverhältnisse für gewisse Kulturstufen wirthschaftlich und politisch berechnete Institutionen sind, beeinträchtigt in keiner Weise die Annahme von der ausschliesslichen Vernünftigkeit völliger Freiheit des Miethhandels mit Arbeit auf höheren Stufen der menschlichen Kultur. Ja man kann an der Hand der Kulturgeschichte die Richtigkeit der Annahme darthun, dass die Kultur der Menschheit Schritt hält mit der Beseitigung der Beschränkungen jener Freiheit.[*]

---

[*] Dieser Gedanke ist in ausgezeichneter Weise durchgeführt in dem schätzbaren Werke von H. A. Mascher: „Das deutsche Gewerbewesen von der frühesten Zeit bis auf die Gegenwart." Potsdam. Eduard Döring. 1866.

Eine Theorie, wie die unsrige, soll zwar nicht beschränkte, lokale, sondern allgemeine Gültigkeit haben. Aber es hiesse, ihr zuviel zumuthen einerseits und doch ihre Aufgabe zu gering schätzen andererseits, wenn man von ihr fordern wollte, bei ihren Rathschlägen das unter allen denkbaren gegebenen Verhältnissen augenblicklich Erreichbare, anstatt des nach den geläutertsten Anschauungen der höchsten Kulturstufen allgemein Erstrebenswerthen in's Auge zu fassen.

Entspricht irgendwo die Unfreiheit der menschlichen Arbeit den augenblicklichen Kulturverhältnissen, so steht doch ausser Zweifel, dass auch da der Uebergang zu einer höheren Kulturstufe begleitet, vielleicht sogar angeregt und eingeleitet werden muss von einem Fortschritt in der Befreiung der Arbeit, und dass die vollkommene Freiheit der letzteren zur Signatur der höchsten uns bekannten Stufen der Kultur gehört.

Wir sind daher berechtigt, in einer Wissenschaft, welche die Grundsätze des rationellen Gewerksbetriebes zu entwickeln hat, diejenigen Erwerbungsarten der gewerklichen Hülfsarbeit von unserer näheren Betrachtung auszuschliessen, welche, wie die Erwerbung auf dem Wege des Kaufhandels oder der Vererbung, oder der Unterjochung — Sklaverei —, oder die Erwerbung auf Grund von Realrechten — Leibeigenschaft — völlige Vernichtung der selbständigen Persönlichkeit oder persönliche Unfreiheitsverhältnisse begründen, und bereits überholten Kulturepochen eigen sind.

Wir vermögen keine andere Art der Erwerbung der gewerklichen Hülfsarbeit — abgesehen natürlich von der, welche Familienangehörige beim Kleinbetrieb leisten — für rationell anzuerkennen, als die sich als Ergebniss eines Miethhandelsgeschäftes darstellt, wo der Unternehmer als Arbeit-Begehrer, der Gehülfe als Arbeit-Anbieter auftritt, der Lohn — Miethpreis der Arbeit — durch freies Einverständniss festgesellt wird.

In beider Kontrahenten — des Miethers und Vermiethers — Interesse liegt es, dass Beschränkungen des Angebots und der Nachfrage, wie sie bald in der Gestalt der staatlichen Mitwirkung bei'm Arbeitsvertrag, bald in der Gestalt der Aus- oder Zuwanderungs- und Niederlassungs-Erschwerung erscheinen, nicht aufkommen, oder bestehende solche Beschränkungen beseitigt werden. Denn nur unter dieser Bedingung kann sich das durch den Vertrag zu begründende Verhältniss den beiderseitigen individuellen Bedürfnissen, welche nur die Kontrahenten selbst richtig zu beurtheilen verstehen, entsprechend gestalten.*)

Der Miethhandel mit Arbeit begründet verschiedenartige Rechts- und wirthschaftliche Verhältnisse je nach der Art der ermietheten Leistungen, je nach dem zu Grunde gelegten Maasse der Lohnberechnung, je nach der vereinbarten Form der Lohnzahlung.

Der erste dieser Gesichtspunkte führt zu der Eintheilung des gewerklichen Hülfspersonals in:
1) Leitungsgehülfen, z. B. Werkmeister, Werkführer, Faktoren, Fabrikaufseher, Betriebsdirektoren;
2) Hülfspersonal für den merkantilen, oder rechnerischen Theil des Geschäftes, z. B. Komtoristen, Buchhalter, Kassirer;
3) Eigentliche sogenannte Handarbeiter, Gesellen, (in manchen Unternehmungen Gehülfen genannt), Fabrikarbeiter, Hausarbeiter (in sogen. Manufaktur-Gewerken).

Der zweite Gesichtspunkt führt zu der Eintheilung in:
1) Zeitarbeiter, welche ihren Lohn — Tagelohn, Wochenlohn, Jahrgehalt — nach der Arbeitszeit empfangen;
2) Stück- oder Verdung- oder Accord-Arbeiter, welche einen im Voraus bestimmten Lohnsatz für ein im Voraus festgesetztes Arbeitsquantum empfangen;
3) Antheils- oder Quoten-Arbeiter, welche einen bestimmten Antheil des Roh- oder Reinertrages des Unternehmens als Lohn empfangen;
4) Arbeiter, welche nach mehreren der vorgenannten Arten zugleich gelohnt werden.

Nach der Form der Lohnzahlung ist zu unterscheiden zwischen
1) Geldlohnung;
2) Naturallohnung;
3) Gemischter (Geld- und Natural-) Lohnung.

Die weiter unten folgende Kritik der verschiedenen sich darbietenden Lohnberechnungs-Maasse und Lohnzahlungs-Formen wird zu verschiedenen Ergebnissen kommen, je nachdem sie die eine oder andere Kategorie von Gewerksgehülfen ins Auge fasst.

---

*) Vergl. die Artikel „Arbeit", „Gewerbe", „Gewerbefreiheit" in Rentzsch's Handwörterbuch der Volkswirthschaftslehre. Leipzig. Gustav Mayer. 1866.

Cap. 8.

Höhe des Lohnes.

Man mag mitunter Anlass haben, vom Standpunkte des Arbeitgebers, oder des Arbeiters aus es zu beklagen, dass, wie die Kauf- und Miethpreise der Güter, so auch die Miethpreise der Arbeit unter dem Gesetze der Konkurrenz stehen, dass sie abhängig sind von dem Verhältnisse zwischen Nachfrage und Angebot, jenen prägnanten Formen, in denen schliesslich eine grosse Fülle verschiedenartiger Bedürfnisse und Motive ihren Ausdruck findet; aber ändern lässt sich daran nichts. Man kann es im Interesse eines grossen Theiles der Bevölkerung beklagen, dass in jenem Kampf der Konkurrenz die bittere Noth tagtäglich und Jahr aus Jahr ein Millionen zu nothgedrungenen Arbeits-Anbietern und Lohn-Begehrern macht, denen die Freiheit, ihr einziges Kleinod vom Markte zurückzuhalten, oder zurückzuziehen, nichts nützt, da der Gebrauch dieser Freiheit nichts Anderes bedeuten würde, als die Wahl des schnellen Selbstmordes anstatt des langsamen, der sich in der Preisgabe jenes Kleinodes zu weitaus nicht entsprechenden Bedingungen darstellt; aber jener, bisweilen grausame, Kampf der Konkurrenz, der der Ausdruck eines Naturgesetzes ist, lässt sich durch künstliche Institutionen, die minder grausam wären, als er, nicht ersetzen; tausendfältige Erfahrungen zeigen, dass Eingriffe der bestehenden Gewalt in jenen Kampf der Interessen — mochten sie nun der einen oder der anderen Partei Schutz gewähren wollen — zu den Gefahren, die sie beseitigen wollten, nur neue Gefahren häuften.

Wenn Engel in einer seiner neueren wissenschaftlichen Kundgebungen*), der wir manchen hellen Lichtblick und manche fruchtbare Anregung verdanken, erst in Abrede stellt, dass der Arbeitslohn in der Regel das Ergebniss eines freien Vertrages zwischen Arbeitgeber und Arbeitnehmer sei und lediglich durch Angebot und Nachfrage bestimmt werde; dann, nach einer Kritik der auf die Lösung der sogenannten „sozialen Frage" gerichteten Versuche an-

---

*) „Der Arbeitsvertrag und die Arbeitsgesellschaft", Vortrag, gehalten am 16. März 1867 in der Juristischen Gesellschaft zu Berlin von Dr. E. Engel. Abgedruckt in Heft 2. Jahrg. 5. des „Arbeiterfreundes" (Halle, Waisenhaus-Buchh. 1867.) Vergl. insbesondere S. 133, S. 144 u. S. 146 ff. des genannten Heftes.

deutet, dass das „Laisser aller, laisser faire" diese Lösung sowenig wie der Kommunismus und Sozialismus herbeizuführen vermöge, dagegen irgend eine — wir erfahren nicht welche — Art von Staatshülfe hierzu jedenfalls unerlässlich sei; und, wenn er endlich in dem System der „Partnership of Industry" die glücklichste Lösung für die Zukunft erblickt: so bekräftigt diese Betrachtung in ihrem letzten Theile theilweise das, was in den ersten geleugnet wird. In dem grossen Kampfe der Interessen kommt es nur darauf an, dass jede Partei ihre wahren Interessen begreifen lerne; dazu ist aber die vollste und schrankenloseste Freiheit die beste Schule; selbst Institutionen, wie die, welche der Verf. mit grossem Rechte empfiehlt, würden nie in's Leben treten, wenn der Staat durch Lohn-Reglements oder Einmischung in die Arbeitsvertragsschliessung ihnen das stärkste und wirksamste Motiv abschneiden wollte.

Es ist hier nicht der Ort, in die Tiefen der Lehre vom Arbeitslohne hinabzusteigen, alle jene Bedürfnisse und Beweggründe, welche in dem Angebot und der Nachfrage zum Ausdruck kommen, und die Umstände, unter denen in dem Kampf der Interessen die eine oder die andere Partei den Sieg davontragen muss, zu schildern. Wir müssen uns begnügen, zu konstatiren, dass die Erfahrung hinlänglich dargethan hat, wie die Miethpreise der Arbeit für beide Theile sich da immer noch günstiger gestellt haben, wo der beiderseitigen Konkurrenz völlig freie Bahn gelassen, als wo sie durch künstliche Hindernisse beschränkt ward. Und es mag für den Fall, dass das „Laisser aller, laisser faire" seinen Dienst irgendwo zu versagen schiene, noch auf Folgendes hingewiesen werden. Erstlich darauf, dass die freie Verwerthbarkeit der Arbeitskraft überall, wo sie gewährleistet ist, dies erst seit gestern ist. Zweitens darauf, dass noch heute die civilisirtesten Staaten des civilisirtesten Erdtheiles selbst aller herkömmlichen oder gesetzlichen Beschränkungen jener Freiheit keineswegs ledig sind. Endlich darauf, dass, wo es auch an auffallenden äusseren Beschränkungen fehlt, schon der Begriff der alten Volkswirthschaft dafür gesorgt hat, dass wir in den Grenzen je unseres Heimathlandes — es sei wie immer beschränkt oder ausgedehnt — die natürlichen Grenzen unseres Arbeitsmarktes, der uns anständig zu nähren verpflichtet sei, erblicken. Aus dieser ebenerwähnten Gefangenschaft wird, beiläufig bemerkt, unseren Geist nichts rascher und sicherer befreien, als die grossartige Erweiterung, welche unser Gesichtskreis erfährt, indem die modernen Verkehrsmittel uns von Tag zu Tag mehr vergessen lehren, dass es auf unserem Planeten unerreichbare Fernen gebe.

Anlangend die Höhe des Arbeitslohnes, so sind die Arbeitgeber wie Arbeitnehmer, wie im Gewerbsleben überhaupt, so auch in den Gewerken, bei völliger Freiheit des Miethhandels mit Arbeit dem Gesetz der Konkurrenz unterworfen. Unter der eben angedeuteten Voraussetzung steigt der Miethpreis der Arbeit, wenn das Angebot nicht ausreicht, die Nachfrage ganz zu befriedigen, und sinkt er, wenn die Nachfrage nicht ausreicht, um das ganze Angebot zu beschäftigen. Es gehen mit dem Wechsel der quantitativen und qualitativen Macht des Angebotes oder der Nachfrage die Löhne über denjenigen Satz hinaus, oder unter denjenigen Satz hinab, welcher den Selbstkosten der Arbeit vollkommen entspricht. *)

Dass dieser Satz, welcher zugleich dem Interesse des Arbeitgebers am meisten entspricht, wirklich erreicht werde — dazu sind die Chancen am günstigsten bei völliger Freiheit des Miethhandels mit Arbeit.

Daraus geht hervor, dass sich Arbeitgeber wie Arbeitnehmer den empfindlichsten Schaden zufügen, wenn sie bestehende Beschränkungen jener Freiheit vertheidigen, oder gar auf neue solche Beschränkungen dringen.

Auf solche Beschränkungen läuft das Zunft- und Konzessionswesen, läuft das Institut der Lohntaxen, läuft die Erschwerung der Freizügigkeit und der gewerblichen Niederlassung hinaus.

Zu den widernatürlichsten unter diesen Beschränkungen gehört das Verbot der Vereinigung von Arbeitgebern mit dem Zweck, die Arbeiter zum Zugeständniss niedrigerer Löhne, und von Arbeitern mit dem Zweck, die Arbeitgeber zur Bewilligung höherer Lohnsätze und sonst günstigerer Vertragsbedingungen zu zwingen. Solche Verbote konnten nur in den Zeiten ausbündigster polizeilicher Vielregiererei und bei vollständiger Unkenntniss oder geflissentlicher Missachtung der Gesetze des Wirthschaftslebens entstehen. **) Dass sie sich auch in den Europäischen

---

*) Zu diesen Selbstkosten rechnet Engel a. a. O. S. 136 sehr richtig ebensowohl die antheilige Wiedererstattung des in der Jugendperiode aufgewendeten Erziehungs- und Bildungskapitales, wie die Erhaltung des Lebens und der Arbeitskraft während der Arbeitsperiode und die antheilige Vorausvergütung der Erhaltungskosten des Lebens während der Altersperiode.

**) Koalitionsverbote finden sich in den Gesetzgebungen fast aller europäischer Kulturstaaten bereits im 17., in einigen schon im 16. Jahrhundert. Meist werden sie wiederholt eingeschärft. So ist auch das (deutsche) Patent Kaiser Karls VI. vom 16. August 1731, Handwerksmissbräuche betr., weder das erste, noch das letzte

Kulturstaaten bis in die neueste Zeit herein erhalten haben, obwohl die Wahrnehmung häufig genug gemacht werden konnte, dass sie nicht aufrecht erhalten werden können, ist ebenso, wie dass selbst industrielle Kreise mehrfach zu Gunsten ihrer Aufrechthaltung die Stimme erhoben haben, noch unerklärlicher, als dass sie überhaupt zu irgend einer Zeit entstanden sind. *)

---

seiner Art, vielmehr eine umständliche Einschärfung alter, bis in den Anfang des 16. Jahrhunderts zurückreichender und der Vorläufer zahlreicher späterer ähnlicher Verordnungen. Die, das Koalitionsverbot enthaltende Bestimmung jenes Patentes im §. 5. (Vergl. G. Emminghaus Corpus Juris Germanici S. 551) lautet folgendermaassen: ...., „wofern aber die Gesellen unter irgend einem Praetext sich gelüsten liessen, einen Aufstand zu machen, folglich sich zusammen zu rottiren, und entweder an Ort und Stelle noch bleibende gleichwohl, bis ihnen in dieser, und jener vermeintlichen Praetension oder Beschwehrde gefüget werde, keine Arbeit mehr zu thun, oder selbst Hauffenweiss auszutreten, und was dahin einschlagenden Rebellischen Unfugs mehr wäre: dergleichen grosse Prevler, oder Missethäter sollen nicht allein mit Gefängnis-, Zucht-Hauss-, Festungs-Bau- und Galleeren-Straffe belegt, sondern auch nach Beschaffenheit der Umständen, und hochgetriebener Renitenz, nicht minder wirklich verursachten Unheils, am Leben gestraffet werden„ „— — Es soll an keinem Ort im Reich, dahin dergleichen muthwillig aufstehende oder austretende Handwerks-Pursche ihre Zuflucht nehmen mögten, denenselben weder in Wirths-Häusern noch sonsten einiger Unterschleif gegeben — vielweniger ein Aufenthalt gestattet oder sie mit Speiss und Tranck versehen — und nicht allein gegen die frevelnde Handwerks-Pursche selbst, sondern auch gegen die Heeler, als Mithelfer derer Aufrührigen, mit obigen Straffen ohnnachlässig verfahren werden."

Dass in Deutschland gegen koalirende Arbeiter auch noch in den Zwanziger Jahren mit ähnlicher Strenge verfahren wurde, geht aus der Flugschrift No. 882. von Moritz Müller in Pforzheim, betitelt „Eine Ansprache über die Arbeitszeit", S. 26 ff. hervor. Die englischen Koalitionsverbote sind erst im Jahre 1824 durch Stat. 5. Geo. IV. c. 95 aufgehoben worden. Die meisten älteren derartigen Verbote betreffen nur die Vereinigungen von Arbeitern, nicht die von Arbeitgebern. Die Aufhebung der Verbote in England zeigt deutlich, wie wenig man die Folgen derselben zu fürchten hat. Denn bei der dortigen centralisirten Industrie ist die Wirkung gut geleiteter Strikes und Trade unions häufig eine sehr drastische. Eine ähnliche Wirkung wird z. B. bei der decentralisirten deutschen Industrie nie zu erreichen sein. Die Bedingungen unter denen z. B. die, auf Staffordshire, Yorkshire und Cleveland konzentrirten englischen Eisenarbeiter arbeiten, sind im Grossen und Ganzen die gleichen. Eine ähnliche Centralisation irgend einer Industrie besteht bei uns fast nirgends.

*) Die fraglichen Verbote sind, obwohl nicht ausdrücklich aufgehoben, in Deutschland lange Zeit hindurch so gut wie vergessen gewesen. Bis dann im Jahr 1864, vielleicht aufgemuntert durch günstige Ergebnisse englischer Arbeitseinstellungen, auch deutsche, (vorzugsweise Fabrik-)Arbeiter fast gleichzeitig in

Es streitet entschieden gegen das Unternehmer-Interesse, gesetzliche Bestimmungen zu empfehlen, (oder, wenn sie bestehen, ihrer sich zu bedienen), welche den Arbeitnehmer verhindern, seine Arbeit vom Markte zurückzuhalten in der Form, welche ihm die wirksamste scheint. Der so gebundene Arbeitnehmer wird stets misstrauisch und widerwillig werden, sobald er die Tendenz und die Tragweite einer

---

mehreren Gegenden, den von Haus aus unverfänglichen Versuch machten, die Bedingungen ihrer Arbeitsverträge auf dem Wege des Strike's günstiger zu gestalten. Wo man die vergessenen Verbote vergessen sein liess, nahmen diese Arbeitseinstellungen meist einen ruhigen Verlauf, glückten, wo sie wohlüberlegt, missglückten, wo sie unüberlegt waren; wo man die fraglichen Verbote mit ihren Strafbestimmungen aufrecht zu erhalten suchte, waren bedenkliche Ordnungsstörungen die Folge. Im Jahre 1866 wurde in der Preuss. II. Kammer ein Antrag auf ausdrückliche Aufhebung der sogen. Koalitionsverbote zum Beschluss erhoben. Die anderen beiden gesetzgebenden Faktoren traten dem Beschluss entgegen. Aber die Regierung forderte die Handels- und Gewerbekammern zu gutachtlicher Aeusserung über den Gegenstand auf. Die meisten eingegangenen Gutachten lauteten der von der II. Kammer vertretenen Anschauung günstig. Wenn von einigen Seiten geltend gemacht wurde, der Gebrauch der durch die Beseitigung der Verbote geschaffenen Freiheit nütze Denen, die sich ihrer bedienen, nie, schade ihnen stets, so war man berechtigt, dagegen einmal auf die Erfahrung und dann auf die bekannten Rechtsparömien: „Beneficia non obtruduntur" und „Volenti non fit injuria" hinzuweisen. Nicht die Freiheit ist gefährlich, sondern, und zwar unter allen Umständen gefährlich ist das Verbot der Koalition. Denn 1) Es kann nicht aufrecht erhalten werden. Ein Gesetz, welches nicht konsequent vollstreckt werden kann, schadet der Achtung vor den Gesetzen. 2) Das Verbot giebt unter Umständen den Arbeitgebern eine exorbitante Gewalt über ihre Arbeiter. 3) Was, wenn es öffentlich geschähe, ganz unverfänglich — Zurückhaltung der Arbeit vom Markte — wäre, doch geschieht, wenn es verboten ist, geschieht nun heimlich, und nimmt so leicht einen bedenklichen Charakter an. 4) Das Verbot beraubt in einem an sich ganz natürlichen und erlaubten Kampfe der Interessen die eine Partei der Waffe, die es der anderen lässt, erzeugt also dort das Gefühl der Rechts- und Schutzlosigkeit, hier das Gefühl der Bevorzugung und die Meinung, als sei diese Bevorzugung ganz in der Ordnung. Vergl. auch J. St. Mill Grundsätze der pol. Oekonomie. Deutsch von Soetbeer. Hamburg. Perthes-Besser u. Mauke 1864. S. 696 ff. — Trade unions and Strikes, their Philosophy and Intentions by T. D. Dunning, Secretary of the London Society of Bookbinders. Da war es denn in der That nur eine dringende Forderung der Zweckmässigkeit und Klugheit, dass der Norddeutsche Reichstag in seiner Sitzung vom 19. Oktober 1867 die Beseitigung jener Verbote, auch der gegen die Vereinigung von Arbeitgebern gerichteten, beschloss. Nur enthält leider der fragliche Gesetzentwurf Bestimmungen, deren gleichzeitige Gutheissung die Bundesregierung beanstandete, und welche den Erlass des Gesetzes abermals, wenn auch voraussichtlich nur auf kurze Zeit, verzögern.

solchen gesetzlichen Bestimmung einsieht. Nicht darauf gilt es das Augenmerk zu richten, wie man gegen Arbeitseinstellungen sich gesetzlich schützen könne, sondern darauf, wie man jeden Anlass zur Arbeitseinstellung vorsichtig und verständig beseitigen könne. Wer in dieser Richtung das Mögliche gethan, wird den Ausgang eines solchen Unternehmens, wenn es doch einmal gegen ihn veranstaltet werden sollte, ruhig abwarten, und versichert sein dürfen, dass es schliesslich doch zu seinen Gunsten ausschlägt.

Für Unternehmer-Koalitionen die gesetzliche Freiheit zu fordern, wie es der in der vorigen Note citirte Gesetzentwurf thut, ist zwar konsequent und berechtigt; allein diese Freiheit, die Freiheit also, sich zu vereinigen mit der Verpflichtung, gewisse Arbeits-Anbieter gar nicht, oder nur unter gewissen, vereinbarten Bedingungen — z. B. nicht unter dem Zugeständniss höherer, als verabredeter, Löhne — zu beschäftigen, ist eben so werthlos, als ihre Beschränkung thöricht ist. Die Beschränkung kann nicht, aber sie braucht auch nicht, und darf deshalb nicht aufrechterhalten oder begehrt werden. Erlaubte Vereinigungen der gedachten Art haben so wenig Bestand, als unerlaubte. Wer die Verabredung ehrlich hielte, würde sich dadurch selbst meist den empfindlichsten Schaden zufügen; wer sie bricht, ist wortbrüchig.

Die Koalitionsfreiheit der Unternehmer in anderem Sinne, als dem üblichen, kann dagegen zu überaus segensreichen Institutionen benutzt werden. Den Strikes und Trades unions der Gewerksgehülfen können die Unternehmer nichts Wirksameres entgegensetzen, als Vereinigungen mit der Tendenz, sich gegenseitig über zweckmässige Mittel zur glücklichen Regelung des Verhältnisses zwischen Arbeitgebern und Arbeitnehmern Mittheilung zu machen, und auf eine solche Regelung abzielende Institutionen, welche die Einzelnen zu schwach sind, zu unternehmen, mit gemeinschaftlichen Kräften zu errichten. (Unfall-, Altersrenten-Versicherungsanstalten, Fabrikschulen, Krankenhäuser, cités ouvrières.*) Auch von dieser Seite muss, dünkt uns, die Lösung der sogenannten „Arbeiterfrage" einmal angegriffen werden. Ein weites Feld segensreichster Arbeit! —

*) Dieser Gedanke ist weiter ausgeführt in No. 642 des „Bremer Handelsblattes" vom 30. November 1867 in dem Aufsatze: „Vorschlag zur Ausnutzung der Koalitionsfreiheit in besonderer Weise." Vergl. übrigens auch das ganze Capitel 10. unten.

Alles, was im Betreff der Lohnhöhe Gewerks-Unternehmern anzurathen ist, konzentrirt sich in folgenden Sätzen: Die Bewegungen des Arbeitsmarktes müssen genau so sorgfältig beobachtet werden, wie die Bewegungen des Bezugsmarktes für die Kapitalien und des Absatzmarktes für die Erzeugnisse. Die Bestimmung der Lohnsätze muss das Ergebniss dieser Beobachtungen und einer sorgfältigen Ermittelung desjenigen Theiles des Rohertrages des Unternehmens sein, welches der Arbeit der Gewerksgehülfen zu danken ist. Der Lohnsatz, den zu bewilligen die Lage des Arbeitsmarktes zwingt, bildet die unterste, der Lohnsatz, der sich aus jener Kalkulation des Antheiles am Rohertrage ergiebt, bildet die oberste Gränze des Spielraumes rationeller Lohnbewilligung. Nirgends ist es so verderblich, als im Miethhandel mit Arbeit, sich lediglich von der Gewohnheit, oder gedankenloser Nachahmungssucht, statt von verständiger Kalkulation, leiten zu lassen. Die periodisch zu wiederholende Kalkulation wird bald zu höheren, bald zu niedrigeren Lohnsätzen führen. Man sagt, die besten Steuern seien die gewohntesten. Ein gleicher Irrthum widerstrebt der öfteren Aenderung der Lohnsätze, von der nicht verkannt werden soll, dass sie unbequem ist und zwar um so unbequemer, je grösser die Unternehmung. Aber, mit den Lohnsätzen öfter, je nach den Ergebnissen der Kalkulation, zu wechseln, ist minder gefährlich für beide Theile, als lange Zeit lediglich aus Gewohnheit und Bequemlichkeit bei zu hohen oder zu niedrigen Lohnsätzen zu beharren. Die Verhältnisse, welche die Lohnhöhe beeinflussen, ändern sich an sich schon nicht so häufig, dass die Unbequemlichkeit des Wechsels überlästig werden könnte. Und — wenn auch: selbst eine lästige Unbequemlichkeit ist besser für beide Theile, als Ungerechtigkeit.

Wer aber doch mit den Lohnsätzen nicht wechseln mag, als bis die Noth ihn zwingt, mag dieser Noth gewissenhafter gehorchen, wo sie eine Lohnerhöhung, als wo sie eine Lohnreduktion befiehlt. Jedenfalls ist es gerathener, einem Anlass zur Lohnerhöhung Folge zu leisten, sobald man ihn bemerkt, als sich erst durch den Eintritt der üblen Folgen einer ungünstigen Konkurrenz dazu nöthigen zu lassen. Eine rechtzeitige freiwillige Lohnerhöhung ist für beide Theile vortheilhafter, als eine verspätete nothgedrungene. Wie mancher für beide Theile ruinöse Strike wäre abzuwenden gewesen durch die gewissenhafte Befolgung dieser Regel! Wie mancher „Striker" wäre durch eine rechtzeitige freiwillige Lohnerhöhung abgehalten worden, eine viel grössere gebieterisch zu fordern! Wie tief ist das Verhältniss zwischen einem Arbeitgeber und seinen mit Erfolg Strike machenden Arbeitern für alle Zeit untergraben!

Cap. 9.
Kritik der Lohnzahlungs-Arten.

I. **Lohnarten für die eigentlichen sogenannten Handarbeiter.**

A. Lohnung in Naturalien.

Für die, wenigstens theilweise Natural-Lohnung auch in den Gewerken — in den Landbaugewerben ist sie unter Umständen unzweifelhaft geboten (Gesinde) — hört man bisweilen Gründe vorbringen, die viel für sich zu haben scheinen.

Man sagt, diese Art der Lohnzahlung könne manchem Unternehmer deshalb in der Regel willkommen sein, weil sie ihm eine sichere Absatzgelegenheit für einen Theil seiner Erzeugnisse darbiete; man sagt, dem Arbeiter könne sie genehm sein, weil er dadurch vor den ihm gerade besonders fühlbaren Einflüssen plötzlicher Preissteigerung der in natura an Lohnes Statt gegebenen Artikel bewahrt werde, und wenigstens da, wo strenge Rechtlichkeit walte, vor Uebervortheilungen im Betreff der Qualität und Quantität, welche er auch beide zu kontroliren vermöge, gesichert sei; auch könne der Arbeitgeber ihm ohne eigenen Schaden trotz der kleinen Bezüge die Vortheile des Engros-Kaufes zu Theil werden lassen — wegen der Sicherheit des Absatzes und der Baarzahlung des Preises (in der Form des Lohnabzuges).

Hiergegen ist jedoch Folgendes einzuwenden:

1) Die Naturallohnung mit eigenen Erzeugnissen ist in den Gewerken nur in seltenen Fällen durchführbar. (Wie wollte ein Bauunternehmer, ein Maschinenfabrikant, ein Strohhut-Fabrikant Naturallohn mit eigenen Erzeugnissen zahlen? Ein Mehl-, Fleischwaaren-, überhaupt Nahrungsmittel-Fabrikant könnte es allenfalls.)

2) Die Naturallohnung mit anderen Gegenständen, als eigenen Erzeugnissen des Unternehmers (mit Nahrungsmitteln, Wohnung etc.) gewährt einen der gerühmten Vortheile (den des sicheren Absatzes) nicht, und sie, wie die Naturallohnung mit

eigenen Erzeugnissen, wo sie überhaupt möglich ist, hat folgende Nachtheile im Gefolge:

a. Sie nöthigt den Arbeiter zu einer verwickelten Buchführung, da alle ausgegebenen Naturallohn-Beträge vielfach gebucht werden müssen;
b. sie zwingt ihn, von den fraglichen Gegenständen immer grössere Vorräthe zu halten, und den Verderb, oder Preisrückgang zu riskiren;
c. sie belastet ihn mit stetem Misstrauen von Seiten der Arbeiter und setzt ihn fortwährenden, meist ungerechtfertigten, Vorwürfen von dieser Seite aus;
d. der Arbeiter andererseits, wenn er auch durch Vertrag gehalten ist, gewisse Theile seines Lohnes in Naturalien anzunehmen, wird häufig davon mehr, als er bedarf, annehmen, und den Ueberschuss, vielleicht mit Verlust, verkaufen müssen;
e. er ist dem Irrthum und der Uebervortheilung, wenn nicht von Seiten des Arbeitgebers selbst und unter Mitwissenschaft desselben, so doch vielleicht von Seiten der Angestellten desselben, ausgesetzt;
f. mit einem Vorrath von Naturalien wird, namentlich von Mindergebildeten, weniger sorglich gewirthschaftet, als mit einem Geldvorrathe.

Die Nachtheile der Naturallohnung sind für beide Theile offenbar grösser, als die Vortheile, und es wird die erstere deshalb höchstens da und insoweit einzuführen sein, wo und als die Umstände es gebieterisch fordern, wo also der Unternehmer, wenn er überhaupt sich ein genügendes Arbeitsangebot sichern will, z. B. Wohnung und Kost gewähren muss. Auch da indess ist es jedenfalls richtiger, das, unter allen Umständen vertragsmässig festzustellende, Verhältniss formell so zu regeln, dass es nicht den Charakter der Naturallohnung zu haben scheint,*) dass z. B. die Preise für Wohnung und Kost

---

*) Die Herren Karl Mez u. Söhne, Inhaber einer Seidenspinnerei in Freiburg i. B., haben unter anderen Voraussetzungen, als den oben angedeuteten, nämlich unter Umständen, die nicht eben zur Naturallohnung zwingen, aber aus Fürsorge für das sittliche Wohl ihrer Arbeiterinnen — diese Fabrik beschäftigt fast nur weibliche Hände — in der Hauptfabrik zu Freiburg, nicht in den Filialen auf dem Lande, theilweise Naturallohnung eingeführt. Sie beschäftigen in der Hauptfabrik übe

nicht am Lohne abgezogen, sondern besonders, etwa in Monatsraten, von den Arbeitern eingezogen werden. Der Vertrag muss alle denkbaren Garantieen gegen Uebervortheilung von der einen und Misstrauen von der andern Seite, sowie einfache und zweckmässige Bestimmungen in Betreff der — aussergerichtlichen — Schlichtung von Streitigkeiten enthalten.

Gewisse Vortheile der Naturallohnung lassen sich auch, und zwar unter Umgehung der nachtheiligen Folgen, auf anderem Wege erzielen, wie an anderen geeigneten Stellen dieses Buches gezeigt werden wird.

Zwei Formen sind es, in denen die Naturallohnung in den Gewerken vorzugsweise auftritt, nämlich das sogenannte „Truck-" und das „Cottage-System."

Bei dem ersteren wird der Lohn wenigstens theilweise in der Form von Lebensmitteln gezahlt, und zwar entweder unmittelbar, oder durch Anweisungen auf Verkaufsgeschäfte, die von dem Unternehmer unterhalten und für seine Rechnung verwaltet werden.

Bei dem Letzteren wird die Wohnung dem Arbeiter vom Unternehmer beschafft und der Miethszins dem Ersteren auf den Lohn angerechnet.

Das Truck-System kann, wie schon angedeutet, unter gewissen Umständen geradezu geboten, es kann unter Umständen vortheilhaft für beide Theile sein. Ersteres bei Unternehmungen in verkehrsarmen, schwach bevölkerten Gegenden. Letzteres, wenn der Unternehmer auf jeden unmittelbaren Gewinn daraus verzichtet. Der Segen wird dann darin bestehen, dass die Arbeiter die Gegenstände des täglichen Bedarfs in unverfälschter Qualität und zum Engros-Preise beziehen können. Sobald die Lohnzahlung durch Anweisungen erfolgt, ist dem Missbrauche Seitens des Verwalters des Verkaufsgeschäftes freilich Thor und Thür geöffnet.

Im Allgemeinen muss man sagen: Wo das Truck-System geboten ist, wird es zweckmässig so eingerichtet, dass der Arbeitgeber nur

---

100 Arbeiterinnen, welche in einer förmlichen Pension zusammenwohnen, und die Wohnung dem Fabrikherrn mit hauswirthschaftlicher Arbeit — Reinigung des Pensionshauses, Dienst in der Pensionsküche u. s. w. — vergüten, für die Kost aber einen festen Satz — 9 Kr. für den ganzen Tag — bezahlen. Vergl. „Die Betheiligung des Grossherzogthums Baden an der Pariser Ausstellung von 1867. Karlsruhe. Chr. Fr. Müller. S. 73 ff.

als Mittelsperson zwischen den Grossisten, von denen er die Lebensmittel u. s. w. bezieht, und den Arbeitern auftritt. Wo es nicht geboten ist, können seine etwaigen Vortheile auf anderem Wege sicherer erreicht werden. Z. B. durch eine Einrichtung, wie sie die Herren A. Köchlin & Co. in Mühlhausen in ihren Unternehmungen eingeführt hatten, und die darin bestand, dass die Arbeiter die Gegenstände ihres gewöhnlichen Bedarfs — z. B. Holz, Kerzen, Seife, Fleisch, Leinwand etc. — bei gewissen, von der Fabrik ihnen bezeichneten Lieferanten entnehmen, den Preis sich in Beibüchern notiren, die Lieferanten aber die Bezahlung an bestimmten Terminen, und unter Abzug vertragsmässig festgesetzter Rabatte, von der Fabrikkasse sich auszahlen lassen konnten; der ganze in den Beibüchern notirte Preis wurde den Arbeitern dann am Lohne gekürzt, der von den Lieferanten aber gewährte Rabatt Ersteren in einem Spar-Konto gutgeschrieben.*) Diese Einrichtung hatte glänzende Erfolge,**) aber unredliche Lieferanten würden den guten Zweck vollkommen haben vereiteln können. Deshalb ist es jedenfalls richtiger, darauf hinzuwirken, dass die Vortheile der Naturallohnung in Lebensmitteln auf dem Wege der Konsumvereine zu erreichen gesucht werden.***) Hierüber ist jedoch an einer anderen Stelle zu sprechen.

Von dem Missbrauche des Truck-Systems durch herzlose und habsüchtige Unternehmer sind bei Gelegenheit englischer Parlamentsverhandlungen traurige Beispiele zu Tage getreten.†) Dass es völlig verwerflich ist, um solchen Missbrauchs willen die Anwendung des Systems gesetzlich zu verbieten, wie dies in England schon in sehr früher Zeit geschehen, dürfte mit Rücksicht auf die zeitweilige Unentbehrlichkeit der Naturallohnung um so weniger zu bezweifeln sein, als derartige Verbote erfahrungsmässig gar nicht aufrecht zu halten sind.

Auch die Anwendung des Cottage-Systems ist unter Umständen

---

*) Vergl. hierüber Eugène Véron „Les institutions ouvrières de Mulhouse." Paris. L. Hachette u. Co. 1866. p. 171 ff.

**) Nach einer Abhandlung im „Archiv der polit. Oekonomie" N. F. II. S. 876 haben die Arbeiter von A. Köchlin u. Comp. durch jene Einrichtung in 16 Jahren 400,000 Fr. erspart. Vergl. hierüber, sowie über das Truck-System auch W. Roscher „Ansichten der Volkswirthschaft." (Leipzig und Heidelberg, C. F. Winter'sche Verlagshandlung. 1861. S. 219), wo übrigens wohl mit Unrecht die beschriebene Einrichtung als eine Form des Truck-Systems betrachtet wird.

***) Véron a. a. O. p. 172 ff.

†) Roscher a. a. O. S. 220 n. 221. „Manche Herren verlegten die Auszahlung des Lohnes absichtlich in ein von ihnen gehaltenes Wirthshaus"!

geboten, unter Umständen gewiss segensreich. Mit Unrecht haftet den Namen dieser beiden Naturallohnsysteme ein Makel an. Die segensreiche Anwendung ist ebenso möglich wie der Missbrauch.*) Was können die Systeme dazu, dass sie häufig missbraucht wurden? Geboten ist es, Wohnungen für die Arbeiter zu schaffen, wenn man anderenfalls auf ein Arbeitsangebot gar nicht würde rechnen können. Zweckmässig kann es sein, wenn nur schlechte und theure Arbeiterwohnungen vorhanden, aber alle Versuche, Wohnungsbaugenossenschaften in den Gang zu bringen, noch fruchtlos sind. Da wird das Cottage-System, richtig angewendet, sogar erst das rechte Wohnungsbedürfniss wecken. Es kann dann von diesem System leicht zu dem der cités ouvrières und Anderem übergegangen werden. Auch darüber Mehreres an passenderer Stelle. Behandelt man das Cottage-System auch formell als Naturallohn-System, so sind jedenfalls auch hier die oben im Allgemeinen angedeuteten Kautelen (besondere Miethzinszahlung statt Lohnabzuges, Bestimmungen über die Schlichtung von Differenzen) im beiderseitigen Interesse geboten.

B. Zeitlohnung und Stücklohnung.

Ebensowohl Naturallohnung wie Geldlohnung kann berechnet und gezahlt werden nach der **Arbeitszeit** wie nach der **Arbeitsleistung**. Naturallohnung ist zwar gewöhnlich, aber keineswegs nothwendig Zeitlohnung; Stücklohnung ist zwar gewöhnlich, aber keineswegs nothwendig Geldlohnung.

Ist die Wahl getroffen zwischen Natural- und Geldlohnung, so bleibt die andere, zwischen Zeit- und Stücklohnung, zu treffen übrig.

Sie kann einem intelligenten und energischen Gewerksunternehmer nicht schwer fallen. Der Stücklohnung sind durch die Natur der gewerblichen Arbeitsleistungen bestimmte Grenzen gezogen. Innerhalb dieser Grenzen aber kann nur Geistesträgheit oder Beschränktheit, anstatt für die Stücklohnung, für die Zeitlohnung sich entscheiden.

„Unter den Gründen, welche England zum wirthschaftlich ersten Lande der Welt erhoben haben, wird von den dortigen National-Oekonomen das allgemeine Vorherrschen des Stücklohns für einen der wichtigsten gehalten" — sagt Roscher,**) obwohl er selbst, wie

---
*) Fälle des Missbrauches mit dem Cottage-System s. bei Roscher a. a. O. S. 220.
**) Die Grundlagen der Nationalökonomie. 4. Aufl. Stuttgart. J. G. Cotta. 1861. S. 64.

weiter unten gezeigt werden soll, die Grenzen der Nützlichkeit des Stücklohn-Systems zu enge zieht. Michel Chevalier*) bezeichnet die in der Februar-Revolution geforderte gesetzliche Beseitigung des Stücklohnes als „une des prétentions les plus exorbitantes, qui aient jamais été élevées". Die provisorische Regierung habe dieser Forderung niemals offiziell nachgegeben; aber die Arbeiter der grossen Pariser Bauplätze haben sie nichtsdestoweniger bei ihren Arbeitgebern durchgesetzt „comme une conséquence de l'abolition du marchandage". „Die Production" — fährt M. Chevalier fort — ist offenbar bei Stücklohnung eine grössere in einer gegebenen Zeit und für einen gegebenen Lohnbetrag, und gleichzeitig ist der Tagesverdienst grösser. Dieses Lohnsystem ist daher vortheilhaft für die grosse Masse der Bevölkerung, da es die Unzulänglichkeit der Produktion, welche die grösste Gefahr für die Masse ist, beseitigt; es ist insbesondere vortheilhaft für den Arbeiter, weil es seine Einnahme vergrössert."

Wir vermuthen, M. Chevalier habe entweder die Bedeutung des Stücklohns selbst noch nicht hoch genug angeschlagen, oder er sei zu vorsichtig gewesen, den auf Beseitigung des Stücklohns gerichteten Prätensionen mit der vollen Energie entgegenzutreten. Er würde sonst stärkere Motive zu Gunsten dieser Lohnart vorgebracht und in einem Buche über die „Organisation der Arbeit" diesen wichtigen Gegenstand etwas eingehender behandelt haben. Denn in der That statt des Stücklohnes den Zeitlohn vertheidigen, heisst dem Kommunismus das Wort reden.

Die Zeitlohnung hat nicht nur in den Landbaugewerben, sondern auch in den Gewerken ihr ganz bestimmtes Gebiet, dessen Grenzen mit dem Fortschritt der Technik immer enger werden. Sie über ihre aus dem jeweiligen Stande der Technik sich ergebenden Grenzen ausdehnen, heisst in den Miethhandel mit Arbeit ein kommunistisches Element einführen, oder besser, seine nothwendige Verdrängung aus diesem Gebiete vernachlässigen. Wer nach der Arbeitszeit lohnt, wo nach der Arbeitsleistung gelohnt werden könnte, belohnt Trägheit und Ungeschicklichkeit gleich hoch wie Fleiss und Geschick — auf einem Gebiete, wo gar kein Anlass vorliegt, sich dieser Chance auszusetzen. Der Fleissige und Geschickte, wenn er sieht, dass seine Anstrengung und seine Gaben ihn nicht weiter fördern, als den in dieser Beziehung ihm nachstehenden Arbeitsnachbar, wird zuerst miss-

---

*) Lettres sur l'organisation du travail. Paris, Capelle. 1848.

muthig, dann aber spart er Anstrengung und Geschicklichkeit. Die Zeitlohnung, wo sie nicht an ihrem Platze ist, demoralisirt Arbeiter und Arbeitgeber; jenen macht sie missmuthig und träge, diesen macht sie misstrauisch und lieblos.

Wenn in fast allen Gewerbszweigen irgend eines Wirthschaftsgebietes Seitens der Arbeitgeber stets über zu hohe, Seitens der Arbeiter stets über zu niedrige Arbeitslöhne geklagt wird, so kann man mit einiger Sicherheit darauf schliessen, dass der Grund dieser Klagen in einer ungebührlichen und unwirthschaftlichen Ausdehnung der Grenzen des Zeitlohnsystems liegt. Und dann haben in der That beide Theile mit ihren Klagen Recht. Denn es ist eine Eigenthümlichkeit der Zeitlohnung, dass sie das Lohnbudget des Arbeitgebers in die Höhe schraubt, während doch der Arbeiter zu wenig verdient.

Der Zeitlohnung — Tagelohn, Wochenlohn — liegt die mitunter — z. B. bei dem ländlichen Gesinde — unerlässliche, meistentheils aber grundfalsche Anschauung zu Grunde, dass der Miethhandel mit Arbeit nicht eigentlich ein reines Kontrakts-, sondern vielmehr ein persönliches Dienstverhältniss zwischen dem Arbeitsmiether und Vermiether begründe, und dass es in diesem Verhältnisse für den Ersteren nur darauf ankomme, nothdürftig für den Unterhalt des Letzteren zu sorgen, nicht aber ihm für die Leistung zu gewähren, was sie wirklich werth ist, d. h. einbringt. Nicht für den Arbeitsaufwand, sondern wegen des Zeitaufwandes scheint bei der Zeitlohnung Lohn gezahlt zu werden. Und bekanntlich beeinträchtigt das „time is money" die Wahrheit nicht im Mindesten, dass die vom Arbeiter verbrauchte Zeit ein nach jeder Richtung hin unzutreffender Maassstab zur Bemessung des Miethpreises seiner Arbeit ist.

Das Zeitlohnverhältniss ist bei aller sogenannten gemeinen Handarbeit recht eigentlich das Gebiet, auf dem man die Gültigkeit des „ehernen Gesetzes vom Arbeitslohn" im Ricardo-Lassalle'schen Sinne, wenn auch selbst hier noch mit einigen Einschränkungen, zugeben kann. Wer für die Leistungen, welche in quali et quanto das Ergebniss der Zeitlohnung zu sein pflegen, soviel zahlt, als zur nothdürftigen Erhaltung der Arbeitskraft erforderlich ist, wird oft genug noch mehr zahlen, als er vor sich verantworten kann.

Es ist unrichtig, wenn man in das rechtmässige Gebiet der Zeitlohnung diejenigen Verrichtungen mit einbezieht, welche besondere Aufmerksamkeit und Sorgfalt erheischen, und nur mit Mühe in qualitativer Beziehung kontrolirt werden können. (Auch Roscher a. a. O., vergl. besonders S. 66. Anm. 4. — scheint jenes Gebiet so weit ausdehnen zu wollen.)

Solche Verrichtungen sind der Stücklohnung an sich noch keineswegs unzugänglich. Im Gegentheil: sie eignen sich um so besser für Stücklohnung, weil hier die Kontrole ihre ganze Aufmerksamkeit auf die Qualität konzentriren kann.

Die Beaufsichtigung von Accordarbeitern ist unter allen Umständen leichter; denn nicht auf die Quantität, sondern nur auf die Qualität der Leistungen braucht sie sich zu erstrecken.

Wer Tagelöhner beaufsichtigt, muss treiben — ein sehr unangenehmes Geschäft! — und korrigiren; wer Accordarbeiter beaufsichtigt, braucht höchstens zu korrigiren.

Bei Zeitarbeitern ist die Neigung überhin zu arbeiten, ebensowohl vorhanden, wie bei Stückarbeitern. Bei jenen geht sie aus der Berechnung hervor, dass die Ruhepausen um so länger werden, je schneller das Pensum abgethan; bei diesen aus der viel gerechtfertigteren Spekulation auf Mehrverdienst.

Mag sein, dass die qualitative Kontrole der Stückarbeit unbequemer ist, als die der Zeitarbeiter; denn sie involvirt dort eine Arbeitsstörung, also eine Lohnverringerung, die scheinbar der Aufseher verschuldet; aber sie ist nicht unbequemer, als die zwiefache Kontrole, deren die Zeitarbeit bedarf, und nicht so gehässig, als die quantitative Kontrole — das Antreiben der Lässigen zum Fleiss — bei der letzteren.

Die Stücklohnung verbürgt grössere Leistungen, gerechtere Lohnvertheilung, grössere Ersparniss an Aufsichtskosten, als die Zeitlohnung — Vortheile also, die gar nicht hoch genug angeschlagen werden können.

Aber, wie schon angedeutet, ihr Gebiet hat seine Grenzen.

Welches ist das Kriterium für die Durchführbarkeit der Stücklohnung?

Im Allgemeinen muss man sagen: Sie ist durchführbar bei allen Arbeiten, welche sich in deutlich unterschiedene und selbständige Leistungseinheiten theilen lassen.

Da dieses Moment nicht bei allen Gewerksarbeiten zutrifft, ist sie eben auch nicht bei allen anwendbar. Aber die Fortschritte der Technik helfen dazu, die Grenzen ihrer Anwendbarkeit auszudehnen, und sorgfältige Ueberlegung, gepaart mit genauer Kenntniss der technischen Verrichtungen, vermag ihr Gebiet überall noch weit über die gewohnheitsmässig innegehaltenen Grenzen hinaus zu erweitern.

Sie ist im Allgemeinen besser durchführbar in grossen Geschäften, wo fortwährend viele Erzeugnisse ein und derselben Form, Grösse, Beschaffenheit gefertigt werden, als in kleinen, wo die einzelnen Erzeugnisse sehr verschiedenartig sind, auch vielleicht die Arbeit der Erzeugung neuer Artikel durch Reparaturarbeit häufig unterbrochen wird. (Kleine Schneiderwerkstatt — grosse Kleiderfabrik: mechanische Reparaturwerkstatt, kleines Uhrmachergeschäft — Maschinenfabrik, Uhrenfabrik; Baugewerken, die sich mit Ausbesserungen begnügen müssen — Neubau-Unternehmer; Kettenzieher — Erdarbeiter beim Ingenieurgewerbe.)

Nicht zufällig, sondern aus Gründen, die völlig auf der Hand liegen, hat gerade da, wo die persönliche Arbeitstheilung, auch die Stücklohnung den weitesten Spielraum. Denn auch persönlich theilbar sind diejenigen Verrichtungen am meisten, die sich in deutlich unterschiedene und selbständige Leistungseinheiten theilen lassen. Damit ist aber glücklicherweise nicht gesagt, dass die Gefahren der weitgetriebenen Arbeitstheilung (vergl. Kap. 5 oben) auch die weitgetriebene Stücklohnung bedrohen. Es ist durchaus nicht nöthig, dem Accordarbeiter stets die nämlichen Leistungen zu überweisen.

Wenn sogenannte qualifizirte Leistungen (Roscher a. a. O. S. 64) für der Stücklohnung widerstrebend gehalten werden, so kann diese Anschauung nur dann begründet sein, wenn auf sie das obige Kriterium keine Anwendung findet. Dass aber auch intelligente und berechnende Unternehmer solche Leistungen (z. B. einen besonders schwierigen Schriftsatz) häufig nicht in Accord geben, beruht darin, dass solche Leistungen solchen Arbeitern übertragen zu werden pflegen, die des Antriebes zum Fleiss, welchen der Stücklohn gewährt, nicht erst bedürfen. —

Die Einführung der Accordarbeit oder die Erweiterung ihres Gebietes scheitert oft nicht sowohl an dem Mangel an Einsicht in ihre Vortheile, als an den Schwierigkeiten und Unbequemlichkeiten der Berechnung angemessener Accordlohnsätze. Diese Schwierigkeiten und Unbequemlichkeiten sind unzweifelhaft vorhanden. Aber ihre Ueberwindung macht sich bezahlt wie jede andere verständige

Thätigkeit; die Scheu vor ihnen rächt sich wie jede Scheu vor einer anderen nothwendigen Anstrengung.

Für die Berechnung der angemessenen Accordlohnsätze bieten sich zwei Methoden dar die eine möchten wir die Methode der Umrechnung, die andere die Methode der Schätzung nennen.

Bei der ersteren Methode geht man von dem in dem betreffenden Geschäft und bei der betreffenden Verrichtung bisher im Durchschnitt längerer Perioden gezahlten Zeitlohn einerseits und von der bisher bei dieser Lohnung beobachteten durchschnittlichen Leistungsfähigkeit eines fleissigen Arbeiters mittlerer Befähigung andererseits aus.

Verdiente ein fleissiger Arbeiter mittlerer Befähigung bisher wöchentlich 18 Fr. und brachte er in dieser Zeit durchschnittlich 100 gleiche Leistungseinheiten der betreffenden Art fertig, so kann man die Leistungseinheit künftig für 0. 18 Fr. in Accord geben. Man wird zu gewärtigen haben, dass dem fleissigen Arbeiter mittlerer Befähigung künftig vielleicht 20 Fr. pr. Woche gezahlt werden müssen; dagegen werden minder fleissige und minder geschickte Arbeiter künftig vielleicht nur 16 Fr., statt wie bisher 18 Fr., pr. Woche verdienen. Und, wenn alle 20 Fr. verdienten, so würde man eben (die Zahl der Arbeiter $= x$ gesetzt) künftig für x. 20 Fr. x. 111.22 Leistungseinheiten erwerben, während man früher für vielleicht x. 90 Leistungseinheiten x. 18 Fr. pr. Woche zahlen musste; man würde aber ausserdem noch verhältnissmässig an Unterhaltungskosten für Maschinen, Werkzeuge und Geräthe ersparen und die Aufsichtskosten wesentlich reduziren können.

Diese einfache Umrechnungsmethode wird sich überall für die erste Zeit des Ueberganges vom Zeitlohn zum Stücklohn empfehlen; es wird aber nöthig sein, an ihre Stelle später die andere, die Schätzungs-Methode zu setzen, welche zugleich über die Frage Auskunft ertheilt, ob und wie viel man eventuell weniger oder mehr Lohn verausgabt, als man nach der Lage der betreffenden Unternehmung verausgaben sollte, oder verausgaben darf.

Die Anwendung dieser zweiten Methode erheischt eine sorgfältige auf Grund der Bücher anzustellende Berechnung desjenigen Theiles des Rohertrags der ganzen Unternehmung, welcher als Antheil der betheiligten Lohnarbeiter zu betrachten ist.

Empfing man für eine gewisse Quantität von Erzeugnissen im Durchschnitt einer längeren Geschäftsperiode 1000 Fr. und betrugen die sämmtlichen Herstellungskosten, einschliesslich der Kosten für fremde Aufsicht, aber ausschliesslich aller eigentlichen Arbeitslöhne, 800 Fr., und ist eine Fortdauer dieser Verhältnisse zu erwarten, so wird man sich, wie bisher, so auch künftig, als Unternehmer mit den Lohnarbeitern in den durchschnittlichen Rest von 200 Fr. zu theilen haben. Günstige Konkurrenz, d. h. reichliches Arbeitsangebot, kommt dem Unternehmer, ungünstige Konkurrenz, d. h. schwaches Arbeitsangebot, kommt den Lohnarbeitern zu Gute. Man wird also vielleicht bald 60, bald 40 Fr. als eigenen Gewinn rechnen, also bald 140, bald 160 Fr. als Antheil der betheiligten Lohnarbeiter verrechnen können.

Diesen Betrag auf die Leistungseinheit repartirt, ergiebt den angemessenen Stücklohn, der also, angenommen, dass das um 1000 Fr. verkaufte Quantum aus 100 Stück besteht, im Falle reichlichen Arbeitsangebotes auf 1.4 Fr., im Falle schwachen Arbeitsangebotes auf 1,6 Fr. zu stehen kommen würde.

Nun verdient der fleissige Arbeiter ebenso wie der träge, im günstigen Falle 1.6 Fr., im ungünstigen 1.4 Fr. per Stück, jener aber vielleicht 18.2 und bezüglich 16.8, dieser aber vielleicht nur 14.4 und bezüglich 12.6 Fr. per Woche.*)

Es braucht kaum noch ausdrücklich erwähnt zu werden, dass die Schätzungsmethode nur bei Zugrundelegung der Durchschnittspreise längerer Perioden zu maasgebenden Resultaten führen kann. Denn, wenn auch der Unternehmer zeitweise kaum die Kosten, die baaren Auslagen im Preise seiner Erzeugnisse vergütet erhielt, kann er, wenn er seine Unternehmung überhaupt fortsetzen will, seine Arbeiter doch

---

*) Versuchen wir diese beiden Methoden noch an dem folgenden aus der Wirklichkeit entnommenen Beispiele deutlich zu machen:

I. Umrechnungsmethode. Mit 1000 Spindeln werden 25000 ℔ Garn pr. Woche hergestellt. Dazu waren 10 Arbeiter nöthig; auf jeden kamen 2500 ℔ Garn pr. Woche. Man zahlte — bei selfactors — dem Arbeiter 15 Fr. Lohn pr. Woche. Es erhielten also 10 Arbeiter 150 Fr. Lohn pr. Woche.

Künftig zahlt man für 1000 Pfd. $^1\!/\!_{\!1}$ Fr. = 6 Fr.

II. Schätzungsmethode. 10,000 Spindeln liefern 250,000 ℔ Garn pr. Woche, 13,000,000 ℔ Garn im Jahre. Man verkaufte das Pfund durchschnittlich zu 0.88 Fr.

nicht, auch nur zeitweise, auf einen Lohn reduziren, auf den sie nicht eingehen würden.

C. Das Tantième- und das Kommissions-System.

Es fragt sich, ob die augenscheinlichen Vortheile des Stücklohn-Systems nicht auch da, wo die Zeitlohnung beibehalten werden muss, und ob sie nicht etwa überhaupt auf anderem Wege vollständiger erreicht werden können, als durch die Stücklohnung.

Man hat wiederholt an die Möglichkeit der Einführung des Tantième-Systems gedacht, bei welchem die Arbeiter im Laufe des Geschäftsjahres überhaupt keinen Lohn empfangen, sondern auf einen Antheil an dem durch die Jahresrechnung zu ermittelnden Reinertrage des Unternehmens angewiesen werden. In dem sub II. der vorigen Anmerkung erläuterten Beispiele würde den Spinnern während des ganzen Jahres kein Lohn gezahlt; nach dem Schlusse der Jahresrechnung würden 97,335 Fr. unter sie, entweder gleichmässig, oder nach anderem Maasstabe, vertheilt, so dass im Durchschnitt Jeder 973.35 Fr. ausbezahlt erhielte.

In dieser Reinheit ist das Tantième-System jedenfalls im Gewerksbetrieb den eigentlichen sogenannten Handarbeitern gegenüber nicht durchführbar. Während eines ganzen Jahres können die wenigsten Arbeiter existiren, ohne Lohn zu empfangen — und Jeder müsste es doch wenigstens im ersten Jahre. Den auf einmal gezahlten Lohn, oder die Tantième für ein ganzes Jahr würden die wenigsten Arbeiter verständig anzulegen wissen; es müsste dann schon eine Art von Depositenbank mit dem Unternehmen verbunden sein.

Ueberdiess würde man durch dieses System die Vortheile des

Man erzielte so einen Robertrag von . . ; 11,440,000 Fr. im Jahre.
Hiervon ab Auslagen, ausser Lohn und Aufseherkosten 11,297,665 . . .
Bleiben . . 142,335 Fr.

Hiervon zu berechnen:
für den Unternehmer Fr. 22,500
Aufseherkosten 16,875
Reservefond 5,625
Summa 45,000 Fr.
Bleiben 97,335 Fr. für Arbeitslöhne.

Damit wurden bisher 13,000,000 ℔ Garn im Jahre hergestellt. Es können also bei gleichbleibenden Lohnkonjunkturen künftig für 1000 ℔ Garn 7.487 rund 7.50 Fr. Lohn gezahlt werden.

Stücklohnes doch nicht erreichen. Das Gedeihen der ganzen Unternehmung ist keineswegs allein, oder auch nur in erster Linie von dem Fleiss und der Pflichttreue der Handarbeiter, sondern zugleich und zwar ganz wesentlich von einer geschäftlichen Thätigkeit, auf welche sie gar keinen Einfluss haben, abhängig. Wenn der Arbeiter beobachtet, dass die Erfolge seines Fleisses völlig neutralisirt werden können durch ungeschickte Leitung des merkantilen Theiles der Unternehmung, so gewährt ihm die Aussicht, einen gewissen Theil des Reinertrages und also eventuell auch einmal erheblich mehr, als den sonst üblichen Jahreslohn, zu erlangen, durchaus keinen Antrieb zu besonderem Fleisse.

Ohne Gewährung eines Rechtes der Mitwirkung bei der Gesammtverwaltung würden sich verständige Arbeiter auf ein solches Verhältniss nicht einlassen: dieses Recht ihnen zu gewähren, ist bei der Nothwendigkeit der Zentralisation der Leitungsgeschäfte in jedem Gewerksbetriebe bedenklich; und sie sind nicht in der Lage, die Chance völliger Verdienstlosigkeit nach einem arbeitsreichen, aber unglücklichen, Jahre zu laufen.

Vor allen Dingen aber ist es geradezu unmöglich, einen richtigen Maasstab für die Vertheilung des Tantième-Betrages zu finden. Gleiche Vertheilung wäre eine kommunistische und höchst gefährliche, den Fleissigen entmuthigende, den Trägen begünstigende Vertheilungsart.

Wo Stücklohnung möglich, bietet sie bessere Vortheile, als die Tantième; wo jene nicht möglich, fehlt es, ganz abgesehen von den übrigen, gegen das Tantième-System geltend gemachten Bedenken, an jedem Maasstabe für die Vertheilung.

Aehnliche, jedoch nicht so gewichtige, Bedenken sprechen auch gegen das sogenannte Kommissions-System, welches jedoch seine Durchführbarkeit in einzelnen, durch die Fachliteratur bekannt gewordenen Fällen bewährt hat.

Bei diesem Lohnsystem wird den Arbeitern während des Geschäftsjahres ein mässiger Zeit- oder Stück-Lohn gezahlt, diese Lohnausgabe unter den Kosten des Unternehmens verrechnet, und der dann beim Rechnungsabschluss sich ergebende Ueberschuss, nach Abzug des persönlichen Gewinnes des Unternehmers, unter die Arbeiter vertheilt.

Denkt man sich dieses System in dem sub II. der vorigen Anmerkung vorgeführten Beispiele angewendet, so würde sich hier das

Verhältniss folgendermaassen gestalten: Es wäre den 100 Arbeitern der fraglichen Spinnerei vielleicht ein Wochenlohn von 14,5 Fr. gezahlt worden; von dem Robertrage von 11,440,000 Fr. wären dann neben den übrigen Abzügen noch 73,000 Fr. für gezahlte Wochenlöhne abzuziehen gewesen; es wäre dann ein Ueberschuss von 97335 — 73,000 Fr. = 24,335 Fr. zur Verfügung geblieben; dieser wäre nach dem Jahresschluss unter die 100 Arbeiter vertheilt worden.

Nur in seltenen Fällen werden Arbeiter sich mit einem niedrigeren, als dem üblichen, Lohne während des ganzen Jahres begnügen können mit Rücksicht auf die, doch ungewisse, Aussicht auf einen Zuschuss nach Ablauf des Rechnungsjahres. Zumal, wenn sie, von der Leitung des Unternehmens ausgeschlossen, selbst mit der grössten Anstrengung nicht unmittelbar darauf hinwirken können, den Ertrag des Unternehmens, der eben wesentlich mit von der Unternehmerthätigkeit abhängt, zu vergrössern.

Empfangen die Arbeiter aber — was ja bei dem Kommissions-System auch nicht ausgeschlossen ist — während des Geschäftsjahres den allgemein üblichen Zeit- oder Stück-Lohn, und wird ihnen dann noch ein eventueller Ueberverdienst zugesichert, so erscheint das System in der That als eine nicht unzweckmässige Lohn-Korrektur, die freilich als solche thatsächlich stets nur dann eintritt, wenn die gezahlten üblichen Löhne zu niedrig, nicht auch, wenn sie zu hoch waren.

Die Vertheilung des fraglichen Ueberschusses wird auch hier immer ihre besonderen Schwierigkeiten haben.

Geht es auch, wenigstens bei grösseren Unternehmungen, nicht an, dass der Unternehmer sich durch Betheiligung der Arbeiter an der Leitung möglichst vor dem Misstrauen der letzteren schützt, so würde doch die diesem Zweck auch einigermaassen entsprechende Vorlegung der Bücher an die Arbeiter — etwa an einen von diesen gewählten Ausschuss — unerlässlich sein. Denn völlig auf geschäftlicher Grundlage muss das ganze Verhältniss ruhen, als ein Almosen oder eine willkührliche Prämiirung darf die Vertheilung des Ueberschusses nicht erscheinen, wenn mit dem Kommissions-System der Zweck erreicht werden soll. Auch die Vorlegung der Bücher aber hat, wo es sich nicht um ein förmliches Partnership-Verhältniss (vergl. Cap. 10. Abschn. J. unten) handelt, ihr Missliches.

M. Chevalier*) berichtet über zwei Fälle gelungener Anwendung dieses Systems in Paris. In den letzten Jahren, sagt er, (und man muss bedenken, dass seine „Lettres" i. J. 1848 erschienen sind) wurden in Paris verschiedentlich Erfahrungen gemacht mit der förmlichen Betheiligung an dem buchmässig ermittelten Jahresprofit. Nach diesem System wird von der Summe, welche übrig bleibt, wenn man von dem Rohertrage der Unternehmung alle Betriebskosten, einschliesslich einer angemessenen Kapitalverzinsung sowie eine entsprechende Dotirung des Reservefonds abzieht, ein bestimmter Theil den Arbeitern, oder Angestellten, oder gewissen Kategorieen von ihnen, zugesichert und unter die Perzipienten nach einem gewissen, im Voraus festgestellten Maasstab vertheilt. Von den Beispielen eines solchen Verfahrens ist das, hingesehen auf die Höhe der vertheilten Summe, bemerkenswertheste dasjenige, welches die Compagnie du chemin de fer d'Orléans gegeben hat. Ein anderes vielbesprochenes und durch den Umfang, in welchem das Prinzip angewendet wurde, besondere Beachtung verdienendes Beispiel verdanken wir dem Pariser Stubenmaler M. Leclaire.

Die Compagnie d'Orléans zahlt ihren Angestellten den anderwärts herkömmlichen festen Lohn. Von dem Ertrage ihres Unternehmens kürzt sie ausser diesen Kosten die Verzinsung und die Amortisationsrate des Kapitals, vom Reste erhalten die Angestellten noch 15%. So wurden i. J. 1846: 309,000, i. J. 1847: 360,000 Fr. vertheilt. Die Gesellschaft ist entschlossen, ausserdem auch den gewöhnlichen Arbeitern in ihren Werkstätten einen Antheil am Reingewinn zu gewähren; aber sie will nur allmälig damit vorgehen. Was übrigens die Angestellten anbelangt, so sind auch schon jetzt selbst die untersten Kategorieen nicht ausgeschlossen. Die obengenannte Summe vertheilte sich i. J. 1847 auf 957 Personen. Die Summe der fixen Gehalte dieser Personen betrug 1,233,505 Fr.; der Zuschuss erreichte also in diesem Jahre bereits 25% des festen Lohnes. Nur 16 höhere Angestellte empfingen den Antheil ganz baar ausgezahlt; alle übrigen erhielten nur die Hälfte baar, die andere Hälfte wurde zu ihren Gunsten in einer Sparkasse angelegt.

M. Leclaire, der ein viel kleineres Unternehmen hat, als die genannte Compagnie, aber als einziger Chef seines Etablissements über

---

*) Lettres sur l'organisation du travail. p. 275 ff.

dessen Einkünfte nach Belieben verfügen kann, lässt seine Arbeiter an den letzteren in einer viel umfänglicheren Weise partizipiren, diess bei der Compagnie d'Orléans nach dem hier üblichen Verfahren geschieht. Nach seinem Prinzip wird, wenn alle Kosten, darunter die Verzinsung des Kapitals, gedeckt sind, der Rest unter seine Mitarbeiter, unter denen er selbst als Director figurirt, vertheilt. Die Antheile stehen im Verhältniss zu den im Laufe des Jahres verdienten Lohnbeträgen. Nicht alle von M. Leclaire überhaupt beschäftigten Arbeiter partizipiren jedoch an der zur Vertheilung kommenden Summe, und die Perzipienten zerfallen in eigentliche Gesellschafter und Aspiranten. Nach eigener Mittheilung des M. Leclaire*) werden die Arbeiter einige Zeit nach ihrem Eintritt ins Geschäft Aspiranten und empfangen als solche schon Antheil. 1847 waren unter beinahe 200 Arbeitern, welche Leclaire in der guten Jahreszeit beschäftigte, 44 als wirkliche Gesellschafter betheiligt, 57 als Aspiranten; die ersteren erhielten zusammen 17,094 Fr., davon Leclaire selbst 1620 Fr., die anderen erhielten zusammen 3660 Fr. Die Summe, welche den Aspiranten zufällt, vertheilt Leclaire nach seinem Ermessen, nicht nach einem bestimmten Maassstabe; 1847 variirten die ihnen zugebilligten Antheile zwischen 5 und 150 Fr.

In beiden, von M. Chevalier berichteten Fällen hat sich das Kommissions-System gut bewährt, wenn es auch die Angestellten der Compagnie d'Orléans nicht abgehalten hat, kurz nach der Februar-Revolution die ihnen vorgesetzte Behörde mit einer Reihe von unbilligen Forderungen stürmisch zu bedrängen.

Freilich sind beide Fälle nicht dazu angetan, dass man von ihnen auf eine allgemeine Anwendbarkeit des Kommissions-Systems in der Industrie schliessen könnte.

Soll einmal das Interesse der eigentlichen sogenannten Handarbeiter für das Unternehmen, in welchem sie beschäftigt sind, noch in stärkerem Maasse, als dies durch das Accordlohn-System möglich ist, angeregt werden, so wird man darauf verzichten müssen, dies allein durch irgend ein Lohnsystem zu erreichen, sich vielmehr zu

---

*) Schon 1842 erschien dessen Schrift, betitelt: „Répartition des bénéfices du travail." Die obigen Mittheilungen sind einem im April 1848 erschienenem Bericht Leclaire's entnommen. Aus der ersteren Publikation geht hervor, dass damals Leclaire sich ein fixes Gehalt von nur 6000 Fr. berechnete, aber gleich den Gesellschaftern am Gewinn-Ueberschuss partizipirte.

einer Umgestaltung des ganzen geschäftlichen Organismus, zur Einführung der Partnership, oder anderer ähnlicher Institute, entschliessen müssen.

Wo für ein solches Radikalmittel der Boden noch nicht geebnet wäre, würde aber das Kommissions-System doch in einer ganz bestimmten, mit irgend erheblichen Schwierigkeiten nicht verbundenen Form gute Dienste leisten, auch den Boden für Weiteres vorbereiten können.

Es hat nämlich gar keine Bedenken, empfiehlt sich vielmehr auf das Dringendste auch und namentlich für ganz grosse Unternehmungen, ebenso da, wo Stück-, wie da, wo Zeitlohnung eingeführt ist, einen gewissen Theil des jährlichen Reingewinnes zu bestimmen für Einrichtungen, die, wie Fabrikschulen, Krankenhäuser, Pensionskassen, Wasch- und Bade-Anstalten, Asyle u. s. w., zwar allen betheiligten Arbeitern gleichmässig zu Gute kommen, deren gleichmässiger Genuss aber nicht als Ungerechtigkeit erscheint.*)

Man erreicht so bis zu einem gewissen Grade, was man durch das Tantième- und Kommissions-System erstreben kann, nämlich wärmeres Interesse der Arbeiter an dem Gedeihen der ganzen Unternehmung. Aber man vermeidet die grossen Nachtheile jener Systeme.

Es bleibt zwar freier Wille des Unternehmers, seinen Gewinn zum Theil in solcher Weise zu verwenden, nachdem die Arbeiter den dem Arbeitsmarkt entsprechenden Lohn empfangen haben. Aber die Verwendung trägt doch keineswegs den Charakter des Almosens an sich. Denn der Unternehmer erkauft sich damit sehr wesentliche Vortheile und die Arbeiter andererseits treten in den vollen Mitgenuss eines auch durch ihre Hülfe mit erzielten ausserordentlichen Gewinnes ein.

Die fragliche Einrichtung urkundenmässig festzustellen, und die Ermittelung des den betreffenden Anstalten zufallenden Antheils am Gewinn von einem freigewählten Ausschuss der Arbeiter kontroliren,

---

*) Es dünkt uns eine solche Einrichtung zweckmässiger, als die mancher Orte — z. B. in der Seidenweberei des Frh. v. Diergardt zu Viersen — eingeführte Prämienzahlung für besonders gelungene Waare bei Stücklohn. Die Prämiengewährung bietet der Ungerechtigkeit und Parteilichkeit zu grossen Spielraum und erzeugt leicht die Vorstellung, dass die Löhne eigentlich zu niedrig bemessen seien. Auch wird das Verhältniss zwischen Arbeitgeber und Arbeiter durch das Prämiirungssystem leicht zu patriarchalisch.

von einem solchen auch die fraglichen Anstalten mit verwalten zu lassen, wird aus naheliegenden Gründen sich stets empfehlen.

II. Lohnarten für Leitungsgehülfen und für das Hülfspersonal bei'm merkantilen und rechnerischen Theile des Geschäftes.

In den meisten grösseren gewerklichen Unternehmungen reicht auch für die Unternehmerarbeit, die Arbeit der Disposition, der Leitung und Beaufsichtigung, sowie für den kaufmännischen Theil des Geschäfts, eine einzige Kraft nicht aus.

Unter den Gehülfen, mit denen sich der Unternehmer in diese Aufgaben theilt, haben einige Leistungen zu verrichten, welche denen des Unternehmers überhaupt sehr ähnlich sind, oder doch Das mit der Unternehmerarbeit gemein haben, dass sie unmittelbar und augenfällig auf das Geschick des Unternehmens den grössten Einfluss ausüben, und dass sie je innerhalb ihrer Sphäre mit einer gewissen Selbständigkeit der Initiative geübt werden.

Zu dieser Gruppe von Gewerksgehülfen gehören die technischen und kaufmännischen Direktoren, aber auch die Werkführer, Werkmeister, Aufsichtsbeamten u. s. w.

Eine andere Gruppe von Gewerksgehülfen besorgt zwar auch in grösseren Unternehmungen Geschäfte, welche in kleineren dem Unternehmer selbst obliegen; aber es sind dies Geschäfte, durch welche — wie wichtig auch ihre pünktliche und gewissenhafte Besorgung sei — doch nicht in dem Maasse, als ihnen grössere Anstrengung gewidmet wird, die Erfolge des Unternehmens gefördert werden können.

Zu dieser Gruppe gehören die Buchhalter, Kassirer, Verrechner, die Korrespondenten gewöhnlicher Art.

Die Gehülfen der ersteren Gruppe werden ihre Aufgaben am sichersten so lösen, wie sie der Unternehmer selbst lösen würde, wenn auch ihre ökonomische Stellung derjenigen des Unternehmers möglichst entspricht, d. h., wenn sie, ähnlich wie er, bei blühendem Gange des Geschäfts auch für sich besonderen Gewinn erwarten dürfen, dagegen ungünstige Ergebnisse auch ihnen ökonomisch fühlbar werden. Sie haben sämmtlich Mittel in den Händen, auf günstige Erfolge selbst mit hinzuwirken, ungünstige Ergebnisse selbst mit abzuwenden. Sie werden in beiderlei Richtung ihre ganze Kraft aufzubieten am meisten geneigt sein, wenn sie ökonomisch am Erfolg betheiligt sind.

Alles, was gegenüber den eigentlichen sogenannten Handarbeitern die Anwendung des Tantième-Systems widerräth, spricht nicht auch gegen die Anwendung dieses Systems zur Bezahlung der Leistungen der Unternehmergehülfen.

Im Gegentheile ist hier die Tantième jedenfalls die richtigste und für beide Theile erspriesslichste Art der Lohnzahlung.

Nur muss auch hier das Tantième-System modifizirt werden.

Es würden sich, namentlich für junge Unternehmungen, schwerlich jederzeit taugliche Unternehmergehülfen anbieten, die vollständig die ökonomische Lage des Unternehmers, insofern sie nicht das Ergebniss seiner Vermögensverhältnisse, sondern seines Geschäftsbetriebes ist, theilen, also z. B. mehrere Jahre auf jeden Gewinn verzichten möchten und könnten.

Als zweckmässigste Modifikation des reinen Tantième-Systems erscheint hier eine besondere Form des Kommissions-Systems, welche man als „Tantième mit Minimal-Garantie" zu bezeichnen pflegt.

Der Unternehmer sichert dem Anzustellenden einen gewissen Antheil am Reingewinn zu; für den Fall aber, dass dieser Prozentsatz eine gewisse Summe nicht erreichen, oder dass etwa gar Gewinn nicht erzielt sein sollte, wird dem Angestellten jene gewisse Summe, über die sich die Kontrahenten zu einigen hätten, doch als Lohn ausbezahlt.

Z. B. dem Betriebsdirektor einer Maschinenfabrik werden 10 pCt. des Reingewinnes mit 3000 Fr. Minimalgarantie kontraktlich zugesichert. Er erhält sein Salaire monatlich mit Fr. 250 ausbezahlt. Nach Abschluss der ersten Jahresrechnung zeigt sich, dass das Geschäft nur 20,000 Fr. Reingewinn erzielt hat. 10 pCt. dieser Summe sind erst 2000 Fr.; also erfolgt keine Nachzahlung, der Unternehmer hat vielmehr bereits 1000 Fr., also 5 pCt., mehr bezahlt, als eine zehnprozentige Tantième. Ergäbe sich im zweiten Jahre ein Reingewinn von 30,000 Fr., so hätte der Angestellte bereits die volle zehnprozentige Tantième erhalten; es erfolgte also ebenfalls keine Nachzahlung. Dagegen bei 35,000 Fr. Reingewinn, den wir als Ergebniss des dritten Geschäftsjahres annehmen wollen, wären zu dem bereits in Monatsraten gezahlten Salaire nach dem Rechnungsabschluss noch 500 Fr. nachzuzahlen, so dass der Angestellte jetzt, jedenfalls wesentlich mit durch seine Anstrengung, sich zu einer Einnahme von 3500 Fr. verholfen hätte.

Wären in einer grossen Unternehmung vielleicht 6 Personen als eigentliche Unternehmergehülfen angestellt, z. B. 1 technischer Direktor, 1 kaufmännischer Direktor, 4 Werkmeister und Aufseher, so könnte der Unternehmer bestimmen, dass vielleicht 40 pCt. des Reingewinnes zur Bezahlung dieser Beamten verwendet, dem Betriebsdirektor etwa 12, dem kaufmännischen 10, jedem Werkmeister und Aufseher $3\frac{1}{2}$ pCt. Tantième verwilligt würden, und zwar mit Minimalgarantieen von bezüglich 7500, 6750 und je 2800 Fr.

Bei einem Reingewinn von 75,000 Fr. erhielte dann der Betriebsdirektor 1500, der kaufmännische Direktor 750, jeder Werkmeister und Aufseher 575 Fr. nachgezahlt. Die Gehalte dieser 6 Beamten betrügen zusammen 30,000 Fr. oder 40 pCt. von 75,000 Fr. Es wären auf diese Summe im Voraus als Minimalgarantie 25,450 Fr. bezahlt worden. Diesen Betrag hätte der Unternehmer auch bei einem Reingewinn von nur 40,000 Fr. bezahlen, sich also für seine Person mit einem Ueberschuss von 14,000 Fr. begnügen müssen.

Dass diese Form der Lohnzahlung, wie sie die Empfänger sicherstellt gegen ungünstige Chancen, zugleich ihren Eifer und ihre Hingabe an ihr Amt in hohem Grade anspannen muss, kann keinem Zweifel unterliegen.

Das Tantième-System mit Minimalgarantie wird man auch solchen Gehülfen gegenüber anwenden können, welche weder in die Klasse der sogenannten Handarbeiter, noch in eine der beiden oben geschilderten Gruppen gehören, nämlich auf die im Dienste der Unternehmung stehenden, in fabrikativen Gewerken häufig verwendeten Verkäufer, z. B. die Muster-, Geschäfts-Reisenden u. s. w. Da indess diese Gehülfen immer nur in einer bestimmten Richtung den Erfolg der Unternehmung fördern helfen können, entspricht es der Sachlage am besten, ihnen nicht Tantième am Gesammt-Reingewinn, sondern einen Antheil an ihrem Verkaufs-Erlös, mit Festsetzung einer Minimalgarantie, zuzusichern.

Den Gehülfen der zweiten der oben charakterisirten Gruppe einen Antheil am Reingewinn zuzusichern, würde keinen Zweck haben. Ein Buchhalter beispielsweise, oder ein Kassirer, können keine grössere Thätigkeit entfalten, als die ihnen der tägliche Verlauf des Geschäftes auferlegt; sie können durch mangelhafte Pflichterfüllung dem Unternehmen schaden, aber sie haben keine Gelegenheit, seinen Erfolg zu fördern durch Entfaltung grösseren Eifers, als den die Erledigung ihres klar vorgezeichneten Arbeitspensums fordert. Sie haben Ursache, vor einer grösseren Ausdehnung des Unternehmens sich zu scheuen, weil diese ihnen jedenfalls eine grössere Arbeitslast aufbürdet. Die grössere Ausdehnung führt nicht nothwendig einen höheren Reinertrag herbei. Wird ein solcher bei geringerer, als der ursprünglichen, Ausdehnung erzielt, so hatten die Gehülfen der hier fraglichen Kategorie offenbar ein geringeres Pensum zu lösen. Welchen Zweck hätte es, auch auf sie das Tantième-System auszudehnen?

Die richtige Lohnart für die Gehülfen dieser Kategorie ist das **fixe Jahresgehalt**. Zweckmässig ist es jedenfalls, ihnen mit dem **Dienstalter steigende Gehaltszulage im Voraus** zuzusichern. Dass in Jahren, in denen auch die Gehülfen dieser Kategorie ganz besonders angestrengt werden, es billig erscheint und sich vortheilhaft erweisen wird, ihnen entsprechende Extra-Vergütungen zu gewähren, liegt auf der Hand.

Bei Unternehmergehülfen einer gewissen Gattung ist auch eine besondere Art von Naturallohnung — z. B. Gewährung freier Wohnung, freier Station — unter Umständen gewiss nicht nur gut durchführbar, sondern durch das Interesse der Unternehmung geradezu geboten.

Ein Unternehmer grosser, lange Zeit in Anspruch nehmender Bauten wird häufig sehr wohl daran thun, seinen Bauführern freie Wohnung in möglichster Nähe des Bauplatzes zu gewähren.

Ebenso der Fabrikunternehmer denjenigen Angestellten, deren Amt es erwünscht macht, dass sie möglichst immer am Platz sind.

Aber auch bei kleinen Unternehmungen, in Handwerken, empfiehlt es sich gewiss, wenigstens den Gehülfen, welche zugleich als Stellvertreter des Meisters fungiren, Wohnung und Kost im Hause des Meisters zu gewähren. Freilich ist diese Einrichtung in grossen Städten, wo mehr und mehr Geschäftslokale und Wohnungen getrennt zu werden pflegen, selten noch durchführbar.

Cap. 10.
Das persönliche Verhältniss der Unternehmer zu den Gewerksgehülfen.

I. Im Allgemeinen.

Das Verhältniss des Unternehmers zu seinen Gewerksgehülfen ist ein wirthschaftliches, es ist ein Handelsverhältniss, ein fortgesetzter Miethhandel mit Arbeit.

Man könnte hiernach denken, alle Beziehungen zwischen Beiden seien erschöpft, sobald die Gewerksgehülfen ihr Pensum abgearbeitet und den entsprechenden Lohn dafür empfangen haben, sobald die sichtbare Leistung und die sichtbare Gegenleistung beiderseits sichergestellt seien und regelmässig gegeneinander ausgetauscht werden.

Man könnte denken, der Unternehmer habe ein grösseres Recht, als es Kain hatte, zu fragen: „Soll ich meines Bruders Hüter sein?"

Nun ist es aber klar und in der menschlichen Natur begründet, dass selbst das rein wirthschaftliche Verhältniss ein anderes ist bei der Arbeitsvermiethung, als bei der Vermiethung von Gütern, oder dem Verkauf von solchen. Die einzelne Arbeitsleistung schon ist keineswegs, noch weniger aber ist eine ununterbrochene Kette verschiedenartiger Arbeitsleistungen in demselben Maasse ein in sich abgeschlossenes, genau definirbares Etwas, wie eine Maschine, oder ein Kleidungsstück, oder ein Stück Zeug. Lässt man sich einmal zu der inkorrekten Bezeichnung der Arbeit als einer Waare verleiten, so denkt man doch nur an eine Eigenschaft, welche die Arbeit mit einer Waare gemein hat, nämlich an die Vermiethbarkeit, an die Verwerthbarkeit im Handel.

Dieselbe Leistung ist doch nicht dieselbe Leistung. Man kann ein und dieselbe Arbeitsaufgabe in sehr verschiedenartiger Weise lösen. Das Ergebniss zweier Leistungen kann ununterscheidbar gleich sein; verschieden sein wird stets die Zeit, in der sie vollbracht wurden, verschieden der Aufwand an Roh- und Hülfsstoffen, an Maschinen, Werkzeugen und Geräthen, den sie kosteten. Verschieden nach der Befähigung, Kraft und Geschicklichkeit — vor allen Dingen aber auch nach dem Willen der Arbeiter.

Gutwillige Arbeit ist besser, als gleichgültige Arbeit.

Keine Arbeitskontrole kann den guten Willen der Arbeiter ersetzen. Gleichgültigkeit oder Uebelwollen richten Schäden an, die sich jeder Kontrole entziehen.

Es ist daher schon aus rein wirthschaftlichen Gründen, aus Gründen des eigensten Interesses des Unternehmers, geboten, dass er das Kontraktverhältniss zu seinen Gehülfen nicht blos und lediglich als ein solches auffasse, sondern als ein Verhältniss, welches beiden Theilen weitere Rechte gewährt und weitere Pflichten auferlegt, als welche in einem Kontrakt sich in Worte fassen, oder welche sich mit den Mitteln des Kontraktes erzwingen lassen.*)

In normalen Verhältnissen ist der Unternehmer klüger, erfahrener, harmonischer durchgebildet, als die grosse Masse seiner Gehülfen.

Er wird sich wirthschaftlich am besten stehen, wenn er, dieses Vorranges eingedenk, zugleich seine Arbeiter betrachtet als auch seiner persönlichen Fürsorge anvertraut, und wenn er den besten Theil seiner Kraft aufwendet, die seiner Obhut Anvertrauten wirthschaftlich und sittlich zu sich emporzuziehen.

Je weniger er dieses Ziel verfolgt lediglich um des materiellen Interesses Willen — um so besser für beide Theile. Aber der Jahres-

---

*) Erfreulicher Weise hat die interessante zehnte Gruppe der Pariser Weltausstellung von 1867 den Beweis geliefert, dass von dieser Wahrheit mehr und mehr auch die Gewerktreibenden sich selbst überzeugen. Machte sich in der fraglichen Gruppe auch mancher eitle Prunk und manche Grosssprecherei geltend, so sind doch der Prüfungs-Kommission auch zahlreiche Schilderungen von in der That höchst zweckmässigen, auf die Beförderung des geistigen und leiblichen Wohles der Arbeiter gerichteten, gleicherweise verständiger Nächstenliebe und berechtigtem Egoismus entsprungenen Maassnahmen vorgelegt worden. Vergl. a. B. den Aufsatz: „Des Freiherrn von Diergardt Maassregeln zur Förderung der arbeitenden Klassen" in Heft II. Jahrg. V. des „Arbeiterfreund". Halle 1867. „Selbstredend hat diese Sorgfalt" — heisst es da — „die Arbeiter nur fester an die Fabrik und ihre Herren geknüpft, und ist es daher zum Oefteren auch vorgekommen, dass Arbeiter ununterbrochen 50 Jahre hindurch für das Etablissement des Herrn v. Diergardt beschäftigt geblieben waren." — Wie sehr auch die Herren Karl Mez u. Söhne in Freiburg und eine ganze Reihe von Elsässischen Grossindustriellen von der Richtigkeit des oben ausgesprochenen Gedankens überzeugt sind, geht aus dem in der ersten Note zu Cap. 9. I. A. erwähnten Ausstellungs-Katalog und aus dem in der zweiten Note daselbst erwähnten Buche von Eugène Véron hervor. Glücklicher Weise ist man um ähnliche Beispiele auch aus anderen Gegenden heutzutage nicht mehr verlegen.

abschluss wird ihn belehren, dass er sich auch materiell dabei am wohlsten befindet. Denn nur so wird es ihm möglich sein, jenen so unschätzbaren „guten Willen" bei seinen Arbeitern zu wecken und zu erhalten, der sich wie gesagt, auf anderem Wege nicht wecken, noch erhalten lässt.

Dem wohlmeinendsten und verständigsten Streben wird hie und da Undank begegnen. Oft gehört die ganze Kraft eines geläuterten Verstandes und eines edlen Gemüthes dazu, nicht zu verzagen bei Kundgebungen schnöden Undankes und verletzender Verkennung. Aber diese ganze Kraft muss eben aufgeboten werden.

Sie muss aufgeboten werden aus Gründen des Interesses, aber auch **aus sittlichen Gründen.**

Denn in der That legt dem Unternehmer seine Unternehmung, der andere Menschen in seinem Dienst ihre beste Kraft widmen, sittliche Pflichten eigenthümlicher Art, eine Verantwortung auf, welche wächst mit der Grösse der Unternehmung, und oft so gross werden kann, dass sie ausserordentliche und seltene Kraft, wahrhafte Seelengrösse erfordert.

Oder ist, wer Hunderte und Tausende, Erwachsene und Kinder, Männer und Frauen, in seinem gewerblichen Unternehmen beschäftigt, etwa nicht für die physischen und sittlichen Schäden verantwortlich, die ihnen aus zu grosser Anstrengung, aus dem zu engen Zusammendrängen in ungesunden Räumen, aus dem unbeaufsichtigten fortwährenden Zusammensein jüngerer Leute beider Geschlechter, aus der Zucht- und Sittenlosigkeit des geselligen Treibens dieser Massen, aus dem zügellosen Wandel, aus der blinden Sorglosigkeit und dem „in den Tag hineinleben" erwachsen, — sofern er diese Schäden und Nachtheile durch Rath und That verhindern, oder ihnen steuern konnte?

Hat man nicht Recht, die Unternehmer z. B. grosser Fabriken anzuklagen, wenn die Tausende ihrer Fabrikarbeiter zu einem physisch und sittlich verkommenen Geschlecht ausarten, lediglich, weil der Fabrikherr ihnen gegenüber nichts weiter that, als seine kontraktliche Schuldigkeit?

Das Verhältniss des Unternehmers zu den Gewerksgehülfen muss im beiderseitigen materiellen Interesse und aus sittlichen Gründen ein Verhältniss treuer, hingebender persönlicher Fürsorge sein.

Wo und in welcher Weise hat der Unternehmer diese Fürsorge

zu bethätigen? Ueberall wo sich Gelegenheit dazu bietet, und stets in der den besonderen, klar erkannten Verhältnissen angemessensten Weise. Diese allgemeine Regel soll nun im Folgenden näher erläutert werden.

II. Die wichtigsten Gegenstände der Fürsorge des Unternehmens im Einzelnen.

A. Der Kontrakt.

Nach den vorausgeschickten einleitenden Bemerkungen könnte es scheinen, als gehöre die Errichtung und Formulirung des Arbeitsvertrages nicht zu den Gegenständen, welche in dem gegenwärtigen Kapitel erörtert werden müssen, da es sich ja hier eben um Mittel zur Weckung und Erhaltung des guten Willens der Arbeiter handele, und der Arbeitsvertrag nur als ein Mittel zur Beurkundung des Rechtsverhältnisses zwischen beiden Kontrahenten sich darstelle.

Wüsste man nur nicht, dass die Ungeneigtheit zur Errichtung eines schriftlichen Kontraktes überhaupt, oder doch eines solchen, der unverklausulirt die Rechte und Pflichten beider Theile beurkundet, häufig genug aus einer unrichtigen Auffassung des Verhältnisses des Unternehmers zu seinen Gewerksgehülfen entspringt! Auch in dem Festhalten an der Regel schriftlicher Beurkundung der beiderseitigen Rechtsverhältnisse und in der Art wie diese Urkunde formulirt ist, spricht es sich aus, wie der Unternehmer seine Pflichten auffasst.

Man hört häufig geringschätzig über den Werth schriftlicher Arbeitsverträge urtheilen. „Zwischen ehrlichen Kontrahenten" — heisst es dann — „die beiderseits wissen, was sie sollen und wollen, ist ein besonderer Kontrakt überflüssig; zwischen gewissenlosen Kontrahenten hilft ein solcher nichts".

Diese Behauptung hat viel für sich. Nur würde sie in ihrer vollen Allgemeinheit zu viel beweisen; sie würde zu der Forderung führen, sich überhaupt mit Niemandem in ein Vertragsverhältniss einzulassen, von dem man nicht mit der grösstmöglichen Bestimmtheit weiss, dass er ein ehrlicher Kontrahent sein werde. Diess geht aber bekanntlich im Geschäftsleben nicht an. Auch wissen hier häufig genug die Kontrahenten vor der Kontraktserrichtung keineswegs schon ganz genau was sie sollen und wollen, oder es können, beim Mangel einer förmlichen Urkunde, die beiderseitigen Befugnisse und

Verpflichtungen leicht in Vergessenheit kommen. Die Urkunde hält dieselben beiden Theilen stets deutlich vor Augen.

Jedenfalls hat diess auch insbesondere den, für das Verhältniss zwischen Arbeitgebern und Arbeitnehmern, wichtigen Vortheil, dass im Falle der Pflichtverletzung die Härte der daraus entspringenden Folgen minder als Härte erscheint.

Ausserdem fühlt sich der Arbeiter im Besitze eines solchen Vertrages mehr als freier Mann, minder der Willkühr des Unternehmers Preis gegeben.

Wo irgend ein verwickelteres Lohn-System eingeführt ist, macht sich schon um der den Lohn betreffenden Bestimmungen Willen ein schriftlicher Kontrakt nöthig.

Der, bei sehr grossen Unternehmungen, namentlich solchen, bei denen die Arbeiterzahl häufig wechselt, allerdings mit der Errichtung von Arbeitsverträgen mit allen Arbeitern, auch den nur zeitweise beschäftigten, verbundenen Unbequemlichkeit lässt sich einigermaassen durch Beschaffung gedruckter Formulare, unter Umständen auch durch Verweisung auf die in den Arbeitslokalitäten zu Jedermanns Einsicht niederzulegenden allgemeinen Bedingungen, durch Vordruck der besonderen Bedingungen in den Lohnbüchern und auf andere Weise abhelfen. Jedenfalls wäre es verkehrt, lediglich mit Rücksicht auf die Unbequemlichkeit eine aus naheliegenden Gründen dringend gebotene Maassregel zu unterlassen.

Häufig genug verbirgt sich hinter dem Vorgeben der Unbequemlichkeit, oder hinter der Behauptung, die Arbeiter lassen sich selbst nur ungern auf einen schriftlichen Vertrag ein, die ganz anderen Gründen entspringende, Ungeneigtheit der Arbeitgeber, förmliche Arbeitsverträge zu errichten.

Werden sie — wie bei jedem rationellen Betrieb unbedingt geboten — errichtet, so ist vor Allem zu fordern, dass die Fassung der Urkunde klar und unzweideutig, durchaus verständlich auch für den ungebildeten Mann, dass sie frei von doppelsinnigen Klauseln und Kniffen sei.

Sie muss genaue Bestimmungen über das beiderseitige Kündigungsrecht und die Kündigungsfristen, über die Fälle, in denen die Arbeitsentlassung, oder der Austritt aus der Arbeit ohne vorherige Kündigung zulässig ist, enthalten.

Dass sich der Unternehmer das Recht vorbehält, in den Fällen, wo das Verhältniss nur in Folge von Kündigung gelöst werden kann, den Arbeiter auch vor Ablauf der Kündigungsfrist, natürlich unter vollständiger Entschädigung, zu entlassen, ist im Interesse des Unternehmens jedenfalls geboten.

Zweckmässig erscheint es ferner — schon um der Beschleunigung der Entscheidung, aber auch um der Kostenersparniss Willen — im Kontrakt selbst die Gerichtshülfe für Streitfälle auszuschliessen, und vorzuschreiben, dass solche Differenzen kurzer Hand durch schiedsgerichtliches Verfahren entschieden werden.*)

Wenn Ordnungsstrafen eingeführt sind, müssen dieselben nebst genauer Bezeichnung der Fälle, für welche sie eintreten sollen, ausdrücklich im Kontrakt aufgenommen sein.

Diese Ordnungsstrafen können, abgesehen von der Strafe der Entlassung oder des Austrittes ohne vorherige Kündigung, selbstverständlich in der Regel nur Geldstrafen sein. Das Interesse der Klugheit und Gerechtigkeit fordert, dass sich solchen Strafen auch der Arbeitgeber für Fälle der Vertragsverletzung, die er oder seine Angestellten sich zu Schulden kommen lassen, unterwirft.

Ein wesentlicher, im Kontrakt mit festzustellender, aber eine besondere Betrachtung erheischender Punkt ist

B. Die Arbeitszeit.

Es hat gerade ein Jahrtausend gedauert, bis man begonnen, der berühmten Forderung König Alfred's des Grossen, der Mensch solle acht Stunden arbeiten, acht Stunden der Musse, acht Stunden dem Schlafe widmen, ernstliche und allgemeinere Beachtung zuzuwenden.**)

---

*) Dass die Verweisung solcher Streitigkeiten an sogenannte „Gewerbegerichte" (Chambres de prud'hommes), wenn dergleichen bestehen, ebenfalls nicht unzweckmässig sein würde, soll nicht in Abrede gestellt werden. In dem in der ersten Note zu gegenw. Capitel (Abschn. I.) erwähnten Aufsatze im „Arbeiterfreund" ist ein sehr günstiges Urtheil des Freiherrn v. Diergardt über das Gewerbegericht zu Gladbach, welches zwar von dem Berichterstatter und den Arbeitern seiner Viersener Fabrik nie in Anspruch genommen worden ist, mitgetheilt. v. Diergardt rühmt besonders — gewiss mit Recht — dass die Oeffentlichkeit der Verhandlungen bei solchen Gerichten manchen unbilligen Arbeitgeber abhalte, eigensüchtige Interessen zu verfolgen.

**) „Ich habe im Elsass Leute gesehen" — sagt Eugène Véron S. 288 seines mehr citirten Werkes — „welche mitten in industriellen Bezirken lebend, vollkommen vertraut sind mit den Arbeits-Gewohnheiten und Bedürfnissen der Industriearbeiter, welche vollkommen beurtheilen können, wie weit man auf diesem Gebiete

Aber selbst heute, wo doch die gewaltigen Fortschritte der Technik dem Menschen den Kampf um seine Existenz gegen früher so wesentlich erleichtert haben, ist man leider noch allzuwenig geneigt, die Vortheile der Reduktion der Arbeitszeit bis auf das möglichst niedrige Maass sich klar zu vergegenwärtigen, sich ihrer theilhaftig zu machen. —

Bestimmungen über die Arbeitszeit können selbstverständlich nur dann Gegenstand des Uebereinkommens zwischen Arbeitgebern und Arbeitern sein, wenn die letzteren ihre Arbeit in den Gewerbsgebäuden der ersteren, oder doch unter der unmittelbaren, fortwährenden Aufsicht der Arbeitgeber oder ihrer Angestellten, verrichten, also bei eigentlich handwerksmässigem oder fabrikativem — im Gegensatze zu dem manufakturmässigem — Betriebe, und bei Unternehmungen, die jenem insofern ähneln, als sie die Arbeiter auch hinsichtlich der Zeit unter die Verfügung des Unternehmers stellen — z. B. Strassen-, Kanalbauten u. s. w. —

Werden, wie vielfach bei der Weberei, Stickerei, Strohflechterei, bei manchen Zweigen der Metallwaaren-Industrie, die Rohstoffe den Arbeitern ins Haus gegeben, so hat der Unternehmer über die Arbeitszeit kein Verfügungsrecht.

Wo er ein solches hat, da ist die Festsetzung der Arbeitszeit auch dann von grösster Wichtigkeit, wenn nicht Zeit- sondern Accordlohnung eingeführt ist.

mit Reformen gehen kann, und welche so weit gehen, zu behaupten, dass in der Industrie ein Maximum von 7—8stündiger Tagesarbeit die vortheilhafteste Kombination sein würde. Ich wage nicht, die Verantwortlichkeit für eine solche Behauptung zu übernehmen. Aber ich halte meine Gewährsleute für kompetent in diesen Dingen. Uebrigens weiss man ja, dass bei den Amerikanern, die nie für ein Volk von Utopisten gegolten haben, die Frage der Reduction der täglichen Arbeitszeit auf 8 Stunden auf der Tagesordnung steht. Die Bewegung für diese Reform, welche unter den Arbeitern von Massachussets begann, hat sich über die anderen Staaten verbreitet, und jeder Tag bringt neue Berichte über Meetings, auf denen die bekanntesten Männer der Ver. Staaten für diese Reform plaidiren. Das Programm ist formulirt von Wendel Philips, dem berühmten Redner, der dreissig Jahre lang mit so grossem Muthe und so grosser Zuversicht für die Befreiung der Negersklaven gekämpft hat. Es besteht blos aus folgenden Worten: „8 Stunden für die Arbeit, 8 Stunden für den Schlaf, 8 Stunden für das Studium und die Musse."" Für Jeden, der Amerika kennt, ist es unzweifelhaft, dass der Erfolg dieser Reform für die nächste Zeit gesichert ist. Und ist diese Reform nicht zugleich die nothwendige Folge der Vervollkommnung der Maschinen?" Nach einer Newyorker Korrespondenz der Weserzeitung vom 15. Febr. 1868 hatte die Legislatur von Arcansas kurz vorher 8 Stunden als das gesetzliche Tagewerk festgesetzt

Bei Zeitlohnung kommt die Verlängerung der Arbeitszeit bei gleichbleibendem Lohnsatze einer Lohnverringerung, die Abkürzung der Arbeitszeit aber keineswegs immer einer Erhöhung des Lohnes gleich.

Diese Behauptung könnte, wenigstens in ihrem zweiten Theile, befremden.

Aber es ist klar, dass bei übertrieben langer Arbeitszeit unter Umständen sogar weniger geleistet wird, als bei mässiger, dass ebensowohl hinsichtlich der Güte, wie hinsichtlich der Menge der Leistungen, der Arbeiter fähiger bleibt, welcher nur 10, als der, welcher 12 Stunden am Tage angestrengt thätig sein muss, dass also eine Abkürzung der täglichen Arbeitszeit bei gleichbleibendem Lohnsatze oft sogar eine Lohnersparung involvirt.

Man darf überzeugt sein — und zahlreiche Erfahrungen bestätigen die Annahme, dass, wenn ein Gewerksunternehmer sich berechnet, was durchschnittlich von dem Rohertrage seiner Unternehmung lediglich der Anstrengung seiner Arbeiter zu danken ist, und diese Summe nun auf eine zehnstündige Arbeitszeit vertheilt, während sie bisher auf eine zwölfstündige sich vertheilte, er dann eine Verringerung des Rohertrages nicht verspüren würde.

Gesetzt, jene Summe betrüge bei 100 Arbeitern 80,000 Fr., wenn die festgesetzte Arbeitszeit bisher 12 Stunden betrug; sie brauchte nicht reduzirt zu werden, wenn der Unternehmer sich entschlösse, fortan nur 10 Stunden arbeiten zu lassen, und der Rohertrag des Unternehmens würde doch eher steigen, als fallen; in den 10 Stunden, welche 266.66 Fr. täglich kosten, würde gerade soviel und vielleicht mehr erzielt werden, als in den 12 Stunden, welche bisher 266.66 Fr. Lohn kosteten. Was früher die längere Dauer der Arbeitszeit einbrachte, das ersetzt jetzt reichlich die grössere Frische und Rüstigkeit der Arbeiter, welche nun den häuslichen Beschäftigungen, dem erquickenden Familienleben, der geistigen Anregung und Erholung in Vereinen mehr Zeit gönnen und um so fröhlicher an die Arbeit herantreten werden[*]), welche, wenn der Geschäftsgang es ausnahms-

---

[*]) „Schöne Illusionen von Leuten, die das „praktische Leben"" nicht kennen" — hören wir sagen —. „Nicht über häuslichen Beschäftigungen, nicht im Genusse der Freuden des Familienlebens, nicht in Bildungsvereinen werden wir die Arbeiter während jener ihnen geschenkten Arbeitsstunden finden, sondern in den Branntweinschenken." Den „Praktikern", die so reden, dürfen wir, wenn sie selbst

weise verlangt, gern auch eine Zeit lang eine Stunde länger, natürlich gegen besondere Löhnung, an der Arbeit bleiben und eine solche aussergewöhnliche Anspannung um so besser ertragen werden.

Ist es nicht besser, stets rüstige und frische, als abgearbeitete und müde Arbeiter um sich zu haben?

Wer Accordlohn zahlt, wird bei den Arbeitern selbst Widerspruch finden, wenn er die Arbeitszeit abkürzt. Aber er wird ihn nur finden, wenn diese Abkürzung in der That zu einer Einnahme-Verringerung für die Arbeiter führt. Es wird darauf ankommen, die Arbeiter davon zu überzeugen, dass sie auf die Dauer in z. B. zehnstündiger Arbeit mehr zu Wege bringen, als in zwölfstündiger.

Bei Arbeiten, welche im Freien verrichtet werden, ist in unseren Breiten natürlich die Arbeitszeit im Winter an sich kürzer, als im Sommer. Jahrein Jahraus beschäftigten Arbeitern im Winter einen niedrigeren Tagelohn zu zahlen, als im Sommer, ist, er selbst, wenn die Konkurrenzverhältnisse diess gestatten, eine Härte, welche auch dem Unternehmer gewiss nicht zu Gute kommt. Die Winterarbeit im Freien verlangt ja auch grössere Aufwände Seitens der Arbeiter. Zweckmässiger, als die Lohnverkürzung, ist die Verkürzung der Arbeitspausen während der Tageszeit, und z. B. die Verlegung der Mittagspause auf das Ende der Tagesarbeitszeit. Erreicht man auch dadurch nicht die volle Sommerarbeitszeit, so wird dadurch doch Etwas am Tage gespart. Es wird sich immer bezahlt machen, wenn man für acht Stunden möglichst wenig unterbrochener Winterarbeit im Freien ebensoviel Lohn bezahlt, als für zehn Stunden stark und häufig unterbrochener Sommerarbeit.

Bei Accordlohnung ist es durchaus angemessen, die Accordlohnsätze für derartige Leistungen im Winter zu erhöhen. —

Dass eine Vergrösserung der Leistungen und des Verdienstes in der That eine Folge der Reduktion der Arbeitszeit ist, darüber theilt Eugène Véron*) Erfahrungen mit, die durchaus beweiskräftig sind. In England — führt er aus — hat man längst gewusst, dass der Arbeiter besser arbeitet, wenn er zwölf Stunden arbeitet, als wenn er

---

Unternehmer sind und aus eigener Erfahrung reden, dreist entgegnen, dass sie selbst dann so traurige Erfahrungen verschuldet haben. Weiter unten werden wir an unserer Statt Leute sprechen lassen, die man als „Praktiker" wird gelten lassen müssen.

*) a. a. O. p. 284 ff.

fünfzehn oder sechszehn arbeitet. Nun aber wollte man ergründen, ob diese Reduktion auf zwölfstündige Arbeitszeit das Aeusserste sei, was erreicht werden könne, und ob und inwieweit es den Leistungen zu Statten komme, wenn man allmälig noch weiter herabsteige. Das Experiment wurde bereits vor 15 Jahren in Owen's Manufaktur gemacht. Dort ward die tägliche Arbeitszeit auf $10\frac{1}{2}$ Stunden reduzirt und das Wagniss glückte. Die Arbeiter jener Manufaktur richteten eine Petition an das Parlament, worin sie, ihre eigene Zufriedenheit schildernd, und unter Hinweis auf die Vortheile des Unternehmers, baten, man möge dahin wirken, die nämlichen Wohlthaten allen Spinnern in England zu Theil werden zu lassen. Man antwortete, auf weniger, als 12 Stunden, könne, selbst für Kinder, im Wege des Gesetzes die tägliche Arbeitszeit nicht festgestellt werden. Indessen wagten allmälig mehrere Unternehmer den gleichen Versuch, trotzdem kluge Rechner, wie z. B. Mr. Senior Nassau, kalkulirt hatten, dass eine Stunde Reduktion nothwendigerweise einen Verlust von 13, zwei Stunden Reduktion einen solchen von 25 pCt. für die Unternehmer zur Folge haben müssten.

Mr. Leonard Horner, Britischer General-Fabrik-Inspector, liess sich selbst durch diese Berechnungen eine Zeit lang täuschen, ohne daran zu denken, dass der Mensch, wenn er wirklich in gewissen Stücken einer Maschine zu vergleichen wäre, jedenfalls in dem Punkt der Maschine nicht ähnelt, dass seine Kraft nicht eine gleichförmige ist, und dass sein Wille ihm zu Zeiten Leistungen ermöglicht, die ihm zu anderen Zeiten unmöglich wären. In einem seiner Berichte*) macht er über den Gegenstand folgende Bemerkungen: M. Robert Gardner besass zu Preston eine grosse, mit Dampf getriebene Baumwollen-Spinnerei und Weberei (mit Power Looms). Er benutzte eine Dampfkraft gleich 80 Pferdekräften, und beschäftigte 668 Arbeiter. Am 10. April 1844 hatte die Reduktion der Arbeitszeit von 12 auf 11 Stunden begonnen und sie hatte gerade 12 Monate gedauert, als M. Horner seine Untersuchung begann. Die Arbeiter feierten eben den Erfolg durch ein Fest. „Ich ging an diese Untersuchung" — berichtet M. Horner, — „mit der Absicht, den Erfolg zur öffentlichen Kenntniss zu bringen, zugleich aber mit der Besorgniss, dabei irgend einen verborgenen Irrthum zu entdecken. Sollte die Prüfung von

---

*) Mitgetheilt im „Bulletin de la Société industrielle de Mulhouse" No. 103. 1848.

Werth sein, so musste festgestellt sein, dass man nichts geändert hatte an der Schnelligkeit des Ganges, noch an der Triebkraft der Motoren, noch im Betreff der Beschaffenheit der Rohstoffe, und dass auch die Beschaffenheit des Fabrikates die frühere war." Man legte Herrn H. die Bücher der Fabrik vor, um ihm zu zeigen, dass das **Jahresprodukt, weit entfernt, verringert zu sein, vielmehr gestiegen war**, und dass gleichzeitig die Lohneinnahmen der Arbeiter sich erhöht hatten. Die durchschnittlichen Lohnbezüge des Jahres hatten in der Spinnerei bei der zwölfstündigen Arbeit $38^{2}/_{21}$ betragen: sie betrugen nun $38^{3}/_{21}$; sie hatten bei der Weberei früher $10^{1}/_{21}$ betragen und betrugen nun $10^{8}/_{21}$. Anlangend die Schnelligkeit des Ganges, so hatte man sie nur in der Spinnerei um 2 pCt. erhöht, in der Weberei war sie die gleiche geblieben. Im Uebrigen war gegen früher gar keine Aenderung eingetreten. „Die Thatsachen" — fährt Herr Horner fort — „entsprachen also meinen Vermuthungen in keiner Weise, während die Chefs des Etablissements die Wahrscheinlichkeit meiner Theorie selbst nicht hatten in Abrede stellen wollen. Ich bat sie, mir zu sagen, wie sie sich ihre Resultate erklärten. Ihre Erklärung zeigte mir, dass ich einen wichtigen Punkt übersehen hatte; **ich meine den Einfluss, den der Eifer und die Aufmerksamkeit der Arbeiter selbst auf die Summe der Erzeugnisse auszuüben vermag**. Die Chefs erklärten diese Thatsache durch den Hinweis auf die **grössere Widmung der kürzere Zeit angestrengten Arbeiter, auf ihre grosse Pünktlichkeit im Kommen, auf das Zurathehalten jedes Augenblickes**, während sie sonst, bei 12stündiger Arbeit, oft verschwenderisch mit der Zeit gewesen seien. Sechszehn Arbeiter besuchten mich. Sie bestätigten die Angaben ihrer Chefs; sie zählten mir die vielen Vortheile der Einrichtung auf und schilderten die Freude, die sie an der Arbeit hätten, seit sie täglich eine Stunde früher beendigt sei. Unter Anderem berichteten sie mir, **als sie 12 Stunden gearbeitet haben, sei die Abendschule nur von 27 von ihnen besucht worden; seit man die Arbeitszeit auf 11 Stunden reduzirt habe, werde die Schule von 98 besucht!"**

Herr Horner berichtet dann weiter über eine zweite, gleich glückliche Erfahrung, die er bei den Herren Horrocks u. Janson in Preston gemacht. Die in der Spinnerei dieser Herren beschäftigten

Arbeiter haben ihm erklärt: „Wir arbeiten mit weit mehr Freudigkeit. Wir haben den ganzen Tag über die Wohlthat vor Augen, nach Vollendung unseres Tagewerkes früher heimgehen zu können. In allen unseren Spinnsälen herrscht ein thätiger und fröhlicher Sinn, und wir können uns auf's Schönste einander helfen."

Es würde Wunder nehmen müssen, wenn nicht gerade in den Kreisen der Mühlhauser Société industrielle, wo diese Gegenstände wiederholt zur Sprache gekommen sind, auch ein Versuch mit einer Reduktion der 12stündigen Arbeit gemacht worden wäre. Hätte man doch dort den grossen Segen, von dem die Reduktion der früher 15 bis 16stündigen Arbeit auf eine 12stündige begleitet gewesen war, deutlich wahrgenommen! Ist man doch gerade dort nicht schwerfällig in Versuchen mit neuen Einrichtungen, die gleichzeitig das Interesse der Arbeitgeber und Arbeitnehmer zu befördern versprechen!

Eugène Véron weiss von einem solchen Versuche in seinem mit so viel gewissenhaftem Patriotismus geschriebenen Buche noch nichts zu erzählen. Als er es verfasste, hatte Herr J. Dollfus in seiner Fabrik entweder noch nicht mit der Reduktion der Arbeitszeit auf 11 Stunden begonnen, oder waren die Resultate noch nicht bekannt. In der Weberei des Herrn Dollfus ist im Jahr 1866 laut einer von dem Chef selbst in der Société industrielle gemachten Mittheilung jene Reduktion eingeführt worden. Auch hier wieder mit dem besten Erfolge. Die erwähnte Fabrik arbeitet mit 600 Stühlen; es werden vorzüglich Organdins und Perkale gewebt. Nach einem — freilich erst 14tägigen — Versuche stellte sich heraus, dass in 11 Stunden 1$\frac{3}{4}$ pCt. in Organdins und 4$\frac{1}{2}$ pCt. in Perkalen mehr hergestellt wurde, als früher in 12 Stunden. Ausserdem ergab sich bei der Heizung und Beleuchtung der Säle eine Ersparniss von 2000 Fr. — „Die durch die Verminderung der Stunden erreichten Vortheile" — sagte der Berichterstatter — „sind unbestreitbar; Arbeiter und Fabrikanten haben ihren Antheil daran. Es giebt auch für den Fabrikanten nichts Vortheilhafteres, als die Arbeiter kürzere Zeit arbeiten zu lassen, wenn die Bedingungen und Verhältnisse der Erzeugung eben so gut bleiben, als bei einer längeren Arbeitszeit. Ohne Zweifel wäre es von der grössten Wichtigkeit, diesen Versuch in allen Arbeitsfächern anzustellen, um zur Beseitigung eines ökonomischen Gemeinplatzes zu kommen, der so viele Missverständnisse veranlasst."

Hält man uns entgegen, dass lediglich in der Spinnerei- und

Weberei-Branche Reduktionsversuche gemacht worden und geglückt seien, so müssen wir gestehen, dass uns bis jetzt Berichte über in anderen gewerklichen Branchen angestellte und geglückte Versuche allerdings nicht bekannt worden sind.*) Warum sollte aber das Ergebniss in der Metallwaaren-, der Papier-, der Glas-, der Leder-Fabrikation u. s. w. ein anderes sein? Jene Erfolge hängen ja nicht mit der Technik des Verfahrens zusammen, sondern sind in der menschlichen Natur begründet, welche in allen hier in Betracht kommenden Stücken die gleiche bleibt, mag nun der Arbeiter in der Garn- oder Gewebe-, oder der Metallwaaren-, Papier-, Glas- u. s. w. Fabrikation beschäftigt sein.

Hin und wieder haben wir die Forderung vernommen, die Werkeltags-Arbeitszeit erheblich zu verkürzen, aber zur Ergänzung des Ausfalles den Sonntag zu Hülfe zu nehmen.**) Dies würde — dünkt uns — nur ein neuer Frevel an der Menschheit sein. Nicht umsonst haben alle gebildeten christlichen Völker der Erde einer dringenden Forderung der menschlichen Natur Folge leistend, sechs Werkeltagen stets einen ganzen Ruhetag folgen lassen.

„Bei dem freiesten Volke Europas, bei den Engländern" — sagt Michel Chevalier***) — „und bei dem freiesten Volke der ganzen Erde, bei dem der Ver. Staaten, ist die Sonntagsheiligung ausserordentlich streng; man geht soweit, sich nicht nur jeder Arbeit, sondern auch jeder ostensiblen Vergnügung gewissenhaft zu enthalten; das Gesetz über die Sonntagsheiligung hat sehr strenge Bestimmungen . . . . .

*) Bei den Norfolker Landarbeitern wird, mit Ausnahme der Saat- und Erntezeit, nie über 10 Stunden täglich gearbeitet. Dafür schafft aber auch ein dortiger Pflüger in 5 Stunden so viel, wie ein anderer in 6 Stunden. Roscher, System I. §. 168. Note 11.

**) Moritz Müller, ein von den besten Absichten beseelter Mann, selbst Chef eines grösseren industriellen Unternehmens, macht in seiner a. a. St. schon citirten Flugschrift No. 382 („Eine Ansprache über die Arbeitszeit") den ganz ernst gemeinten Vorschlag, die nöthigen wöchentlichen Arbeitsstunden auf 7 statt auf 6 Tage zu vertheilen; man beseitige so den einen ganzen Sonntag, mache es aber möglich, an jedem Tage einige Stunden Sonntag zu feiern.

***) A. a. O. S. 107 ff. Was die ascetisch strenge Sonntagsheiligung anbelangt, so weiss man freilich, dass in den Ver. Staaten ebenso wie in Grossbritannien die öffentliche Meinung sehr getheilt ist, und dass hier wie dort die Parteien zusehends wachsen, welche, zwar weit entfernt, eine Beseitigung der Sonntagsfeier zu wünschen, doch eine gründliche Reform der die rechte Sonntagsfeier beeinträchtigenden strengen Sonntagsgesetze anstreben.

Bei uns hat der Brauch den Sonntag dem Vergnügen gewidmet; mag er diese Bestimmung behalten. Aber, da ein Tag unter sieben unumgänglich der Ruhe des Arbeiters gewidmet sein muss, so wollen wir Sonntag machen im Namen der Gesundheit, wenn man es nicht lieber will im Namen der Religion. Thatsächlich ruhen alle Arbeiter, auch wenn sie Ueberfluss an Arbeit haben', stets wenigstens einen Tag in der Woche . . . . . Ein grosser Fortschritt wird vollzogen sein, wenn wir uns alle an diesem einen, gleichen, Tage ausruhen."

Uns scheint die Sonntagsheiligung, von religiösen Gründen ganz abgesehn, im Interesse der wirthschaftlichen Arbeit schon um deswillen geboten, weil ein ganzer Ruhetag erfahrungsmässig grössere Erquickung gewährt, als gleich viele Ruhestunden über die ganze Woche vertheilt. Würde aber nicht ein und derselbe Tag von Allen gefeiert, so würde Jedem an seinem Feiertage eben die erquickende allgemeine Ruhe fehlen. —

Es ist zwar nicht zu leugnen, dass bei unseren jetzigen Lebensgewohnheiten für gewisse gewerkliche Arbeiten die Nachtzeit mit zu Hülfe genommen werden muss,*) und dass andererseits, wenn gewisse andere gewerkliche Aufgaben auch fernerhin gelöst werden sollen,**) die Nachtarbeit gar nicht entbehrt werden kann. Ein gesetzliches Verbot der Nachtarbeit, welches natürlich auf alle Gattungen von Arbeit sich erstrecken müsste, also z. B. auch auf die Arbeit bei'm Telegraphen, bei den Posten und Eisenbahnen, wäre nicht nur in weitaus den meisten Fällen nicht aufrecht zu erhalten, involvirte nicht nur eine gänzlich ungerechtfertigte Beschränkung der individuellen Freiheit, sondern würde auch da, wo es aufrecht erhalten werden könnte, eine völlige Revolution in unseren gesammten modernen Kulturverhältnissen hervorrufen.

Ist aber für den einzelnen Gewerksunternehmer die Nachtarbeit da, wo sie durch die technische Natur der fraglichen Verrichtungen nicht geboten ist, immer so vortheilhaft und unerlässlich, als häufig behauptet wird?

Wir sind geneigt, anzunehmen, dass viele Industrielle, wenn sie diese Frage bejahen zu müssen glauben, in einem gefährlichen Irrthum befangen sind.

---

*) z. B. für den Druck der Zeitungen.

**) Man denke z. B. an manche Seebauten, die nur zur Ebbezeit, mag diese nun in welcher Tageszeit immer eintreten, beschafft werden können.

Es ist wahr — überall da, wo sehr grosse Massen von sehr theuren stehenden Kapitalien, z. B. Maschinen, angewendet werden müssen, und die Nachfrage nach den Erzeugnissen des betreffenden Unternehmens eine kaum beschränkte ist, gewährt jenes Kapital bei ununterbrochener Arbeit eine erheblich höhere Rente, als bei völligem Stillstand während der Nachtzeit. Repräsentiren diese Kapitalien einen Totalpreis $= x$ und gewähren sie bei blosser Tagesarbeit eine Rente von $\frac{x}{100} \cdot y$, so werden sie bei Tag- und Nacht-Arbeit eine Rente von $\frac{x}{100} \cdot 2y$ gewähren. Ja bei Dampfmaschinen, welche eine Zeit lang bevor sie in Gang kommen, geheizt werden müssen, und bei denen jede Unterbrechung einen Heizmaterial-Verlust im Gefolge hat, erscheint die ununterbrochene, Tag und Nacht fortgehende, Arbeit im Vergleich mit der blossen Tagarbeit noch in viel höherem Maasse rentabel. Oft genug aber werden diese eminenten Vortheile mehr als ausgeglichen durch die ebenfalls auf der Hand liegenden grossen Nachtheile der Tag- und Nacht-Arbeit. Zuvörderst sind die Nachtarbeitslöhne überall beträchtlich höher, als die Tagarbeitslöhne. Ferner sind in vielen Industriezweigen die Leistungen der Nachtarbeit quantitativ und qualitativ weit geringer, als die der Tagesarbeit. Endlich, da auch bei vollständiger Ablösung die Arbeiter, welche, weil sie die Nachtarbeit durchgemacht, den Tag zur Verfügung haben, am Tage doch nicht gehörig ruhen können — schon weil es ihnen dazu meist an einem entsprechend isolirten Raume gebricht — ist viel rascherer Verbrauch der Arbeitskraft bei allen Arbeitern die unausbleibliche Folge.

Wollen wir ganz von allen Humanitätsrücksichten absehn, so fragt es sich doch, ob überall da, wo die technische Natur der fraglichen Verrichtungen die Zuhülfenahme der Nachtarbeit nicht zu einer traurigen Nothwendigkeit macht, nicht häufig genug schon die blosse Kalkulation die Beschränkung auf Tagarbeit gerathen erscheinen lässt. Man kann entgegenhalten, dass der einzelne Unternehmer in dieser Beziehung seinen Konkurrenten gegenüber machtlos sei. Es ist ja aber die Frage, ob im einzelnen Falle eine Verdoppelung des Betriebsumfanges bei Beschränkung auf Tagarbeit den einzelnen Unternehmer nicht jeder Konkurrenz besser gewachsen macht, als Beibehaltung des alten, minderen stehenden Kapitales und Zuhülfenahme der Nachtarbeit. In beide Waagschalen fallen gewichtige Vortheile und gewichtige Nachtheile.

Wo auch die umsichtigste und sorgfältigste Kalkulation in einer Einzeluntornehmung zu Gunsten der Tag- und Nacht-Arbeit entschiede, da müsste wenigstens im Interesse der Unternehmung selbt nichts unterlassen werden, was irgend dazu dienen könnte, die sittlichen und physischen Gefahren der Nachtarbeit abzuschwächen. Wir rechnen dahin Einrichtungen, welche den Erfolg haben, dem einzelnen Arbeiter das Opfer der Nachtruhe nicht zu häufig aufzuerlegen, welche dem Nachtarbeiter die ungestörte Tagruhe ermöglichen, Innehaltung einer mässigen Arbeitszeit auch in der Nacht, Verstärkung der Aufsicht namentlich, wo Arbeiter und Arbeiterinnen, wenn auch nicht im gleichen Raume, so doch gleichzeitig, bei Nacht beschäftigt werden. *)

Gegen die Ausdehnung der Arbeitszeit noch nicht erwachsener Personen auf die Nachtzeit sträubt sich nicht nur das Gefühl; es kann die Nachtarbeit Unerwachsener auch nirgends auf die Dauer rentabel sein.

Was die Kinderarbeitszeit überhaupt anbelangt, so erörtern wir diesen Punkt zweckmässiger in dem folgenden Abschnitt dieses Capitels.

Auf eine gesetzliche Regelung der Arbeitszeit Erwachsener zu dringen, haben die Unternehmer offenbar kein Interesse. Wäre — das Gegentheil ist bewiesen — der einzelne Unternehmer durch die Konkurrenz, gegen die er ankämpfen muss, gehindert, einseitig eine Reduktion der Arbeitszeit vorzunehmen: das einzelne Landesgesetz könnte doch nur für die Landesangehörigen dieses Hinderniss beseitigen; um sie alle der Konkurrenz auch aller auswärtigen Konkurrenten gewachsen zu machen, bedürfte es dann schon einer internationalen Vereinbarung zwischen allen Industriestaaten, die um so weniger zu erreichen sein würde, als unter so vielen Interessenten gewiss einige sich finden werden, die klug genug sind, einzusehen, dass keineswegs eine grosse Ausdehnung der Arbeitszeit, sondern eine erhebliche Reduktion derselben dem wohlverstandenen Interesse der Unternehmer entspricht, und dass der Unternehmer, welcher in diesem Punkt am weitesten, vielleicht bis zur Erfüllung der Forderung König Alfreds des Grossen, geht, die Konkurrenz am besten aushalten wird. Auch könnte eine solche Vereinbarung nur zu einem Maximum führen, welches sehr weiten Spielraum lassen

---

*) Ueber die Nachtarbeit vergl. Eugène Véron a. a. O. p. 269 ff.

müsste. Und endlich wäre die Aufrechterhaltung eines solchen internationalen Gesetzes doch nur in den wenigsten Fällen, vielleicht nur bei grösseren Fabrikunternehmungen, zu ermöglichen.

Was für die Arbeitszeit überhaupt gilt, gilt auch insbesondere für die Nachtarbeit.*) Nur hinsichtlich der Sonntagsarbeit muss, so lange die Sonntagsheiligung ein Axiom der öffentlichen Meinung bleibt — wir hoffen und vermuthen, dass sie es immer bleiben werde —, jedenfalls daran festgehalten werden, dass die Gesetzgebung nicht nur das Recht, sondern die Pflicht hat, mindestens alle solche Arbeit zu untersagen, welche ohne Schaden für unsere gesammte Kulturentwickelung unterbleiben kann, und deren Verrichtung gleichzeitig die Sonntagsfeier beeinträchtigt.**)

Was die Werkeltags-Arbeitszeit für Erwachsene anlangt, so muss die fortschreitende auch wirthschaftliche Bildung der Unternehmer und Gehülfen unbedingt allmälig zu dem richtigen Verhältnisse führen. Ueberschreitungen des vernünftigen Maasses rächen sich auf beiden Seiten. Es liegt kein Grund vor, für industrielle Grossunternehmungen Bestimmungen über die Arbeitszeit selbständiger Personen zu geben, die man ausserdem für einen ungerechtfertigten Eingriff in das Verfügungsrecht des Einzelnen über seine Kräfte erklären müsste. Arbeitgeber und Arbeitnehmer haben den dringendsten Anlass, sich gegen solche Einmischungsversuche der Regierung in ihre Angelegenheiten auf das Entschiedenste zu wehren.

In der That überlassen auch die neueren Gesetze der Hauptindustriestaaten Europa's die Festsetzung der Arbeitszeit der Erwachse-

---

*) In Betreff der Arbeitszeit überhaupt scheint Véron eine Intervention der Gesetzgebung für geboten zu halten, und in Betreff der Nachtarbeit billigt er wenigstens die auf Erlass eines solchen Gesetzes gerichteten Bemühungen der Société industrielle de Mulhouse (a. a. O. p. 274). Wenn man durchdrungen ist von der Ueberzeugung, dass die Nachtarbeit, wo sie aus technischen Gründen nicht geboten ist, auch auf die Dauer für den Unternehmer nicht vortheilhaft ist, so hat man nicht nöthig, ein gesetzliches Verbot zu fordern.

**) Wir gestehen, dass beide Merkmale schwer in Gesetzesworte zu fassen sein werden. Wir wissen, dass bei den Verkehrsarbeiten — Posten, Eisenbahnen — oft beide Merkmale zutreffen, und würden eine Erstreckung des Verbotes auf sie doch für einen grossen Fehler halten. Wie steht es mit den kirchlichen Feiertagen in einer Bevölkerung mit gemischtem religiösen Bekenntniss? Ueber die gesetzl. Verbote der Sonntagsarbeit und die Geschichte der franz. Sonntagsgesetzgebung bis 1848 vergl. M. Chevalier a. a. O. p. 109.

nen bei Tag und Nacht lediglich der freien Verfügung der Interessenten. (Mit Ausnahme des französischen Fabrikgesetzes vom 9. September 1848, welches bestimmt, dass die wirkliche Arbeitszeit in Fabriken und Hüttenwerken 12 Stunden täglich nicht übersteigen dürfe, und eines ähnlichen englischen Gesetzes von 1847. (10. Vict. Cap. 19.)

C. Die Beschäftigung von Frauen und jugendlichen Arbeitern in gewerklichen Unternehmungen. Fabrikschulen. Asyle.

Weit entfernt, einer Beschränkung der Frauenarbeit in den Gewerken das Wort zu reden, halten wir vielmehr nicht nur mit J. St. Mill*) und Anderen die Niederreissung der Schranken, welche Gesetz und Gewohnheit der freien Verwerthung der weiblichen Arbeitskraft noch in den Weg stellen, für dringend geboten, sondern erscheint es uns auch als ein wichtiger Fortschritt, dass ganz allgemein in unserer Zeit der Erziehung des weiblichen Geschlechtes wie zur gewerblichen Arbeit überhaupt, so auch zur gewerklichen, und der Ausdehnung des Arbeitsgebietes der Frauen die grösste Aufmerksamkeit gewidmet wird. Namentlich auf dem Gebiete der eigentlichen Manufaktur — Hausindustrie für den Grosshandel, — aber auch auf dem des selbstständigen Kleinbetriebes können der Frauenthätigkeit noch viele Pfade geebnet werden. Auf diesen Gebieten, selbst auf dem der eigentlichen Fabrikation, ist ja schon jetzt in gewissen Industriezweigen die Frauenarbeit technisch und wirthschaftlich der Männerarbeit überlegen. Diese Ueberlegenheit wird sich noch weiter entwickeln, wenn solcher Entwickelung erst jene thörichten Vorurtheile nicht mehr entgegenstehen, denenzufolge es der Aufgabe des weiblichen Geschlechts mehr entsprechen soll, zu darben, oder Verheirathung um jeden Preis zu suchen, als Theil zu nehmen an der gewerblichen Produktion.

Zu leugnen ist aber nicht, dass, wo Frauen in unselbstständigen Stellungen, z. B. als Lohn-Arbeiterinnen im Dienste der Grossindustrie, sich ihren Unterhalt zu verdienen gezwungen sind, ihnen häufig genug

---

*) Grundsätze der pol. Oekonomie. Deutsch von Soetbeer. 2. Ausg. S. 574. Ueber die hier und anderweit bekanntlich eindringlicher von Mill geforderte politische Emanzipation der Frauen kann man selbstverständlich, bei vollständiger Uebereinstimmung mit ihm hinsichtlich der wirthschaftlichen Emanzipation, anderer Ansicht sein.

keineswegs gerade die für sie geeigneten Leistungen überwiesen, und dass, selbst wo ihnen die Konkurrenz günstig ist, häufig genug ihnen nicht diejenigen Rücksichten geschenkt werden, welche — von Humanitätsgründen ganz abgesehen — das wirthschaftliche Unternehmer-Interese gebieten würde.

Wo man Frauen Verrichtungen überweiset, welche der weiblichen Konstitution nicht entsprechen, etwa weil man für den Augenblick für diese Verrichtungen Frauenarbeit zu nominell niedrigerem Preise erwerben kann, als Männerarbeit; wo man im Falle reichlichen Angebotes von Frauenarbeitskräften diese mit dem niedrigsten Lohnsatze bezahlt, den die Konkurrenz irgend gestattet; wo man sich nicht entschliessen mag, Frauenarbeit durch Frauen beaufsichtigen zu lassen; wo man nicht auf das Gewissenhafteste darauf bedacht ist, diejenigen Arbeiterinnen, welche keinen Rückhalt an Familien haben, mit allen zu Gebote stehenden Mitteln vor den physischen und sittlichen Gefahren zu schützen, welche gerade ihnen auch in der Freizeit drohen: da wird man die Frauenarbeit doch immer noch zu theuer bezahlen.

Es wird sich stets bezahlt machen, die Reduktion der Arbeitszeit in erster Linie den verheiratheten Frauen zu Gute kommen zu lassen, welche so für ihre häuslichen Verrichtungen und für die Pflege ihrer Kinder mehr Zeit gewinnen — ein Gewinn, der in der rüstigeren Arbeit der Männer, in der aufmerksameren Arbeit der Frauen zur vollen Geltung kommt. Wer verheirathete Frauen an der Nachtarbeit Theil nehmen lässt, wird die Folgen dieses Missbrauches, z. B. in der Zerrüttung der häuslichen Verhältnisse der Arbeiterfamilien, bald schwer genug empfinden. Einrichtungen, welche es ermöglichen, den kleinen Kindern während der Arbeitszeit ihrer Mütter die nöthige Pflege und Wartung in geeigneten, dem Orte, wo die Mütter beschäftigt sind, möglichst nahe gelegenen Lokalen (Asylen) angedeihen zu lassen, werden stets die Wirkung haben, die Leistungen der so einer quälenden Sorge enthobenen Mütter qualitativ und quantitativ zu steigern, die letzteren mehr an die Unternehmung, in der sie beschäftigt sind, und deren Chef auch in dieser Beziehung ihrer sich annahm, zu fesseln.

Ledige weibliche Personen, welche keinen Rückhalt an einer Familie haben, bedürfen selbstverständlich der Fürsorge des Unternehmers ganz vorzugsweise, während der Arbeit sowohl, wie in den Freistunden.*)

Ein Gewerksunternehmer, der nur ein Herz für seine Mitmenschen und ein klares Verständniss für seine eigenen Interessen hat, wird tausend Wege finden, das oft sehr drückende Loos der gewerklichen Frauenarbeit zu erleichtern, und bei zweckmässigen zu diesem Ende geschaffenen Einrichtungen geht es meist ohne irgend erhebliche Opfer; jedes Opfer aber, für diesen Zweck gebracht, trägt tausendfältige Zinsen.

Eine gesetzliche Beschränkung der Arbeitszeit der Frauen, wie sie z. B. ein englisches Gesetz von 1850**) ausspricht, ist aus den nämlichen Gründen nicht zu rechtfertigen, welche oben gegen die gesetzliche Beschränkung der Arbeitszeit erwachsener männlicher Personen entwickelt sind. Wohlwollende Arbeitgeber, welche meinen sollten, aus Konkurrenzrücksichten die Arbeitszeit ihrer Arbeiterinnen nicht reduziren zu können, wenn nicht ein Gesetz auch den Konkurrenten die Reduktion zur Pflicht machte, würden dadurch eine geringe Meinung von der Rückwirkung bekunden, welche die Maass-

---

*) Beispiele von Missbrauch der Frauenarbeit, oder der sich schwer rächenden Vernachlässigung der Verpflichtungen des Unternehmers in dieser Beziehung s. bei Roscher „Ansichten der Volkswirthschaft." Leipzig und Heidelberg. F. Winter. 1861. S. 227 ff. — Glücklicherweise ist man auch um Beispiele treuer Pflichterfüllung nicht verlegen. Das Buch von Véron ist auch in dieser Beziehung überaus lehrreich, zumal die da geschilderten Mühlhäuser Einrichtungen keineswegs einen rein philanthropischen Charakter haben, sondern zunächst aus dem wohlverstandenen Interesse der Arbeitnehmer hervorgegangen sind. Vergl. die Abschnitte: „Salle d'asile" (p. 88) und „Femmes en couches" (p. 90), „Filles mères" (pag. 95), „Hôtel des jeunes filles" (pag. 96) in Chap. III. der prem. partie. — In der Fabrik von Karl Mez u. Söhne in Freiburg i. B. — vergl. die Mittheilungen in der ersten Anmerkung zu Cap. 9. oben — werden nur ledige Frauenzimmer beschäftigt. In der Hauptfabrik zu Freiburg wohnen die Arbeiterinnen gemeinschaftlich zusammen mit 13 Aufseher- und Arbeiterfamilien in einer eigens für sie eingerichteten Pension, wo für Aufsicht auch in der freien Zeit und dafür gesorgt ist, dass die Arbeiterinnen hauswirthschaftlichen Geschäften nicht völlig entfremdet werden. Die fünf Filialfabriken sind meist nur an solchen Orten errichtet, wo einheimische Arbeiterinnen, die in ihrer Familie fortleben können, zu haben sind. Auch hier aber nur weibliche Verwalterinnen. Mit den Ergebnissen der vielfach verständigen und nachahmenswerthen Einrichtungen erklären sich die Chefs in jeder Weise befriedigt.

**) Im Gesetz vom 5. August 1850 (13. 14. Vict. C. 54.) ist verordnet, dass Frauen über 18 Jahren nur zwischen 6 Uhr Morgens und 6 Uhr Abends arbeiten, auch zum Einholen verlorener Zeit nicht über 7 Uhr Abends und nicht über eine Stunde täglich beschäftigt werden dürfen.

regel der Reduktion auf die Quantität und Qualität der Leistungen ausüben muss. Aus jenem Grunde ein Gesetz fordern, hiesse zugestehen, dass übertriebene Anstrengung sich doch lukrativ erweise. —

Ob der Stand unserer Technik die gewerkliche Beschäftigung von Kindern unerlässlich macht, ob es Verrichtungen giebt, die, wenn sie überhaupt geschehen sollen, nur von Kindern verrichtet werden können?*) Oder ob man meint, dass durch die Beseitigung der Kinderarbeit gleichzeitig für die Unternehmer der Lohnaufwand unerschwinglich, für die erwachsenen, mit Kindern gesegneten Arbeiter der Verdienst zu weit reduzirt werden würde?**) Wir wollen diese Fragen, so hochbedeutsam es wäre, sie unzweideutig beantwortet zu sehen, auf sich beruhen lassen. Für den hier vorliegenden Zweck handelt es sich darum, die Thatsache zu konstatiren, dass in den Gewerken die Kinderarbeit vielfach für unentbehrlich gehalten, dass damit fast überall der entsetzlichste Missbrauch getrieben wird und 2) die Fragen zu beantworten, ob und inwieweit die Heranziehung der Kinderarbeit dem Interesse gewerklicher Unternehmer entspricht, was in diesem Interesse Seitens der Unternehmer dann geschehen müsse, um des Vortheils ganz theilhaftig zu werden, und ob eben dieses Interesse eine Befürwortung gesetzlicher Beschränkungen fordert.

Dass die Beschäftigung von Kindern, auch von solchen unter 12 Jahren, in vielen Gewerken für geradezu unentbehrlich gehalten wird, geht einmal aus den Zahlen hervor, mit denen Kinder unter dem gewerklichen Personal in den statistischen Tabellen vieler Staaten erscheinen, und dann aus den Gründen, mit denen man hie und da

---

*) Man sagt, in manchen Fällen sei die schwache, feine Hand von Kindern technisch wirksamer, als die kräftige, grobe von Männern. Ob dies nicht in vielen Fällen auf einen Mangel in der Ausbildung unseres Maschinenwesens zurückzuführen ist? Dass nach einer parlamentarischen Untersuchung vom Jahre 1841 der Eingang mancher englischen Kohlengruben nur 20 Zoll hoch befunden wurde, so dass allerdings nur Kinder die Kohlen fördern konnten, beruht doch zweifelsohne nur auf einer grausamen — und sehr unklugen — Knauserei!

**) Diese Behauptungen hört man häufig nebeneinander zu Gunsten der fortdauernden Kinderbeschäftigung aussprechen. Schliesst aber nicht die eine die andere aus? Vermindertes Angebot würde die Lohnsätze der Erwachsenen nominell erhöhen, dem Unternehmer dafür aber auch bessere Leistungen verschaffen.

den auf die Beschränkung der Kinderarbeit gerichteten Bestrebungen gesetzgebender Behörden entgegengetreten ist.*)

Beispiele von Missbrauch der Kinderkräfte — und als solcher muss doch schon eine mehr als etwa vierstündige Tagesarbeit noch nicht zwölfjähriger, sowie die Nachtarbeit noch nicht sechszehnjähriger Personen betrachtet werden — stehen Jedem, der sich einigermassen in den Werkstätten der Industrie umgesehen hat, in Masse vor Augen.**)

Es giebt offenbar mancherlei gewerkliche Verrichtungen, zu denen Kinder — wir wollen sagen 10—13jährige — recht wohl zu erziehen und dann sehr tauglich sind; es giebt andere, zu denen Kinder von 12 bis 16 Jahren ganz vorzugsweise tauglich sind. Für solche Beschäftigungen Kinderarbeit zu miethen, wenn solche gemiethet werden kann, liegt durchaus im Interesse des Unternehmers. Die gesunde

---

*) Nach Dieterici in den Abhandl. der Berliner Akademie. 1855. S. 413. hatten 1852 in Preussen die Nähnadel- und Stahlwaaren-Fabriken 15—20 pCt., die Woll- und Flachsspinnerei 5—8, die Baumwollspinnerei 15, die Seidenweberei 17, die Wollweberei 5, die Baumwollweberei 10, die Tabaksfabrikation 11 pCt. kindliche Arbeiter. — In Belgien rechnet man, dass bei den Baumwollenfabriken ⅓, bei den Tuchfabriken ¼—⅓ der Arbeiter aus Kindern besteht. — In Grossbritannien befanden sich 1835 unter 100 Arbeitern in der Baumwollenfabrikation 13, in der Wollfabrikation 18.7, in der Leinenfabrikation 15.9, in der Seidenfabrikation 29.6 Arbeiter von unter 12—13 Jahren. — Im Kanton Zürich waren im Jahre 1855 unter 13,205 Fabrikarbeitern überhaupt 8427 Kinder unter 16 Jahren beschäftigt. A. Emminghaus. Schweiz. Volkswirthschaft. Leipzig. Gustav Mayer. 1860. I. Bd. S. 166. — Wie sehr man sich gegen die gesetzl. Einschränkung sträubt, geht aus den Berichten der Handelskammern zu Aachen, Elberfeld und Barmen, Stollberg und Kottbus vom Jahre 1858 hervor, wo das Preuss. Fabrikgesetz von 1853 auf's heftigste angegriffen wird; ferner in den grossen Anfeindungen, welche in der Schweiz gesetzgebende Behörden nach der Einbringung von, die Kinderarbeit beschränkenden, Gesetzen zu erdulden hatten. Vergl. hierüber Emminghaus a. a. O. S. 207 ff. — Uebrigens giebt es Industrieplätze, wo auch für solche Verrichtungen, für welche Kinderkräfte ausreichen und angeblich besonders geeignet sind, niemals Kinder gewerklich beschäftigt werden. Nach Carey. Past, present and future. 1848. p. 28 giebt es in Lowell, dem „Amerikanischen Manchester," gar keine Fabrikarbeiter unter 12 und unter allen Fabrikarbeitern nur 7 pCt. solcher unter 17 Jahren.

**) Zahlreiche und haarsträubende Beispiele solchen Missbrauchs bei Villermé in den Mémoires de l'academie des sciences morales et polit. II. 2., sowie in Desselben Tableau de l'état physique et moral des ouvriers employés dans les manufactures de coton, de laine et de soie. Paris. 1840. Jules Renouard.

physische und geistige Entwickelung erheischt aber äusserste Schonung der jugendlichen Kräfte. Diese letzteren, wenn auch mit voller Genehmigung der Eltern, oder sonst für die Kinder verantwortlichen Personen, bis zur äussersten Grenze der augenblicklichen Leistungsfähigkeit anzustrengen, kann selbst dann nicht gerathen erscheinen, wenn man gar nicht darauf rechnet, Die, welche man jetzt als Kinder beschäftigt, später in der gleichen Unternehmung auch als Erwachsene zu beschäftigen, wenn man also für alle Zeit lediglich Kinderarbeit braucht. Bei der grossen Empfindlichkeit des zarten Alters gegen jede Entwickelungsstörung wird man jede Stunde Ueberanstrengung an der Quantität und Qualität der Leistungen des anderen Tages spüren. Auch hier, und hier besonders deutlich, wird der Vortheil der kurzen Arbeitszeit sich jederzeit geltend machen, wird man an Lohn sparen, wenn man unter Beibehaltung der alten Lohnsätze die Arbeitszeit auf dasjenige Maass reduzirt, bei welchem das leibliche und geistige Gedeihen der Kinder auf keine Weise gefährdet wird. Dieses Maass ist verschieden je nach dem Altersjahr, je nach der Art der Verrichtung, je nach der häuslichen Pflege, welche den jugendlichen Arbeitern zu Theil wird. Bei der besten Pflege, bei der leichtesten Verrichtung und selbst in der letzten Periode der jugendlichen Entwickelung noch — also im 16.—18. Jahre — sollte aber die Arbeitszeit niemals auf die Nachtstunden ausgedehnt werden. Der Raub des Schlafes rächt sich bei jugendlichen Arbeitern am schnellsten und in der empfindlichsten Weise.

Wer jugendliche Arbeiter von unter 18 Jahren zu beschäftigen für gut findet, sollte doch solche von unter 10 Jahren überhaupt nie annehmen, alle niemals zur Nachtarbeit zulassen, Kinder unter 14 Jahren nie länger, als höchstens 4 Stunden jeden Tag, junge Leute von 14—16 Jahren nie länger, als höchstens 6 Stunden jeden Tag, beschäftigen, und auch auf junge Leute von 16—18 Jahren hinsichtlich der Ausdehnung der Arbeitszeit noch alle möglichen Rücksichten nehmen. Da, wo ausschliesslich Kinderarbeit erforderlich ist, lässt sich das volle Tagewerk, wenn auch — wir gestehen es — nicht ohne einige Beschwerde und Unannehmlichkeit, erreichen, indem man eventuell mehrmalige — z. B. bei vierstündiger Arbeit zweimalige — Ablösung einführt, also für ein ganzes 12stündiges Tagewerk, für welches man durchaus 15 Kinderkräfte braucht, 45 Kinder zu verwenden sucht. Dass man, was die Beschaffenheit der, Kindern oder jugendlichen Personen überhaupt zu überweisenden, Verrichtungen anbelangt, auf das Gewissenhafteste dafür sorgen muss, dass, selbst innerhalb der abgekürzten Arbeitszeit, ihnen nicht zu Schwieriges aufgebürdet werde, versteht sich von selbst. Zahlt man dann den beschäftigten Kindern, bezüglich jungen Leuten, nun wirklich nicht nur den Lohn, welchen die — meist sehr günstige — Konkurrenz gestattet, sondern den, welchen man mit der Kinderarbeit verdient, so wird es sich herausstellen, dass auf die Dauer beide Theile bei solchen Rücksichten sich am besten befinden.

Schulpflichtige Kinder müssen für die Schulzeit jedenfalls völlig freigelassen, es muss ihnen der regelmässige Schulbesuch sogar auf alle Weise erleichtert werden.

Als eine solche Erleichterung stellt sich die Errichtung von sogenannten Fabrikschulen*) dar, die in manchen Fabrikgesetzen sogar — u. E. ungerechtfertigter Weise — vorgeschrieben ist. Man kann so Schul- und gewerkliche Arbeitszeit miteinander in Einklang bringen; man erspart so den schulpflichtigen Kindern oft weite und ermüdende Wege. Selbst, wenn man den Unterricht unentgeldlich gewährte, würden die Kosten der Einrichtung doch nur als eine lukrative Ausgabe erscheinen; oft, wo die Kosten der ersten Einrichtung für den einzelnen Unternehmer zu hoch sein sollten, wird sich ein Zusammengehen mehrerer ermöglichen lassen.

Für die Fortbildung der nicht mehr schulpflichtigen, in gewerklichen Unternehmungen beschäftigten Personen jugendlichen Alters angemessen Sorge zu tragen, ist, wenigstens wo ihrer viele sich zusammenfinden, so leicht möglich und ein so dankbares Bemühen, dass man in der That nicht begreifen kann, wie so viele Klein- wie Gross-Unternehmer in dieser Beziehung nicht nur ihre Pflichten völlig vernachlässigen, sondern sogar oft genug den eigenen, auf solche Fortbildung gerichteten Bestrebungen ihrer jugendlichen Gehülfen hindernd in den Weg treten.**)

Wie für das ganze gegenwärtige Kapitel, so sind auch für den hier berührten Gegenstand die in Mühlhausen und der Umgegend (mit den sogenannten „Cours populaires") gemachten Erfahrungen in

---

*) Eugène Véron a. a. O. p. 291.

**) Wie oft müssen wir gewahren, dass die Gewerksunternehmer selbst die heftigsten Gegner der sogenannten Arbeiterbildungsvereine, auch solcher sind, welche dieses Namens sich vollkommen würdig machen!

hohem Grade lehrreich und aufmunternd. Man sieht aus den Berichten Eugène Véron's, wie wirksam neben den Sonntags-, den Abend-, den höheren technischen Kursen auch die trefflich organisirten Volksbibliotheken geworden sind. Und das Alles — wir müssen es immer auf's Neue wiederholen — ist nicht nur dem Wohlwollen gemeinsinniger Männer, sondern zum guten Theile dem vollen Verständniss intelligenter und thatkräftiger Gewerksunternehmer für ihre eigensten Interessen, entsprungen.*)

Auch für die angemessene gesellige Unterhaltung jüngerer, in gewerklichen Unternehmungen beschäftigter Arbeiter lassen sich mit geringen Mitteln leicht segensreich wirkende Unternehmungen in's Leben rufen.

Auf's Aeusserste vorsichtig, wie man sein muss, bei beobachteten Mängeln des wirthschaftlichen Lebens von der Staats-Gesetzgebung und Verwaltung Abhülfe zu verlangen und zu erwarten, mag man auch Bedenken tragen, die Beseitigung des Uebels übertriebener Anstrengung jugendlicher Kräfte bei gewerklichen Unternehmungen den Händen der Gesetzgebung und Verwaltung anzuvertrauen. Indess die meisten und gewichtigsten Gründe des „laissez faire" sind hergenommen von der Beobachtung, dass auf dem Gebiete der wirthschaftlichen Interessen nur das freie Spiel der Bedürfnisse und ihrer Befriedigung zu jener Harmonie führt, welche durch künstliche Eingriffe stets getrübt und gestört wird. Ein Gesetz aber, welches die gewerkliche Kinderarbeit beschränkt, beeinträchtigt nicht den freien Willen Derer, die es angeht; es schützt nur Solche, die noch keinen freien Willen haben vor dem Zwange, der sie von Seiten des verblendeten Eigennutzes bedroht. „Freiheit der Verträge wäre hier

---

*) Vergl. Eugène Véron a. a. O. den ganzen zweiten Theil (Lutte contre l'ignorance vom II. Cap. an, insbesondere p. 291, p. 305 ff., p. 358 ff. — Da bei uns in Deutschland im Ganzen der öffentliche Volksunterricht viel besser organisirt ist und seine Leistungen viel bedeutendere sind, als in Frankreich, können wir manche der dort erwähnten Einrichtungen entbehren, würden wir bei einer ähnlichen Darstellung, die sich auf deutschem Boden bewegte, vieler dort rühmend hervorgehobener Institute kaum Erwähnung thun. Was uns an Bildungsmitteln der hier fraglichen Art besonders noch Noth thut, sind eigentliche Fortbildungsschulen und namentlich technische, wie sie z. B. H. Schwabe in seiner Schrift „Die Förderung der Kunstindustrie. Berlin. J. Guttentag. 1866." so eindringlich empfiehlt.

gleichbedeutend mit Freiheit des Zwanges" — sagt mit Beziehung auf die Kinderarbeit J. St. Mill sehr bezeichnend.

Man kann sagen, das die Kinderarbeit beschränkende Gesetz sei nur da aufrecht zu erhalten, seine Beachtung sei nur da zu kontroliren, wo Missbrauch überhaupt am Wenigsten zu befürchten, weil er sich vor den Augen des Publikums vollzöge; in den grösseren und namentlich in den fabrikativ betriebenen Gewerksunternehmungen sei die Kontrole am wenigsten nöthig und am leichtesten; wo sie viel nöthiger sei — bei'm kleinen Hausbetrieb — sei sie unmöglich und würde sie höchst gehässig sein. Nun — man scheut sich nicht, in Fabriken und Bergwerken, vor Aller Augen Kinder von 12 Jahren zu 12—14stündiger Arbeit bei Tag und Nacht zu verwenden, wenn das Gesetz es gestattet; als wenn ihnen das grösseste Unrecht geschähe, haben sich in einem Schweizer Kanton Fabrikanten aufgelehnt gegen ein Gesetz, welches so leichtsinnig war, zu gestatten, dass über zwölfjährige Kinder Tag und Nacht in Fabriken beschäftigt werden, mit der einzigen Einschränkung, dass jeweilen innerhalb vierundzwanzig Stunden eine gänzliche Ablösung der Arbeiter stattfinden soll; in einigen Fabriken der Normandie „figure le nerf de boeuf" — so erzählt Villermé — „sur le métier au nombre des instruments de travail", und es kommen, wie Roscher berichtet, Beispiele vor, dass man in Fabriken Kinder von 6 Uhr Morgens bis zum anderen Morgen um 10 Uhr unausgesetzt beschäftigt, und ihnen Tabak gegeben oder den Kopf von Zeit zu Zeit in einen Wasserkübel gesteckt hat, um sie wach zu erhalten. Der stupide Eigennutz ist nicht so schüchtern und verschämt wie man annimmt. In der Regel ist der Arbeitszwang härter, strenger bei Grossunternehmungen, als in der Hausindustrie, in der es meist gar keine geeigneten Verrichtungen für die besonderen Schutzes bedürfenden jüngeren Kinder giebt, wo doch nur ganz entartete Eltern ihre Kinder zu einer deren Kräfte übersteigenden Arbeit prügeln würden.

Wir halten ein, die gewerkliche Kinderarbeit einschränkendes, Gesetz für unerlässlich; wir wissen freilich, dass die Aufgabe, es zu formuliren, und seine Befolgung zu überwachen, ausserordentlich schwierig ist.

In den meisten Kulturstaaten bestehen solche Gesetze. *)

---

*) Eine ziemlich vollständige Uebersicht der wichtigsten Europ. Gesetze zur Regelung der Kinderarbeit vergl. A. Emminghaus a. a. O. Bd. I. S. 203—216. Vergl. auch Rau Volkswirthschaftspolitik. 4. Aufl. (1854.) §. 202. a.

Aber auf die Frage, ob der einzelne Gewerktreibende als solcher ein Interesse habe, ein solches Gesetz zu fordern — vielleicht, weil er ausserdem gezwungen sei, gleich den Konkurrenten die Kinderarbeit zu missbrauchen, können wir nur entschieden verneinen. Er hat nicht mehr noch minderes Interesse an einem solchen Gesetz, wie jeder andere Staatsbürger. Motivirte er seine Forderung durch einen Hinweis auf seine wirthschaftliche Stellung, so würde man ihm erwidern können: „Die Konkurrenz hast Du am wenigsten zu fürchten, welche am wenigsten rationell wirthschaftet; auf's Höchste irrationell ist der Missbrauch der Kinderarbeit; enthalte Dich solchen Missbrauches; Du wirst auch hierdurch an Kräften zur Besiegung Deiner Konkurrenten wachsen."

Der hochverdienten „Société industrielle de Mulhouse", welcher in einer mehr als vierzigjährigen segensreichen Thätigkeit so manches denkwürdige Werk gelungen ist, ist es nicht gelungen, ihren, schon kurz nach ihrer Begründung eröffneten Bestrebungen zur Durchführung eines zweckmässigen Kinderarbeitsgesetzes Erfolg zu verschaffen.*) Wir beklagen diesen Misserfolg nicht. Die Mitglieder dieser Gesellschaft haben sich und Anderen einen grösseren Dienst erwiesen durch die in ihren Kreisen der Regelung der Kinderarbeit zugewendeten Bemühungen, als sie ihn sich und Anderen jemals hätten leisten können durch eine glücklichere Agitation für den fraglichen Gesetzentwurf. Sie hätten sich nicht wundern dürfen, wenn die Deputirtenkammer gefragt hätte: „Was wollen diese Herren? Sie sind durchdrungen von dem Bedürfniss, den Missbrauch der Kinderarbeit zu beseitigen. Aber aus Furcht vor der Konkurrenz Derer, die ihn nicht beseitigen, begehren sie, dass das Gesetz die Konkurrenten dazu zwinge, was sie — die Antragsteller — gern auch ohne Gesetz thun würden. Mögen sie erst einmal versuchen, ob man nicht die Arbeitskräfte der Kinder schonen und dabei doch prosperiren kann. Ist dieser Versuch geglückt, so kann auch die zarteste Rücksicht für die Industrie Keinen von uns mehr abhalten, für ein verständiges Kinderarbeitsgesetz zu votiren."

Nun, da der Versuch, in Mühlhausen und auch sonst an vielen Orten,

---

*) Eugène Véron a. a. O. p. 276—281. Uebrigens fordert der Entwurf doch nur das geringste Maass von erlaubten Beschränkungen. Z. B. gestattet er Beschäftigung schon über Achtjähriger und zwar sechsstündige täglich; 12—16jährige sollen nicht länger als 12 Stunden während 24 Stunden beschäftigt werden u. s. w.

geglückt ist, sollte freilich die Regierung nicht zögern, das in mehrfacher Beziehung mangelhafte Gesetz vom 22. März 1842 einer gründlichen Durchsicht zu unterziehen.

D. Sorge für Gesundheit und Sicherheit.

Jede Gewerksarbeit übt bei einem gewissen Grade der Anstrengung ihre besonderen gesundheitswidrigen und also lebensgefährlichen Einflüsse, und zwar solche Einflüsse, die durch Gegenmittel zwar abgeschwächt, aber nie völlig neutralisirt werden können.

Auf der Verschiedenartigkeit dieser Einflüsse beruht die, leider noch nicht in dem wünschenswerthen Umfange statistisch dargelegte*), Verschiedenheit der durchschnittlichen Lebensdauer in verschiedenen Gewerken.

Auch nach den Formen des Gewerksbetriebes sind diese Einflüsse verschiedene; sie sind bisweilen andere in der handwerksmässigen Klein-, andere in der manufakturmässigen oder fabrikativen Grossindustrie, andere in den häuslichen, andere in den im Freien betriebenen Gewerken.**)

Man wird die gesundheitswidrigen und lebensgefährlichen Einflüsse der gewerklichen Arbeit bald vorzugsweise auf die **Stoffe**, welche verarbeitet werden und das technische Verfahren dabei, bald auf das **enge Zusammendrängen vieler Personen in geschlossene Räume**, bald auf die **einseitige Anstrengung gewisser Organe des Körpers** während der Arbeit, bald auf die **Einrichtung der Maschinen und Maschinenräume**, bald endlich auf die **unvermeidliche Unsicherheit des Standortes des Arbeiters** während der Arbeit zurückführen können.

Was die Einwirkung der Stoffe anbelangt, so sind beispielsweise besonders gesundheitswidrig die Bleiweiss-Erzeugung und Verwendung, die Arsenik-Bereitung und Verwendung, die Blei- und Queck-

---

*) Vergleiche die Betrachtungen über die „Sterblichkeit in den verschiedenen Ständen, namentlich den einzelnen Handwerken", welche Kolb (Vergleichende Statistik. Leipzig. A. Förstner'sche Buchhandl. 1862. 3. Aufl.) S. 455 ff. zusammenstellt.

**) Die Arbeit im Freien scheint keineswegs — wie man gewöhnlich annimmt — gesundheitsförderlicher zu sein, als die häusliche. Vergl. Kolb a. a. O. S. 455. Die Arbeit in Fabriken ist auch keineswegs immer gesundheitswidriger, als die in den entsprechenden Handwerken.

silber-Gewinnung und Verwendung, aber auch alle Arten der Stein-, Glas- und Metallschleiferei.*)

Durch die starke Konzentrirung von Menschen und Feuerheerden, wie sie in grossem Maasstabe in allen bedeutenden Industriezentren, in kleinerem Maasstabe in jeder Fabrik vorkommt, wird die Luft ärmer an Sauerstoff, der ausgeathmete Kohlenstoff wird, namentlich bei mangelnder Ventilation, nicht gehörig zerstreut.**) Dadurch entstehen, zumal bei mangelhafter Ernährung der Arbeiter, häufig hektische Krankheiten, denen man aber aus der gleichen Ursache in der Kleinindustrie und in der manufakturmässigen Hausindustrie bei mangelhaften Wohnungsverhältnissen ebenso häufig begegnet, wie in der fabrikativen Grossindustrie.

Jede sehr einseitige Körperthätigkeit ist der Gesundheit nachtheiliger, als gleichzeitige Anstrengung der verschiedenen Organe. Metzger, Gerber, Grobschmiede, Zimmerleute erreichen meist auch um deswillen ein höheres Alter, als Schneider, Schriftsetzer, Lithographen, Arbeiter in Nadelfabriken. Rückgrats-Verkrümmungen sind da, wo Kinder gewerkliche Arbeit im Sitzen verrichten, und stark angestrengt werden, in dem Maasse verbreitet, dass es in solchen Gegenden und den betreffenden Gruppen der Bevölkerung oft schwer hält, völlig gesund gewachsene Leute zu finden.

Die Anwendung von Maschinen verursacht eine grosse Zahl von Verwundungen. Roscher***) theilt mit, dass in den Hospitälern von Manchester bereits vor 20 Jahren jährlich im Durchschnitt 4000 Arbeiter, die durch Maschinen verletzt waren, behandelt wurden; dass in Gent und anderen grossen Industriestädten die Zahl der Krüppel eine unglaublich grosse sei.

Von der Gefährlichkeit des Standortes bei der Arbeit

---

*) Bei der Metallschleiferei wirkt die Trockenschleiferei wieder weit gefährlicher, als die Schleiferei mit genetztem Stein, und selbst bei der Trockenschleiferei sind wieder erhebliche Unterschiede bemerkbar. Vergl. die Angaben aus Sheffield bei Kolb a. a. O. S. 454.

**) Dr. Löblich erläutert diese Ursache näher in seinem in M. Wirth's Gewerbskalender pro 1868 abgedruckten Aufsatze: „Gesundheit in der Werkstätte". Nach ihm braucht ein Mann 1000 Kubikfuss Luftraum bei 12stündiger Arbeit, wenn keine besonderen gesundheitswidrigen Ausdünstungen (z. B. von faulenden Stoffen) die Luft infiziren.

***) Ansichten der Volkswirthschaft. S. 243.

rührt die grosse Zahl von Unfällen im Baugewerke, namentlich bei Maurern, Zimmerleuten, Dachdeckern, Schiffszimmerleuten u. s. w. her.

Es ist kein Grund vorhanden, anzunehmen, dass alle diese nachtheiligen Einflüsse an sich stärker wirken bei der Gross- als bei der Kleinindustrie. Sie werden dort nur augenscheinlicher, und es sind dort leichter energische Vorkehrungen gegen ihre Schädlichkeit zu treffen. Gefahren freilich, die aus der Maschinenanwendung entspringen, sind selbstverständlich in der Grossindustrie absolut häufiger, als in der Kleinindustrie.

Anlangend die Gefährlichkeit der Arbeitsstoffe, so wäre es eben so thöricht, als fruchtlos, zu fordern, dass sich Gewerksunternehmer solcher Unternehmungen überhaupt enthalten möchten, bei denen es gesundheitswidrige Stoffe, oder an sich unschädliche Stoffe in einer gesundheitsgefährdenden Weise, zu verarbeiten gilt. Eine solche Forderung, wenn ihr genügt würde, würde gleichbedeutend sein mit einem Zurückschrauben unserer Kultur um Jahrhunderte. Aber diejenige Bearbeitungsmethode zu wählen, bei welcher nach dem derzeitigen Stande der Technik die gesundheitswidrigen Einflüsse am ersten neutralisirt werden*) — das ist der Unternehmer, welcher seine Interessen versteht, sich selbst schuldig, selbst dann, wenn diese Methode an sich — abgesehen von den Arbeitslöhnen — kostspieliger sein sollte.

Es wäre himmelschreiende Thorheit, die Fabriken schliessen zu wollen, weil Industriedistrikte häufig als Heerde hektischer Krankheiten sich darstellen. Aber noch himmelschreiendere Pflichtvergessenheit und Misskennung der eigenen Interessen ist es, irgend Etwas zu versäumen, was die unvermeidlichen schädlichen Einflüsse des Zusammengedrängtseins vieler Personen in 'geschlossenen Räumen so sehr als möglich abschwächen kann; zu versäumen also z. B. die Herstellung grosser, heller, wohlventilirter Räume, die möglichst häufige Ablösung der in Räumen mit nothwendig sehr hoher Temperatur beschäftigten Arbeiter, die häufige Reinigung der Arbeitsräume, die regelmässige und häufige Entfernung der Abfälle u. s. w.

Auch die einseitige Anstrengung gewisser Muskeln und Organe des Körpers ist bei gewissen Industriezweigen nicht zu vermeiden. Die Macht der Arbeitstheilung beruht zum Theil auf der grossen Aus-

---

*) Unter den verschiedenen Methoden der Bleiweiss-Bereitung, der holländischen, der englischen und der französischen, ist die letztere die gefahrloseste, angeblich aber die kostspieligste.

bildung, welche gewisse Muskelpartieen, gewisse Gliedmaassen des menschlichen Körpers in Folge jener Einseitigkeit erlangen. Aber es kostet nur ein wenig Nachdenken, ein wenig Emanzipation vom Althergebrachten, um auch die Nachtheile solcher Einseitigkeit auf das geringste Maass zurückzuführen. Und häufig kann den stärksten dieser Nachtheile selbst ein neues Geräth, ein neues Werkzeug, eine neue Maschinen-Montirung abhelfen. Wie man diess in Schulen jetzt sorgfältig beachtet, so kann auch in Fabriken den häufig vorkommenden Rückgratsverkrümmungen und Augenkrankheiten durch zweckmässige Einrichtung der Arbeits-Sitze und Tische, sowie der Beleuchtungs-Apparate vorgebeugt werden. Man weiss, dass der gesundheitsgefährliche Schneidertisch ohne jede Beeinträchtigung der Arbeitsverrichtungen ersetzt werden kann durch eine vernünftigere Einrichtung, und dass die Anwendung der Nähmaschine schon manche aufkeimende Lungenkrankheit im Keime erstickt hat.

Thöricht wäre es, auf die Beseitigung von Maschinen und Maschinentheilen, durch welche, wie z. B. die Kreissägen, den Wolf in Tuchfabriken u. s. w., häufig Verwundungen herbeigeführt werden können, dringen zu wollen. Was müsste da nicht Alles beseitigt werden! Sicher ein gutes Theil unserer gesammten Kulturbedingungen. Aber ist es etwa nicht durch das Interesse des Unternehmers geboten, dass die Maschinenräume so eingerichtet, die Transmissionen so angebracht werden, dass überall freie Passage bleibt? Oder ist es so schwer, gefährliche Maschinentheile sorgfältig zu verkleiden, Kinder, wenn sie überhaupt zur Arbeit mit Maschinen verwendet werden müssen, auf alle Weise durch, wenn selbst kostspielige, Vorrichtungen vor der Gefahr zu schützen, in der Hausordnung strenge Bestimmungen zum Schutz gegen solche Gefahr zu geben*) und auf die strengste Aufrechterhaltung solcher Bestimmungen mit aller Energie zu dringen?

Viele Unglücksfälle endlich, wie sie namentlich bei den Baugewerken durch Herabfallen von Baumaterialien, durch Brechen der Gerüste veranlasst werden, sind bei der grössten Sorgfalt der Bauführer und Bauaufseher nicht zu vermeiden. Nicht immer aber geschieht Alles, was zur Verhütung derselben geschehen könnte. Und

---

*) Z. B. die Bestimmung, dass gewisse Maschinen und Maschinentheile nicht geputzt oder geölt werden dürfen, ausser wenn die Maschinen abgestellt sind.

es gehört zu den dringendsten Pflichten des Bauunternehmers und seiner Angestellten, auch in dieser Beziehung Alles zu thun, was irgend nach menschlichen Kräften und nach dem Stande der Technik geschehen kann. Es giebt keine unverantwortlichere Sparsamkeit, als die, welche mangelhafte Gerüste, Hebe- und Zugvorrichtungen, Leitern u. s. w. guten, aber etwas theureren solchen Vorrichtungen vorziehen möchte.

Wir lassen es dahingestellt, inwieweit die Sorge für Gesundheit und Sicherheit bei gewerklichen Unternehmungen zu einem Gegenstande der Gesetzgebung gemacht werden mag. Die Unmöglichkeit der Konsequenz einer solchen Gesetzgebung und die fernere Unmöglichkeit, ihre Beobachtung polizeilich zu kontroliren — was z. B. Baugerüste anlangt, so müsste jeder Baum, jede Bohle, jeder Nagel und jede Klammer probirt werden; solche amtliche Kontrole würde die Unternehmer nur sorgloser machen — nimmt uns a priori gegen jedes solche Gesetz ein, insofern es nicht zum Schutze Unmündiger bestimmt ist.

Aber darüber kann kein Zweifel herrschen, dass Gewerksunternehmer als solche **kein Interesse haben, nach einer derartigen Gesetzgebung auszuschauen**,[*]) etwa, weil, wenn nicht alle Konkurrenten zur Sorgfalt in Betreff der Gesundheit und Sicherheit der Arbeiter gezwungen wären, der Einzelne die Kosten, welche diese Sorgfalt verursacht, nicht aufzuwenden vermöchte.

Dass diese Sorgfalt durch das eigenste Interesse jedes einzelnen Unternehmers dringend geboten ist, bedarf des Nachweises nicht. Wo sie nicht bethätigt wird, fehlt es — wir wollen nicht einmal

---

[*]) Dass eine in der Mühlhauser Société industrielle auf Anregung des Dr. Penot im Jahre 1850 niedergesetzte Kommission, welche den Auftrag hatte, über die Mittel zur Verhütung von Unfällen, die sich so häufig in Fabriken mit mechanischen Motoren ereignen, zu berathen, davon abstrahirte, die Intervention des Gesetzes anzurufen — Véron a. a. O. p. 268 — ist sehr bezeichnend für die verständige Auffassung jener hervorragenden Industriellen. Man versuchte es mit einer selbstgeschaffenen Aufsichtsbehörde. Einige Fabrikanten wollten sich der Autorität dieser Behörde nicht unterwerfen. Man schritt zur Ausschreibung von Preisen für die zweckmässigsten Einrichtungen zur Verhütung von Unfällen. Nur ein Haus meldete sich um den Preis. Auch diese Maassregel schien verfehlt. Aber es schien nur so. Die von der Société industrielle gegebene Anregung hat treffliche Früchte getragen: die Zahl der Unfälle hat sich wesentlich verringert seit der Zeit, wo die Frage angeregt wurde!

sagen an Wohlwollen —, fehlt es selbst an dem Verständniss für das eigene Interesse, an dem rechten und gerechtfertigten Egoismus.

Nicht nur in der Sorge vor häufigen Arbeitsstörungen durch Krankheiten und Unfälle, sondern auch in dem Bemühen, die Gewerksgehülfen auf alle Weise dem Unternehmer und der Unternehmung zugethan zu machen und zugethan zu erhalten, findet dieser wohlberechtigte Egoismus seinen Ausdruck. Und die ängstliche, unablässige und gewissenhafte Sorgfalt für Leben und Gesundheit der Arbeiter wird in der That ein Moment mehr sein, um das persönliche Verhältniss zwischen ihnen und dem Arbeitgeber so zu gestalten, wie es den beiderseitigen Bedürfnissen am besten entspricht.

Es handelt sich hier aber nicht blos um eine präservative Thätigkeit. Es gilt auch, Maasregeln zu treffen für den Fall der — sei es in Folge der Arbeit, sei es ausser Zusammenhang mit dieser, eintretenden Erkrankungen oder Unfälle.

Krankenhäuser auf eigene Kosten und für einzelne Unternehmungen einzurichten, kann nur zweckmässig und geboten sein, wenn die letzteren sehr ausgedehnt und sehr isolirt sind. Auch in diesem Falle werden, selbst wenn die Verpflegungskosten in der Anstalt von dem Unternehmer selbst bestritten werden sollten, noch Krankenunterstützungskassen zu begründen sein, welche da eintreten, wo Erkrankte zweckmässiger, in ihrer eigenen Behausung verpflegt werden, und welche zugleich den durch die Erkrankung herbeigeführten Lohnausfall zu decken bestimmt sind.

Wo viele kleinere Gewerksunternehmungen (z. B. kleinere Fabriken) auf einen Punkt vereinigt oder nahe benachbart sind, und von Seiten der Staats-, Kreis- oder Kommunalverwaltung nicht für genügende Krankenanstalten gesorgt ist, wird sich oft genossenschaftliches Zusammengehen der Unternehmer zur Errichtung von Krankenanstalten und Krankenunterstützungskassen als thunlich erweisen. Die letzteren sind selbst dann geboten, wenn für öffentliche Krankenhäuser in genügender Weise gesorgt ist.

Für die Heilung oder Versorgung solcher Personen, welche bei Gelegenheit der Arbeit erheblich, vielleicht bis zur theilweisen, oder gänzlichen Arbeitsunfähigkeit, verletzt sind, für die Hinterbliebenen der aus gleichem Anlass Getödteten zu sorgen, gehört gleichfalls zu den Aufgaben des Unternehmers, sei es nun, dass er die fraglichen Unterstützungen ganz aus seinen Mitteln zu bestreiten sich verpflichtet, sei es, dass er bei der Gründung von Instituten der Selbsthülfe oder bei der Betheiligung an schon bestehenden solchen Instituten seinen Gewerksgehülfen mit Rath und That beisteht, und ihnen das Eine oder das Andere zur Pflicht macht.

In wie mannigfacher Weise solche Sorgfalt bethätigt werden kann — darüber geben ebenfalls die einschlägigen Mülhäuser Einrichtungen trefflichen Aufschluss.*) Indess haben wir in dieser Beziehung nicht nöthig, unsere Blicke nach dem Elsass zu wenden; die deutsche Grossindustrie hat gerade in dieser Beziehung ihre Verpflichtungen nur selten versäumt, und in jeder Industriegegend Deutschlands giebt es leuchtende Beispiele von grossartigen Privateinrichtungen, welche die Pflege und Unterstützung erkrankter, oder durch Krankheit und Unfälle arbeitsunfähig gewordener Gewerksgehülfen, oder die Unterstützung der Hinterbliebenen zum Zweck haben.**)

Es möchte fast scheinen, als würde in dieser Beziehung häufig zu viel — nicht etwa erstrebt und erreicht — aber geopfert. Es bleibt eine Aufgabe unserer Zeit, die je früher je besser gelöst werden muss, das Versicherungsprinzip auf Fälle von Krankheit, zeitweiser, oder dauernder Invalidität, Hülflosigkeit der Hinterbliebenen von „Opfern der Industrie" u. s. w. anzuwenden, wie es in England bereits von Seiten mehrerer Gesellschaften, in Frankreich seit 1865 von der „Sécurité générale, Compagnie d'assurances, à primes fixes, contre les accidents de toute nature pouvant atteindre les personnes", in Belgien seit dem nämlichen Jahre von der Gesellschaft „La Prudence" mit Glück versucht wird.***) Bei geringeren Einzel-

---

*) E. Véron a. a. O. Vergl. insbesondere die Abschnitte: „Soin des malades" p. 89, „Ouvriers malades" p. 104, „Les patronages" p. 106.

**) Sehr zweckmässig eingerichtet scheint uns die im Jahre 1856 begründete und 1862 neu organisirte Krankenkasse für das Fabrik-Personal der berühmten König u. Bauer'schen Maschinenfabrik zu Kloster-Oberzell bei Würzburg. Alle Arbeiter zur Theilnahme verpflichtet. Zahlung von $\frac{1}{15}$ des Gesammtverdienstes als Beitrag. Die Fabrik zahlt eben so viel als durch Beiträge der Mitglieder zusammenkommt. Unverheirathete werden im Spital zu Würzburg, Verheirathete zu Hause verpflegt. Arzt und Medizin-Kosten, aber auch Lohnentschädigung, aus der Kasse bestritten. Die Verwaltung durch einen freigewählten Ausschuss besorgt.

***) Vergl. den trefflichen Aufsatz von Dr. Engel über „Die Unfallversicherung" in No. 10, 11 u. 12, Jahrg. VI. (1866) der Zeitschrift des Königl. Preuss. Statist. Bureau's.

beiträgen*) wird so die Entschädigung doch mehr gesichert, als bei Privatunternehmungen zu Gunsten einzelner Etablissements, solcher Privatunternehmungen, die mit verhältnissmässig grossem Kostenaufwande doch immer nur den gewöhnlichen, nicht aber ganz aussergewöhnlichen, massenhaft verheerenden Kalamitäten gewachsen sein können.

Die Begründung solcher „Unfallversicherungs-Anstalten" anzuregen, sie vielleicht selbst in die Hand zu nehmen, den Gewerksgehülfen die Benutzung derselben in der einen oder anderen Richtung zur Pflicht zu machen, aber auch thunlichst zu erleichtern, für die Gesammtheit der in einem Etablissement beschäftigten Arbeiter den geschäftlichen Verkehr mit der Versicherungsgesellschaft zu übernehmen, entsprechende Beiträge zu den Prämienzahlungen zu leisten — das sind die eigentlich rationellen Wege, welche von Gewerksunternehmern zu betreten sind, wenn sie die wirthschaftliche Verpflichtung anerkennen, ihre Sorge für erkrankte oder invalid gewordene Arbeiter, oder für die Hinterbliebenen ihrer Arbeiter zu bethätigen.

E. Sorge für Sittlichkeit.

Was hat sich — kann man fragen — der Gewerksunternehmer um das sittliche Leben Derer zu kümmern, deren Arbeit er für seine gewerkliche Unternehmung miethet? Ist es nicht genug, wenn sie ihm die versprochene Arbeit leisten? Ist er nicht am Ende seiner Verpflichtungen, wenn er ihnen gewährt hat, was ihnen kontraktlich zukommt?

Freilich fehlt dem Gewerksunternehmer jene Gewalt über die Gewerksgehülfen, welche die Eltern über ihre Kinder auszuüben berechtigt sind; freilich steht er — der selbständige Mann, seinen Arbeitern — als meist selbständigen Leuten — gegenüber.

Von einem Recht, einen Einfluss auf ihr sittliches Leben auszuüben, kann nicht die Rede sein, ausser in dem nämlichen Sinne, in

---

*) Bei Kollektiv-Versicherung für Arbeitgeber hätte in der Sécurité générale der Arbeitgeber für jeden seiner Arbeiter jährlich 3.95 Fr. zu zahlen, um ihm im Falle der eintretenden Arbeitsunfähigkeit eine Jahresrente von 60, oder eine tägliche Geldverwilligung von 0.50, im Falle der Tödtung durch einen Unfall seinen Hinterbliebenen eine Kapitalzahlung von 1000 Fr. zu verschaffen. Für eine Fabrik mit 500 Arbeitern kostet die Gesammtprämienleistung nur 1975 Fr., wenn lediglich diese Zwecke erreicht werden sollen.

welchem es jedem Menschen jedem anderen Menschen gegenüber zusteht, und ausser in dem Falle, dass seine Arbeiter ihm ein solches Recht freiwillig eingeräumt hätten.

Mag das Recht auch im einzelnen Falle zweifelhaft sein — die Pflicht ist unzweifelhaft, zumal überall da, wo die Gewerksunternehmung selbst, insbesondere vielleicht das Zusammengedrängtsein vieler Menschen auf engem Raume, die gleichzeitige Beschäftigung jüngerer Leute beider Geschlechter in den gleichen Räumen bei Tag und Nacht, die Aufnahme verderbter Elemente in einen sonst unverdorbenen Kreis von Arbeitern, unmittelbar Gefahren für die Sittlichkeit Aller erzeugt.

Solche Gefahren nach Kräften abzuwenden, ist heilige Pflicht für den Unternehmer; sie zu erfüllen gebietet ihm sein, noch dringender aber das Interesse seiner Arbeiter selbst, welches mit dem seinigen stets harmonirt.

Sollte ihm Jemand das Recht streitig machen können, diese Pflicht zu erfüllen, auch wenn er es sich nicht kontraktlich gesichert hat?

In gewerklichen Kleinunternehmungen der gewöhnlichen Art kann von einer besonderen sittlichen Gefahr so wenig die Rede sein, als in jedem anderen Berufe. Was daher hier dem Unternehmer in dieser Beziehung obliegt, ist nichts Anderes, als die allgemeine Menschenpflicht. Ein verständiger und edeldenkender Meister kann die kleinste Werkstatt zu einer Stätte edler Zucht und Sitte machen. Es bedarf dazu nicht der zünftigen Formen und der zünftigen Autorität, hinter welche sich, wenigstens in der späteren Zeit der Zünfte, oft genug der kleinlichste Egoismus und nichtswürdiges Wesen versteckt haben.

Dem Grossunternehmer erwachsen jedoch besondere Aufgaben, um so schwierigere und wichtigere, je zahlreicher und wechselnder und bunter sein Arbeitspersonal ist.

Allerdings ist der besondere Einfluss der gewerklichen Beschäftigung in Grossunternehmungen auf die Sittlichkeit der Arbeiter noch keineswegs genügend konstatirt. Allerdings ergeben die bis jetzt über die sittlichen Zustände in rein industriellen Kreisen angestellten Erhebungen noch keineswegs allgemeingültige Regeln. Allerdings fehlt es noch an einer Kriminalstatistik, welche für hinlänglich grosse Gebiete und Zeiträume die verschiedenen Berufsklassen sorgfältig von einander schiede, und ist daher Vieles nicht allgemeingültig, noch eine genügende Grundlage für weitere Schlüsse, was von der tiefen sittlichen Verkommenheit mancher vorzugsweise industrieller Bezirke erzählt wird.*)

Aber es ist doch nicht zu läugnen, dass eine grosse Gefahr für die Sittlichkeit in der Abstumpfung liegt, welche z. B. eine fast völlig gedankenlose Arbeit erzeugt, ferner in dem Zusammenarbeiten der beiden Geschlechter, wie es die neuere Maschinenindustrie so häufig befördert hat, zumal, wenn es bis in die Nacht hinein fortgesetzt wird; endlich in der Lockerung des Familienlebens, die leicht dadurch hervorgerufen werden kann, dass Mann und Frau je ihrer besonderen gewerklichen Beschäftigung nachgehen, und die Kinder dem Auge der Eltern den grössten Theil des Jahres über entzogen sind.**)

Es fragt sich: Was kann der Unternehmer grösserer Gewerke gegen solche Gefahren thun?

Unmittelbar ungemein wenig. Mittelbar aber so unendlich Vieles, dass er sogar durch seine Unternehmung der Wohlthäter für Generationen werden kann.

Auf einige der mittelbaren Einflüsse wurde schon bei anderer Gelegenheit — vergl. die Abschnitte über „Arbeitszeit", „Frauen- und Kinderarbeit", „Sorge für Gesundheit und Sicherheit" — hingewiesen; andere bleiben in den folgenden Abschnitten — „Sorge für das Wohnwesen", „Sorge für Sparsamkeit" — zu erörtern übrig.

Von grösster Wichtigkeit bleibt immer das persönliche Beispiel des Unternehmers und seiner Familie. Wenn ihn nicht schon sein eigenes sittliches Bewusstsein zu grösster Strenge gegen sich selbst und die Seinen veranlasste — die blosse Rücksicht auf sein geschäftliches Interesse müsste ihn diese Strenge lehren.

Sittenzeugnisse für Gewerksgehülfen sind selten üblich; noch seltener zuverlässig. Dem Unternehmer ansinnen, nur Gehülfen in Arbeit zu nehmen, welche gute Zeugnisse aufzuweisen haben, wäre daher

---

*) Vergl. Roscher. Ansichten der Volkswirthschaft. S. 234 ff. Leider geht Ad. Wagner, der in seinem trefflichen Werke über „die Gesetzmässigkeit in den scheinbar willkürlichen menschlichen Handlungen" (Hamburg. Boyes u. Geisler. 1864. Bd. I. S. 26 ff.) die Statistik der Verbrechen sonst nach allen Seiten hin behandelt, auf die Einwirkung des Berufes auf Zahl und Art der Verbrechen nicht näher ein. Vergl. jedoch die berühmte Abhandlung von Quételet: Sur la statistique morale et les principes, qui doivent en former la base. Mém. de l'Académie royale des sciences de Belgique T. 21. Bruxelles 1848.

**) Bei Roscher a. a. O. S. 238 ff. sind diese Gefahren, oft mit drastischen Beispielen geschildert.

sinnlos. Aber zweckmässig wird es sein, solche Arbeiter, über deren sittliche Führung es nicht möglich war, Zuverlässiges zu erfahren, wenn möglich vorerst nur auf Probe anzunehmen.

Unerlässlich ist es, dass auf sittliche Ordnung und anständiges Betragen während der Arbeit auf's Strengste gehalten, unsittliche Elemente aus den Reihen der Arbeiter unnachsichtlich entfernt werden.

Es leuchtet ein, dass gerade in dieser Beziehung die Wahl der Aufseher von der allergrössesten Bedeutung ist. Wie oft wird hierbei viel zu ausschliesslich auf Fertigkeit in der Technik und die Fähigkeit, die Leistungen der Arbeiter zu steigern, Rücksicht genommen, die sittliche Autorität aber ganz ausser Acht gelassen!

In dem gleichen Lokale sollten nur Personen desselben Geschlechtes und Frauen stets nur unter weiblicher Aufsicht beschäftigt werden.

Den unverheiratheten und solchen Arbeiterinnen, welche keinen Rückhalt an einer Familie haben, muss auch ausser der Arbeitszeit die eingehendste Sorgfalt zugewendet werden.*)

Die Familie des Unternehmers wird die letzteren oft gerade in dieser Richtung trefflich unterstützen können.

Oft kann durch scheinbar ganz unbedeutende Maassregeln grossen Gefahren vorgebeugt werden. So entlassen z. B. bisweilen sorgsame Fabrikanten ihre Arbeiterinnen am Abend etwas früher aus der Arbeit, um das gemeinsame Nachhausegehen mit den Arbeitern im Dunkeln zu verhüten.**)

F. Sorge für die Wohnungs-Verhältnisse.

Die Wohnungsverhältnisse aller Klassen der Bevölkerung sind für das leibliche und geistige Wohl derselben unbedingt maassgebend. Schlechte Wohnungen ruiniren die Bewohner auf Generationen hinaus physisch und sittlich. Gute Wohnungen reichen oft an sich schon hin, eingerissenen physischen und sittlichen Gebrechen Einhalt zu thun.

---

*) Dies geschieht in der allerzweckmässigsten Weise in dem Etablissement der Herren Karl Mez u. Söhne in Freiburg i. B., wie schon an anderer Stelle näher ausgeführt. Vergl. den Abschnitt über Frauen- und Kinderarbeit oben.

**) Vergl. Villermé Tableau de l'état physique et moral des ouvriers, und in den Mémoires de l'académie des sciences morales et politiques II. 2. p. 867 ff., 880 f.

Der Einfluss der Wohnungen auf die Gesundheit ist heutzutage ein Gegenstand gründlicher und vielseitiger Untersuchungen geworden, indem man ansteckende verheerende Krankheiten auf örtliche, in den Wohnungsverhältnissen zusammenwirkende Ursachen zurückzuführen gelernt und so diese Verhältnisse überhaupt und nach allen Richtungen hin einer eingehenderen Beachtung gewürdigt hat, als dies sonst geschah.

Nach einer Mittheilung der Zeitschrift für Schweizerische Statistik (Jahrg. 1866), beträgt die mittlere Lebensdauer der Bewohner der Stadt Zürich überhaupt 36.18 Jahre, die der Bewohner der neueren Stadttheile (wo das Haus durchschnittlich von 12.5 Personen bewohnt ist) 40 Jahre, die der Bewohner der älteren Stadttheile aber (wo das Haus durchschnittlich von 20 Personen bewohnt ist) nur 32.3 Jahre. In dem engsten Theile der alten Stadt sinkt die Lebensdauer sogar auf 30.6 und, wenn man das beste Viertel ausscheidet, auf 28.3 Jahre; in der neuen Stadt sind dagegen unter 28 Vierteln nur 2, wo die mittlere Lebensdauer unter 32 Jahre sinkt.

In Paris war nach Villermé[*]) in den Jahren 1821—27 nachweislich in denjenigen Arrondissements die Sterblichkeit am grössesten, wo der Prozentsatz schlechter Wohnungen der höchste war. In den Arrondissements mit 0.07 pCt. schlechter Wohnungen starb jährlich eine Person unter 72, in denen mit 0.22 pCt. schlechter Wohnungen eine unter 65, in denen mit 0.38 pCt. eine unter 45.

Die sittlichen Gefahren schlechter Wohnungen liegen darin, dass sie die Bewohner der Reinlichkeit und Ordnung entwöhnen, dass sie ihnen die Häuslichkeit verleiden, dass sie, namentlich bei'm Vorhandensein vieler Wohnungen in einem Hause, vielfachen Anlass zu Unfrieden geben, dass sie die Bewohner zur Zucht- und Schamlosigkeit erziehen.

Es kann keinem Zweifel unterliegen, dass, wenn der Gewerksunternehmer mitverantwortlich ist für das leibliche und geistige Gedeihen seiner Gewerksgehülfen, und, wenn Gesundheit und Sittlichkeit dieser jenem ebenso zu Gute kommt, wie er unter ihrer Gebrechlichkeit und Unsittlichkeit zu leiden hat, er verpflichtet ist, den Wohnungsverhältnissen seiner Arbeiter die grösseste Aufmerksamkeit zu widmen.

---

*) Tableau de l'état physique etc. a. a. O. Bei diesen Angaben sind freilich die Wohnungseinflüsse noch nicht von denen der Nahrung und denen der sonstigen wirthschaftlichen Lage geschieden.

Der Kleinunternehmer, der nur mit wenigen Gehülfen sein Geschäft betreibt, mag, wenn es irgend angeht, diesen seinen Gehülfen Wohnung im eigenen Hause gewähren, und da für eine gesunde und angemessene Wohnstätte sorgen. Ein Zwang, diese Wohnung anzunehmen und sich den Miethbetrag am Lohne kürzen zu lassen, wäre gegen das Interesse beider Theile, weil er auf Seiten des Abmiethers stets das Misstrauen erzeugen würde, dass der Vermiether ihn übervortheile.

Kann der kleine Gewerksunternehmer seinen Arbeitern nicht Wohnung in seinem eigenen Hause anbieten, oder wollen diese auf das Anerbieten nicht eingehen, so mag der Erstere dafür sorgen, dass wenigstens jüngere und ledige Personen vor Uebervortheilung ebenso wie davor geschützt werden, dass sie ungesunde, oder solche Wohnungen erhalten, durch welche ihre Sittlichkeit gefährdet wird.

Viel wichtiger und dringlicher ist selbstverständlich die, grösseren Gewerks- z. B. Fabrik-Unternehmern, obliegende Wohnungssorge.

Es werden grosse Gewerksunternehmungen gegründet in einsamen Gegenden und in Gebäuden, welche, ursprünglich für andere Zwecke bestimmt, für den eigentlichen Gewerksbetrieb zu geräumig sind, und Wohnungsgelass für zahlreiche Gewerksgehülfen — Arbeiter und Arbeiterfamilien — bieten. (z. B. säcularisirte Klöster).

Der Unternehmer wird darnach trachten, diese Räumlichkeiten zu verwerthen, sie seinen Gewerksgehülfen zu vermiethen. Und diese andererseits sind genöthigt, auf dieses Geschäft einzugehen, wenn anders sie in dem fraglichen Unternehmen Beschäftigung suchen.

In diesem Falle gewinnt der Arbeitsgeber eine exorbitante Gewalt über seine Gewerksgehülfen, welche eine Kündigung zugleich brod- und obdachlos macht. Um so sorgfältiger muss er sich nicht nur vor Missbrauch hüten, sondern auch darauf denken, soviel als irgend möglich die Nachtheile auszugleichen, welche aus dem, vielleicht noch dazu engen, Zusammenwohnen einer grossen Menge von Menschen entstehen.

Wäre das Gebäude offenbar nicht eingerichtet oder nicht einzurichten zur angemessenen Unterbringung vieler Familien, so wäre die Verwendung desselben zu diesem Zwecke ein Frevel. Viel besser würde es abgebrochen und für die erforderlichen Wohnungen in anderer Weise gesorgt.

Wäre es aber für den fraglichen Zweck wirklich geeignet — versehen mit vielen, völlig von einander abgesonderten, zu Familien- wie Einzelwohnungen passenden, sonnigen, warmen, gut ventilirten Räumen, — so bleibt immer die Sorge, die Miethpreise und die Mieth-Kontrakte so festzustellen, dass in dieser Beziehung zu keinerlei Argwohn gegen den Vermiether Anlass geboten wird.

Unter allen Umständen besteht in dem Zwang zu kasernenmässigem Zusammenwohnen in grossen Gebäuden eine Unannehmlichkeit für die betreffenden Wohnungsbedürftigen.

Andererseits hat der Vermiether den Vortheil der Konkurrenzlosigkeit und der stets sicheren Verzinsung seines Gebäudekapitales. Er wird zugleich in seiner Ahmiether und seinem Interesse handeln, wenn er, jene Unannehmlichkeiten anerkennend, und weit entfernt, von der Gunst seiner Stellung Gebrauch zu machen, auf jeden Gewinn aus solcher Vermiethung verzichtet und in den Miethpreisen sich höchstens seine Zinsen und Kosten vergüten lässt. Ergäbe sich doch, durch zufällige Umstände, einmal ein Extra-Gewinn, so würde derselbe am zweckmässigsten zur Verbesserung und Verschönerung der Wohnungen, zur Einrichtung neuer Bequemlichkeiten verwendet werden.

Gesetzt, der Theil des Gebäudes, welcher zu Arbeiterwohnungen verwendet werden soll, kostete 112,500 Fr. im Ankaufe. Es sollen darin 100 Familien- und 100 Einzelwohnungen eingerichtet werden; die Einrichtungskosten betragen 75,000 Fr. Es wäre also ein Kapital von 187,500 Fr. zu verzinsen. Eine 3procentige Verzinsung verlangte 5625 Fr. Nimmt man die Unterhaltungskosten zu 2pCt. an, so wären weitere 3750 Fr., zusammen also 9375 Fr. jährlich aufzubringen. Die Familienwohnung zu 65.62, die Einzelwohnung zu 28.13 Fr. pr. Jahr gerechnet, ergäbe die obige Summe.

Gesetzt nun weiter, es liessen sich ohne erhebliche Kosten noch 50 Einzelwohnungen einrichten, und dieselben wären stets bewohnt. Von der Mehr-Einnahme von 1406.50 Fr. jährlich würde der nicht zur Verzinsung der Einrichtungskosten und für den Unterhalt erforderliche Betrag füglich einem Reservefond überwiesen werden können, mit dessen Hülfe sich Einrichtungen, wie ein Gesellschaftszimmer, eine Badeanstalt, Wasserleitungen, eine Turnhalle u. s. w. zweckmässig schaffen liessen.

Es ist auch eine scheinbar unbedeutende, nichtsdestoweniger aber beachtenswerthe Klugheitsrücksicht, in solchen Fällen den Miethzins nicht vom Lohne zu kürzen, sondern abgesondert, etwa in Monatsraten, einziehen zu lassen.

Für strenge Hausordnung muss gesorgt werden. Die Wahl der Persönlichkeit, welche das Amt eines Hausaufsehers versieht, ist äusserst wichtig. Vielleicht überträgt man die Handhabung der Hausordnung besser einem, theilweise von den Miethern selbst gewählten, Ausschusse.

Sehr zweckmässig wird es sein, die unverheiratheten Arbeiter, sofern sie nicht die Kost in Familienhaushaltungen finden können, auf die Vortheile gemeinschaftlicher Menage, die Familien auf die Vortheile des gemeinschaftlichen Ankaufes von Lebensmitteln im Grossen aufmerksam zu machen, und beide bei den hierzu erforderlichen Maassnahmen mit Rath und That zu unterstützen.

So ist vernünftiger Hülfe noch ein grosser Spielraum gegeben, wenn die Gewerksgehülfen sämmtlich unter einem Dache wohnen. Aber es gehört viel Menschenliebe und viel organisatorisches Talent dazu, diese Hülfe in der zweckmässigsten Weise zu gewähren. —

Weiter kommt der Fall häufig vor, dass der **Unternehmer durch Neubau für Wohnungen auf eigene Kosten sorgen muss**, wenn anders er sich ein stets genügendes Arbeitsangebot sichern will. In diesem Falle mag der Bau von sogenannten Arbeiterkasernen selbst da, wo der Baugrund und die Baukosten nicht theuer sind, stets für's Erste vortheilhafter erscheinen, als der Bau von vielen kleinen Einfamilien-Häusern. Allein trotz anfänglich grösserer Auslage wird sich der Unternehmer auf die Dauer bei Beschaffung solcher Häuser, je mit Gelass für eine Familie und etwa noch geeigneten Räumlichkeiten zum Vermiethen an ledige Personen, doch besser stehen; die Miether werden nicht nur geneigter sein, höheren Miethzins zu zahlen, sie werden ihn auch pünktlicher zahlen, und sie werden in dem Maasse bessere Arbeiter sein, als sie gesünder, behaglicher, ungestörter wohnen, als sie sich an dem Sitze der Unternehmung heimischer fühlen lernen.

Aber auch nur so ist die Möglichkeit für die Miether gegeben, mit der Zeit ein eigenes Daheim, „a stake in the country", zu erwerben.

Liegt es in der Absicht des Unternehmers, diess seinen Gewerksgehülfen zu ermöglichen — und diese Absicht würde sich überall als verständig erweisen, — so müssen die Einrichtungen so getroffen werden, dass durch die Miethe, welche der Unternehmer bezieht, nur die Herstellungskosten verzinst und die Unterhaltskosten vergütet werden, dass es aber jedem Miether freigestellt bleibt, durch sofortige Zahlung des Herstellungskostenpreises — eventuell nach Abzug des Abnutzes — sofort, oder durch jährliche Zuschüsse allmälig das Eigenthum an seinem Hause zu erwerben. Diese jährlichen Theilzahlungen müssten in einen Amortisationsfond fliessen und zu Gunsten des Einzahlers verzinst, der Miethzins aber müsste in dem Maasse der Abzahlung am Kaufpreise verringert werden.

Der Unternehmer bewahrt sich vor Misstrauen am besten, wenn er den Miethpreis ebenso wie den Kaufpreis für jedes Haus durch eine Vertrauens-Kommission, in der auch Vertrauenspersonen aus der Zahl der Wohnungsinteressenten Sitz und Stimme haben, und der die Nachweise über die Kosten der Herstellung offen vorgelegt werden müssten, abschätzen lässt, und, wenn der Plan, nach welchem bei Zuschusszahlungen die allmälige Eigenthums-Erwerbung erfolgt, jedem Miether mitgetheilt wird.

Jedenfalls ist es gerechtfertigt, das Eigenthum auch schon dann zu übertragen, wenn nur erst die Hälfte des Kaufpreises abgezahlt ist; für die andere Hälfte kann sich der Unternehmer dann eine Hypothek bestellen lassen.

Auch bei solchen, von dem Gewerks-Unternehmer beschafften Arbeiter-Kolonieen, deren einzelne Häuser allmälig in das Eigenthum der Bewohner übergehen, kann füglich für gemeinschaftliche, Allen zu Gute kommende Anlagen und Einrichtungen, wie Strassenbeleuchtung, Wasserleitung, Kanalisirung, Schulen und Bethäuser, Bäder, Turn- und Tummelplätze für die Jugend, Gesellschaftshäuser, gemeinschaftliche Backhäuser, Krankenhäuser u. s. w. gesorgt werden.[*]

Meist fehlt es am Sitze des Unternehmens, z. B. in einer Stadt, oder in deren Nähe, nicht geradezu an Wohnungen.

---

[*] Unzweifelhaft bestehen solche Arbeiterkolonieen in allen industriellen Kulturstaaten. Indess ist uns Näheres über keine bekannt. Wohlgemerkt handelt es sich hier um den Fall, in welchem der Gewerksunternehmer bauen muss, um nur überhaupt Arbeiter zu erlangen. In diesem Falle wählt man leider meist den Arbeiter-Kasernen-Bau. Solcher Unternehmungen sind viele bekannt. Vergl. z. B. den auch sonst recht instruktiven Aufsatz von Karl Brämer „über Häuser-

Die Industrie, obwohl minder lokal gebunden, als andere Gewerbe, pflegt doch auch am liebsten bereits verkehrsreiche Gegenden aufzusuchen; sie thut es immer dann, wenn es gerathen erscheint, bei der Wahl des Ortes der Niederlassung mehr die Nähe des Absatzmarktes, als der Roh- und Hülfsstoffe, sowie das Vorhandensein billiger Triebkräfte zu berücksichtigen, oder, wenn der verkehrsreichere Platz nach beiden Richtungen hin befriedigt.. Der häufigste Fall ist der, dass der Unternehmer nicht unmittelbar für Beschaffung von Wohnungen zu sorgen nöthig hat, dass die Gewerksgehülfen bereits am Orte der Niederlassung des Unternehmens, oder in der Nähe, Wohnungen innehaben und neu hinzuziehende Arbeiter jederzeit Wohnung finden.

Es fragt sich, ob der Unternehmer auch in diesem Falle sich noch um das Wohnwesen seiner Arbeiter zu kümmern hat, ob auch in diesem Falle die Wohnungsverhältnisse der letzteren noch einen Gegenstand seiner persönlichen Fürsorge bilden müssen und können.

Diese Frage muss unbedingt bejaht werden, sofern diese Verhältnisse nicht entschieden günstig sind, sofern die Arbeiter z. B. zu weit abwohnen von dem Sitze des Unternehmens, welches sie beschäftigt, sofern sie vielleicht eingepfercht sind in enge Strassen grosser Städte, und da entweder in den Kellern oder elenden Dachwohnungen grosser Häuser, oder in kleinen Hütten schmutziger Arbeiterviertel ihr Obdach suchen, sofern sie für ungesunde, feuchte, enge, stallähnliche Wohnungen etwa gar noch fast unerschwingliche Preise an habgierige Miethspekulanten zahlen müssen.

In solchen Fällen gebietet es das eigene Interesse dem Unternehmer, auf Mittel zu sinnen, wie solchem Elende abzuhelfen — selbst dann, wenn die Betheiligten gegen ihre eigene Lage stumpf geworden sind und ein Bedürfniss der Abhülfe nicht empfinden.

Die Ursachen des krankhaften ökonomischen Zustandes, welchen man mit dem heutzutage vielgeläufigen Ausdruck „Wohnungsnoth" bezeichnet, sind verschiedene in verschiedenen Gegenden und zu verschiedenen Zeiten.

---

baugenossenschaften" im „Arbeiterfreund." 2. Jahrg 2. Heft. Berlin 1864 insbesondere S. 212. — Die der obigen Entwickelung zu Grunde liegende Unterscheidung der Fälle weist darauf hin, dass der Weg der genossenschaftlichen Selbsthülfe nicht überall gleich von Anfang an betreten werden kann. In den bis jetzt charakterisirten beiden Fällen würde es dem Unternehmer nichts helfen, seine Gewerksgehülfen auf diesen Weg zu verweisen.

Bald fehlt es an der Einsicht, an dem klaren Bewusstsein der Wohnungsinteressenten von der Mangelhaftigkeit ihrer Wohnungsverhältnisse, an dem lebhaften Streben nach besseren Verhältnissen.

Bald stehen der Ausdehnung des Stadtraumes in die Breite und der Erbauung von Häusern in der nächsten Nähe der Stadt grosse, schwer zu beseitigende Hindernisse entgegen (Festungen).

Bald wird — in der Stadt wie auf dem Lande — die Häuserbau-Speculation durch mangelhafte Zustände der den Grundkredit und das Häuserbaugewerbe betreffenden Gesetzgebung in falsche Bahnen gelenkt.*)

Bald endlich schenkt die Sanitätspolizei dem Wohnwesen zu geringe Beachtung, oder verfährt sie in dieser Richtung mit zu wenig Planmässigkeit und Energie, oder wird sie zu wenig durch selbstthätiges Entgegenkommen des betheiligten Publikums unterstützt.

Ein Gewerksunternehmer, der gegen das Uebel der Wohnungsnoth anzukämpfen sich verpflichtet fühlt, muss den am Orte seiner Niederlassung wirkenden besonderen Ursachen auf den Grund zu kommen und sie mit allen Kräften zu beseitigen suchen. Da die Einzelkraft in solchen Dingen meist zu schwach ist, gilt es, dass die Vertreter der nämlichen Interessen ihre Kräfte vereinigen, um des Uebels Herr zu werden. Grössere, viele Hände beschäftigende Gewerksunternehmer sind die geborenen Führer in dem Kampfe gegen den ihnen besonders verderblichen Feind, „Wohnungsnoth" genannt.

Aber der Kampf ist ein Kampf mit eingerosteten Gewohnheiten und schwerüberwindlichen Vorurtheilen; es kann Jahrzehnte kosten, ehe er zum Ziele führt.

Und, gesetzt auch, es wäre gelungen, einzelne Interessenten mit dem Streben nach besseren Wohnungen zu erfüllen, der Bau-Spekulation die rechten Wege zu ebnen, gelungen selbst, das Weichbild einer befestigten Stadt erheblich über die Peripherie der alten Mauern und Wälle auszudehnen, und es wäre erreicht, dass die Gesundheitspolizei, unterstützt von den Organen verständiger Selbsthülfe, ihr

---

*) Vergl. hierüber die Aufsätze von Ende u. Böckmann über den Einfluss der Baupolizei-Vorschriften auf das Entstehen von Arbeiterwohnungen und deren gesunde und angemessene Gestaltung" und von L. Parisius über „die auf dem Prinzip der Selbsthülfe beruhende Baugenossenschaft" in der Schrift: „die Wohnungsfrage, mit besonderer Rücksicht auf die arbeitenden Klassen. Berlin 1866. Otto Janke." Besonders S. 66 ff. u. S. 114 ff.

Augenmerk auf die Keller- und Hinterhaus-Wohnungen der engsten Stadtviertel, als auf die Brutstätten verheerender Seuchen, richtet — was hilft das Alles, wenn sich die thatkräftigen Bauunternehmer und die willigen Kapitalien nicht alsbald einfinden wollen, um dem erwachten Bedürfnisse auf der geebneten Bahn in zweckmässigster Weise entgegenzukommen?

Es kann nicht frommen, sich mit der Beseitigung der wesentlichsten Ursachen der Wohnungsnoth zu begnügen; es muss Abhülfe geschafft werden, ehe sie beseitigt sind; es bedarf oft einer kräftigen Initiative selbst da, wo sie nicht mehr bestehen.

Diese Initiative, welche den Gewerksunternehmern ihr eigener Vortheil anräth, mag sich äussern bald in der Form des Bauens auf eigene Rechnung, bald in der Anregung zu Wohnungsbaugenossenschaften. In beiden Fällen wird es zweckmässig sein, Bauplätze zu wählen, auf welche baupolizeiliche Beschränkungen hinderlicher Art nicht ausgedehnt werden, oder auf denen dergleichen weniger hinderlich sind. In beiden Fällen kann ein einzelner Gewerksunternehmer für sich oder können mehrere gemeinschaftlich vorgehen. In beiden Fällen endlich kann das Streben vornehmlich darauf gerichtet sein, die Konkurrenz der privaten Bau-Spekulation nur mit drastischen Mitteln anzuregen. Dieses Ziel wird am wenigsten erreicht werden durch rein gemeinnützige, mehr wohlthätige, als geschäftliche Bau-Unternehmungen; es wird am sichersten erreicht durch die handgreifliche Beweisführung, dass es auch rentabel ist, sogenannte „Arbeiterwohnungen" zu errichten auf Vermiethung oder Verkauf.

Wo der Anregung zur Baugenossenschaft der Häuserbau auf eigene Rechnung eines einzelnen oder mehrerer vereinigter Gewerksunternehmer vorgezogen ward, hat man oft aus übelangebrachter Sparsamkeit, oder, der Noth gehorchend, sich für die Erbauung sogenannter „Arbeiter-Kasernen", statt kleiner Familienhäuser, entschieden.*)

---

*) In Grossbritannien ist ganz im Beginne der modernen Bewegung zu Gunsten der Beschaffung besserer Wohnungen für Unbemittelte dem Kleinbau der Vorzug gegeben worden. Die dortigen gemeinnützigen Baugesellschaften, wie z. B. die 1842 begründete „Metropolitan association for improving the dwellings of the industrious classes" und die 1844 begründete „Society for improving the condition of the labouring classes" — beide in London — haben freilich mit Kasernenbau angefangen;

Wie oben angedeutet, kann diese Maassnahme durch die Umstände geboten sein, z. B. bei zu grosser Entfernung billigerer Bauplätze, oder bei starkem Wechsel der Gewerksgehülfen. Sie ist jedenfalls geboten, wenn man lediglich unverheirathete Arbeiter beschäftigt, für deren Wohnwesen man durch Selbstbau zu sorgen sich gedrungen fühlt.**)

Sparsamkeitsrücksichten können den Kasernenbau nur da empfehlen, wo man sich überzeugt hat, dass mit dem Bau von Familienhäusern der eigentliche Zweck dieser in der ersten Anlage kostspieligeren Unternehmung, nämlich die Ueberführung der Häuser in das Eigenthum der Bewohner, aus irgend welchen Gründen doch nicht erreicht, und selbst der Zins des Baukapitales durch die Miethzahlung nicht gedeckt werden würde.

In allen Fällen, wo der Kasernenbau nicht durch wohlerwogene und zwingende Rücksichten geboten ist, ist ihm — diess zeigt eine nun schon sehr reiche Erfahrung — der Bau von kleinen Familienhäusern, hingesehen auf die eigentliche Absicht des Selbstbaues, weitaus vorzuziehen.

Es ist hier der Platz, einige der lehrreichsten Erfahrungen, welche in dieser Richtung gemacht worden sind, vorzuführen.

Während in Grossbritannien die Anregung zur Errichtung von Häuserbaugenossenschaften die üblichste und wirksamste Form zu sein scheint, in welcher grössere Gewerksunternehmer ihre Sorge um die Wohnungsverhältnisse der Gewerksgehülfen bethätigen, während in Deutschland, vielleicht wegen noch minderer Centralisation der Industrie und noch minder bedenklich zu Tage getretener Wohnungsnoth, vielleicht auch wegen noch minder verbreiteter Einsicht der Grossindustriellen in ihre wirthschaftlichen Aufgaben, die Wohnungs-

---

die, häufig von Gewerksunternehmern angeregten und beförderten „Benefit building societies" richten ihr Augenmerk nur auf kleine Häuser. Kasernen oder doch Häuser mit mehreren Familienwohnungen haben z. B. gebaut: die Paulinenhütte zu Dortmund, die Heinrichshütte bei Hattingen, die Dortmunder Bergbau- und Hüttengesellschaft, die Steinhauser Hütte zu Witten, die Gesellschaft für Spinnerei und Weberei zu Ettlingen in Baden u. v. A. m.

*) So konnten die Herren Karl Mez u. Söhne in Freiburg i. B. bei ihrer mehrerwähnten Unternehmung nicht an den Bau kleinerer Häuser denken; sie beschäftigen fast ausschliesslich unverheirathete Arbeiterinnen, die in einer förmlichen Fabrik-Pension unterzubringen die Aufgabe war.

sorge vielfach vernachlässigt wird*), ist, wenigstens seit einigen Jahrzehnten, in Frankreich die Erbauung von sogenannten Cités ouvrières an der Tagesordnung. Lediglich gemeinnützige solche Unternehmungen interessiren uns an dieser Stelle nicht. Wir reden hier von derartigen Unternehmungen, welche für Rechnung einzelner oder mehrerer vereinigter Gewerksunternehmer, zunächst für ihre Gewerksgehülfen, ins Leben gerufen werden.**)

Unter diesen nimmt die bekannte, von der Société industrielle begründete Mühlhäuser cité ouvrière die erste Stelle ein.

Die Bestrebungen einiger Mühlhäuser Fabrikanten, welche zu einem heutzutage so grossartigen und berühmten Erfolge geführt haben, reichen in die Dreissiger Jahre zurück. Schon 1835 hatte André Köchlin, damals Maire der Stadt Mühlhausen, Wohnungen für 36 seiner Arbeiterfamilien bauen lassen, jede mit zwei Zimmern, einer Küche, Speicher und Keller; jede Familie erhielt ausserdem einen kleinen Hausgarten — Alles für 12—13 Fr. Miethe pr. Monat. Dieses rühmliche Beispiel wurde nachgeahmt von der Bergbaugesellschaft von Anzin (Dep. du Nord, Arr. Valenciennes), wo 1849 bereits mehr als 1000 kleine Häuser gebaut waren, von den HH. Scrive zu Marcq-en-Baroeul bei Lille, von den Herren Jean Zuber Fils und André Rieder zu L'Île Napoléon bei Mühlhausen (Papierfabrik), von Gewerksunternehmern zu Dornach.

Es ist bekannt, dass der Prinz Albert von England, als Präsident einer Baugesellschaft, in der Londoner Weltausstellung von 1851 nahe beim Krystallpalast ein Muster-Arbeiterhaus ausgestellt und dass überhaupt jene Weltausstellung solchen Personen mannigfache Anregung gegeben hatte, welche sich für die sogenannte Wohnungsfrage interessirten. Zu diesen Personen gehörte der Chef des Hauses Jean Zuber Söhne zu Mühlhausen. Von London zurückgekehrt, beantragte

---

*) Es soll nicht behauptet werden, dass in unserem Vaterlande überhaupt bis jetzt weniger auf dem Gebiete der Wohnungsreform geschehen sei, als z. B. in Frankreich. Vergl. z. B. den schon erwähnten Aufsatz von K. Brämer im „Arbeiterfreund" II. 2. 1864. S. 211 ff. Ferner L. Parisius „Bericht über die in Deutschland bestehenden Baugesellschaften" im „Arbeiterfreund" III. 3. 1865. — Aber dass die Arbeitgeber als solche bei uns in dieser Richtung noch weit weniger geleistet haben, kann nicht in Abrede gestellt werden.

**) Vergl. Eugène Véron a. a. O. prem. Part. Chap. VII. „Les cités ouvrières." p. 194—256.

er in der Société industrielle, dass die für wirthschaftliche Fragen bestehende Abtheilung (Le comité d'économie sociale) beauftragt werde, sich fortan mit dem gründlichen Studium der Wohnungsfrage zu befassen, und der Gesellschaft das Ergebniss ihrer Studien vorzutragen. Am 30. Juni 1852 erstattete Dr. Penot Namens der Abtheilung den erforderlichen Bericht. Darin ward rühmend anerkannt, was seit 25 Jahren in Mühlhausen für die Verbesserung des Wohnwesens der Fabrikarbeiter geschehen sei; aber es ward für nöthig gehalten, Vorsorge zu treffen, dass das alte Uebel, bei der stets zunehmenden Zahl der Bevölkerung, nicht abermals überwuchere; die Privatspekulation habe sich dieser Aufgabe noch nicht bemächtigt; bewirke man durch ein Vorgehen der Gesellschaft auch nur Das, dass die Spekulation in die rechte Bahn geleitet werde, so sei diess schon ein befriedigender Erfolg. Von der Erbauung sogenannter Arbeiterkasernen müsse man von Vornoherein absehen; das Beste sei, kleine Familienhäuser, je für eine Familie, nach dem von Herrn Amadée Rieder vorgelegten Plane, zum Preise von etwa 2200 Fr. zu bauen, und diese zu einem Miethzins von 132 Fr. (6pCt.) zu vermiethen. Der Bericht forderte dazu auf, dass von einigen Mitgliedern der Gesellschaft und auf deren Risiko einige solche Häuser, genau nach dem vorgelegten Plane, errichtet werden möchten. Man dachte zunächst nur an Vermiethung der Häuser, die so entstehen würden.

In der nämlichen Sitzung, in welcher die Abtheilung ihren Bericht erstattete, erklärte sich Jean Dollfus bereit, auf seine Kosten ein Probehaus, aber nach einem anderen, ihm von dem Architekten Müller vorgelegten, Plane zu bauen.

Dabei liess es aber Dollfus nicht bewenden. Er baute vier Probehäuser nach dem Müller'schen Plane, und zwar zu Dornach.

Da dieselben sich schnell vermietheten und vollkommen bewährten, so gründete Dollfus unter dem Namen „Société mulhousienne des cités ouvrières" eine Gesellschaft, welche sich die Aufgabe stellte, kleine Häuser in Mühlhausen zu bauen so viele als es das Bedürfniss erfordere. Das Gründungskapital wurde auf 300,000 Fr. festgestellt; die Regierung gab hierzu noch 150,000 Fr. aus ihren Fonds. Der Gesellschaftsvertrag wurde am 10. Juni 1853 unterzeichnet; die Gesellschaft bestand aus 12 Mitgliedern, welche zusammen 60 Aktien, je zu 5000 Fr. gezeichnet hatten. (Jean Dollfus Vater zeichnete allein 35, Mathieu Dollfus 10 Aktien.)

Man bearbeitete den Plan der ersten „cité"; am 20. Juli 1853 begannen die Arbeiten auf einer von Jean Dollfus gelieferten Landfläche von 8 Hektaren.*)

Die Gesellschaft hatte von den Englischen building societies gelernt, dass es ein Leichtes sei, die Bewohner solcher Häuser, wie sie zu bauen unternahm, zu Eigenthümern zu machen, und dass der Verkauf gegen allmälige Amortisation des Kaufpreises nicht nur das ganze Unternehmen erst wahrhaft segensreich, sondern auch seine immer weitere Ausdehnung, ohne dass fremde Fonds zu Hülfe genommen werden, erst möglich mache. Der Häuserbau auf Kosten der Interessenten, die Vermiethung und der allmälige Verkauf der Häuser an diejenigen Personen, für deren Wohnungsbedarf zu sorgen jene sich verpflichtet fühlen, — das ist der eigentlich fruchtbare Grundgedanke der cités ouvrières.

Im Park der 1867er Weltausstellung zu Paris war neben anderen Häusern von Baugesellschaften auch eines der Mühlhäuser Gesellschaft ausgestellt. Dort empfingen die Besucher einen kurzen Bericht über die Gründung und Entwickelung jener Gesellschaft. Aus diesem Berichte entnehmen wir die folgenden Mittheilungen:

„Die Gesellschaft" — heisst es dort — „wurde im Jahre 1853 mit einem Kapital von 300,000 Fr. gegründet; später ward das Kapital auf 355,000 Fr. erhöht. Der Zweck der Gesellschaft besteht in der Erbauung von Arbeiterwohnungen, welche, gegen ratenweise Zahlung des Kaufpreises, in das Eigenthum der Bewohner übergehen sollen. Die Zahl der Aktionäre betrug anfänglich 12, sie beträgt heute (1. April 1867) 21. Die Gesellschaft hat eine unbegrenzte Dauer. In der Zeit ihrer Gründung hatte die Regierung eine beträchtliche Summe dazu bestimmt, die Arbeiterwohnungsverhältnisse, vorzüglich in den grossen Industriezentren, zu verbessern. Der Herzog von Persigny, damals Minister des Innern, interessirte sich lebhaft für das Vorhaben der Mühlhäuser Gesellschaft, und gewährte ihr (in zwei Raten) eine Geldunterstützung im Betrage von zusammen 300,000 Fr. Diese Summe sollte vorzugsweise zur Errichtung von gemeinnützigen

---

*) Wir müssen an dieser Stelle davon absehen, eine Schilderung der äusseren Einrichtung der cité und der einzelnen Häuser zu geben, und verweisen in dieser Hinsicht auf die vielen, diesen Gegenstand behandelnden Schriften, insbesondere die „Bulletins de la Société Industr. de Mülhouse" und E. Véron a. a. O. p. 207 ff.

Anstalten verwendet werden. Sie ward in der neuen cité, die man eben zu bauen im Begriff war, verwendet zur Einrichtung einer grossen Restauration, einer Bäckerei, einer Wasch- und Bade-Anstalt, eines grossen Asyls, zur Anlage von Strassen mit Alleen, von Brunnen, Kanälen u. s. w. Die Gesellschaft verpflichtete sich gegen Annahme dieser Unterstützung, keinen Profit aus ihren Geschäften zu ziehen, die Häuser nebst Baugrund stets um den Kostenpreis zu verkaufen, den Aktionären nicht mehr als 4 pCt. Dividende zu zahlen, und mindestens 900,000 Fr. auf die Erbauung von Häusern zu verwenden.*

Die ersten Häuser waren im Jahre 1854 fertig; bis Ende 1866 wurden allmälig 800 gebaut. Seit mehreren Jahren sind alle Häuser in Gruppen zu vier gebaut und zwar nach zwei verschiedenen Modellen: die einen mit zwei Etagen (Parterre und ein Stock), die anderen mit einer Etage. Alle haben einen Keller, der den ganzen Hausraum einnimmt, und einen Speicher; jedes hat einen Garten. Die Preise sind in Folge der gestiegenen Baukosten jetzt höher, als anfänglich; die kleineren Häuser kosten gegen 2650, die grösseren 3300—3400 Fr. Eine grosse Zahl dieser Häuser konnte noch zu mässigeren Preisen verkauft werden. Alle werden auf 15 Jahre Ziel verkauft. Der Miethzins beträgt 5 pCt. An dem Tage, wo der Kaufkontrakt vereinbart wird, ist eine erste Anzahlung von 2—300 Fr. zu leisten. Die Zahlungen erfolgen monatlich und eine Summe von 20 bezüglich 25 Fr. monatlich genügt, um in 15 Jahren den Kaufpreis von 2650 und bezüglich 3300 Fr. zu tilgen, wenn die erwähnte erste Anzahlung und die Berichtigung der Kosten des Kaufkontraktes vorhergegangen. Die Monatszahlungen sind ungefähr gleich dem monatlichen Miethzins, welchen der Käufer zahlen müsste, wenn er sich anderswo einmiethete, und zwar zahlen müsste für eine weit schlechtere Wohnung. Mit 6—7 Franken monatlicher Mehrzahlung wird man in 15 Jahren Eigenthümer eines Hauses und eines Gartens.

---

*) Sehr bedenkliche Verpflichtungen! Eine „gemeinnützige Baugesellschaft" (im technischen Sinne des Wortes) würde an einer unter solchen Bedingungen gegebenen Unterstützung zu Grunde gegangen sein. Der Mülhäuser Gesellschaft legte sie nichts weiter auf, als was sie ohnehin gethan haben würde. Denn die Mitglieder wollten weiter gar keinen Profit, als den sie aus der Besserung des Wohnungswesens ihrer Arbeiter zogen. Eine verständige Regierung hätte hier, wo Anregung am wenigsten Noth that, mit solcher Freigebigkeit auf Anderer Kosten besonders vorsichtig sein müssen.

Von den 800 bis jetzt (1. April 1867) erbauten Häusern waren am 31. März 1867 700 verkauft. Es wurden beispielsweise verkauft: 1854: 49, 1858: 110, 1863: 19, 1866: 35, 1867: 55."

„Die Zahlungen" — heisst es dann weiter in dem Berichte — „erfolgen mit grösster Pünktlichkeit, und oft zahlen die Erwerber das Kaufgeld schneller ab, als sie kontraktlich verpflichtet sind. Die Gesellschaft versteht sich dazu, die Häuser zurückzunehmen, wenn der Erwerber in Folge besonderer Umstände nicht in der Lage ist, die Zahlungen fortzusetzen; sie rechnet dem Betreffenden dann nur denjenigen Miethbetrag an, welchen sie für gleiche, vermiethete Häuser empfängt. Bis jetzt ist noch keine Zwangsenteignung vorgekommen; man hat sich stets freundschaftlich geeinigt, wenn der Käufer sein Haus nicht behaupten konnte. Am 30. Juni 1866 waren auf alle bis dahin verkauften Häuser 1,262,870 Fr. abbezahlt. In dieser Summe sind aber die (Mieth-) Zinsen von 5 pCt., welche die Käufer gezahlt hatten, nicht inbegriffen. Sie begreift nur den wirklich zur Tilgung der Kaufschuld entrichteten Betrag. Unter 645 bis zum 30. Juni 1866 verkauften Häusern waren 200 damals schon völlig abbezahlt. Eine so beträchtliche Summe, in so kurzer Zeit von Fabrikarbeitern erspart — das in der That ist ein überaus befriedigendes Resultat.

Die Gesellschaft denkt, auch ferner jedes Jahr 50—60 Häuser bauen zu können. Alle Arbeiter von Mühlhausen, da sie den Vortheil einsehen, der für sie aus dem Besitze eines hübschen, vollkommen gesunden, durchaus gut gebauten kleinen Hauses und eines kleinen Gartens, in dem sie die für den Haushalt nöthigen Gemüse, Obst und Blumen bauen können, entspringt, wollen heutzutage Hauseigenthümer werden. Oft werden von jungen Leuten die Militärstellvertretungs-Gelder, welche sie empfangen, dazu angewendet, den Eltern Häuser zu erwerben. Schon mehr als 20 junge Soldaten haben diese Gelder in so vorzüglicher Weise angewendet.

Der Arbeiter, der einmal ein Haus erworben hat, geht nicht mehr in's Wirthshaus; Alles, was er erübrigen kann, verwendet er auf die Tilgung der Hausschuld. Er pflegt seinen Garten und fühlt sich am wohlsten zu Hause.

Die Bäckerei und die Restauration, welche die Gesellschaft errichtet hat, verkaufen ihre Waaren ohne Aufschlag; das Brod immer unter der offiziellen Taxe. Für 33 Cent. kann man ein Mittagessen haben, bestehend aus Suppe, Gemüse und Fleisch.

Kleider, Materialwaaren und andere Gegenstände des täglichen Gebrauchs werden in der cité zu möglichst niedrigen Preisen, aber stets nur gegen baar, verkauft.

Eine grosse Wasch- und Bade-Anstalt leistet die trefflichsten Dienste; für ein Bad, Wäsche einbegriffen, zahlt man bei anständiger Einrichtung 15 Cent.; für 5 Cent. kann man zwei Stunden waschen und die Wäsche in erhitzter Luft trocknen.

Ein grosses Asyl (Salle d'asile) für 250—300 Kinder, nimmt alle Kinder zwischen 3 und 6 Jahren auf. In der Nähe der cité sind von der Stadtgemeinde zwei grosse Privatschulen errichtet worden.

Es ist ein Haus gebaut worden mit eingerichteten Zimmern zur Vermiethung an ledige Personen. Für ein hübsches kleines meublirtes Zimmer beträgt der monatliche Miethzins 6 Fr. 50 C.

Mehrmals in der Woche wird in der cité unentgeldlich ärztlicher Rath ertheilt und barmherzige Schwestern, welche sich der Krankenpflege widmen, wohnen in der cité.

Für die Häuser besteht bereits eine gegenseitige Feuerversicherung; für das Mobiliar soll demnächst eine solche eingerichtet werden.

Die Häuser werden nur an Solche vermiethet, oder verkauft, welche sich verpflichten, ihre Kinder zur Schule zu schicken. Jedes Jahr werden Prämien ausgetheilt, welche sich durch eine gute Kindererziehung, durch sorgfältige Schonung des Hauses, gute Pflege des Gartens, durch Ordnung und Sparsamkeit auszeichnen. Inmitten der cité befindet sich eine sehr ansehnliche Bibliothek, welche ohne Entgeld Bücher entleiht, und aus der im Jahre 1866 über 70,000 Bände entliehen wurden.

Bei der letzten Zählung wurde die Bevölkerung der Arbeiterstadt auf 5500 Seelen ermittelt.

Bis jetzt belaufen sich die sämmtlichen Ausgaben der Gesellschaft — für Landankauf und Häuserbau — auf 2,400,000 Fr. Leicht könnte sie noch einmal so grosse Ausgaben bei einem verhältnissmässig wenig beträchtlichen Grundkapital bestreiten.

Im Verhältniss des Landankaufs und Häuseraufbaues nimmt sie Darlehen auf bis zu 75 pCt. der Taxe und bestellt Hypotheken an den fertigen Häusern. Sie leiht auf 20 Jahre Ziel, meist zu $4\frac{1}{4}$ pCt.; in den fünf ersten Jahren zahlt sie nur die Zinsen; von da ab tilgt sie jährlich $\frac{1}{15}$ der geliehenen Summe. Da sie die Häuser stets auf

15 Jahre Ziel verkauft, macht sich die Tilgung der Anlehen in der eben geschilderten Weise sehr leicht.

Die Zahlungen der Käufer übersteigen schon jetzt häufig die Beträge, welche auf Anlehen abzuzahlen sind; schon jetzt kann die Gesellschaft den grösseren Theil ihrer Bauunternehmungen beginnen, ohne auf neue Anlehen angewiesen zu sein.

Der Gesammtbetrag der Anleihen übersteigt nie mehr als eine Million. Der Ankauf grosser Ländereien, welche, bevor die Gesellschaft gebaut hatte, zu sehr niedrigen Preisen zu haben waren, hat, da ein Theil davon später wieder verkauft werden konnte, grossen Gewinn gebracht; auf solchen von der Gesellschaft verkauften Grundstücken sind dann zahlreiche Spinnereien und Webereien errichtet worden — sehr zweckmässig mitten in der Arbeiterstadt.

Die Gewinnste aus dem Wiederverkauf von Grundstücken haben es der Gesellschaft möglich gemacht, ihre Verwaltungskosten zu bezahlen, ohne sie unter die Baukosten zu verrechnen und häufig selbst nützliche Ausgaben zur Beförderung des Wohles der Bewohner der cités ouvrières zu bestreiten."

Soweit der Bericht. Niemand wird leugnen, dass es sich hier um eine Unternehmung von der allergrössesten Tragweite und von dem segensreichsten Einfluss auf beide Gruppen von Betheiligten, die Unternehmer und deren Gewerksgehülfen, sowie auf das persönliche Verhältniss zwischen beiden, handelt, und — was das Wichtigste ist — um eine Unternehmung, die überall nachgeahmt werden kann, wo sich in grösseren Industriezentren grössere Gewerksunternehmer zusammenfinden, die ihren Vortheil verstehen, und zur rechten Zeit eine Auslage zu machen wissen, die für alle Zeit tausendfältige Zinsen trägt. Das gleiche Resultat wie in jenem leuchtenden Beispiel von Mühlhausen wird sich bei verständiger Oekonomie selbst erreichen lassen, ohne dass auf mehr als eine überaus mässige Dividende verzichtet werden muss und ohne Staatssubvention. Jene Verzichtleistung ist aber kein Opfer, wenn man sich damit Vortheile erkauft, auf welche man als Gewerksunternehmer den höchsten Werth legen muss. Die Staatssubvention ist nicht immer so ungefährlich wie sie sich in den Händen jener erfahrenen und selbständigen Pioniere von Mühlhausen erwiesen hat.

In der That hat das Beispiel von Mühlhausen Nachahmung gefunden, zumeist im Elsass selbst. Es ist uns nicht zweifelhaft, dass das dort noch vorhandene deutsche Element derartigen Unternehmungen vorzugsweise günstig ist.

Dr. Penot erstattet im Bulletin der Société industrielle de Mulhouse (Jahrgang 1865, September und Oktober) genauen Bericht über sämmtliche im Departement du Haut Rhin entstandenen cité's ouvrières. Wir erfahren von solchen Unternehmungen zu Colmar, zu Rothau, wo 1863 schon 40 Häuser gebaut waren, zu Bischwiller (1865: 146 Häuser), zu Guebwiller (1865: 139 Häuser), zu Beaucourt (i. J. 1864 allein 97 Häuser).

Im Park der 1867er Weltausstellung sah man auch ein Haus der Société immobilière de Beaucourt, welche von den Herren Japy frères u. Comp. begründet worden ist. Auch in diesem Hause wurden gedruckte Mittheilungen über die Organisation der Gesellschaft ausgegeben. Sie weicht in wesentlichen Punkten von der der Mühlhäuser Gesellschaft ab.

Die Gesellschaft stellt sich die Aufgabe, Häuser zu bauen ähnlich denen der Mühlhäuser cité. Dieselben sollen vermiethet oder verkauft werden an Arbeiter in der Fabrik der Herren Gebrüder Japy, oder an andere Bewohner von Beaucourt, welche sie zu haben wünschen. Die Käufer können den Preis alsbald zahlen, oder in Raten, welche sie neben dem Miethzins entrichten müssen. Käufer gelten als Miether, bis sie die Kaufsumme vollständig bezahlt haben. Unterlassen sie aus irgend welchem Grunde die Ratenzahlungen auf den Kaufpreis, so wird ihnen nur zurückgewährt, was sie bereits zur Tilgung der Kaufschuld abgetragen haben. Die Dauer der Gesellschaft ist auf 11 Jahre, vom 1. April 1864 an gerechnet, festgesetzt. Das Gesellschaftskapital ist auf 34,000 Fr. in Aktien zu 100 Fr. bestimmt; das Haus Japy frères & Cie. zeichnet 100 und überlässt den übrigen Interessenten den Rest von 240 Aktien. Herr Pierre Japy verpflichtet sich, das Terrain zu liefern. Ausser dem eigentlichen Gründungsfond werden noch weitere Aktien bis zum Belaufe von 660 Stück ausgegeben. Diese Aktien zu zeichnen bleibt den Bewohnern von Beaucourt und den Angestellten der Succursalen der obengenannten Firma überlassen. Diese Aktien können durch Theilzahlungen erworben werden. Die anderen Aktionäre müssen den Betrag ihrer Engagements einzahlen je nach dem Bedarf des Unternehmens. Die Aktien lauten auf den Namen, können aber, wenn voll eingezahlt, übertragen werden. Die Herren Japy frères & Cie. sind die Geschäftsführer der

Gesellschaft und besorgen die gesammte Verwaltung in Verbindung mit einem Aufsichtsrath. Dieser letztere besteht aus vier Mitgliedern, welche auf fünfjährige Amtsdauer von der Generalversammlung gewählt werden, und von denen jedes mindestens 10 Aktien besitzen muss. Aus den für Häuser vereinnahmten Kaufpreisen wird ein Fonds gebildet, aus welchem die Aktien, so wie sie ausgeloost werden, zurückbezahlt werden. Die Häuser werden zum Kostenpreise verkauft. Die Aktionäre beziehen daher keine Dividende, haben aber Anspruch auf fünfprozentige Verzinsung ihrer Aktien, welche ihnen von dem Hause Japy Frères & Cie. garantirt wird. Dieses Haus übernimmt auch für den Fall, dass die Gesellschaft nach Ablauf von 11 Jahren nicht erneuert wird, und dass dann unverkaufte Häuser übrig sind, diese letzteren auf seine Rechnung, so dass dann alle Aktionäre ausbezahlt werden können. Die Bauunternehmer erhalten 15 pCt. des Accordpreises in Aktien der Gesellschaft, den Rest empfangen sie in passenden Terminen nach Ablieferung der fertigen Häuser.

Den Mittheilungen über die Organisation der Gesellschaft sind vollständige Risse und detaillirte Baukosten-Anschläge, sowie ein Amortisationsplan angefügt. Aus letzterem ist ersichtlich, dass die Gesellschaft, welche Häuser zu 2045 bis 2298 Fr. baut, auf Tilgung der Kaufsumme in spätestens 11 Jahren rechnet. Vor dem Ende des ersten Jahres waren bereits vier Häuser vollkommen abbezahlt.

Aber auch ausserhalb Frankreichs hat das Beispiel von Mühlhausen vielfach gezündet. Die grosse Weltausstellung des vorigen Jahres zeigte uns auch ein Haus einer Belgischen Gesellschaft. Auch in diesem Hause fand man werthvolle Belehrung über die Entstehung der ausstellenden Gesellschaft, der „Société Verviétoise pour la construction de maisons d'ouvriers."*) Diese Gesellschaft von Verrier

---

*) Es wurde dort eine in vieler Beziehung sehr werthvolle Schrift, betitelt: „Note sur les travaux de la société Verviétoise pour la construction de maisons d'ouvriers. Par E. Bède, Membre du Conseil d'Administration de la société. Verviers. Inprimerie de Ch. Vinche. 1867" ausgegeben. Der Schrift sind genaue Pläne der Gesellschaftshäuser beigefügt. Sie zeichnet sich aus durch eine glänzende Vertheidigung des Kleinbaues und des Profitnehmens, sowie durch treffliche technische Bemerkungen, z. B. eine sehr einleuchtende Rechtfertigung der Konstruktion ohne Hausflur, wenigstens für die dortigen Verhältnisse.

ist, nachdem sie mit dem Bau von grösseren Häusern üble Erfahrungen gemacht, zu dem in Mühlhausen üblichen Bau von kleineren (Einfamilien-) Häusern übergegangen, und zwar scheint das Modell ihrer Häuser allen Anforderungen vollständig zu genügen. Die neuen Häuser, obwohl wesentlich theurer, als die von Mühlhausen, vermiethen und verkaufen sich leicht. Die Gesellschaft nimmt 8–9 pCt. Profit bei'm Verkauf, und liefert damit den unschätzbaren Beweis, dass es ein gutes Geschäft ist, sogenannte Arbeiterhäuser auf Spekulation zu bauen, wenn man sie nur unter gewissenhafter Berücksichtigung der Bedürfnisse und Gewohnheiten der Kunden projektirt und ausführt. Wo dieser Beweis einmal bis zur Evidenz erbracht ist, bedarf es der Gesellschaften höchstens noch zur Kapitalbeschaffung. —

Die vorstehenden Betrachtungen zeigen, dass das Uebel der Wohnungsnoth ohne erhebliche Schwierigkeit durch thatkräftige Initiative wohlwollender und verständiger Gewerksunternehmer beseitigt werden kann, ohne dass die anzuwendenden Mittel den Gewerksgehülfen als Almosen erscheinen, oder ihre Unabhängigkeit beeinträchtigen.

Auch muss wiederholt darauf hingewiesen werden, dass diese Initiative der Arbeitgeber fast unter allen Umständen möglich und erfolgreich sein wird.

Aber es darf nicht verkannt werden, dass, wo die **Anregung zu noch weitergehender Selbsthülfe** irgend Erfolg verheisst, diese der Bauunternehmung für eigene Rechnung des einzelnen oder mehrerer vereinigter Gewerksunternehmer schon mit Rücksicht auf das sittliche Bewusstsein Derer, die sich so ganz selbst helfen, vorzuziehen ist.

Wer mit Sicherheit annehmen kann, dass es gelingen wird, seine Gewerksgehülfen zur Begründung einer Häuserbaugenossenschaft zu bestimmen, wird ihnen durch solche Anregung und verständige Beihülfe bei der Ausführung selbst zu noch grösserer Freudigkeit und grösserem Wohlbefinden verhelfen, als wenn er verführe wie die Gründer der cités ouvrières verfahren sind. Ein eigenes Haus, welches man sich als Genosse einer Häuserbaugenossenschaft, ganz aus eigenen Kräften, Niemandem zu Dank verpflichtet, erworben hat, hat für den Eigenthümer doch noch einen höheren Werth, als ein solches, welches ihm eine Kapitalistengesellschaft, deren Mitglied er nicht ist, errichtet und welches er dieser allmälig abbezahlen muss. Weit entfernt, den tiefeingreifenden sittlichen Einfluss zu unterschätzen, welchen die Anstrengungen des Häuserwerbes in den cités ouvrières ausüben, scheinen uns doch die grösseren Anstrengungen und die vielseitigere Selbstthätigkeit, welche die Häuserbaugenossenschaft von dem einzelnen Genossen fordert, noch eine wirksamere Schule der Nüchternheit, Thatkraft, des Gemeingeistes und der Wirthschaftlichkeit.

Seit uns bekannt ist, dass die englischen Baugenossenschaften in wenig mehr als 50 Jahren — von dem ersten, in dem Dorfklub zu Kirkudbright in Schottland im Jahre 1815 gewagten schüchternen Versuche an bis heute — in solchem Maasse sich über das Vereinigte Königreich verbreitet haben, dass ihre Zahl jetzt über 2000 beträgt, dass sich dadurch über 100,000 Familien zu einem eigenen, behaglichen Daheim verholfen haben,*) sind wir gegen die Einrede der Unmöglichkeit gewappnet, zumal auch in Deutschland und Frankreich bereits glückliche Versuche mit förmlichen, auf Selbsthülfe beruhenden Baugenossenschaften gemacht sind.

Für Deutschland ist das Beispiel der „Häuserbau-Genossenschaft auf dem Steinwärder zu Hamburg" besonders charakteristisch. Dort haben 48 dem Arbeiterstande angehörige Familien auf für lange Frist erpachtetem (unverkäuflichem) Staatsareal 48 Häuser, jedes im Preise von 880 Thlr. Pr. Ct. mit eigenen Mitteln und gemeinschaftlichem Kredit gebaut; Miethpreis und Amortisationsraten, welche in die Genossenschaftskasse fliessen, betragen zusammen noch nicht so viel, als eine gleiche Miethwohnung in der gleichen Gegend kosten würde.**)

Das bekannteste französische Beispiel ist das der am 1. Januar 1866 unter Mitwirkung Jules Simon's in Paris in's Leben gerufenen

---

*) Vergl. über die Geschichte und Einrichtung der englischen „Benefit building" und „Land and building societies" die in dieser Beziehung klassischen Schriften von V. A. Huber; besonders seine „Reisebriefe" und in seiner „Concordia" (Beiträge zur Lösung der sozialen Fragen in zwanglosen Heften. Leipzig. Gustav Mayer 1861.) Heft 2. S. 1—35 und das ganze Heft 3. Ferner in der schon zitirten Schrift „die Wohnungsfrage", den Aufsatz „über die geeignetsten Maassregeln zur Abhülfe der Wohnungsnoth." Vergl. auch in derselben Schrift den Aufsatz von Karl Brämer über „die nützlichen Baugenossenschaften in England nebst Satzungen der Benefit building society zu Leeds."

**) Vergl. L. Parisius in dem schon zitirten Bericht über die in Deutschland bestehenden Baugesellschaften und Baugenossenschaften im „Arbeiterfreund" III. 8. 1865. S. 309 ff.

„Société coopérative immobilière",*) deren Satzungen wegen der besonderen Wichtigkeit des Gegenstandes, und weil die Organisation dieser Gesellschaft ganz vorzugsweise zweckmässig eingerichtet zu sein scheint, dem aufmerksamen Studium besonders dringend empfohlen sein mögen.

Das Wesen der auf dem Prinzipe der Selbsthülfe beruhenden Baugenossenschaft besteht in Folgendem:**) Es vereinigen sich Personen, welche sich selbst zu eigenen Häusern verhelfen wollen, ohne dass sie doch in der Lage wären, je für sich ein Haus zu kaufen oder für eigene Rechnung zu bauen. In diese Vereinigung können auch Personen, welche jene Absicht nicht haben, aufgenommen werden. Wie unbeschränkt hinsichtlich der Mitgliederzahl, ist die Genossenschaft am besten auch unbeschränkt hinsichtlich der Zeitdauer. Die Genossen verpflichten sich sämmtlich, durch einmalige oder periodische Einzahlungen in die Genossenschaftskasse einen oder mehrere Geschäftsantheile (Aktien) zu erwerben. Die so eingezahlten Gelder werden einstweilen zu möglichst hohen Zinsen sicher ausgeliehen, oder sonst möglichst vortheilhaft verwerthet. Sobald eine bestimmte Summe durch Einzahlungen auf Antheile zusammengekommen, wird entweder mit diesen Mitteln allein, oder zugleich unter Zuhülfenahme des Kredits gegen sammtverbindliche Haftung aller Genossen, Land angekauft und mit dem Häuserbau begonnen. Der Bau kann entweder an Bauunternehmer veraccordirt oder durch einen eigens angestellten Genossenschaftsbaumeister ausgeführt werden. Die fertigen Häuser werden in vorausbestimmter Reihenfolge den Wohnungsbegehrern unter den Genossen übertragen; die letzteren übernehmen sie zu einer voraus festgestellten Taxe. Die Hausbesitzer zahlen Miethe und Tilgungsquoten; ist ein bestimmter Theil des Kaufpreises getilgt, so wird ihnen das Eigenthum übertragen und kann die Bezahlung des Restes sichergestellt werden. Dieses Geschäft kann so lange fortgesetzt werden, bis alle Genossen, welche Häuser begehren, befriedigt sind. Aus dem jährlichen Rohertrage, der sich aus der Summe der Miethzinsen und

---

*) Vergl. den Aufsatz „Société coopérative immobilière" in No. 5 vom 30. September 1866 der Pariser Monatsschrift: „Le Travail, organe internationale des intérêts de la classe laborieuse."

**) Vergl. L. Parisius „die auf dem Prinzipe der Selbsthülfe beruhende Baugenossenschaft" in der mehrzitirten Schrift: „Die Wohnungsfrage". — Dr. F. A. Lange „Jedermann Hauseigenthümer. Duisburg 1865. W. Falck u. Volmer."

Tilgungsraten zusammensetzt, werden die Genossenschaftsantheile und die gemachten Anleihen verzinst, letztere wenn nöthig zurückbezahlt. Bei der Liquidation des Genossenschaftsgeschäftes erhalten die Genossen ihre Geschäftsantheile mit den zugewachsenen Zinsen und Dividenden ausbezahlt.

Sich durch Vereinigung und vereinigtes Sparen kreditfähig zu machen, den Kredit und das Sparkapital zum Häuserbau zu verwenden, Häuser in Folge der Grossunternehmung billiger zu beschaffen, und die ratenweise Abzahlung des Kaufpreises zu ermöglichen — das sind die Grundgedanken dieser überaus wichtigen Genossenschaftsform. —

Man kann nun fragen, was, wenn die zweckmässige Hülfe auch in Betreff des Wohnwesens die Selbsthülfe sei, dem Gewerksunternehmer, dem sein Interesse gebietet, für eine Besserung der Wohnungsverhältnisse seiner Gewerksgehülfen zu sorgen, zu thun übrig bleibe.

Es wird ihm viel, vielleicht Schwierigeres, als wenn er auf eigene Kosten cités ouvrières zu bauen beabsichtigt, zu thun bleiben. Er wird, entweder allein oder in Gemeinschaft mit anderen Unternehmern, den Arbeitern das Verständniss des Wesens und der Vortheile solcher Genossenschaften zu eröffnen, auch ihnen zu zeigen haben, dass die Ziele dieser genossenschaftlichen Thätigkeit keineswegs so schwer zu erreichen sind, als man anzunehmen geneigt ist. Er kann die Organisation des ganzen Unternehmens ausarbeiten und mit seinen Arbeitern diskutiren. Er kann Mitglied der Genossenschaft werden und ihr Kapitalien leihen. Er kann die Genossenschaft nach Aussen, namentlich Staats- und Kommunalbehörden gegenüber, vertreten. Er kann, wenn die Genossenschaft selbst bauen will, ihr den geeigneten Baumeister empfehlen, ihr bei der Anschaffung der Baumaterialien behülflich sein, wenn sie den Häuserbau veraccordirt, ihr geeignete Unternehmer nachweisen. Er kann endlich disponible Fonds der Genossenschaftskasse für diese, etwa im eigenen Geschäft, wenn sie ihm anvertraut werden, verzinslich anlegen.

Es erheischt viel guten Willen und viel Menschenkenntniss, so nach allen Seiten hin zu helfen, ohne doch zu tief in die Selbstverwaltung der Genossenschaft einzugreifen, und ohne ihr mehr zu scheinen, als ihr treuester und eifrigster Anwalt.

G. Sorge für Sparsamkeit.

In dem vorvorigen Abschnitt dieses Capitels (E. Sorge für Sittlichkeit) musste zugestanden werden, dass die thunlichste Beseitigung der den Gewerksgehülfen aus der Organisation des industriellen Grossbetriebes hie und da erwachsenden sittlichen Gefahren zwar zu den wichtigsten Pflichten des Gewerksunternehmers gehöre, dass aber die Gelegenheit zur unmittelbaren Einwirkung auf die sittliche Persönlichkeit des Arbeiters spärlich sich darbiete, nur die zur mittelbaren Einwirkung mannigfach und häufig sei.

Auch wurde im ganzen Verlauf dieses Capitels schon mehrfach auf derartige Gelegenheiten hingewiesen. Die verständige Regelung der Arbeitszeit, die angemessene Beschränkung der Frauen- und Kinderarbeit, die Beschaffung von Schulen und Pflegeanstalten, von Kranken- und Invalidenhäusern, die Fürsorge für angemessene Wohnungen — das Alles sind Maassnahmen, die gleichmässig auf das wirthschaftliche wie auf das sittliche Gedeihen der Gewerksgehülfen abzielen.

Ein Mittel zur Einwirkung auf das sittliche Leben der letzteren bleibt nun noch zu erörtern übrig.

Indem der Gewerksunternehmer es sich angelegen sein lässt, seine Arbeiter zur Sparsamkeit zu gewöhnen, hilft er ihnen zunächst und unmittelbar zu wirthschaftlichem, mittelbar aber auch zu sittlichem Gewinn.

Das wirthschaftliche und sittliche Gedeihen — weit entfernt, einander auszuschliessen, wie Diejenigen glauben machen möchten, die das Bibelwort von dem Reichen und dem Himmelreich strikte interpretiren —, ergänzen und bedingen einander vielmehr nach allen Richtungen. Eine gute Wohnung behütet Leib und Seele vor Schmutz und Sünde. Sparsamkeit ist zugleich eine Tugend und wirthschaftliche Klugheit: wer sparsam ist, ist sittlich und wer sittlich ist, ist sparsam.

Es leuchtet ohne Weiteres ein, dass sparsame Arbeiter ein Segen und verschwenderische ein Fluch für den Unternehmer sind. Und wäre es auch nur deshalb, weil jeder Unternehmer jedem Gewerksgehülfen ein grosses Kapital in der Form von Gebäuden, Maschinen, Werkzeugen, Geräthen, Roh- und Hülfsstoffen anvertrauen muss, und die Erfahrung lehrt, dass, wer mit seinem eigenen Gut nicht sorgsam umgeht, fremdes Gut vollends nicht zu achten weiss.

Welche Mittel nun stehen dem Gewerksunternehmer zur Verfügung, um seine Sorge für Sparsamkeit der Gewerksgehülfen zu bethätigen?

Man darf nicht meinen, dass Ermahnungen, und die eindringlichsten selbst, in der Regel sonderlich viel fruchten.

Auch das Beispiel der eigenen Häuslichkeit wirkt für sich nicht genug, da, wenn ein Grossunternehmer nach seinen Verhältnissen unendlich schlicht und einfach lebt, dies unbemittelten und minder gebildeten Leuten doch noch als ein Leben in Pracht und Fülle dünkt.

Ihnen muss augenscheinlich und handgreiflich bewiesen werden, dass sie selbst, ohne zu entbehren, ohne mehr als gewöhnliche Entsagung zu üben, sich zu einer ökonomisch gesicherten Lage verhelfen, Kapitalisten werden können.

Vor Allem wichtig ist strengste, peinlichste Sparsamkeit bei'm Betrieb des Gewerkes selbst. Sie kann der Unternehmer von seinen Arbeitern erzwingen — Sparsamkeit mit Rohstoffen und Hülfsstoffen, mit Geräthen, Werkzeugen und Maschinen, Sparsamkeit mit der Zeit.

Wer immer das sorgsamste Zurathehalten der Zeit und der Stoffe vor Augen sieht; wer gezwungen ist, sich solchen Zurathehaltens selbst zu befleissigen, und wer beobachtet, dass es so, aber auch nur so, bei Anderen vorwärts geht: Der wird, wenn er derartigen Lehren nur überhaupt zugänglich ist, hieraus auch eine Mahnung für seine eigene Wirthschaft entnehmen.

Aber dem Unternehmer stehen noch drastischer wirkende Mittel zur Verfügung.

Bei Gelegenheit der Kritik der Naturallöhnung — Cap. 9. S. 55, oben — wurde erwähnt, dass die Herren A. Köchlin & Co. in Mühlhausen ihren Fabrikarbeitern binnen 10 Jahren zu einer Gesammtersparniss von 400,000 Fr. verholfen haben, indem sie ihnen die bei der Bezahlung von Lebensmittel-Lieferanten vereinbarten Abzüge gutschrieben und verzinsten.

Gewiss — ein sehr einfaches und unter Umständen sehr erfolgreiches Sparsystem!

Aber freilich: zu erheblichen Ergebnissen führt es nur entweder bei'm Handinhandgehen mehrerer kleiner Gewerksunternehmer, oder wenn es in ganz grossen Unternehmungen eingeführt ist. Denn, wenn ihr Absatz nicht massenhaft, ihre Kundschaft nicht sehr ausgedehnt ist, werden sich Lebensmittelverkäufer, die dann ja des Vortheiles des Engros-Verkaufes gegen baar nicht theilhaftig sind, nicht entschliessen, den Käufern die Vortheile des Engros-Einkaufes zu gewähren, oder mit anderen Worten sich einen Rabatt auf den Kaufpreis abziehen zu lassen.

Ueberdies hält es schwer, zu kontroliren, ob die Verkäufer nicht, trotz des Vortheiles des sicheren und ausgedehnten Absatzes gegen Baarzahlung, durch vorsichtige Waarenfälschung, oder geringe Qualität, oder schlechtes Gewicht ihre Abnehmer beeinträchtigen, die dann zwar sparen, aber nur auf Kosten ihrer gesunden Ernährung.

Sicherer erreicht der Unternehmer seinen Zweck, wenn es ihm gelingt, seine Gewerksgehülfen zur Begründung eines eigenen Konsumvereins, oder zur lebhaften Betheiligung an bereits bestehenden solchen Vereinen zu bestimmen.

Die Konsumvereine — bekanntlich auch eine der Schöpfungen des genossenschaftlichen Geistes unserer Zeit — treten in zwei wesentlich verschiedenen Formen auf, nämlich

1) als Markenvereine und
2) als Vereine mit eigenem Lager.

Die ersteren sind Genossenschaften, welche mit Lebensmittelverkäufern Kontrakte schliessen, denenzufolge diese sich verpflichten, den Mitgliedern gegen Vereinsmarken, welche wie baares Geld angenommen werden müssen, alle von ihnen geführten Artikel zu verkaufen. Die Verkäufer lösen die Marken periodisch bei der Vereinskasse ein, müssen sich aber dabei einen im Voraus festgesetzten Abzug gefallen lassen. Die Mitglieder kaufen die Marken bei der Vereinskasse, und zahlen, meist mässig normirte, Eintrittsgelder.

Die Eintrittsgelder bilden einen Reservefond. Die von der Kasse vereinnahmten Rabatte, zuzüglich der damit erworbenen Zinsen, bilden einen Fond, aus dem zunächst die Verwaltungskosten bestritten werden, während von dem Rest ein Theil dem Reservefond überwiesen, der dann verbleibende Theil aber den einzelnen Mitgliedern pro rata ihres Marken-Ankaufs als Dividende ausbezahlt, oder gutgeschrieben wird.

Nehmen wir an, ein solcher Markenverein bestünde aus 100 Mitgliedern; es wären von diesen 50 Fr. Eintrittsgelder gezahlt, an sie im Jahre für 15,000 Fr. Marken verkauft worden; die Lieferanten hätten sich verpflichtet, durchschnittlich 8 pCt. Rabatt zu geben: so wäre eine Jahreseinnahme von etwa 1230 Fr. (1200 Fr. Rabatt und 30 Fr. Zinsen, da die bei'm Markenverkauf eingehenden Gelder immer wenigstens auf kurze Zeit angelegt werden konnten) erzielt worden. Von dieser Einnahme von 1230 Fr. wären satzungsgemäss vielleicht 25 pCt. $= 307.50$ Fr. dem Reservefond zu überweisen, der so auf $50 + 307.50 + 2$ Fr. (denn auch die Eintrittsgelder trugen ja Zinsen), also auf 359.50 Fr. gleich im ersten Jahre gestiegen wäre.

Die Verwaltungskosten sollen 100 Fr. betragen haben, so wären $1230 - 407.50 = 822.50$ Fr. als Dividenden den Mitgliedern gutzuschreiben.

Gesetzt nun, es hätte das Mitglied A. für 150, das Mitglied B. für 200 Fr. Marken im Jahre angekauft, so erhielte A. $\frac{150}{1880}$, B. $\frac{200}{1880}$ von dem Dividendenfond als Jahresdividende, A. also 8.225 Fr. B. 10.97 Fr.

Müheloser konnten sich A. und B. solche Summen nicht verdienen, als indem sie als Mitglieder der Genossenschaft, und also gegen Baarzahlung, kauften, was sie als Nichtmitglieder auch hätten kaufen müssen.

Der Vortheil entsteht und wächst unvermerkt. Die Mitglieder werden als solche, lediglich in Folge der Baarzahlung, kleine Kapitalisten, während sie sonst, als Nichtmitglieder, vielleicht mehr und mehr in Schulden geriethen.

Aber dieses Markensystem leidet an ähnlichen Mängeln, wie die oben besprochene Mühlhäuser Einrichtung. Ein Markenverein hat Mühe, die Güte, Unverfälschtheit und Vollwichtigkeit der Lieferungen derjenigen Verkäufer, mit denen er Verträge eingegangen, zu kontroliren.

Andererseits kann ein Markenverein sein Geschäft ohne jeden Fond beginnen. Er ist deshalb als Grundlage eines zweckmässigeren Konsumvereins wohl anzurathen, jedoch wegen der Schwierigkeiten, welche die Kontrole der Lieferanten bietet, auch nur als Grundlage und erster Anfang.

Ein Gewerksunternehmer, welcher die Verpflichtung fühlt, seinen Arbeitern zur Gewöhnung an Sparsamkeit zu verhelfen, wird, wenn der auf seine Anregung begründete Markenverein eine Weile bestanden, und sich zu einem einigermaassen beträchtlichen Reservefond, den Mitgliedern zu einem einigermaassen beträchtlichen Guthaben verholfen hat, nun weiter auf die Zweckmässigkeit des Ueberganges zu einem Konsumverein mit eigenem Lager aufmerksam machen müssen. *)

Ein solcher Verein erfordert schon eine viel umfänglichere und unsichtigere Thätigkeit. Er erfordert gleich von Anfang an erhebliche Aufwände.

Der Verein kauft und verkauft selbst, was die Mitglieder brauchen. Es giebt solche Vereine, welche ihre eigenen Mehlmühlen, Bäckereien, Metzgereien u. s. w. errichtet haben und jahraus jahrein beschäftigen.

Der Verein kauft en gros ein und berechnet seinen Mitgliedern bei Baarzahlung einen Aufschlag, der im Voraus, verschieden nach den Waaren, um welche es sich handelt festgesetzt wird. Die Käufer kaufen trotzdem meist billiger im Vereinsmagazin, als anderwärts, und sind dort sicher vor Uebervortheilungen in Qualität und Quantität. Ausserdem aber entgeht den Käufern, insofern sie Vereinsmitglieder sind,**) das, was alle Käufer über den Engros-Einkaufspreis zahlen müssen, nicht völlig.

Von dem Plus der Einnahme, welche der Détail-Verkauf liefert, über die Ausgaben, welche der Engros-Ankauf verursacht, bestreitet nämlich der Verein seine Verwaltungskosten, dotirt er seinen Reservefond, verzinst er die etwa aufgenommenen Darlehen; der Rest wird dem einzelnen Mitgliede, pro rata seines Gesammt-Ankaufes aus dem Vereinsmagazine, als Dividende ausbezahlt oder gutgeschrieben.

Es fragt sich, wie ein Konsumverein mit eigenem Lager die Mittel zum Einkauf der benöthigten Artikel und zur ersten Einrichtung seines Geschäftes erlangen soll.

Geht er aus einem Markenverein hervor, so ist schon ein Reservefond und, sofern die Dividenden nicht ausbezahlt, sondern nur gutgeschrieben wurden, auch ein Guthaben-Fond vorhanden. Es können daher die Mitglieder sich bereit erklären, ihr Guthaben als

---

*) Ueber Konsumvereine überhaupt vergl. Eugen Richter „Die Konsum-Vereine. Ein Noth- und Hülfsbuch für deren Gründung und Einrichtung. Berlin, Franz Dunker 1867."

**) Eine rationelle Einrichtung verlangt, dass auch Nichtmitglieder als Käufer zugelassen werden.

ein dem Verein gegebenes Darlehn betrachten zu lassen. Dann wird mit diesem Vermögen der Mitglieder das neue Geschäft begonnen. Dieses Vermögen kann aber zu klein, oder die Mitglieder können nicht geneigt sein, ihre Guthaben dem Vereine als Geschäftsfond darzuleihen. Dann wird dieser Verein doch auf Grund seines, wenn auch kleinen, Vermögens, auf Grund seiner bisherigen Leistung und auf Grund der sammtverbindlichen Haftung seiner Mitglieder leicht Kredit erhalten, und um so gewisser, je pünktlicher er seine Geschäfte verwaltet.

Soll gleich von Anfang an ein Konsumverein mit eigenem Lager begründet werden, so muss allerdings, ausser in ganz glücklichen Fällen, erst eine Zeit lang gespart werden. Denn einem Vereine, dessen Mitglieder noch nicht gezeigt haben, dass sie wirthschaftlich sind, kreditirt trotz sammtverbindlicher Haftung in der Regel Niemand von Vornherein.

Es ist bekannt, dass die Konsumvereine, insbesondere die mit eigenem Lager, in Deutschland,[*]) England und der Schweiz in den letzten Jahrzehnten eine grosse Verbreitung gewonnen haben. Aus den an die Oeffentlichkeit dringenden Berichten ist meistens nicht zu ersehen, ob und welche unter den zahlreichen bestehenden solchen Vereinen ihren Ursprung der Anregung von Gewerks-Unternehmern verdanken, welche bei dieser anregenden Thätigkeit von der Ueberzeugung ausgegangen sind, dass sie so ihren Gewerksgehülfen zu einer trefflichen Schule der Sparsamkeit verhelfen. [**])

Dass aber solche Anregung sich überall belohnen würde, darüber kann kein Zweifel bestehen.

---

[*]) Der Anwalt des Verbandes deutscher Genossenschaften, Herr Schulze-Delitzsch, erstattet alljährlich über die Entwickelung des deutschen Genossenschaftswesens Bericht. Aus dem neuesten Jahresbericht — pro 1866 — (Leipzig, Gustav Mayer, 1867) ersehen wir, dass dem Berichterstatter 199 am Ende des Berichtsjahres in Deutschland bestehende Konsumvereine bekannt waren, von denen einer — zu Hamburg — bei 2036 Mitgliedern einen Gesammtverkaufserlös von 63988 Thlr. und einen Geschäftsertrag von 4866 Thlr. erzielte.

[**]) Eugène Véron a. a. O. p. 171—190 berichtet von so entstandenen Konsumvereinen. Er nennt Vereine der Fabrikarbeiter zu Wesserling (Haut Rhin, Arr. Béfort), zu Marq-en-Baroeul, begründet von den Herren Scrive, zu Lille, zu Grenoble, zu Dieuze im Jura, begründet von Herrn v. Grimaldi, zu Guebwiller, begründet von den Herren Schlumberger und Burkart schon im Jahre 1832, und weiter entwickelt zu einer Genossenschaftsbank; endlich zu Saint-Vaast-la-Haut,

Auf die Frage, inwiefern sich Gewerksunternehmer im beiderseitigen Interesse, in verständiger Sorge für die Sparsamkeit ihrer Arbeiter, an der Errichtung von Konsumvereinen betheiligen können und also sollten, ist Folgendes zu antworten: Sie können die Begründung derartiger Vereine unter Hinweisung auf anderwärts damit gemachte günstige Erfahrungen dringend anempfehlen, den Plan dazu entwerfen und denselben mit den Interessenten besprechen; sie können selbst Mitglieder werden, oder dem Vereine Darlehen geben; sie können dem Verein gute Bezugsquellen nachweisen, ihm bei der Magazin-Einrichtung mit Rath und That beistehen; sie können als Anwälte und Vertreter der Genossenschaft überall da eintreten, wo diese bei ihrem Geschäftsverkehr solcher Hülfe bedarf.

Dass Konsumvereine eine sehr zweckmässige Grundlage für alle anderen Formen der Wirthschaftsgenossenschaften bilden, lehrt vielfältige Erfahrung. Sie erheben an die Entsagung der Genossen nur geringe Ansprüche und gewähren bei einigermaassen rationeller Leitung stets Erfolge, die um so mehr überraschen, als sie eben ohne Opfer erkauft wurden. Diese Erfolge ermuthigen zu Weiterem. Als die Pioneer's of Rochdale am 21. Dezember 1844 ihren ärmlichen Store in der Toad-Lane eröffnet hatten, und die ersten Einkäufe gemacht waren, trugen sie sich schon mit hochfliegenden Plänen, und auf der Grundlage jenes armseligen mit 28 Pfd. St. Baarschaft begonnenen Geschäftes baute sich immer stolzer und stolzer jenes bewundernswürdige Genossenschaftsgebäude in die Höhe, von dem jetzt alle Welt zu erzählen weiss.

Auch Spar- und Vorschuss-Vereine gründet man zweckmässig auf Konsumvereine.*)

Die Spar- und Vorschussvereine verdienen aber als ein besonderes, überaus wichtiges Erziehungsmittel zur Sparsamkeit an dieser Stelle noch besonders eingehend betrachtet zu werden.

wo die Arbeiter der Kohlenwerke von Anzin im Jahre 1865, auf Anregung des Generalsecretärs der Compagnie des mines d'Anzin, einen Konsumverein mit eigenem Lager begründeten, der trefflich gedieh. Seit Juni 1865 sind auch die Arbeiter der chemischen Fabrik von Ch. Kestner zu Thann, auf Veranlassung ihres Arbeitgebers, zu einem solchen Verein zusammengetreten, der gut zu prosperiren scheint.

*) Wie dies, von der Genossenschaft der Rochdale-Pioneers abgesehen, auch in dem oberwähnten Unternehmen der Herren Schlumberger und Burkart zu Guebwiller geschehen ist.

Zustände, bei denen der grösste Theil der Bevölkerung eines grösseren Wirthschaftsgebietes ein Einkommen bezieht, welches im besten Falle und bei ängstlichstem Zurathebalten nur eben zur nothdürftigen Lebensfristung hinreicht, von dem aber einen Theil überzusparen, eine baare Unmöglichkeit wäre, sind krankhaft und auf die Dauer nicht denkbar, höchstens in ganz abgeschlossenen Kreisen. Solche krankhafte Zustände, wo sie zeitweise vorkommen, tragen ihr Heilmittel in sich selbst, wenn nur die freie Verwerthung der Arbeitskraft gewährleistet ist.

Das normale und das verbreitetste Verhältniss ist das, dass weitaus die Mehrzahl der Bevölkerung grösserer Wirthschaftsgebiete ein Einkommen bezieht, welches nicht nur ausreicht zur Fristung des Lebens, sondern auch Ausgaben zur Befriedigung der Bedürfnisse des Wohllebens gestattet, und in guten Zeiten Ersparungen für schlimme Zeiten ermöglicht.

Zu solchen Ersparungen sich zu entschliessen, ist aber für den sogenannten „kleinen Mann" um so schwieriger, wenn ihm die Gelegenheit dazu nicht sehr bequem nahe gerückt ist, und wenn er nicht seine Ersparnisse augenscheinlich wachsen sieht.

Die alten Sparkassen, diese in den Europäischen Kulturstaaten zu Ende des vorigen Jahrhunderts aufgekommenen gemeinnützigen Institute, rückten häufig allerdings die Spargelegenheit sehr nahe, indem sie — wenigstens die besser eingerichteten unter ihnen — zahlreiche Filialen, Sammel- oder Annahmestellen, in ihrem Geschäftsbereich in's Leben riefen. Es soll auch nicht verkannt werden, dass sie grossen Segen gestiftet haben durch die Verbreitung des Sparsamkeitssinnes und als sorgsame Verwahrer und Verwalter der ihnen anvertrauten Einlagen.

Aber das Bedenkliche ist, dass diese Institute sich meist darstellen als Wohlthätigkeits-, selten als eigentlich geschäftliche, auf dem Prinzip von Leistung und Gegenleistung beruhende Institute. Meist gegründet von Nichtinteressenten, werden sie in der Regel auch verwaltet von Personen, welchen selbst weder aus der Existenz, noch aus der Leitung der Anstalten Gewinn, oder auch nur entsprechende Entschädigung für ihre Opfer an Arbeit und Zeit erwächst. In der Regel haben die eigentlichen Interessenten an der Verwaltung keinen Theil. In der Regel sind die Sparkassen, dem Charakter eines Wohlthätigkeitsinstituts entsprechend, nicht sehr geneigt, dem Publikum grosse Konzessionen zu machen. Daher sind die Ein- und Auszahlungs-Termine meist spärlich, und nicht immer auf die passendsten Tage und Tagesstunden verlegt. Daher werden die Einlagen meist nicht vom Tage der Einzahlung ab verzinst, und können nur ganz kleine Posten ohne Kündigung zurückgefordert werden. Daher mangeln meist alle jene kleinen Bequemlichkeiten für das Publikum, die bei einer Einrichtung auf geschäftlichem Fusse, wo nur eine „coulante Verwaltung" Erfolge erzielt, sich von selbst ergeben.

Die Verwaltung muss bei den „alten Sparkassen" eine möglichst mühelose sein. Deshalb regelmässig Ausleihung gegen Hypothek, auf lange Fristen, gegen, auch bei oberflächlicher Prüfung, unzweifelhafte Sicherheit, oder Anlegung in Staatspapieren. Dieses Geschäft ergiebt mässige Zinsen und macht lange Kündigungsfristen für den Fall nöthig, dass die Spareinleger ihre Einlage ganz oder zum Theil zurückziehen wollen.

Endlich wissen die auf altem Fusse eingerichteten Sparkassen häufig nicht, was sie mit ihrem eigenen Vermögen anfangen sollen. Eine statutarische Bestimmung über diesen Punkt fehlt oft; aber sie ist auch bei den eigenthümlichen Rechtsgrundlagen des Institutes schwer so zu formuliren, dass keine Interessen verletzt werden. Eine Bestimmung jenes Vermögens zur Dotirung anderer gemeinnütziger oder Wohlthätigkeits-Institute wäre ungerecht gegen alle Spareinleger; eine jeweilige Vertheilung unter die dermaligen Einleger pro rata ihres Guthabens wäre ungerecht gegen die früheren Einleger, aus deren Einlagen der Gewinn theilweise gezogen wurde, die aber bei der Gewinnvertheilung unberücksichtigt bleiben würden.

Wir wollen nicht leugnen, dass die „alten Sparkassen" ebenso wie sie reformbedürftig sind, auch wesentlichen Verbesserungen zugänglich sein würden. Aber diese Reformen werden doch im besten Falle nicht derjenigen Klasse von Interessenten zu Gute kommen, mit welcher wir es hier zu thun haben.*) Ein Gewerksunternehmer, der seine Gewerksgehülfen zur Sparsamkeit erziehen will, wird ihnen

---

*) In seinem Aufsatze: „Ein Reformprinzip für Sparkassen" in der Zeitschrift des Königl. preuss. statist. Büreau's. 1867. No 1, 2 u. 3 präzisirt Dr. E. Engel die Aufgabe dahin, dass die Sparkassen unkündbaren Kredit einkaufen und dem Grundbesitz solchen gewähren sollen. Der bis in's Einzelne dargelegte Plan läuft darauf hinaus, die Sparkassen in Genossenschaftsinstitute umzuwandeln, welche die von allen Genossen zu machenden bestimmten Einlagen an die Kreditbedürf-

nicht empfehlen dürfen, ihre Ersparnisse in Sparkassen nach altem System anzulegen.

Ein Grossunternehmer, der eine grosse Zahl von Arbeitern beschäftigt, kann selbst eine Sparkasse für diese errichten. In der That finden wir ja heutzutage z. B. fast in jeder grösseren Fabrik sogenannte **Fabrik-Sparkassen**.

Ist die Einrichtung so, dass der Unternehmer seine Arbeiter entweder dazu verpflichtet, oder nur anhält, einen gewissen, oder beliebigen Theil des Wochenlohnes stehen zu lassen, und dass nun diese Kapitalien von dem Unternehmer im Geschäft mit verwendet und den Sparern zu einem beliebigen, vom Arbeitgeber festgestellten Zinsfusse verzinst werden — Alles, ohne dass die Einleger irgendwie bei der Verwaltung betheiligt wären: so belastet sich der Unternehmer mit einer grossen Sorge und Verantwortung und wird er stets mit grossem Misstrauen Seitens seiner Arbeiter zu kämpfen haben.*)

Soll eine Fabriksparkasse errichtet werden — und oft, z. B. bei einsam, fernab vom Verkehr, in schwach bevölkerten Gegenden gelegenen Fabriken ist eine solche das einzig mögliche unmittelbare Spar-Institut —, so ist es jedenfalls das Richtigste, dieselbe lediglich von den Einlegern verwalten zu lassen, denen es auch überlassen werden muss, die Fonds auszuleihen wie es ihnen am besten dünkt.**)

---

tigen unter diesen Genossen unkündbar ausleihen, und die Rückzahlung in Annuitäten bewerkstelligen lassen. Die Darlehen sollen aber und können bei der hier vorgeschlagenen Einrichtung nur gegen Hypothek gegeben werden.

*) Und doch sind die sogenannten Fabriksparkassen meist so, wie eben geschildert, eingerichtet. Die von E. Véron a. a. O. p. 167 ff. namhaft gemachten caisses d'épargne et de prêt de Wesserling, Munster, Giromagny, de la maison Kestner, scheinen, obwohl in dem Capitel, welches überschrieben ist: „Institutions de prévoyance avec la coopération des ouvriers" aufgeführt, lediglich von den betreffenden Fabrikchefs und unter deren ausschliesslicher Verantwortung verwaltet zu werden.

**) Vor uns liegt das Statut der im Jahre 1865 „in freudiger Erinnerung an die vor 50 Jahren durch Friedrich König gemachte Erfindung der Schnellpresse und zur Feier der glücklich vollendeten tausendsten Druckmaschine" errichteten Fabriksparkasse für die Arbeiter der Maschinenfabrik König u. Bauer in Oberzell bei Würzburg. Diese Anstalt ist zwar in vielen Stücken sehr zweckmässig eingerichtet, entspricht aber den obigen Anforderungen nicht durchaus. Die Inhaber der genannten Firma stifteten 10,000 Fl. als Gründungsfonds. Davon werden 7500 Fl. verzinslich angelegt, um mit den Zinsen die Zinsen der Spareinlagen aufzubessern; 2500 Fl. wurden zur Gründung von Spargthaben der sämmtlichen

Derartige Institute können selbstverständlich unschwer in allen Grossunternehmungen eingerichtet werden. Auch bei nur zeitweiser Beschäftigung, wie z. B. bei grossen Strassen- und Wasserbauten, sind sie oft mit gutem Erfolge eingeführt worden. Die leitenden Ingenieure, denen es oft schwer hält, die bunte Masse der nomadischen Arbeiter an ein geregeltes Leben zu gewöhnen, vor Ausschweifungen zu behüten, an das Unternehmen zu fesseln, sollten, solche Arbeitersparkassen vom ersten Spatenstich an einzurichten, nie versäumen.

Aber alle sparkassenähnlichen Institute leiden an **einem erheblichen Mangel: es fehlt ihnen stets an Gelegenheit zu der rationellsten Anlegung der Sparfonds.**

Die rationellste Anlegung dieser Fonds ist nämlich ohne Zweifel diejenige, welche den unmittelbar Betheiligten auch wieder unmittelbare Vortheile bringt, und zwar noch andere Vortheile, als die sich in der Verzinsung der Spareinlagen darstellen.

Diess ist aber nur zu ermöglichen, **wenn mit dem Spar- zugleich ein Vorschussverein verbunden ist.**

Unselbständige Arbeiter, Arbeiter, welche nicht für eigene Rechnung arbeiten, z. B. Gewerksgehülfen in kleinen wie in grösseren Unternehmungen, sind nun freilich meist nicht in der Lage, der Vorschüsse zu bedürfen. Sie können zeitweilig auch in diese Lage kommen. Das gewöhnliche Verhältniss ist aber das, dass sie zu gewissen Terminen — z. B. an den Miethquartalsterminen — einen gewissen Theil ihrer Ersparnisse zurückziehen müssen.

Vorschüsse brauchen aber häufig kleinere selbständige Gewerksunternehmer, z. B. zum Ankauf von Roh- und Hülfsstoffen, die sie

---

Arbeiter der Fabrik verwendet. Die Spareinlagen werden zu 8, 6 und 5 pCt. verzinst, es werden nämlich für die ersten 100 Fl. der Einlage 8 pCt., für eine Einlage von 101—200 Fl. 6 pCt. und für mehr als 200 Fl. 5 pCt. Zinsen gezahlt. Die Verzinsung beginnt mit dem der Einzahlung folgenden Quartalstermin. Auch Auszahlungen erfolgen in der Regel nur auf Kündigung an den Quartalsterminen. Neben der Sparkasse besteht auch eine Fabrik-Vorschusskasse. Die Spareinlagen werden im Geschäft verwendet. Ein gewählter, aber durch die Fabrikfirma um einige Mitglieder ergänzter Ausschuss verwaltet die Kasse. Als Rechnungsführer und Buchhalter fungirt ein von der Firma bestellter Beamter. In den Ausschusssitzungen hat die Firma 2 Stimmen. Beschlüsse einer Ausschusssitzung, in der die Firma vertreten war, sind inappellabel.

baar bezahlen wollen, um der damit verbundenen Vortheile theilhaftig zu werden, während sie die Preise für die verkauften Erzeugnisse vielleicht noch kreditiren müssen.

Im Falle solchen augenblicklichen Bedarfes etwa auf den guten Willen oder die wucherische Hülfe von fremden Kapitalisten angewiesen zu sein, ist bedrückend, oder kostspielig, oder Beides. Oft findet der redlichste Mann, wenn er keine andere als persönliche Sicherheit bieten kann, keinen Kredit, kann er also vielleicht eine seinem Geschäft sich bietende günstige Chance nicht benutzen, eine vortheilhafte Bestellung nicht ausführen, eine unerlässliche Vergrösserung seines Geschäftes nicht unternehmen.

Dieser Mann ist der geborene Genosse des sparcifrigen Lohnarbeiters.

Der Letztere möchte gern sparen; aber er wünscht auch Sicherheit und gute Zinsen für seine Ersparnisse.

Der kleine Gewerksunternehmer möchte gern hohe Zinsen zahlen, aber nur nicht wucherische; er möchte vor willkürlicher Kündigung gesichert sein, und er möchte nicht gute Worte geben, nicht betteln gehen müssen um einen kleinen Vorschuss; er möchte ein gutes Recht darauf haben.

Was hindert diese beiden Klassen von Interessenten, ihre sich begegnenden Interessen zu vereinigen?

Kleine Kapitalisten, kleine Gewerksunternehmer, Lohnarbeiter vereinigen sich zu einem Spar- und Vorschuss-Verein: so ist ihnen Allen geholfen.

Alle verpflichteten sich zur Zahlung eines Eintrittsgeldes.

Alle verpflichten sich zu periodischen Einzahlungen oder Vollzahlungen gewisser Geschäftsantheile.

Diese Einzahlungen hören auf, wenn sämmtliche Mitglieder der Genossenschaft einen statutenmässig festgesetzten Antheil (deren aber auch mehrere erworben werden können) eingezahlt haben.

Alle Mitglieder können überdiess jederzeit Ersparnisse in der Kasse des Vereins niederlegen.

Alle Genossen haben ein Recht auf Vorschüsse bis zu einer gewissen Höhe. Die Rückzahlungsfristen werden statutenmässig festgestellt. Die Zinsen richten sich nach der Lage des Geldmarktes.

Die Vorschussnehmer müssen, wenn sie mehr fordern, als ihr Guthaben beträgt, Bürgen oder andere Sicherheit stellen.

Reichen die Fonds der Kasse nicht hin, um alle Vorschussgesuche zu befriedigen, so macht der Verein Anleihen unter möglichst günstigen Bedingungen.

Er kann keine Sicherheit gewöhnlicher Art und er kann doch die höchste Sicherheit bieten, die man überhaupt einem Gläubiger gewähren kann.

Denn die Mitglieder verpflichten sich, sammtverbindlich, Einer für Alle, zu haften für alle Schulden der Genossenschaft.

Am Jahresschlusse zeigt sich bei rationeller Verwaltung, dass die Zinsen der auf Vorschuss ausgeliehenen Kapitalien in Summa die Zinsen der von fremden Kapitalisten genommenen Darlehen und diejenigen Zinsen, welche auf Spareinlagen monatlich gutgeschrieben werden mussten, übersteigen.

Von dem Ueberschuss werden zunächst die Verwaltungskosten bestritten. Der Rest wird zum Theil dem durch die Eintrittsgelder gebildeten Reservefond überwiesen; der andere Theil fällt als Dividende den Mitgliedern zu und wird ihnen pro rata ihrer Antheils-Einzahlung gutgeschrieben.

So ist allen Theilen geholfen. Alle haben eine bequeme Spargelegenheit; den Geschäftsantheil müssen sie sogar sparen. Allen werden ihre Ersparnisse geschäftsmässig verzinst. Alle haben ein gutes Recht auf Vorschüsse.

Es ist zweckmässig, dass solche Personen, die von diesem Recht in der Regel keinen Gebrauch machen können, und deren ganzes Interesse auf sichere und hohe Zinsen tragende Anlage ihrer Ersparnisse gerichtet ist, sich vereinigen mit solchen Personen, die zwar auch sparen, den wesentlichsten Theil ihrer Ersparnisse aber immer wieder in ihrem Geschäft verwenden und ausserdem die Sicherheit sich verschaffen wollen, jederzeit Vorschüsse entnehmen zu können. — *)

---

*) Das bekannte treffliche Buch von Schulze-Delitzsch, betitelt „Vorschuss- und Kredit-Vereine als Volksbanken", jetzt in vierter Auflage (Leipzig, Ernst Keil, 1867) erschienen, bildet den treuesten und erfahrensten, alle Eventualitäten berücksichtigenden Rathgeber für alle Diejenigen, welche sich über jene Genossenschaftsform aufklären, bezüglich dieselbe in's Leben einführen wollen. Daselbst S. 57 ff. ist auch des Spargeschäftes der Vorschussvereine ausführlich gedacht und sind die nothwendigen Vorsichtsmaassregeln, welche man bei Einführung jenes

Ein Gewerksunternehmer kann seinen Gewerksgehülfen keine bessere Spargelegenheit empfehlen, als die Genossenschaften. Sie sparen als Mitglieder von Konsumvereinen, sie sparen als Mitglieder von Häuserbaugenossenschaften, und als Mitglieder von Spar- und Vorschussvereinen.

Ohne sich erhebliche Entsagungen auferlegen zu müssen, werden sie so allmälig und unversehens kleine Kapitalisten, wirthschaftlich selbständige und gegen die Zeiten der Noth gewappnete Leute.

Sie werden nicht nur wohlhabender; sie werden durch die erziehliche Macht der Selbsthülfe auch besser, pflichttreuer, mässiger, selbständiger, geordneter in ihrem ganzen Wandel.

Gewiss — das eigenste Interesse des Unternehmers gebietet ihm, bei seinen Gehülfen der wärmste Fürsprecher und Förderer des Genossenschaftswesens zu sein. —

K. Produktiv-Genossenschaften.

Gewerksgehülfen, welche einmal — vielleicht mannigfach angeregt, unterwiesen und gefördert von ihren Arbeitgebern — in der trefflichen Schule des Genossenschaftswesens gebildet, die „her own landlords", Inhaber von Antheilen eines Konsumvereins, eines Spar- und Vorschussvereins geworden sind, Leute, welche nicht eine zu lange Arbeitszeit niederdrückt, welche seit geraumer Zeit angemessene Löhne verdient haben — solche Leute werden, je nachdem sie mehr ein ruhiges und sorgloses, oder mehr ein bewegtes und kämpfereiches Dasein vorziehen, mehr schwerfällig und vorsichtig, oder mehr unternehmend und thatkräftig sind, entweder um so lieber in der nun doppelt behaglichen Stellung verharren — oder aber danach trachten, **ganz ihre eigenen Herren, selbständige Unternehmer, ihre eigenen Arbeitgeber zu werden.**

Geschäftes, also bei Gründung und Verwaltung von Spar- und Vorschuss-Vereinen, beobachten muss, angegeben und begründet. — Diese Genossenschaftsform ist nirgends so verbreitet und ausgebildet, wie — Dank den segensreichen Bemühungen Schulze's! — in Deutschland. Der schon zitirte Jahresbericht theilt Rechnungsergebnisse von 532 solchen Vereinen aus dem Jahre 1866 mit. Diese hatten 193,712 Mitglieder. Sie hatten im Jahre 1866 über 85 Millionen Thaler Vorschüsse gegeben; sie arbeiteten mit 6½ Millionen Thaler eigenen und 19.695 Millionen Thaler auf Kredit entnommenen Geldern. Unter letzteren befanden sich beinahe 8] Millionen Thaler Spareinlagen. Die Zahl der in Deutschland bestehenden Vorschussvereine dürfte jetzt über 800 betragen.

Das Letztere können sie werden, indem sie irgend ein kleines Unternehmen für eigene Rechnung beginnen. Bei genügender Intelligenz und Ausdauer können sie ihr Geschäft allmälig vergrössern; endlich schwingen sie sich im besten Falle vielleicht zu Konkurrenten ihrer früheren Arbeitgeber auf. In der Industrie gilt kein Rang und kein Ansehen der Person. Jeder kann Alles werden. Wie viele unserer Grossunternehmer haben Jahre lang das schlichte Arbeitskleid des Gewerksgehülfen getragen!

Einzelnen, die so die ruhige und sichere, aber bescheidene Laufbahn eines Gewerksgehülfen aufgeben wollen, zu zürnen, ihnen abzumahnen, sie des Undankes zu zeihen, wäre ein thörichtes Verhalten des bisherigen Arbeitgebers. Es muss ja eine Freude sein für jeden Gewerksunternehmer, einen seiner Gehülfen bis zur Möglichkeit des Beginnes eines eigenen Unternehmens gefördert zu sehen.

Zweifelhafter, als in solchem Falle, wird es auch für den wohlmeinendsten Unternehmer sein, wie er sich verhalten soll, wenn **gleichzeitig eine Mehrzahl seiner Arbeiter ausscheidet in der Absicht, ein eigenes Grossunternehmen auf genossenschaftlichem Wege zu gründen.**

Solche Versuche werden immer häufiger aus dem einmal erwachten genossenschaftlichen Geiste hervorgehen.

Die sogenannte **Produktiv-Genossenschaft** ist die subtilste, die schwierigste Form der Genossenschaft. *) Aber ihr gehört die Zukunft.

Viele, die sich jetzt für den selbständigen Grossgewerksbetrieb ausbilden, werden als Unternehmer dermaleinst die Erfahrung machen müssen, wie gerade unter den tüchtigsten, fleissigsten, sparsamsten ihrer Gewerksgehülfen das Streben nach selbständigem genossenschaftlichem Betrieb lebendig wird.

Es wäre Thorheit, solches Streben unterdrücken, es wäre andererseits bedenklich, es wesentlich fördern zu wollen.

---

*) Auch hierüber belehrt uns am zuverlässigsten Schulze-Delitzsch, jener vielerfahrene Kenner und Förderer genossenschaftlicher Unternehmungen. Vergl. z. B. seine Jahresberichte für 1863, 64, 65, 66; ferner sein „Capitol zu einem Arbeiterkatechismus. Leipzig. Ernst Keil. 1863." S. 142, 145 ff.; weiter die Schrift: „Die arbeitende Klasse und das Assoziationswesen in Deutschland. Leipzig. Gustav Mayer. 1858." S. 66 ff. und endlich die Flugschrift: „Vorschuss-Vereine und Produktiv-Genossenschaften. Berlin. F. Duncker. 1865."

Ist der Entschluss einmal gefasst, — und es pflegen nicht Schwächlinge zu sein, die solchen Entschluss fassen —, so würde, ihm entgegenwirken zu wollen, jedem Arbeitgeber übel gedeutet werden; man würde kleinliche Konkurrenzfurcht bei Letzterem vermuthen, und nur um so sicherer an die Ausführung herantreten.

Andererseits — durch Zureden zu einem solchen Beginnen — würde der Unternehmer eine schwere Verantwortung auf sich laden.

Der einzig richtige Weg aus dieser schwierigen Situation ist der der verständigen Belehrung.

„Ueberlegt Euch den Schritt wohl, den Ihr vorhabt", — würde man seinen Gewerksgehülfen etwa sagen müssen. — „Er kostet Euch schwere Opfer und grosse Entsagung. Mit den guten und sorglosen Tagen ist es vor der Hand vorbei. Wenn Ihr aber, was Ihr beginnet, mit ganzem Ernst und ganzer Hingabe beginnet; wenn Ihr Euch durch Misserfolge nicht gleich abschrecken lasset; wenn Ihr Frieden haltet untereinander: so kann es euch schliesslich nicht fehlen. Im anderen Falle habt Ihr Euch um Euer Lebensglück vielleicht für alle Zeit betrogen. Ihr habt bisher schwere Arbeit gehabt. Aber von den Sorgen des Unternehmers waret Ihr frei; die kennet Ihr nicht. Ihr wollet sie kennen lernen. Prüfet Euch wohl, ob Ihr diese Sorgen zu tragen vermöget! Es ist zwar schön, unabhängig dazustehen im Leben. Aber für's Erste werdet Ihr in Eurem Unternehmen abhängiger sein, als Ihr's bisher waret."

Und, wenn nun diese Prüfung sie nicht wankend macht in ihrem Entschlusse — dann würde man gut thun, ihnen bei der Ausführung mit Rath und That an die Hand zu geben; man würde das thun in ihrem, aber auch im eigenen Interesse; denn die Fürsorge, die man seinen Arbeitern auch dann noch zuwendete, wenn sie die bisherige Stellung verlassen haben, würde sich im eigenen Unternehmen bezahlt machen; man würde es ihr zu danken haben, wenn man sich fortan nicht darum zu sorgen brauchte, stets reichlichem und gutem Arbeitsangebote zu begegnen. Die Lohnarbeiter würden sich darum bemühen, in dem Unternehmen unterzukommen, in dem schon einmal eine Schaar entschlossener Männer die Mittel sich verdiente, die geschäftliche Tüchtigkeit sich erwarb, mit Rath und That unterstützt wurde, um sich zur Selbständigkeit zu verhelfen.

Wäre die in Frage befindliche Produktivgenossenschaft ohne das Zuthun oder sogar trotz der Hindernisse, welche ihr der frühere Arbeitgeber in den Weg gelegt hätte, geglückt, so würde der letztere an seinen früheren Arbeitern gefährliche Gegner haben, während sie ihm so nützliche Freunde bleiben.

Aber freilich; rathen und helfen kann nur, wer die grosse genossenschaftliche Bewegung unserer Tage vollkommen versteht und genau verfolgt hat, wem keine irgend bedeutsame Erscheinung auf diesem Gebiete entgangen ist, wer, möglichst auch aus eigener Anschauung, das Genossenschaftswesen in allen seinen mannigfaltigen Gestaltungen kennen gelernt hat.

Es empfiehlt sich daher für den Gewerksunternehmer — sei nun sein Geschäft von welcher Art immer — sich auf das Sorgfältigste über diesen ihn so vielfältig berührenden Gegenstand zu unterrichten, und abzuthun die thörichte Vornehmheit oder den kläglichen Indifferentismus, welche da sprechen: „Was kümmern mich die Gedanken und Pläne und Unternehmungen dieser kleinen Leute?"

I. Die sogenannte Arbeitsgesellschaft. (Partnership of Industry.)

Es ist eine durchaus gesetzmässige und unaufhaltsam sich vollziehende Erscheinung, dass in dem Maasse, als die wirthschaftliche Gesammtkultur fortschreitet, in den meisten — nicht in allen — Gewerkszweigen der Grossbetrieb den Kleinbetrieb verdrängt, verdrängt bis zur völligen Vernichtung. Unter dieser Entwickelung leiden nicht sowohl die unselbständigen, im Dienste der Grossindustrie stehenden Lohnarbeiter, als die selbständigen Kleinunternehmer, sofern sie von der übermächtigen Konkurrenz der Grossindustrie betroffen werden. Für sie giebt es keine andere Hülfe, als sich in den Dienst der konkurrirenden Grossindustrie zu stellen, oder ihr durch genossenschaftliche Vereinigungen die Spitze zu bieten. Recht eigentlich sie also sind auf den Weg der Produktiv-Association hingewiesen.

Viel weniger die unselbständigen Gewerksgehülfen, denen daher, wie wir im vorigen Abschnitt zeigten, der Arbeitgeber nicht gerade diesen Weg anzuempfehlen den Beruf hat, denen er nur, wenn sie diesen Weg einzuschlagen entschlossen sind, niemals hinderlich sein, sondern, sofern er nur ernsten Willen sieht, eher mit Rath und That beistehen sollte.

Indess auch für sie giebt es einen Weg nach dem ersehnten Ziele der Selbständigkeit, auf den nicht nur sie aufmerksam zu machen, sondern auf den aus eigener Entschliessung sie hinzuleiten, ein wohlmeinender und intelligenter Unternehmer nicht versäumen sollte.

Auf diesem Wege dem Ziele zugeführt, werden die Gewerksgehülfen dem Unternehmen nicht entfremdet, sondern nur inniger mit demselben verbunden, werden sie nicht Konkurrenten, sondern die treuesten Geschäftsfreunde des Unternehmers, werden sie nicht auf den für sie ungewohnten und gefährlichen Posten des durchweg verantwortlichen Chefs gestellt, und lernen sie doch das Unternehmen als ihr eigenes betrachten, bleiben sie, technisch betrachtet, Gewerksgehülfen, werden sie aber, ökonomisch betrachtet, in viel höherem Maasse, als bei dem, übrigens auch schwer durchführbaren Tantième- oder Kommissions-System, Theilhaber des Unternehmens.

„Kameraden!" — schrieb im September 1866 ein englischer Gewerksgehülfe an seine französischen Standesgenossen in der Zeitschrift: „Le Travail" —*) „Wir haben kein Recht, einen Antheil am Gewinne unserer Arbeitgeber zu fordern. Dass ich am Samstag Abend 25 sh., die ich mir redlich verdient habe durch meiner Hände Arbeit, in der Tasche trage, giebt dem armen Gemüsehändler kein Recht, mir für ein Bündel Radieschen, welches nur einen Penny werth ist, drei und einen halben Sous abzufordern. Die Welt würde einen eigenthümlichen Lauf gehen, wenn ein solches System eingeführt würde. Aber, wenn ich finde, dass ich für drei und einen halben Sous viel bessere und schönere Radieschen haben kann, als für einen Penny, so würde ich gegen diese höhere Forderung nichts einwenden können. Es wäre gegen mein eigenes Interesse, sie nicht zu bewilligen. Ebenso verhält sich's mit den Arbeitgebern und Arbeitern. Wenn der Unternehmer findet, dass, sobald er seine Arbeiter am Gewinne betheiligt, er bessere, fleissigere, aufmerksamere Arbeiter gewinnt, Arbeiter, die nicht mehr daran denken, ihre Zuflucht zu den Strikes zu nehmen, so wird er sich leicht von den Vortheilen des neuen Systems überzeugen. Beider Interessen sprechen dafür. Die Arbeiter werden sich den Vortheil und das Wohlbefinden ihres Arbeitgebers zu Herzen nehmen; denn, je mehr er gewinnt, desto mehr verdienen sie. Jener aber, befreit von der Unsicherheit, den Ausgaben und den Ungelegenheiten, welche aus dem drohenden

---

*) „Le Travail. Organe des intérêts de la classe laborieuse. Revue du mouvement coopératif." No. 3. vom 30. September 1866.

Bruche mit seinen Arbeitern stets entspringen, wird seine Kraft ganz und ungetheilt den Détails seines Geschäftes zuwenden können.

Aber welches ist die beste Methode der Betheiligung der Arbeiter an den Gewinnsten eines gewerklichen Privatunternehmens?"

Diese Frage beantwortet nun der Briefsteller mit einer Darlegung der Eigenthümlichkeiten der in England sogenannten „Partnership of Industry", welche wir vielleicht als **Arbeitsgesellschaft** oder **Gehülfenbetheiligung** bezeichnen können.

Das Wesen dieser Einrichtung besteht darin, dass der Unternehmer das ganze in seiner Unternehmung angelegte Kapital, den ganzen augenblicklichen Anschlagspreis seines Etablissements, in kleine Aktien *) theilt, davon vorläufig den grösseren Theil für eigene Rechnung behält, den Rest aber seinen Angestellten und Gewerksgehülfen, vielleicht auch ständigen Kunden, zur Verfügung stellt. Diese Aktien können dann mit einem Male, oder allmälig voll eingezahlt werden. Das Geschäft wird fortan für Rechnung der Aktiengesellschaft verwaltet; die Aktionäre sind nach Maassgabe ihres Aktienbesitzes an der Verwaltung betheiligt; der Unternehmer, als Hauptaktionär, wird gut thun, auch gering Betheiligte, wenn sie nur befähigt sind zur Theilnahme an der Verwaltung, in den Verwaltungsrath zu ziehen. Der Reingewinn des Unternehmens fliesst den Aktionären pro rata ihrer Betheiligung als Dividende zu; es können füglich Bestimmungen dahin getroffen werden, dass der, einen gewissen Prozentsatz des Gesammtkapitals übersteigende Reingewinn zum einen Theil an diejenigen Angestellten und Gewerksgehülfen, welche Aktionäre sind, zum Theil unter diejenigen, welche es nicht sind, vertheilt wird, so dass die Ersteren 1) Lohn, 2) Dividende, 3) einen Extra-Lohnzuschuss beziehen.

Die grossen Vortheile einer solchen Einrichtung liegen auf der Hand; aber ebenso ist es einleuchtend, dass vom Standpunkte des Unternehmers keinerlei wesentliche Bedenken dagegen sprechen, sie in's Leben zu rufen, sobald es ihm nur gelingt, seine Arbeiter von den ihnen daraus erwachsenden Vortheilen zu überzeugen.

Wir würden uns mit der Lösung der Frage, wie, im beiderseitigen Interesse, das persönliche Verhältniss zwischen den Unter-

---

*) Auch die Form der Kommanditgesellschaft auf Aktien würde jedoch für diesen Zweck brauchbar sein.

nehmern und ihren Gewerksgehülfen am zweckmässigsten zu gestalten sei, nicht so eingehend, wie geschehen, beschäftigt haben, wenn wir annehmen könnten, dass sie praktisch vollständig und nach allen Seiten hin gelöst werden könnte lediglich durch die Einrichtung der Arbeitsgesellschaft oder Gehülfenbetheiligung.

Aber darüber kann kein Zweifel walten, dass eine solche Einrichtung die praktische Lösung jener hochwichtigen Aufgabe nach allen Seiten hin ganz wesentlich erleichtert, dass, wo die Partnership of industry möglich ist und eingeführt ward, die Schwierigkeiten der Regelung der Arbeitszeit und der Frauen- und Kinderarbeit, der Sorge für Gesundheit und Sicherheit, für Sittlichkeit, für Sparsamkeit und für das Wohnwesen der Arbeiter verhältnissmässig auf ein Minimum reduzirt werden, da die Anregung zur Selbsthülfe dort die besten Früchte trägt, wo die erste Bedingung der Selbsthülfe, das Vorhandensein eines, wenn auch kleinen, Kapitalfonds in den Händen der Hülfsbedürftigen, gegeben ist.

Die grossen Erwartungen, die man auf den ersten Blick von einem solchen Unternehmen hegen muss, sind nicht utopistisch. Die Arbeitsgesellschaft oder Gehülfenbetheiligung ist durch eine, wenn auch junge, Erfahrung als durchführbar und segensreich erwiesen. In dem obenangeführten Briefe ist die Geschichte der bemerkenswerthesten englischen Versuche erzählt. Der Briefsteller erwähnt, dass J. St. Mill die Unternehmer einer der ersten Partnerships beglückwünscht habe als die Begründer eines Systems, welches ebenso vortheilhaft sei für die betheiligten Arbeiter, wie bedeutungsvoll für den gesammten wirthschaftlichen Fortschritt der Zeit.

Das System ist seit der ersten Zeit seines Bekanntwerdens — 1864 — aber auch mehrfach in Anwendung gekommen. Dr. E. Engel giebt uns in seinem Aufsatze über „den Arbeitsvertrag und die Arbeitsgesellschaft" *) reichliches Material zur Erkenntniss und Beurtheilung derselben an die Hand.

Hiernach gebührt das Verdienst, die Partnership zuerst praktisch eingeführt zu haben, den Herren Francis und John Crossley, welche eine berühmte Teppichfabrik zu Halifax besitzen. Das Etablissement dieser Herren bedeckt 18½ Acres und repräsentirt ein

---

*) Vortrag, gehalten in der juristischen Gesellschaft zu Berlin. Abgedruckt im Jahrg. V., Heft 2. (1867) der Zeitschrift: „Der Arbeiterfreund."

Kapital von 1,650,000 Pfd. St. Die Besitzer haben ihr Fabrikgeschäft in eine Aktienunternehmung umgewandelt*), indem sie allen ihren Arbeitern, im Ganzen 4500 Männern, Frauen und Kindern, freigestellt haben, ihre Ersparnisse als Aktionäre anzulegen. „Auf diese Weise ist einem jeden Produzenten die Möglichkeit gewährt, aus der unteren Stellung eines Lohnarbeiters sich hinaufzuschwingen zu der Würde eines Mitbesitzers der Fabrik und Theil zu nehmen an dem Ruf und den Reinerträgen der Firma, zu deren Erhöhung er durch seinen Fleiss und seine Geschicklichkeit beiträgt." Die Herren Crossley stellten die Höhe einer Aktie nur auf 15 Pfd. St. fest und der Prospekt verhiess, dass „bei Vertheilung der Aktien die Anträge der bei der Fabrik beschäftigten Arbeiter in erster Linie berücksichtigt werden sollten, da die Eigenthümer überzeugt seien, dass die Mitbetheiligung der Arbeitnehmer wesentlich zur Stärkung und zum guten Betrieb des Geschäfts beitragen würde." Der Theil des Aktienkapitales, welchen die Unternehmer sich nicht selbst vorbehielten, vertheilte sich auf 1100 Aktionäre.

„Jedermann in England" — heisst es in der Engel'schen Abhandlung — „kennt die Erfolge des Fabrikgeschäfts der Crossley-Company. Trotz des nothgedrungen für ein so werthvolles Eigenthum gezahlten hohen Preises sind**) drei halbjährige Dividenden von 15 pCt. pro Jahr an die Aktionäre ausgezahlt worden, und ausserdem wurde ein Reservefond von 11.284 Pfd. St. angesammelt. Während der ganzen Zeit der letzten Handelskrisis, wo viele sonst für sehr gut gehaltene Papiere tief im Preise sanken, standen die Aktien der Crossley-Company, auf welche 10 Pfd. St. eingezahlt waren, auf beinahe 17 Pfd. St. und waren auch zu diesem Preise leicht verkäuflich."

„Dass die Bildung dieser ersten Partnership nicht ohne manche Befürchtung vor sich ging, geht aus den aussergewöhnlichen Vorsichtsmaasregeln hervor, welche die Herren Crossley ergriffen, um zu

---

*) Dies war in England erst möglich, nachdem das alte, die Aktiengesellschaften als gewöhnliche Societäten betrachtende und die beschränkte Haftbarkeit nicht anerkennende Common law durchbrochen war, was durch die „Limited liability Act" 18 u. 19. Vict. c. 133, durch die „Joint Stock Companies Act" 1856, 19 u. 20. Vict c. 47. und durch die „Joint Stock Companies Act" 1857. 20 u. 21. Vict. c. 17 geschah.

**) Wohl in der ersten Zeit vom Beginne des Gesellschaftsbetriebes ab.

verhüten, dass ihnen die Leitung nicht aus den Händen entwunden werde. Vier Fünftel der Aktien blieben in ihrem Besitze, und jede Aktie hatte eine Stimme; ausserdem stipulirten sie sich ganz besondere Rechte in Bezug auf die Leitung des Geschäftes. Man darf sie deshalb nicht tadeln; denn die Sache war neu."

„Für den vortrefflichen Einfluss dieses Systems auf den Geist der betheiligten Arbeiter spricht, dass man dieselben oft äussern hört, in dieser Fabrik arbeiten sie stets extra gut, weil es die ihre sei."

„Die nächste praktische Verwirklichung des Systems" — heisst es dann weiter in dem Engel'schen Aufsatze — „geschah durch die Herren Henry Briggs, Son & Co., Besitzer der Whitwood- und Methley-Kohlenwerke in Yorkshire. Ihnen folgten die Herren Greening & Co., Fabrikanten von Eisen- und Drahtgittern und Thoren für Koppel- und Parkweiden. Auch hier war der Erfolg trotz der auf diesen Geschäftszweig sehr nachtheilig wirkenden Rinderpest ein vortrefflicher. Schon nach einem halben Jahre konnte eine Dividende von 15 pCt. pro Jahr auf das Aktienkapital vertheilt werden, und überdiess ein Bonus von 5 pCt. auf die Löhne der Arbeiter. Herr Greening hebt in einem Berichte hervor, dass die guten Resultate nicht nur finanzieller Natur waren, indem er sagt: „die besten Gefühle walten gegen mich und die Meinigen seitens der Arbeiter vor, was unaussprechlich wohlthuend ist.""

„Nach demselben System ist ferner die South-Duckley-Kohlen- und Ziegelfabrik-Gesellschaft in Flintshire begründet. Die Gründer hoffen auf die allerbesten Erfolge."

„Das Partnership-System bricht sich nun mehr und mehr Bahn. Es sind noch viele andere derartige Gesellschaften projektirt, und ausser obigen traten bereits in Wirksamkeit eine Baumwollenspinnerei in Manchester, welche mit einem Gewinn von 17½ pCt. arbeitet und ihre während der Baumwollenkrisis gemachten Verluste und Schulden schnell wieder abzutragen im Stande war. Ferner die Buchdruckerei von Charles Godall in Leeds, die Cobden Memorial Mills Company in Manchester mit einem Kapital von 60,000 Pfd. St. u. s. w. Alles deutet eben darauf hin, dass die Bewegung zur Begründung solcher Arbeitsgesellschaften bald eine allgemeine und nationale werden und somit die grosse Frage der Zeit einer wahren Lösung entgegengehen werde."

In dem Prospekte zu der Aktiengesellschaft, welcher die Herren

Briggs im Sommer 1865 ihre Whitwood- und Methley Junction-Kohlenwerke in Yorkshire übertrugen, heisst es, die Unternehmer seien dabei von der Absicht geleitet worden, „die Mitwirkung aller mit den Kohlenwerken, sei es als Werkführer, oder Arbeiter, oder Käufer, in Verbindung stehenden Personen zu sichern" und es habe sie die Hoffnung erfüllt, auf diese Weise eine befriedigende Lösung der schwierigen Frage, welche gegenwärtig die Aufmerksamkeit der Nationalökonomen und Humanisten in so hohem Grade in Anspruch nimmt, anzubahnen, der Frage nämlich nach der besten Vereinigung zwischen Kapital und Arbeit, und nach den besten Mitteln, den Streitigkeiten zwischen Arbeitgebern und Arbeitern vorzubeugen, welche den wirthschaftlichen Frieden in unserem Lande so häufig stören."

Die Mitglieder der Firma behielten zwei Drittel des Aktienkapitals und versprachen, bei Abgabe des zweiten Drittels in erster Linie die Angestellten und Arbeiter der Minen und die Käufer der Kohlen zu berücksichtigen. Die Höhe der Aktien ist auf 15 Pfd. St., die erste Einzahlung auf 10 Pfd. St. festgestellt. Jede Aktie gewährt eine Stimme; die Arbeiter können die Aktien durch monatliche Abzahlungen erwerben; den geschäftsführenden Theilnehmern der bestehenden Firma bleibt die Leitung des Unternehmens vorbehalten. In dem Prospektus heisst es: „Um Kapital und Arbeit noch inniger aneinander zu fesseln, werden die Gründer der Gesellschaft den Aktionären empfehlen, dass in den Jahren, wo der aus dem Geschäft erwachsende Gewinn 10 pCt. des eingelegten Kapitals übersteigt, alle diejenigen, welche von der Gesellschaft, sei es als Geschäftsführer oder Agenten mit festem Gehalte, sei es als gewöhnliche Lohnarbeiter beschäftigt werden, die Hälfte dieses Gewinnüberschusses als Bonus erhalten sollen, so dass derselbe im Verhältniss ihrer respektiven Löhne während des Jahres, in welchem der Gewinnüberschuss erzielt worden, zur Vertheilung gelangt."

Nach manchen, namentlich durch die feindselige Einwirkung der Stimmführer der Trade unions auf die Arbeiter der Whitwood & Methley-Works entstandenen Schwierigkeiten, begann die Gesellschaft als solche am 1. Juli 1865 ihre Wirksamkeit. „Während der folgenden 12 Monate ward der Betrieb der Kohlengruben ununterbrochen nach diesem neuen Kooperativsysteme fortgesetzt. Es walteten günstige Konjunkturen, und dies, in Verbindung mit der erhöhten Sorgfalt und Thätigkeit der Arbeiter und insbesondere der Abwesenheit von Arbeitseinstellungen, setzte die Direktoren in den Stand, schon im ersten Jahre auf das eingezahlte Kapital 12 pCt. unter die Aktionäre zu vertheilen und überdiess eine Summe von 1800 Pfd. St. auf die Gründung eines Arbeiter-Bonusfonds zu verwenden. Aus letzterem wurde, in Gemässheit der adoptirten Grundsätze, ein Bonus von 10 pCt. an die Arbeiteraktionäre auf den Betrag ihrer Jahreslöhnung (selbstverständlich ausser der Dividende auf ihre Aktien), sowie von 5 pCt. an die Arbeiter-Nichtaktionäre auf den Betrag ihrer Jahreslöhnung vertheilt."

Der Erfolg war aber in jeder Beziehung günstig. Auch insofern, als die Beziehungen zwischen Arbeitgebern und Arbeitern sich bedeutend verbesserten. Das Jahr verlief ohne alle Arbeiterstreitigkeiten. Es wurde eine grössere Quantität von Kohlen produzirt und ein grösserer Gewinn realisirt*), als in irgend einem früheren Jahre, während die Arbeiter ebenfalls höhere Löhne bezogen, als je vorher.

Man wird nicht bestreiten wollen, dass durch diese Erfahrungen die Lebensfähigkeit und der Segen der Arbeitsgesellschaft oder Gehülfenbetheiligung wenigstens insoweit dargethan sind, dass es frommt, überall ernstliche Versuche damit zu machen, wo die Voraussetzungen guten Gelingens — sicherste Fundirung des Unternehmens, thunlichste Gleichmässigkeit des Betriebes und Absatzes, Beschäftigung vieler sesshafter Arbeiter — gegeben sind.

In der Abhandlung, der wir die obigen Mittheilungen entnommen haben, wird darauf hingewiesen, dass auch in Deutschland, und zwar in Berlin, ein solcher Versuch bevorstehe, indem Herr Wilhelm Borchert, Besitzer einer Messingwaarenfabrik, sich entschlossen habe, seine Fabrik im Werthe von rund 900,000 Thalern in eine Kommanditgesellschaft auf Aktien zu verwandeln und für's Erste $\frac{3}{5}$ der gesammten Aktien seinen Beamten und Arbeitern zu überlassen, mit der Füglichkeit, die Aktien allmälig einzuzahlen. Mit den übrigen $\frac{2}{5}$ will er selbst betheiligt bleiben. Ist das eine Fünftel in den Besitz der Arbeiter übergegangen, so soll ihnen ein zweites Fünftel auf dieselbe Weise zugänglich gemacht werden. Die Leitung des Ganzen behält

---

*) Dass auch im Kohlenbergbau die Qualität der Leistung durch grössere Aufmerksamkeit der Arbeiter unschwer wesentlich verbessert werden kann, beweist Herr Archibald Briggs durch die Anführung in einem a. a. O. mitabgedruckten Briefe an Dr. Engel, dass die Gewinnung der Kohlen in grossen Stücken das Netto-Ausbringen im Whitwood u. Methley-Kohlenwerke um 1500 und die grössere Sorgfalt im Sortiren um weitere 1500 Pfd. St. erhöhen würde.

sich Herr Borchert bis auf Weiteres vor, jedoch mit der Absicht, seinen späteren Associé's, resp. einem Ausschuss derselben, Gelegenheit zu geben, die Direktion eines grossen Fabrikwesens zu erlernen, um sie später selbst zu üben: Es sollen ausserdem sämmtliche Arbeiter (auch die Nichtaktionäre) mit einer bestimmten Quote an dem Unternehmergewinn betheiligt werden. *)

Dr. Engel erwartet die umfänglichste Anwendung dieses eben so sehr den Anforderungen der Wissenschaft wie dringenden Bedürfnissen des Augenblicks entsprechenden Systems. Auch wir sind der Ueberzeugung, dass man sich in zwanzig oder dreissig Jahren wundern wird, dass erst in unserer Zeit durch den Gedanken der Partnership eine neue und doch so nahe gelegene Antwort auf die doch schon seit Jahrzehnten so vielfach und so eingehend in allen Industriestaaten erörterte Frage gefunden worden ist, wie am besten in grösseren Unternehmungen eine entsprechende Betheiligung der Lohnarbeiter am Unternehmergewinn, eine Weckung des Interesses des Lohnarbeiters für die ganze Unternehmung, zu erreichen sei. **) Wir geben aber gern zu, dass die Partnership nicht in allen, selbst grösseren, Ge-

---

*) In einer vom Ende des Jahres 1867 datirenden Ansprache „an meine Beamten und Arbeiter" legt Herr W. Borchert jun. diesen seinen Plan umständlich dar. Am 1. Januar 1868 sollte die Betheiligung beginnen (und hat sie auch in der That in erfreulichem Umfange begonnen). Das Jahr 1868 soll als Probejahr gelten. Für dieses Jahr bildet der in der Ansprache dargelegte Plan die formelle Grundlage des Unternehmens. Die entsprechende gesellschaftsrechtliche Form soll das letztere erst erhalten, wenn das Probejahr die Richtigkeit der Grundlagen dargethan und das beiderseitige Vertrauen in das Unternehmen befestigt hat. Die Antheile bei der Borchertschen Partnerschaft betragen 50 Thlr., welche gleich im ersten Jahre eingezahlt werden müssen — in 12 Monatsraten —. Der Reingewinn wird unter verschiedenen Formen — als Dividende und Bonus — verschieden vertheilt. Der Unternehmer behält sich als Dirigent ein Fixum von 8000 Thlr. vor. Die im ersten Jahre eintretenden Antheilsinhaber bilden zunächst eine Genossenschaft, welche sich ihren Vorstand, der aus 8 Personen bestehen soll, aus ihrer Mitte wählt. Der Vorstand hat dem Unternehmer gegenüber ungefähr die Stellung wie der Verwaltungsrath einer Kommanditgesellschaft auf Aktien den Komplementaren gegenüber.

**) Auf die Partnership in der That passt, was in einer Zeit, wo diese noch nicht bekannt war, Michel Chevalier (a. a. O. Lettres etc. p. 284) bei Gelegenheit der Kritik des bekannten Associationsplanes von Olinde Rodrigues sagt. Aber geradezu wie prophetisch klingen die eben dort (S. 285) aus den „Études sur l'Angleterre" angeführten Worte Léon Faucher's, wenn man sie dem, was sich jetzt vorbereitet, gegenüberhält. „Ich habe die feste Ueberzeugung" — sagt Léon Faucher — „dass

werksunternehmungen durchführbar, und überall ihre Durchführbarkeit mit einigen Schwierigkeiten verbunden ist. Die Voraussetzungen, welche erfüllt sein müssen, wenn sie gedeihen soll, wurden schon oben angedeutet. Möglichste Garantieen für die fortdauernde Prosperität der fraglichen industriellen Unternehmung muss der Unternehmer seinen Arbeitern bieten können.

Ob, wenn unsere obigen Erwartungen sich vollkommen erfüllen, auch bei solchen Interessenten, die sich des fortwährenden Ausschauens nach Staatshülfe in ihren wirthschaftlichen Angelegenheiten entwöhnt haben, der Wunsch entstehen wird, dass besondere **Staatsbehörden** organisirt werden möchten zur **Besorgung der Abschätzung, zur Regulirug der Ueberführung von Einzelunternehmungen in Arbeitsgesellschaften**, das lassen wir dahingestellt. Dr. Engel hält solche Staatshülfe für unerlässlich und zieht hinsichtlich des Verfahrens, der Stellung und des Wirkungskreises dieser Behörden die Analogie der Ablösungs- und Zusammenlegungs- oder Gemeinheitstheilungs-Behörden andeutungsweise herbei. Wir neigen der Ansicht zu, dass Gewerksunternehmer und Gewerksgehülfen, die so intelligent sind, sich zu der Errichtung von Partnership's zu entschliessen, immer auch so vorsichtig sein werden, das Arrangement Personen (Kommissionen) zu überlassen, von denen vollständige Wahrung der beiderseitigen Interessen erwartet werden kann.

Cap. 11.
Das persönliche Verhältniss des Unternehmers zu den Gehülfen in der Leitung.

Wie bei allen Gewerben, so ist auch bei den Gewerken die **Zentralisation der Leitung** eine Grundbedingung des Fort-

---

der erste Fabrikant, welcher den Muth hat, Diejenigen, welche er beschäftigt, Theil nehmen zu lassen an seinem Jahresgewinn, schliesslich gar kein Opfer bringen wird. Es ist klar, dass dieses Zugeständniss ihm die besten Arbeiter zuführen, dass sie die Arbeit mit grösserer Sorgfalt und Widmung verrichtet werden, und dass die Produktion gewinnen wird in quantitativer und qualitativer Beziehung. Es wird so zwischen Arbeitgebern und Arbeitnehmern eine vollständige Solidarität sich ausbilden. Die Arbeiterkoalitionen werden verschwinden. Denn sie werden gegenstandslos werden. Der Heerd der Manufaktur wird der Heerd der neuen Gemeinschaft werden, und die Nomaden der industriellen Zivilisation werden endlich ein Vaterland, eine Heimath gewinnen."

schrittes. Selbständige Unternehmungen, die so gross werden, dass zwei Augen sie nicht mehr vollständig übersehen können, dass ein einheitlicher Wille sie nicht mehr völlig zu durchdringen und zu beherrschen vermag, werden zu gross; sie schreiten in der Prosperität nicht mehr vorwärts; sie bleiben eine Weile vielleicht auf dem einmal errungenen Standpunkte stehen — dann gehen sie unaufhaltsam rückwärts.

Diese Erfahrung kann man häufig machen bei vererbten grossen Industriefirmen.

Der Gründer war ein industrielles Genie, grossartig angelegt, ausgerüstet mit weitreichendem Scharfblick, mit durchdringender Willenskraft. Er dehnte die Unternehmungen aus von Jahr zu Jahr; seine Kraft wuchs mit; er hinterliess seinem Erben ein grossartiges, gewaltiges Gefüge. Für seine — des Erblassers — Kraft war es nicht zu gross. Der minder begabte und minder erfahrene Erbe ist durch die Erbschaft in ein Prokrustesbett gerathen. Die Aufgabe, die ihm gestellt ist, übersteigt seine Kräfte. Gewaltsam — um im Bilde zu bleiben — werden seine Glieder ausgereckt; aber vergeblich. Bald merkt man hie und da, dass das Auge des Herrn nicht mehr in die Winkel dringt; das Gefüge kommt aus den Fugen, weil kein einheitlicher, kräftiger Wille es mehr zusammenhält, weil der jetzige Chef nicht mehr das Zentrum aller Bewegungen, weil er der Zentralisation nicht mehr gewachsen ist.

Der Grundsatz der Zentralisation überträgt sich auch auf das Verhältniss des Unternehmers zu den Gehülfen in der Leitung.

Auch die Leitungsarbeit muss ja getheilt, aber sie darf nicht zerfahren sein. Einer muss herrschen. Die Monarchie ist die ausschliesslich berechtigte Verfassungsform in gewerklichen Unternehmungen. Der Monarch muss der Unternehmer sein, oder Der, welchen er sich substituirt. Sein Auge, sein Wille müssen Alles durchdringen.

Die Aufgabe ist aber, Alles zu durchdringen, Alles zu beherrschen, und Denen namentlich, welche man sich zu Gehülfen in der Leitung auserkoren, dabei doch zu dem Bewusstsein zu verhelfen, dass sie je in ihrer Sphäre selbständig sind. Denn das Selbständigkeitsgefühl ist der mächtigste Sporn zu treuer und gewissenhafter Arbeit.

Es fragt sich, wie dieser scheinbare Widerspruch: „Autarkie des Unternehmers und Selbständigkeit der Gehülfen in der Leitung" gelöst werden soll.

Er ist nur zu lösen mit voller Menschenkenntniss, voller Geschäftskenntniss, reicher Erfahrung, grosser geistiger Ueberlegenheit, grosser Gewandtheit und grossem Wohlwollen auf Seiten des Unternehmers.

Mit diesen Eigenschaften ausgerüstet wird er herrschen können, ohne dass die Beherrschten die Herrschaft als Druck empfinden.

Es giebt aber auch äussere Formen, welche den Gehülfen jenen Grad von Selbständigkeit gewährleisten, dessen sie sich im Interesse des Unternehmens erfreuen müssen.

Vor Allem ist es wünschens- und empfehlenswerth, dass der Unternehmer mit ihnen und mitten unter ihnen arbeite als wäre er völlig Ihresgleichen.

Er muss mit ihnen im Geschäft auf rein geschäftlichem Fusse, ausserhalb des Geschäftes wie ein Freund mit dem Freunde verkehren.

Bei Tüchtigkeit im Wesentlichen muss er tolerant sein gegen kleine Eigenheiten und Schwächen; aber seine eigenen Eigenheiten und Schwächen mus er so viel als möglich bekämpfen.

Er muss Jeden selbständig machen in der Exekutive; aber die Legislative muss in seiner Hand ruhen.

Er muss auch diese nicht ausüben in schroffer, selbstherrlicher Form. Jeder muss in dem Geschäftszweige, dem er vorsteht, berathende Stimme haben, und Jeder in Angelegenheiten, die das ganze Unternehmen betreffen, mit seiner Stimme gehört werden.

Es empfiehlt sich die vielfach eingeführte Einrichtung, dass an gewissen Tagen in der Woche und bei ausserordentlichen Anlässen noch überdies mit den Gehülfen in der Leitung alle Angelegenheiten der Unternehmung durchgesprochen, und ohne solche vorherige Besprechung jedenfalls gewichtigere Entscheidungen nicht getroffen, wesentliche Neuerungen nicht eingeführt werden. Fällt einmal die Entscheidung des Unternehmers gegen die Stimmen der Gehülfen aus, so muss auch hier eine möglichst wenig verletzende Form gewählt werden.

Den Unternehmergehülfen gegenüber namentlich scheint der Satz unwiderleglich: Ein schriftlicher Vertrag zwischen redlichen Kontrahenten ist überflüssig, zwischen unredlichen hilft er nichts.

Und doch muss man sich unbedingt dafür aussprechen, dass der Unternehmer auch mit jedem seiner Unternehmergehülfen einen schriftlichen Vertrag mit klarer und unzweideutiger Feststellung Dessen, was beide von einander zu fordern haben, errichte. Auch dann, wenn die Kontrahenten schon vor der Vertragschliessung genau wissen, wessen sie sich von einander zu versehen haben. Schon um deswillen, weil an sich harte Anforderungen, wenn sie sich auf den geschriebenen Vertrag stützen, minder hart erscheinen.

Aber in diesem Vertrage andere Konventionalstrafen, als die der Entlassung oder des Austrittes ohne Kündigung, für den Fall irgend welcher Kontraktsverletzung festzustellen — das ist zweifelsohne verkehrt. Denn eine solche Konventionalstrafe — sie mag nun den Unternehmer oder den Gehülfen treffen — stört das Verhältniss zwischen beiden dermaassen, dass es besser ist, es werde sofort gelöst.

Das Verhältniss muss beiderseits leicht lösbar sein. Deshalb empfiehlt sich das Engagement auf Kündigung, und zwar mit kurzen Kündigungsfristen. Bei beiderseitiger dauernder Befriedigung wird eben von der Kündigung kein Gebrauch gemacht. Bei Unzufriedenheit auf der einen oder auf der anderen, oder auf beiden Seiten wäre die gezwungene längere Fortdauer des Verhältnisses für beide Theile doch nur peinlich; für das Unternehmen wäre sie gefährlich.

Für den Fall der Kündigung muss es — gleichviel, ob dieselbe vom Unternehmer, oder vom Gehülfen ausgeht — dem Ersteren stets freigestellt sein, den Letzteren sofort zu entlassen. Bis zum Ablauf der Kündigungsfrist muss dem Gehülfen aber jedenfalls der Fortbezug aller seiner Emolumente gesichert sein.

Der Vertrag muss auch die Fälle feststellen, in denen der Unternehmer den Gehülfen ohne vorgängige Kündigung zu entlassen, dieser seine Stellung ohne vorgängige Kündigung zu quittiren berechtigt ist.

Es muss klar ausgesprochen sein, wie es in solchem Falle mit der Gehaltszahlung zu halten ist.

Bei Tantième-Lohnung mit Minimal-Garantie macht die Entlassung oder Kündigung im Laufe des Geschäftsjahres besondere Schwierigkeiten.*)

Es ist nicht unbillig, im Vertrage festzusetzen, dass, wenn der

---

*) Ganz erhebliche Schwierigkeiten wird die Regelung dieser Verhältnisse machen, wo die Partnership eingeführt ist. So bedenklich es auch sein mag — die Rechte des Aktionärs wird man einem ohne Kündigung, also wegen Vertragsbruches im Laufe des Geschäftsjahres entlassenen Gehülfen, der Partner ist, nicht nehmen können. Ob dem Gehülfen als Partner für den Fall solcher Entlassung aber auch ein Anspruch auf einen Theil des Bonus zu gewähren ist, welcher ihm zugefallen sein würde, wenn er bis zum Jahresschluss Gehülfe gewesen wäre?

Gehülfe im Laufe des Geschäftsjahres ohne Kündigung entlassen wird aus Gründen, welche vertragsmässig die Entlassung rechtfertigen, bei'm reinen Tantième-System ihm nur der Anspruch auf einen Theil des eventuellen Gewinn-Antheiles gewährt, bei'm Tantième-System mit Minimal-Garantie ihm der etwaige Nachschuss vorenthalten wird.

Im ersteren Falle kann natürlich erst am Jahresschlusse entschieden werden, was der inzwischen Entlassene noch zu fordern hat.

Quittirt er den Dienst ohne Kündigung auf dem Grunde des Vertrags, so hat er Anspruch auf die volle Tantième, oder den Tantième-Zuschuss bis zum Tage des Austrittes — ebenso, wie, wenn das Verhältniss auf dem Wege der Kündigung gelöst wird.

Kautionsleistung solchen Gehülfen anzusinnen, welche in ihrem Geschäftszweige durch Unredlichkeit oder Leichtfertigkeit dem Unternehmen besonders leicht erheblichen Schaden zufügen können, ist Vorsichts halber geboten.

Zu hohe Kaution vermindert freilich das Angebot solcher Gehülfenleistungen. Da man in der Regel nicht so hohe Kaution fordern kann, dass damit die zugefügten Schäden unter allen Umständen vollkommen gedeckt werden können, muss die Kautionsleistung überhaupt mehr als ein Warnungsmittel aufgefasst werden.

Die beste Kaution ist jedenfalls das wachsame Auge des Unternehmers, der, auch im Interesse der Angestellten selbst, nie unterlassen sollte, Kasse und Bücher, sowie die ganze verantwortliche Verwaltung seiner Angestellten häufig und gründlich zu revidiren.

Wegen der Form der Kaution (ob Bürgschaft, ob Baar-Kaution oder Werthpapiere?), wegen der Angreifbarkeit derselben, wegen ihrer eventuellen Verzinsung und Rückzahlung oder Freierklärung für den Kündigungs- oder Entlassungsfall müssen im Dienstvertrag bündige Bestimmungen getroffen sein.

Häufig, namentlich bei Gewerksunternehmungen einer gewissen Kategorie, werden vertragsmässige Bestimmungen für zweckmässig gehalten, welche dem Gehülfen verbieten, nach dem Austritt aus dem Geschäft überhaupt, oder innerhalb einer gewissen Frist, in konkurrirende Geschäfte einzutreten, von seiner Kenntniss gewisser Fabrikgeheimnisse Gebrauch zu machen u. s. w.

Diese Bedingungen gehören entweder zu den sogenannten conditiones turpes, werden also im Prozessfalle als nicht gestellt angesehen, oder ihre Befolgung kann nur sehr schwer kontrolirt werden. Gewissenhafte Leute unterwerfen sich solchen Bedingungen nicht; gewissenlose kümmern sich nicht darum. —

Es ist zweckmässig, für den Fall, dass Differenzen über angebliche Nichtbefolgung oder über die Auslegung des Kontraktes entstehen, im Kontrakt selbst ein **schiedsgerichtliches Verfahren** mit möglichst einfachen Formen festzustellen — schon im Interesse der Raschheit der Entscheidung. —

Ob dem Vertrage eine **schriftliche Instruktion** beizufügen ist, oder nicht, ist Frage des einzelnen Falles.

Im Allgemeinen sind Instruktionen nur dann geboten, wenn der Unternehmer nicht zugleich Betriebschef ist, so z. B. bei Unternehmungen, welche von Aktiengesellschaften betrieben, oder für Rechnung eines Privateigenthümers administrirt werden.

Selbst da aber giebt es Fälle, in denen die Instruktion eher schaden, als nützen würde. Ist sie sehr allgemein gehalten, so ist schliesslich das Meiste der Geschäftskunde des Angestellten überlassen; geht sie sehr in's Détail ein, so beengt sie den Angestellten dermaassen, dass er entweder im Interesse des Unternehmens die Instruktion oft überschreiten, oder aber, wenn er sie einhält, oft Dinge vornehmen muss, die er nicht vornehmen würde, wenn er ganz sein eigener Herr wäre.

In Geschäften, die der Unternehmer selbst leitet, wird, anlangend die Instruktionen, zu unterscheiden sein zwischen Leitungsgehülfen, die zur Zeit der Anstellung schon vollkommen sachkundig sind, und solchen, die man zu vollkommener Sachkunde erst heranzuziehen beabsichtigt.

Für die Ersteren wäre eine Instruktion im besten Falle nur eine Zusammenstellung von Vorschriften, die sie schon von sich aus beobachten; die Anderen bedürfen der schriftlichen Instruktion nicht, weil man ihnen die Beobachtung der Vorschriften, die sie enthalten könnte, gewissermaassen anerzieht.

In beiden Fällen würde eine schriftliche Instruktion insofern bedenklich wirken, als sie sich den Angestellten nicht als das Minimal-, sondern als das Maximal-Maass Dessen darstellt, was das Geschäft von ihnen erheischt. Die minder Tüchtigen meinen schon sehr viel geleistet zu haben, wenn sie die Instruktion Punkt für Punkt gewissenhaft erfüllt haben.

11*

Endlich erzieht das Arbeiten nach dem Buchstaben einer Instruktion nicht zur Selbständigkeit; es ertödtet statt lebendig zu machen.

Die beste Instruktion ist die mündliche, die der allezeit und überall gegenwärtige, Alles durchschauende Unternehmer selbst giebt, und die, welche sein Beispiel den Angestellten fortwährend vor Augen hält. —

Ob man den Angestellten eine besondere schriftliche Geschäfts-Ordnung giebt, oder die Einhaltung der Arbeitszeit etc. der Gewohnheit und dem Ehr- und Pflichtgefühle der Gehülfen überlässt — dies dürfte ziemlich gleichgültig sein. Tüchtige Männer wissen selbst, was in dieser Beziehung das Geschäft und ihre Stellung erfordert; Mindertüchtige zwingt man durch andere Mittel besser zur Ordnung, als durch sogenannte Geschäfts- und bezügl. Büreau-Ordnungen. Wer aber überhaupt nicht an Ordnung zu gewöhnen ist, den entferne man lieber, er mag sonst wie immer begabt und gewandt sein. —

In der Exekutive — so ward oben gezeigt — müssen die Leitungsgehülfen möglichst selbständig gestellt sein. Diese Regel leidet selbst da keine Ausnahme, wo es sich um den Verkehr der Leitungsgehülfen mit den Lohnarbeitern handelt.

Es mag für einen erfahrenen und gewandten Geschäftsmann unendlich schwierig sein, ruhig zuzusehen, wie ein, vielleicht sonst sehr tüchtiger, Betriebs-Beamter im Verkehr mit den Lohnarbeitern sich taktlos ungeschickt benimmt. Es kann dem Unternehmer durch solchen Mangel an natürlichem Takte grosser Schaden zugefügt werden.

Und doch wäre hier herrisches, unbedachtes Eingreifen, Rückgängigmachung einer vom Beamten eingeleiteten Maassregel, eine Desavouirung des letzteren vor den Arbeitern, noch viel gefährlicher. Ein vor den Arbeitern desavouirter Beamter ist um seine Autorität gebracht, die er sich kaum wieder erwerben kann. Es ist besser, ihm zu kündigen, als ihn um die Achtung der Arbeiter zu bringen.

Viel richtiger ist es, die falsche Anordnung eines Angestellten, wenn nicht Grosses auf dem Spiele steht, ausführen, eine taktlose Behandlung der Arbeiter einmal hingehen zu lassen, und irgendwie im Stillen nachträglich auszugleichen, den Betreffenden aber in angemessener Form eines Besseren zu belehren, als da, wo er zum Gefühle der Selbständigkeit kommen muss, fortwährend einzugreifen.

Helfen Verständigung und Belehrung nichts — dann möge das Verhältniss so rasch wie möglich gelöst werden.

Ueberhaupt: mit der Erziehung der Leitungsgehülfen, mit der geschäftlichen wie mit der aussergeschäftlichen, kann sich ein Gewerksunternehmer nur ganz ausnahmsweise abgeben.

Er muss ein scharfes Auge auch auf ihr aussergeschäftliches Leben richten. Zeigt sich da ungesittetes, eines gebildeten Mannes unwürdiges Betragen, regelloses, ungeordnetes, vielleicht gar ausschweifendes Treiben, so muss der Unternehmer mit erfahrenem Blick zu unterscheiden wissen, ob diese Erscheinungen Folgen tiefgehender Verderbniss, oder nur Folgen der Unüberlegtheit und des Leichtsinnes sind, ob ihnen durch die erste ernste Erinnerung wirksam entgegengearbeitet werden kann, oder nicht.

Ist dies möglich, so mag ein ernstes und eindringliches Wort nicht gespart werden. Ist es nicht möglich oder nicht wahrscheinlich, so ist schleunige Entlassung Pflicht des Unternehmers, Pflicht gegen sich, gegen seine Unternehmung, namentlich aber gegen seine Arbeiter, denen kein Aergerniss, kein böses Beispiel gegeben werden darf.

Cap. 12.
Die Zahl der Gewerksgehülfen.

Die Zahl der nöthigen Gewerksgehülfen — der Gehülfen in der Leitung, der Aufsichtsarbeiter und der eigentlichen sogenannten Handarbeiter — richtet sich nach der Grösse und nach der Betriebsart der betreffenden Unternehmung, nach der eigenen Leistungsfähigkeit des Unternehmers, nach der Möglichkeit der Erlangung von Arbeitskräften in der betreffenden Gegend, nach der Leistungsfähigkeit der Gehülfen.

Diese Mannigfaltigkeit der zu nehmenden Rücksichten schliesst die Aufstellung spezieller, diesen Punkt betreffender Regeln aus.

Es mögen hier die allgemeinen Regeln genügen:

1) dass alle vorgedachten Umstände bei Berechnung des erforderlichen Personals gewissenhaft in Rücksicht gezogen werden müssen, und
2) dass man sich bei der Verwendung fremder Arbeitskräfte auf das äusserste Maass beschränken muss, keinen Arbeiter mehr, als unbedingt erforderlich, annehmen darf.

Beide Regeln müssen bei jedem rationellen Betrieb auf das Gewissenhafteste befolgt werden. Ihre Befolgung erheischt eine eingehende und gründliche Kalkulation, die kein Gewerksunternehmer ungestraft unterlassen würde.

Ein Gehülfe in der Leitung mehr, als unbedingt erforderlich, erschwert die Zentralisation der Leitung und lähmt die Kräfte Aller.

Ein Aufsichtsbeamter mehr, als unbedingt nöthig, schwächt den Eifer aller Aufsichtsarbeiter, führt zu einer überpeinlichen Beaufsichtigung, zu Quälereien der Arbeiter aus Langerweile.

Ein Lohnarbeiter mehr, als unbedingt erforderlich, macht Tagelohnarbeit noch schlechter, als sie schon von Haus aus ist, und macht bei Accordarbeit alle Arbeiter unwillig, weil sie alle zu wenig verdienen.

Am schwersten würde sich eine zu reichliche Bemessung des Bedarfes an fremden Arbeitskräften bei dem Partnership-System rächen, dessen Erfolge durch solchen Ueberfluss geradezu neutralisirt werden könnten. Freilich ist es ein Vorzug gerade dieses Systemes, dass es in sich selbst Garantieen gegen solche Vergeudung enthält.

Bei allen drei Kategorieen von Arbeitern macht eine 300 mal im Jahre sich wiederholende Zuvielausgabe von Lohn überdies stets eine ansehnliche Summe aus, und ist das finanzielle Ergebniss einer Unternehmung auch an sich schon in dem Maasse ein schlechteres, als darin mit der Anwendung von Arbeitskräften Vergeudung getrieben wird.

Wer einen Leitungsgehülfen zu 2000, einen Aufsichtsbeamten zu 1000 und 5 Lohnarbeiter je zu 800 Fr. Lohn zu viel beschäftigt, giebt 7000 Fr. Lohn im Jahre, oder 23⅓ Fr. an jedem Arbeitstage, zu viel aus, und verdient auch mit den übrigen Löhnen, die er ausgiebt, weniger. —

Zur Ersparung an Arbeitskräften minder kostspielige Maschinen einzuführen, wird Gewerksunternehmern oft als ein Frevel an der Menschheit ausgelegt.

Man muss sich an solche Thorheiten der Menge nicht kehren.

Eine Industrie, die nur betrieben würde, um Menschenhände zu beschäftigen, wäre ein Monstrum.

Die Industrie ist zwar um der Menschen Willen, aber nicht um der Industriearbeiter, sondern um aller ihre Erzeugnisse konsumirender Verbraucher Willen in der Welt.

Ueberdies hat die Erfahrung gezeigt, dass immer, wenn in einem Industriezweige die Maschinenanwendung überhandnahm, in eben diesem und in anderen Industriezweigen auch der Bedarf an Menschenkräften zunahm.*)

Wer eine industrielle Unternehmung beginnt, wird damit auch der Menschheit auf seinem Gebiete um so mehr nützen, je höheren Reinertrag er sich verdient. Und — wenn die Anwendung von Maschinen, die sparsamere Verwendung von Menschenkräften das Mittel, oder eines der Mittel wäre, um höheren Reinertrag zu erwerben — dann wäre Der ein Thor, der, weil die thörichte Menge ihn der Grausamkeit zeiht, sich der Anwendung dieses Mittels enthalten wollte.

---

*) Ein drastisches Beispiel für diese Erfahrung aus der Weissfeinstickerei s. bei A. Emminghaus Schweiz. Volkswirthschaft Bd. I. S. 253. Die Einführung der Heilmann'schen Stickmaschine in St. Gallen und Appenzell erregte allgemeines Entsetzen. Drei Jahre nach der Einführung segnete man den Tag, wo die erste solche Maschine in's Land gekommen. — Was hat den Schlesischen Webern das lange Verharren bei der Handweberei genützt?

Dritter Theil.
Das gewerkliche Kapital.

I. Abschnitt.
Das gewerkliche Kapital im Allgemeinen.

Cap. 13.
Umfang und Inhalt des gewerklichen Kapitals.

Welche Gattungen von Kapitalien sind für jeden Gewerksbetrieb, sei er nun gross oder klein, sei das Erzeugniss, auf dessen Herstellung die gewerkliche Thätigkeit gerichtet ist, welcher Art immer, mehr oder weniger unerlässlich?

Unentbehrlich ist jedem Gewerktreibenden:

1) Ein in seiner Disposition befindlicher **Theil der Erdoberfläche**, entweder nur als **Standort** für die Unternehmung, oder als ein in das Erzeugniss selbst übergehender **Bestandtheil** (z. B. bei allen baulichen Unternehmungen), oder als **Reservoir oder zur Vermittelung der Wirksamkeit von Naturkräften**, z. B. Wasserkräften, welche bei der Gütererzeugung benutzt werden.

Unentbehrlich sind ihm ferner:

2) **Gebäude**, und zwar ebensowohl **Wohn-** als eigentliche **Gewerksgebäude**. Oft dienen die ersteren zugleich als Gewerksgebäude, z. B. bei der Klein- oder der Hausindustrie. Die letzteren aber sind wieder entweder **Werkstätten**, oder **Vorrathshäuser**, oder sogenannte **Betriebs-Anlagen**, wie Maschinenhäuser, Oefen, Trockenhäuser etc.

3) **Rohstoffe und Hülfsstoffe.** Zu dieser Gattung gehören auch die sogenannten **Halbfabrikate**, welche als Rohstoffe für die Erzeugung der Ganzfabrikate betrachtet werden müssen (Garn in der Weberei).

4) **Vorräthe an Lebensmitteln** im weitesten Sinne des Wortes, soweit dieselben zum Ersatz oder zur Erhaltung der Arbeitskraft dienen.
5) **Geräthe und Werkzeuge.** Macht man einen Unterschied zwischen Werkzeugen und Maschinen, so sind die letzteren, als nicht für alle Gewerke unentbehrlich, in dieser Rubrik nicht ausdrücklich mit aufzunehmen. Ohne Geräthe und Werkzeuge — mag man nun unter den letzteren blos die nach Art der menschlichen Gliedmaassen wirkenden und deren Kraft in der gleichen Richtung verstärkenden Arbeitsmittel, oder zugleich die die Naturkräfte fesselnden und in ganz anderer Art, als die menschlichen Gliedmaassen wirkenden, Arbeitsvorrichtungen verstehen — kann aber kein Gewerk betrieben werden.

Unter die Werkzeuge im weiteren Sinne des Wortes gehören auch die bei manchen Gewerken in ihren regelmässigen Leistungen (z. B. zum Treiben von Rädern und Göpelwerken) mitverwendeten **Thiere**, während diejenigen Thiere, welche in manchen Gewerken als Stoffe verwendet werden, unter die Klasse der Roh- oder Hülfsstoffe zu bringen sind.
6) **Das Geld** — überall unentbehrlich, wo der Gewerksbetrieb einmal überhaupt aus den ihm vorhergehenden Stufen der Gütererzeugung sich entwickelt hat. —

Diese allen Gewerken unentbehrlichen Gattungen von Gegenständen haben gewisse Merkmale mit einander gemein.

Sie sind nämlich
1) sämmtlich Erzeugnisse wirthschaftlicher Thätigkeit — auch der Boden so wie er zu wirthschaftlichen Zwecken benutzt wird.

Sie sind
2) theils überhaupt nicht, theils nicht ausschliesslich bestimmt zur unmittelbaren Befriedigung der persönlichen Bedürfnisse des Gewerktreibenden, sondern dienen entweder lediglich, oder doch nebenbei der gewerklichen Thätigkeit als Mittel.

Demnach begreift das gewerkliche Kapital in sich alle Erzeugnisse wirthschaftlicher Thätigkeit, welche und insofern sie zum Zwecke des Gewerksbetriebes als diesem unentbehrlich oder doch förderlich ge- oder verbraucht werden.

Den Kapitalien steht der sogenannte **Konsumtionsfonds** gegenüber, d. i. die **Summe der Erzeugnisse wirthschaftlicher Thätigkeit, welche und insofern sie der Gewerktreibende lediglich für seinen persönlichen Bedarf bestimmt und verwendet.**

Bei einigen Gattungen von Kapitalien ist es nicht schwer, die Kapitaleigenschaft nach den eben angegebenen Merkmalen zu erkennen. Einige Theile des Konsumtionsfonds andererseits dokumentiren sich sofort als solche.

Das Schlachthaus eines Metzgers, der Backofen des Bäckers, Hobelbank, Hobel, Säge u. s. w. des Schreiners, Hammer, Ambos, Holzkohlen- und Eisen-Vorrath des Schmiedes, die Turbine oder Dampfmaschine, die Spinnsääle mit allem Inventar, die Baumwollenvorräthe, die Kohlenvorräthe einer Spinnerei, die Kalk-, Stein-, Backstein-, Holz- und Eisenvorräthe, sowie das zum Häuserbau bestimmte Areal eines Bauunternehmers — alles Das ist unzweifelhaft Kapital und wird auf den ersten Blick als solches erkannt.

Jedermann, der unsere Unterscheidung zwischen Kapital und Konsumtionsfond billigt, wird zugeben, dass das Festtagskleid eines Kleingewerksmannes, dass der Lustgarten eines Grossindustriellen, dass seine Prachtsalons, seine Gemälde, seine belletristische Bibliothek Theile des Konsumtionsfonds sind.

Schwierig aber ist es, bei denjenigen Gegenständen, welche **zugleich als Kapital und als Konsumtionsfond dienen**, zu bestimmen, bis wie weit sie der einen, von wo an sie der anderen Klasse zuzurechnen sind.

Man nehme einen kleinen Handwerker. Sein Wohnzimmer ist seine Werkstatt; seine Kleider sind zugleich Festkleid und Werkelkleid; das Mobiliar seines Zimmers dient ihm zugleich zur Arbeit und zur Ruhe, und auch die Ruhe steht mit im Dienste der Arbeit; seine Nahrung soll ihm Genuss bereiten und zugleich Kräfte ersetzen, die seine Arbeit consumirt. Wie weit ist die Wohnung, die Kleidung, das Hausmobiliar, sind die Nahrungsvorräthe des kleinen Meisters Theile seines Gewerks-Kapitals? Wie weit sind sie Theile seines Konsumtionsfonds?

Will der Meister ein rechter Gewerksmann sein, so muss er sich Rechenschaft geben können über den Reinertrag seiner Unternehmung.

Rechnet er von dem Preise seiner Erzeugnisse die ganze Wohnungsmiethe, den ganzen Zins des Preises und den Abnutz von seiner Kleidung und seinem Hausmobilar, die ganze verbrauchte Nahrung ab, so wird, wenn im Uebrigen die Rechnung richtig ist, in den Büchern ein im Verhältniss zur Wirklichkeit zu kleiner Rest als Reinertrag übrig bleiben. Rechnet er zu wenig Wohnungsmiethe, zu wenig Zins und Abnutz für Kleider und Hausmobiliar, einen zu kleinen Betrag für Nahrungsmittel ab, so betrügt er sich selbst; der Reinertrag seiner Unternehmung ist in den Büchern grösser, als in der Wirklichkeit.

Man nehme einen Grossindustriellen, z. B. den Unternehmer mehrerer grossen Tuchwebereien, die je in einiger Entfernung von einander liegen. Auf der einen Fabrik hat der Mann ein palastähnliches Wohngebäude, umgeben von schönen Lustgärten, auf den anderen Fabriken comfortable Absteigequartiere; eine kostbare Equipage führt ihn, der persönlich überall nachsieht, inspizirt, anordnet, mehrmals wöchentlich nach allen seinen Fabriken; sein Beruf ist schwierig und anstrengend; seine Kräfte zu erhalten und zu ergänzen braucht er kräftige Nahrung; aber er liebt zugleich, in Mussestunden zahlreiche Freunde bei sich zu bewirthen; er muss sich, um auf der Höhe der Zeit zu bleiben, fachlich fortbilden; ein Kabinet voll wissenschaftlicher Apparate, eine grosse Fachbibliothek steht ihm zu Gebote. Aber dicht neben Dingler's polytechnischem Journale steht Macaulay's Englische Geschichte, steht Humboldt's Kosmos, steht der Göthe, Shakespeare u. s. w.; im einen Zimmer hängen grosse Maschinenzeichnungen; im Zimmer daneben hängen und stehen Meisterwerke der bildenden Kunst. Wie viel von allen diesen Dingen ist Kapital und wie viel Konsumtionsfond?

Gewiss — diese Frage ist nicht müssig.

Es liegt auf der Hand, dass als Konsumtionsfond füglich nur ge- oder verbraucht werden kann, was Reinertrag früherer oder der laufenden Geschäftsperiode ist. Und es liegt weiter auf der Hand, dass ein Theil von allen jenen Dingen, nur etwa mit Ausnahme des Lustgartens und der Gemäldegallerie, dass also das kostbar ausgestattete Wohngebäude, dass die Absteigequartiere, dass die Equipage, dass die Kleidungs- und Wohnungsaufwände je zum Theil lediglich im Interesse der gewerklichen Unternehmung, lediglich im Interesse des Reinertrags aufgewendet werden mussten.

Aus dem Jahresabschluss muss bis auf Heller und Pfennig zu ersehen sein, was von allen jenen Aufwänden als Kapitalaufwand und was als verbrauchter Reinertrag, als verbrauchter Konsumtionsfond zu betrachten ist.

Wer alle jene Aufwände ganz auf Privatkonto buchen wollte, würde sich, weil von dem Bruttogewinn nicht alle abzuziehenden Kosten abgezogen würden, einen höheren, wer sie alle als Geschäftsunkosten buchen wollte, einen niedrigeren Reinertrag herausrechnen, als der Wirklichkeit entspricht.

So kann die Unklarheit über die Unterschiede zwischen Kapital und Konsumtionsfond zum Bankerott, oder vielleicht zu dem Entschlusse führen, die Unternehmung, und zwar zu einem zu niedrigen Preise, zu veräussern. — Beides Folgen, die doch kein Unternehmer jemals ernstlich wollen kann.

Die Regeln für die praktische, rechnerische Verwirklichung jenes Unterschiedes muss der Darstellung der gewerklichen Buchführungslehre vorbehalten bleiben.

An dieser Stelle genügt es, auf die Nothwendigkeit einer Unterscheidung zwischen Kapital und Konsumtionsfond hingewiesen und die wesentlichen Merkmale jenes wie dieses festgestellt zu haben.

Das Wesen der gewerklichen Kapitalien besteht darin, dass es Erzeugnisse sind, welche für den Gewerksbetrieb unentbehrlich, oder doch, ihn zu fördern, ihm unmittelbar oder mittelbar zu dienen bestimmt sind.

Das Wesen des Konsumtionsfonds besteht darin, dass er Gegenstände umfasst, die und insofern sie zu rein persönlichen, nicht gewerklichen, Zwecken des Gewerktreibenden bestimmt sind, ge- oder verbraucht werden.

Cap. 14.

Stehendes und umlaufendes gewerkliches Kapital.

Unter den im vorigen Capitel aufgezählten Kapitalgattungen werden die einen offenbar in ganz anderer Weise bei'm Gewerksbetriebe in Anspruch genommen wie andere, und selbst innerhalb einzelner Gattungen werden einzelne Kapitalien in anderer Weise zum Zweck des Gewerksbetriebes angewendet, als andere.

Der Bauunternehmer kauft Baugrund und Baumaterialien, baut

Häuser und verkauft sie. Für ihn sind Baugrund- und Baumaterialien-Preise Ausgaben, die von dem Verkaufserlös für die Häuser zum Zwecke der Reinertragsberechnung abgezogen werden müssen; für ihn sind Baugrund und Baumaterialien verschwunden, sobald die Häuser verkauft sind; für ihn sind sie **umlaufende Kapitalien**. Er brauchte auch während der Bauzeit Nahrungsvorräthe; auch sie wurden verausgabt, verschwanden für ihn im Dienste seines Unternehmens; sofern sie Gewerksmittel, Kapitalien, waren, mussten sie neben den Preisen des Baugrundes und der Baumaterialien von dem Kaufpreise der fertigen Häuser abgezogen werden, wenn anders der Unternehmer eine Berechnung des Reinertrages seiner Unternehmung anstellen wollte.

Die Kaufpreise für den Baugrund und die Baumaterialien wurden ihm vielleicht kreditirt bis zur Fertigstellung der Häuser; er brauchte vielleicht hierzu während der Bauzeit kein baares Geld. Aber die bei'm Bau beschäftigten Lohnarbeiter und Aufseher können auf ihren Lohn nicht warten; sie müssen vielleicht allwöchentlich ausbezahlt werden. Dazu gehört jedenfalls baares Geld. Der Unternehmer muss solches haben und ausgeben; es verschwindet für ihn, indem es ausgegeben wird; es gehört für ihn ebenfalls zu den **umlaufenden Kapitalien**.

Aber der Unternehmer braucht auch eine Wohnung, vielleicht mit besonderem Büreau und Zeichen- auch Modellir-Saal; er braucht allerlei Hausgeräth, er braucht Kleider, die er bei der Revision der Bauten stark abnutzt; er braucht einen Lagerplatz für Baumaterialien, einen Zimmerhof, er braucht Baugerüste, Werkzeuge und Geräthe aller Art zum Bauen.

Alle diese Dinge werden durch den Gewerksbetrieb mehr oder minder abgenutzt, aber sie werden nicht ausgegeben; sie verschwinden nicht zum Zweck des Häuserbauens; sie überdauern die Dauer mancher Neubau-Unternehmung.

Will der Unternehmer berechnen, was er im Jahre verdient hat, so darf er nicht den ganzen Preis dieser Dinge von denjenigen Preisen abziehen, die er für seine fertig gewordenen Häuser erzielt hat, sondern er darf nur die Zinsen des Ankaufspreises und eine entsprechende Entschädigung für den Abnutz dieser Gegenstände in Abzug bringen. Diese Gegenstände sind **stehende Kapitalien**.

Von den im vorigen Capitel aufgezählten Kapitalgattungen besteht die zweite (Wohn- und Gewerksgebäude) und die fünfte (Geräthe und Werkzeuge) unter allen Umständen aus stehenden Gewerkskapitalien; die dritte (Roh- und Hülfsstoffe) und die sechste (Geld) unter allen Umständen aus umlaufenden, dagegen können die Gegenstände der ersten Klasse (Theile der Erdoberfläche) theils stehendes, theils umlaufendes Kapital für den betreffenden Gewerktreibenden sein, und unter den Gegenständen der vierten Klasse (Lebensmittel im weitesten Sinne des Wortes) sind die Bekleidungsmittel jedenfalls stehendes, die Nahrungsmittel dagegen jedenfalls umlaufendes Kapital.

Der Unterschied zwischen stehendem und umlaufendem Kapitale läuft in der Privatwirthschaft auf das Nämliche hinaus wie in dem Wirthschaftsleben der Menschheit überhaupt. Die Gegenstände des stehenden Kapitals werden gebraucht, die des umlaufenden werden verbraucht zum Zwecke der Gütererzeugung.

Das Verbrauchen hat nur in der Privatwirthschaft einen anderen Sinn, als in der allgemeinen Wirthschaft. Hier heisst „Verbrauchen" so viel, als „absichtlich zum Zwecke der Gütererzeugung chemisch oder mechanisch verändern"; dort dagegen heisst „Verbrauchen" theils „absichtlich chemisch oder mechanisch verändern", theils „ausgeben zum Zwecke der Gütererzeugung."

Diese Verschiedenheit in der Auffassung tritt am klarsten zu Tage bei dem Gelde. Das Geld ist stehendes Kapital im Sinne der allgemeinen Wirthschaft; es ist aber umlaufendes Kapital im Sinne der Privatwirthschaft, vom Standpunkte des Unternehmers aus betrachtet. Der Gewerksmann verändert das Geld nicht chemisch oder mechanisch, indem er es zu Zwecken des Gewerksbetriebes, z. B. als Lohn, ausgiebt; aber der Effekt ist für ihn der nämliche wie der des Verbrennens der Kohlen, des Zerstampfens und Auskochens der Zuckerrüben, des Verspinnens von roher Baumwolle oder Wolle, oder des Verwebens von Baumwollen- oder Wollen-Garn. Das Geld verschwindet für ihn als solches ebenso wie die Kohlen, die Rüben, die rohe Baumwolle oder Wolle und das Garn.

In der allgemeinen Wirthschaft dagegen und für diese verschwinden zwar Rohstoffe und Hülfsstoffe auch stets, wenn der Einzelne sie verbraucht, d. h. absichtlich umwandelt zu Zwecken der Gütererzeugung. Das Geld aber, welches der Einzelne ausgiebt, verschwindet nicht; es findet sich in, absichtlich nicht veränderter, Beschaffenheit bei Anderen wieder; es ist hier eben stehendes, dort umlaufendes Kapital. —

Bisweilen gehen Gegenstände des stehenden Kapitals in das umlaufende über, und umgekehrt: Bestandtheile des umlaufenden Kapitals treten in den Bereich des stehenden ein.

Ein Bauunternehmer, der auf seinem bisherigen Zimmerplatz ein Haus auf Verkauf baut, verwandelt einen Theil seines stehenden Kapitals in umlaufendes; wenn er sich von seinen Baumaterialien eine Bauschreiner-Werkstätte baut, verwandelt er umlaufendes in stehendes Kapital. Umwandlungen der letzteren Art gehen immer vor sich, wo die Unternehmer sich die Werkzeuge, Geräthe, Maschinen für ihr Geschäft aus eigenen Materialien selbst erzeugen.

Alles stehende Kapital, sobald es durch häufigen Gebrauch abgenutzt ist, pflegt es noch als umlaufendes Kapital zu dienen, und zwar entweder als Roh- oder Hülfsstoff, oder, wie das Geld, ebenso zum Ausgeben zu Zwecken des Tausches. Altes Holzgeräth wird verbrannt; Maschinen werden eingeschmolzen; Häuser auf Abbruch, Eisenwerk als „altes Eisen" verkauft.

Zu welchem Zwecke muss in der Allgemeinen Gewerkslehre der Unterschied zwischen stehendem und umlaufendem Kapitale gemacht werden?

Diese Frage wird durch ein aus dem Leben gegriffenes Beispiel am besten zu beantworten sein.

Gesetzt, es will Jemand eine Rübenzucker-Fabrik gründen. Er kann über 375,000 Fr. (eigenes Vermögen und Kredit) verfügen. Am 1. Januar ist der Plan gemacht; am 1. Oktober desselben Jahres soll die erste Kampagne beginnen. Die sämmtlichen Gebäude, Maschinen und Geräthe sind veranschlagt zu 281,250 Fr.; der Bedarf an Rüben, an Kohlen, sowie an anderen nöthigen Hülfsstoffen, wie z. B. Knochenkohle, ferner der Bedarf an Arbeitslöhnen, zu 187,500 Fr. für die Kampagne. Es werden also in den ersten $\frac{3}{4}$ Jahren 469,750 Fr. gebraucht. Reicht der Unternehmer mit dem ihm zur Verfügung stehenden baaren Geldkapital?

Wenn alle jene Ausgaben für umlaufende Kapitalien gemacht werden müssten, so würde er offenbar nicht reichen; denn dann müsste der Rohertrag des Unternehmens hinreichen, jene Ausgaben ganz zu decken. An Rohertrag sind aber bis zum Schluss der ersten

Kampagne nur 225,000 Fr. zu erwarten; 225,000 Fr. sind noch nicht die Hälfte der ganzen aufgewandten 468,750 Fr.

Aber weil ein grosser, der viel grössere Theil dieser Ausgaben verwandt wurde auf die Beschaffung von stehenden Kapitalien, und dieser Theil nicht verbraucht wird, also nicht völlig ersetzt zu werden braucht, so reicht die ursprüngliche Summe von 375,000 Fr. hin.

Von Neujahr bis Neujahr sind nämlich auszugeben:

   1) für stehendes Kapital . . . . 281,250 Fr.
   2) für umlaufendes Kapital . . . 93,750 .
      Summa . . . 375,000 Fr.

Es müssen aber von Oktober bis Neujahr eingehen für verkauften Zucker und verkaufte Pressrückstände . . . . 112,500 Fr.;
von Neujahr bis Ende April müssen wiederum ausgegeben werden für umlaufende Kapitalien . . . 93,750 Fr.,
und in dieser Zeit müssen wiederum eingehen für verkaufte Waaren . . . . 112,500 Fr.

Es sind also vom 1. Januar des ersten bis Ende April des zweiten Jahres, also für $\tfrac{4}{3}$ Jahre:

   auszugeben für stehendes Kapital . . 281,250 Fr,
   für umlaufendes Kapital . . 187,500 .
     Summa . . 468,750 Fr.

und einzunehmen für verkauften Zucker und Pressrückstände . . . . 225,000 Fr.

Mit diesen Einnahmen sind die Auslagen für das umlaufende Kapital zu decken und es werden ausserdem noch 37,500 Fr. übrig bleiben. Damit können 281,250 Fr. für stehendes Kapital verzinst, und kann das letztere in seinem Bestande erhalten werden. Rechnet man hierauf (Zins und Abnutz) für die ersten $\tfrac{4}{3}$ Jahre Alles in Allem 8 pCt. = 22,500, so werden von dem Robertrage immer noch 15,000 Fr. (Reinertrag) übrig bleiben.

Nur bei völliger Klarheit über die Unterschiede zwischen stehendem und umlaufendem Kapitale vermag der Unternehmer zu ermessen, ob er mit dem ihm zur Verfügung stehenden Geldkapitale das Unternehmen in dem gewünschten Umfange werde beginnen und zuversichtlich werde in Schwung bringen können.

Wäre er der irrigen Ansicht, dass auch die für gewisse stehende Kapitalien verausgabten Summen, also z. B. die Kosten gewisser, mehrere Jahre dauernder, Maschinen und Geräthe, ihm am Ende der

Kampagne ganz ersetzt werden müssten, so würde er Bedenken tragen, das vortheilhafte Unternehmen zu beginnen.

Und andererseits: wähnte er, sein Rohertrag der ersten Kampagne brauche nicht die ganzen für umlaufendes Kapital und für die Verzinsung des stehenden nöthigen Summen zu ersetzen, so würde er leicht seine Einrichtung und seinen Betrieb zu verschwenderisch anlegen, z. B. bei den Gebäuden nicht auf äusserste Raumersparniss, bei Feuerungsanlagen nicht auf möglichst geringen Kohlenverbrauch Rücksicht nehmen, würde er vielleicht versäumen, sich rechtzeitig einen sicheren Absatzmarkt für seine Erzeugnisse und die Fabrikabfälle auszusuchen. —

Nennt man das umlaufende Kapital U, das stehende St, den Zins pro 100 von St = x, den Reinertrag N und den Rohertrag Br, und will man sich durch eine Formel den nothwendigen Inhalt des Rohertrages vergegenwärtigen, so findet man:

$$Br = U + \frac{St}{100} \cdot x + N, \text{ oder}$$

$$N = Br - \left(U + \frac{St}{100} \cdot x\right)$$

Ist U = 100, St = 1000, x = 5, N = 50, so ist

$$Br = 100 + \frac{1000}{100} \cdot 5 + 50 = 200.$$

$$N = 200 - \left(100 + \frac{1000}{100} \cdot 5\right) = 50.$$

Cap. 15.

Ermittelung des Bedarfes an eigenem Kapital*) in den Gewerken.

Es ist einleuchtend, dass jeder rationell, d. h. mit berechneter Planmässigkeit und vollem Bewusstsein von dem Zwecke jeder seiner Handlungen, wirthschaftende Gewerksmann nicht nur bei'm ersten Beginne einer gewerklichen Unternehmung, sondern auch während die letztere im Gange ist, von Zeit zu Zeit, einen Voranschlag zu machen wissen und auch machen muss über die Kapitalmenge, welche das Unternehmen erfordert, und über welche er in gewissen Geschäftsperioden,

---

*) Unter „eigenem Kapital" ist hier dasjenige zu verstehen, worüber der Unternehmer während einer Unternehmung bei völliger, oder doch theilweiser Postnumerando-Zahlung des Preises, welchen er für seine Erzeugnisse zu empfangen hat, verfügen kann.

ohne Rücksicht auf die eingehenden Zahlungen für fertige Erzeugnisse, verfügen können muss.

Der Zweck des Gewerksbetriebes beruht ja im Reingewinn. Reinertrag erzielt man aber nur durch Kapital- und Arbeitsaufwand. Der Reinertrag richtet sich nach diesen Aufwänden überhaupt und nach ihrem Verhältniss zu einander.

Will man einen Reinertrag von gewisser Höhe erreichen, so muss man im Voraus den erforderlichen Kapitalaufwand genau festzustellen wissen. Wendete man mehr Kapital auf, so würde man dadurch vielleicht doch keinen grösseren, wenn weniger, so vielleicht einen geringeren Reinertrag erzielen, als auf den man es abgesehn.

Um nun den Bedarf an eigenem Kapital für eine bestimmte Unternehmung zu ermitteln, muss der Gewerktreibende:
1) eine genaue Kenntniss von dem Wesen und den Zwecken des Kapitals haben;
2) über die Grundsätze, nach denen und die Formen, in welchen das Unternehmen betrieben werden soll, vollkommen klar sein, auch die gesammten technischen Erfordernisse des Geschäftes auf's Genaueste kennen;
3) über alle in Betracht kommenden örtlichen, also namentlich die Verkehrs- und Rechtsverhältnisse, sowie über die Lage des Arbeitsmarktes, genau unterrichtet sein.
4) seiner Ermittelung einen bestimmten, passenden Zeitabschnitt zu Grunde legen.

Anlangend diese letzte Anforderung, so wird in den meisten, nicht aber in allen Fällen, das Kalenderjahr wenigstens dann der passendste Zeitabschnitt für die Berechnung sein, wenn die letztere überhaupt für längere Termine angestellt werden soll. Unter dieser Voraussetzung ist das Kalenderjahr der passendste Zeitabschnitt in allen denjenigen Gewerken, bei denen der Betrieb ununterbrochen gleichmässig fortgeht. Wo aber, wie z. B. bei der Rübenzuckerbereitung, unter Umständen bei der Bier- und Sprit-Fabrikation, in manchen Gegenden bei der Ziegelbrennerei, nur in gewissen Jahreszeiten mit vollem Betriebe gearbeitet wird, rechnet man besser z. B. von „Kampagne" zu „Kampagne".

Bei einem neu zu eröffnenden Betriebe ist als Erforderniss für das erste Rechnungsjahr zu betrachten: der ganze Bedarf für Anschaffung und ein Theil des Jahreszinses und des Abnutzes des stehenden Kapitals; von dem Bedarf an umlaufendem Kapital aber derjenige Theil, den man nicht schon im Rechnungsjahre selbst durch den Verkauf der Erzeugnisse ersetzt zu erhalten hoffen darf.

Ein Bauunternehmer z. B., der mit Beginn des Jahres 1869 in einer grösseren Stadt sein Geschäft eröffnen wollte, nachdem im Laufe des Jahres 1868 zehn Häuser à 37,500 Fr. bei ihm bestellt worden wären, hätte das Kapital, welches er zur Verfügung haben müsste, wenn, sofern die Bauten bis zur Mitte des Jahres bis zu einem gewissen Grade gefördert sind, 25 pCt., dann am 31. Dezember 1869 abermals 25 pCt., dann am 1. April 1870 abermals 25 pCt. auf Abschlag, und endlich bei der Ablieferung der Häuser, am 1. Juli 1870, der Rest des Verkaufspreises mit 25 pCt. vertragsmässig zu zahlen wären, folgendermaassen zu berechnen:

1) Für den Ankauf eines Zimmerplatzes, eines Baumaterial-Lagerplatzes und eines Wohnhauses für den Unternehmer . . . . . Fr. 37,500
2) Zins von diesem Kapital und Erhaltungskosten des eigenen Hauses, zusammen 6 pCt. = . . „ 2,250
3) Für Anschaffung von Geräthen und Werkzeugen, Alles in Allem . . . . „ 11,250
4) Abnutz von No. 3, durchschnittl. 20 pCt. p. a. „ 2,250
5) Baugrund für 10 Häuser à 3750 . . . . „ 37,500
6) Verzinsung für No. 5 à 4 pCt. p. a. . . „ 1,500
7) Baumaterialien für 10 Häuser à 11,250 Fr. für das erste Jahr . . . . „ 112,500
8) Arbeitslöhne für 10 Häuser à 5625 Fr. für das erste Jahr . . . . „ 56,250
9) Zinsen für verausgabte Baumaterialien und Arbeitslöhne, durchschnittl. 3 pCt. p. a. . „ 5,062.5
10) Unterhalt für den Unternehmer und einen Werkführer à 1875 Fr. . . . . „ 3,750

Summa Fr. 269,812.5

Es ist, wie aus Obigem hervorgeht, angenommen, dass die bestellten 10 Häuser im ersten Jahre nicht fertig werden, der Unternehmer aber in diesem Jahre unter gewissen Bedingungen in zwei Raten 50 pCt. des gesammten Verkaufspreises auf Abschlag erhält. Da er so im Laufe des ersten Jahres auf eine Zahlung von zusammen 187,500 Fr. rechnen darf, braucht er von vornherein nur 269,812.5 — 187,500 Fr. = 82,312.5 Fr. eigenes Kapital zur Verfügung zu haben*)

Gesetzt nun, der Bau dauert, wie kontraktlich zulässig, noch bis 1. Juli 1870, so wird für dieses weitere Semester die Rechnung wesentlich einfacher.

In diesem Semester ist abermals auf zwei Kaufpreis-Raten, zusammen im Betrage von Fr. 187,500 zu rechnen.

Erforderlich sind aber nur folgende Aufwände:

1) 50 pCt. von der Post sub 2. oben	=	Fr.	1,125
2) 50 pCt. „ „ „ „ 4. „	=	„	1,125
3) 50 pCt. „ „ „ „ 6. „	=	„	750
4) 50 pCt. „ „ „ „ 7. „	=	„	56,250
5) 50 pCt. „ „ „ „ 8. „	=	„	28,125
6) 25 pCt. „ „ „ „ 9. „	=	„	12,656.25
7) 50 pCt. „ „ „ „ 10. „	=	„	1,875
		Summa Fr.	101,906.25

Es wären also verausgabt zur Herstellung von 10 Häusern in 1½ Jahren . . . . Fr. 321,968.75

Für das eigene Haus des Unternehmens, den Zimmer- und Lagerplatz, sowie für Werkzeuge und Geräthe waren ausgegeben an Anschaffungskosten . . . . „ 48,750.00

Die Gesammt-Ausgaben betragen also . . . . . Fr. 370,718.75

Als Kaufpreis für 10 Häuser wurden eingenommen: „ 375,000

Es blieben also dem Unternehmer . . . . . „ 4,281.25

und ausserdem ein eigenes Haus, Zimmer- und Lagerplatz, Werkzeuge und Geräthe zum Preise von . . „ 48,750.00

Zusammen Fr. 53,031.25

Nachdem das Geschäft abgewickelt, ergäbe es sich, dass er sein Kapital durch seine Geschicklichkeit verwerthet hätte in dem Ver-

---

*) Es braucht nur angedeutet zu werden, dass wir weit entfernt sind, die Begriffe „Kapital" und „Geld" zu verwechseln. Aber überall, wo es auf Kapitalbedarfs-Berechnungen in der Privatwirthschaft ankommt, ist es unerlässlich, die verschiedenen Kapitalgattungen auf einen gleichen Nenner zu bringen, und als solchen Nenner wählt man selbstverständlich am besten das allgemeine Preisausgleichungsmittel Geld, dessen Besitz dem Unternehmer die Beschaffung aller Kapitalien ermöglicht.

hältniss von $^5\frac{1}{3}\frac{0}{9}\frac{2}{3}\frac{1}{4}\frac{2}{3}$, oder dass er damit ungefähr 14 pCt. verdient hätte.

Den nothwendigen Bedarf an eigenem Kapital für die ganze Unternehmung im Betrage von etwa 82—83,000 Fr. vermochte der Unternehmer nur unter Zugrundelegung der kontraktlichen Bauzeit, bei genauer Kenntniss des Geschäfts, der örtlichen Preisverhältnisse und — einer völligen Klarheit über das Wesen des Kapitals zu berechnen. —

Nach den nämlichen Grundsätzen, welche bei dem Beispiel einer Bauunternehmung angewandt wurden, erfolgt die Ermittelung des Kapitalbedarfes für alle anderen gewerklichen Unternehmungen.

Aber es ist selbstverständlich, dass ebenso Bauunternehmer wie alle anderen Gewerksunternehmer bei einer Vorausberechnung des Kapitalbedarfs wohl zu berücksichtigen haben, ob feste Bestellungen für eine ganze Geschäftsperiode vorliegen, oder ob auf Vorrath resp. Lager gearbeitet werden muss. In beiden Fällen kann es sich nöthig machen, dass mitten im Jahre der Betrieb wegen neuer Bestellungen oder stark wachsender Nachfrage vielleicht verdoppelt, oder wegen stark steigender Preise der Roh- und Hülfsstoffe, stark in die Höhe gehender Arbeitslöhne, wegen Fallitwerdens der Besteller und anderer Zufälligkeiten, stark eingeschränkt werde.

Zweckmässig wird daher ausser dem Jahresvoranschlag des Kapitalbedarfs noch für jede besondere Unternehmung eine Kapitalbedarfsberechnung anzustellen und für diese letztere der Zeitraum zu Grunde zu legen sein, innerhalb dessen sie sich voraussichtlich abwickelt, innerhalb dessen eine Bestellung ausgeführt, ein Vorrath, den man komplettiren will, komplett gemacht und an den Markt gebracht werden kann.

Cap. 16.

Die Erwerbung des Kapitals in den Gewerken.

Das gewerkliche Kapital wird entweder auf dem Wege der Selbsterzeugung, oder auf dem Wege des Handels erworben.

Ersteres ist nur thunlich bei gewissen Kapitalgattungen, insbesondere bei Gebäuden, Roh- und Hülfsstoffen, Werkzeugen und Geräthen. Die Selbsterzeugung kann eine technische oder wirthschaftliche Nothwendigkeit sein; sie kann sich finanziell zweckmässig erweisen; sie kann endlich auf irrationeller Gewohnheit beruhen. In dem II. (speziellen) Abschnitt dieses Theiles werden die Gesichtspunkte festgestellt werden, welche für die Entscheidung der Frage, ob Selbsterzeugung, oder nicht, maassgebend sein müssen. (Vergl. Cap. 19. sub II., 20. sub II. u. 21. sub II. unten).

Die Erwerbung der gewerklichen Kapitalien durch den Handel ist entweder **Ankauf** oder **Ermiethung**.

Beim Ankauf bezieht der Unternehmer **den** Theil des Ertrages der Unternehmung, welcher mit Hülfe des erkauften Kapitales erzielt ist und bezüglich auf dasselbe entfällt — die Kapitalrente — für sich; im Falle der Ermiethung muss entweder ein Theil dieser Rente, oder die ganze Rente, oder mehr, als ihr Betrag, an den Vermiether abgegeben werden.

Die üblichste Form der Erwerbung der meisten gewerklichen Kapitalien (auch des Geldes) ist die auf dem Wege des Kaufhandels. Geld erwirbt man sich auf diesem Wege, wie später noch besonders ausgeführt werden soll, durch Verkauf der Erzeugnisse; man verkauft die Erzeugnisse **um Geld**, oder **man kauft sich Geld mit Erzeugnissen** der eigenen Unternehmung.

Der Kaufhandel bleibt natürlich Kaufhandel, auch wenn der Preis kreditirt, gestundet, wird.

Der angemessene Kaufpreis der gewerklichen Kapitalien lässt sich auf verschiedene Weise berechnen:

1) Man betrachtet den Gegenstand als **Gewerbsmittel**, ermittelt den Ertrag, welchen man mit Hülfe desselben im Durchschnitt sicher erzielen kann, und kapitalisirt diesen Ertrag unter Zugrundelegung angemessener Verzinsung.*)

Darf man einen Ertrag von 100 mit Sicherheit von dem betreffenden Kapital erwarten, erwarten also, dass der Ertrag des Unternehmens sicher durch die Anwendung des betreffenden Kapitales um 100 werde gesteigert werden, so betrachtet man diesen Ertrag als, z. B. 5prozentigen, Zins und stellt so den Kaufpreis auf

$$\frac{100}{5} \cdot 100 = 2000$$

fest.

---

*) Was den bei der Kapitalisirung anzuwendenden Zinsfuss anbelangt, so entspricht derselbe, wo es sich um unvergängliche Kapitalien handelt — z. B. um Grund und Boden — dem durchschnittlichen Zinsfuss für sichere Gelddarlehen; bei vergänglichen Kapitalien dagegen ist die voraussichtliche Dauer der Brauchbarkeit mit in Betracht zu ziehen. Der Kaufpreis muss ja während der Tauglichkeitsdauer durch den Reinertrag amortisirt werden.

Diese Art der Berechnung ist nur in seltenen Fällen möglich, da nur selten die Quote des Ertrages, welche auf einen einzelnen Kapitaltheil entfällt, ermittelt werden kann. Am ehesten geht dies noch bei denjenigen Kapitaltheilen, bei deren Anwendung zum Zwecke der Gütererzeugung die verhältnissmässig geringste Arbeit nöthig, wo also die Rente zum weitaus grössten Theile als Kapitalrente zu betrachten ist, z. B. bei Grundstücken, Gebäuden, Maschinen, Nutzthieren.

Die meisten Theile des umlaufenden Kapitales lassen eine solche Berechnung nicht zu, und auch bei Gebäuden und Geräthen empfiehlt sie sich nur ausnahmsweise.

2) Man berechnet die Erzeugegebühren, oder Herstellungskosten, und berücksichtigt, bei nicht neuen Gegenständen, den Abnutz, welchen die letzteren bis zum Moment des Kaufes erlitten haben.

Wären die Herstellungskosten eines Kapitaltheiles 100, der Abnutz auf 6 zu veranschlagen, so wäre 96 der Kaufpreis, bis zu welchem man als Begehrer gehen dürfte.

Bei Ermittelung der Herstellungskosten müssen aber selbstverständlich diejenigen Sätze zu Grunde gelegt werden, welche zur Zeit des Kaufes zutreffen würden. Ein 50 Jahre altes Gebäude mag zur Zeit seiner Erbauung 1000 x gekostet haben: man wird es schwerlich zu 500 x (unter Abrechnung von 1 pCt. Abnutz per Jahr) erwerben können, wenn die Erzeugegebühren für ein gleiches Gebäude jetzt 1500 x betragen würden.

Auch diese Art der Berechnung eignet sich keineswegs für alle Kapitalien. Unter allen Umständen ungeeignet ist sie für die Ermittelung des angemessenen Kaufpreises von Grund und Boden. Am angemessensten ist sie da, wo dem Unternehmer die Wahl zwischen Selbsterzeugung und Ankauf frei steht.

3) Man richtet sich nach den augenblicklichen Marktpreisen.

Diese Art der Berechnung des Kaufpreises der Kapitalien ist die gewöhnlichste. Sie ist aber selbstverständlich nur möglich bei solchen Gegenständen, welche häufig in den Handel kommen, und bei denen sich daher ein Marktpreis feststellen konnte. Glücklicher Weise pflegt dies gerade bei denjenigen Gegenständen der Fall zu sein, deren Preis sich nicht wohl nach dem Ertrage, oder nach den Herstellungskosten bemessen lässt.

Zur Ermittelung der Preisgrenze, bis zu welcher man als Käufer von Kapitalien gehen kann, ist es nothwendig, immer die für die betreffende Kapitalgattung geeignetste Schätzungsmethode anzuwenden.

Wo der Ertrag genau zu ermitteln ist, wird man, falls man zu dem nach Maassgabe dieses ermittelten Ertrages veranschlagten Preise kauft, vor nachfolgendem Rentenverlust gesichert sein.

Wo man die Herstellungskosten dem Kaufanschlage zu Grunde legen kann, wird man, falls der Gegenstand für den so ermittelten Preis feil ist, wenigstens besser thun, ihn anzulegen, als sich z. B. mit der Selbsterzeugung zu befassen.

Wo endlich der zu erkaufende Gegenstand einen Marktpreis hat, wird man in der Regel, besonders, wenn dann nicht Selbsterzeugung möglich und vortheilhafter ist, gar nicht umhin können, ihn anzulegen. Aber man wird sich auch gut dabei stehen, sofern man nur nicht gezwungen ist, diesen Preis zu einer Zeit zu bewilligen, wo er gerade, und zwar auf kurze Dauer, aussergewöhnlich hoch ist. —

Engros-Einkauf, wo er möglich ist, und Baarzahlung verschaffen in der Regel Vortheile, welche durch die Zinserspaarniss beim Détail-Einkauf, und durch die Vortheile der Hinausschiebung der Zahlungsfrist meist nicht aufgewogen werden. —

Die Ermiethung von gewerklichen Kapitalien im Einzelnen ist so selten üblich, dass sich die Miethpreise nur ganz ausnahmsweise marktmässig feststellen. (Vergl. jedoch Cap. 22. II. B. unten).

Abgesehen von dem am eben angeführten Orte näher erörterten Falle (Ermiethung von Geld) kommt die miethweise Erwerbung gewerklicher Kapitalien nur bei Grund und Boden, bei Gebäuden, Geräthen, Maschinen, bisweilen bei Nutzthieren, vor und doch auch da nicht häufig genug, als dass hier von einem marktmässigen Miethpreis die Rede sein könnte.

Man ist hier also in der Regel auf die anschlagsweise Ermittelung desjenigen Preis-Satzes angewiesen, bis zu welchem man den Forderungen des Vermiethers folgen darf.

Solchen Anschlägen muss bald die Ertrags-, bald die Erzeugegebühren-Ermittelung zum Grunde gelegt werden.

Wählt man jene Art, so bildet derjenige Theil des Ertrages, welcher als eigentliche Kapitalrente anzunehmen ist, das Maximum des Miethpreises, den man ohne Schaden anlegen kann; wählt man diese Art, so bildet der bei Gelddarleihen marktmässige Zinsfuss derjenigen Summe, welche die Herstellung des zu ermiethenden Gegenstandes jetzt erfordern würde, zuzüglich eines Entschädigungsbetrages für den Abnutz, welchen der Gegenstand während des Gebrauches erleidet, den angemessenen Miethpreis. Jedoch ist selbstverständlich eventuell auch von dem Betrage der Herstellungskosten der bereits im Moment der Ermiethung bemerkbare Abnutz in Abzug zu bringen. —

Die Ermiethung einzelner zum Gewerksbetriebe erforderlicher Kapitalien ist, wie gesagt, selten. Noch seltener aber ist die Ermiethung oder Erpachtung ganzer Etablissements.

Doch kommt auch sie bisweilen vor, und überall, wo sie vorkommt, sind es, abgesehen von der Firma, im Wesentlichen Kapitalien, welche gemiethet werden.

Nicht nur der Grund und Boden, nicht nur die Wohn- und Gewerksgebäude, sondern auch die anderen stehenden Kapitalien pflegen dann mitvermiethet zu werden.

Was ausser dem Grund und Boden, den Gebäuden und den Pertinenzien beider mit vermiethet wird, pflegt man als Inventar zu bezeichnen. Und zwar nennt man solches Inventar, welches der Miether, oder Pächter vertragsmässig mit übernehmen und bei'm Ablauf des Vertrages wieder mit zurückliefern muss, eisernes, das andere, dessen Mitübernahme ihm freisteht, Super-Inventar.

Das eiserne ebensowohl wie das Super-Inventar kann aus Gegenständen bestehen, welche bei Ablauf des Vertrages als die nämlichen Gegenstände zurückgegeben werden können und müssen, oder aus Gegenständen, an deren Stelle bei'm Ablauf des Vertrages andere von gleicher Beschaffenheit zurückgeliefert werden dürfen.

Gegenstände der ersteren Art können selbsverständlich nur solche stehende Kapitalien sein, die durch den Gebrauch nicht wesentlich verändert werden.

Gegenstände der zweiten Art dagegen können stehende wie umlaufende Kapitalien aller Art sein. Umlaufende, so mit an den Pächter übergebene, Kapitalien (Rohstoffe und Hülfsstoffe) gehen jederzeit in das Eigenthum des letzteren über, stehende nur dann, wenn er nicht die nämlichen Gegenstände zurückzugewähren beabsichtigt.

Bei'm Abschluss des Pachtvertrages wird zweckmässig über alle diejenigen Inventarstücke, welche der Pächter mit übernimmt, eine Inventur aufgenommen. Darin wird das eiserne von dem Super-

Inventar, dasjenige, welches in den nämlichen Gegenständen zurückgegeben werden soll, von demjenigen gesondert, welches in anderen Gegenständen von gleicher Beschaffenheit zurückgewährt werden kann.

Alle Inventarienstücke werden zweckmässig vor der Uebergabe taxirt und die Taxe dann in der Inventur mitverzeichnet.

Sie hat bei denjenigen Inventarienstücken, welche als die nämlichen Gegenstände zurückgewährt werden müssen, nur den Zweck, seiner Zeit die Prüfung zu erleichtern, ob mit den letzteren nicht wesentliche, von dem unvermeidlichen Abnutz unabhängige Veränderungen vorgegangen sind.

Bei den anderen Inventarienstücken dagegen hat die Taxe den Zweck, dem Verpächter die Möglichkeit der Prüfung zu geben, ob die etwa zurückgewährten anderen Gegenstände von gleich guter Beschaffenheit sind, wie die bei der Pachtübergabe von dem Pächter übernommenen.

Während bei dem eisernen Inventar der Pächter in der Regel verpflichtet ist, die übergebenen Gegenstände selbst, oder doch gleichgute andere zurückzugewähren, pflegt es ihm freigestellt zu werden, das mitübergebene Superinventar entweder in natura, oder in Geld, nach Maassgabe der Taxe, zurückzugewähren.

Viel Kapital als eisernes Inventar zu halten, empfiehlt sich weder für den Verpächter, noch für den Pächter.

Jener wird, wenn mit dem Etablissement viel eisernes Inventar pachtvertragsmässig übernommen werden muss, schwieriger Pachtlustige finden; dieser müsste vielleicht Inventarienstücke mit übernehmen und also auch mit verzinsen, die ihm in keiner Weise konveniren.

Reichliches Vorhandensein von Superinventar kann einem antretenden Pächter nur erwünscht sein, da er dann, meist nicht um allzu hohe Preise, und auf die bequemste Art, sich in den Besitz von Kapitalien setzen kann, die er sonst sich erst mühsam zusammenkaufen müsste.

Aber, um dieselben Vortheile für den Pächter zu erzielen, braucht, ausser im Falle der erstmaligen Verpachtung, der Verpächter nicht das Inventar zu liefern. Ist die gewerkliche Unternehmung schon bisher verpachtet gewesen, so wird es dem abgehenden Pächter in der Regel daran liegen, eine Menge von Kapitalien in dem Etablissement zurücklassen zu können — sei es, dass er ein ähnliches Unternehmen überhaupt nicht ferner betreibt, sei es, dass er zwar ein solches, aber vielleicht in weiter Ferne zu begründen oder zu übernehmen gesonnen ist.

Meist werden sich so die Interessen der abgehenden und antretenden Pächter begegnen, und wird eine Einigung durch beiderseits erwählte Sachverständige zwischen billigdenkenden Interessenten unschwer zu erreichen sein. —

Mit den Taxen für das taxirt übergebene eiserne und Superinventar werden zweckmässig unbetheiligte Sachverständige, von denen jede Partei einen oder mehrere wählt, und über deren eventuell unvereinbare Ansichten ein von ihnen gewählter Obmann entscheidet, betraut.

Cap. 17.

Die Anwendung des gewerklichen Kapitales.

Die gewerklichen Kapitalien, ebensowohl die Theile des stehenden, wie die des umlaufenden Kapitals, lassen sich unter dem Gesichtspunkte der Auslagen betrachten, welche behufs der Erzielung von Reinertrag gemacht werden müssen.

Die Höhe des Reinertrags ist zwar nicht ausschliesslich, aber doch mit abhängig von der Höhe der Auslagen.

Der Höhe des Kapitalaufwandes ist daher ganz besondere, sorgfältig berechnende, Beachtung zu widmen.

Das Streben nach hohem Rohertrag enthält für den Gewerktreibenden eine Aufforderung zu grossen Kapitalauslagen; das Streben nach hohem Reinertrage muss die Gränze für jene Auslagen fixiren.

Wenn bei der Erwerbung der Kapitalien mit vernünftiger Sparsamkeit und Wirthschaftlichkeit zu verfahren ist, so ist diess nicht minder nothwendig bei der Anwendung der Kapitalien.

Sparsamkeit und berechnende Umsicht müssen hier wie dort das oberste Gesetz bilden. Es gilt, nur die rechten Mittel zu dem rechten Zwecke zu wählen; es gilt, jene Mittel nur in dem Umfange anzuwenden, wie es zur Erreichung dieses Zweckes unbedingt erforderlich ist. —

Alle Kapitalien, stehende wie umlaufende, erleiden, auch abgesehen vom Ge- und Verbrauche, eine fortwährende Tauglichkeitsverminderung. Gestatten es die Preise, welche man für die Erzeugnisse erzielt, nicht nur, dass man die stehenden Kapitalien immer aus ihnen ergänzt, wenn sie abgängig werden, sondern auch, dass man sich schadlos halten kann für den Verlust, den man durch, in Folge längerer Lagerung entstehenden, Verderb an umlaufenden Kapitalien erleidet: so erscheint es zweckmässig, auch von den letzteren Kapitalien stets möglichst grosse Vorräthe anzuschaffen, da man dabei die Vortheile des Engros-Einkaufs geniesst.

So hohe Preise erzielt man aber nur in den allerseltensten Fällen für die Erzeugnisse des eigenen Unternehmens, dass man mit einem Theil dieser Einnahme und ohne fremde Hülfe solche Verluste alsbald decken könnte, die an den Kapitalien nicht lediglich in Folge der Anwendung oder Lagerung, sondern in Folge **aussergewöhnlicher Unglücksfälle** entstehen.

Unter den Verlusten dieser Art ist der durch **Feuersbrunst** herbeigeführte der häufigste.

Durch die schonendste und vorsichtigste Behandlung und Anwendung der Kapitalien kann man sich bis zu einem gewissen Grade, aber auch nur bis zu einem gewissen Grade, gegen solche Verluste schützen.

Mit völliger Sicherheit solchen Schaden verhüten kann man überhaupt nicht, insbesondere aber bei manchen Gewerksunternehmungen nicht, deren Betrieb an sich schon vielfältigen Anlass zu Brandunfällen giebt.

Bei der Unmöglichkeit, einerseits solchen Schaden unbedingt zu verhüten, andererseits ihn, wenn er nur einigermaassen umfangreich ist, alsbald durch die laufenden Einnahmen vergütet zu erhalten, muss man darauf Bedacht nehmen, sich für den Fall seines Eintrittes anderweite Deckung zu verschaffen.

Dies geschieht am sichersten auf dem Wege der Genossenschaft.

Die Genossenschaft ist entweder eine **latente** (Genossenschaft der Versicherten bei einer Feuerversicherungsanstalt als Erwerbsgesellschaft), oder eine **offene** (Genossenschaft der Versicherten bei einer auf dem Prinzip der Gegenseitigkeit beruhenden Anstalt).

Hier wie dort ermöglicht es lediglich die Vergesellschaftung, dass die Opfer des Einzelnen verhältnissmässig viel geringer sind, als die Verluste, welche den Einzelnen treffen können.

Zur Beantwortung der Frage, welche von beiden Arten von Versicherungsinstituten den Interessen eines Gewerksunternehmens besser entspricht, muss man sich vergegenwärtigen, dass eine als Erwerbsgeschäft betriebene Versicherungsanstalt zwar **feste Prämien** erhebt und keine Nachschüsse fordert; dass sie namentlich bei starker Konkurrenz den Vortheil einer Geschäftsbehandlung darbietet, welche den Bedürfnissen und Wünschen der Kunden thunlichst entgegenkommt; dass aber die von ihr erhobenen Prämien ein Garantie- (in der Regel Aktien-) Kapital mit verzinsen und den Unternehmern auch weitere Gewinne gewähren müssen, und dass bei unvorsichtiger Verwaltung Zahlungsunfähigkeit entstehen kann.

Die Gegenseitigkeits-Gesellschaft dagegen erhebt zunächst nur gewissermaassen Abschlags-Zahlungen auf die Prämie. Wird zur Deckung der Schäden mehr gebraucht, so müssen Nachzahlungen erfolgen; wenn weniger, so wird den Prämienzahlern ein Theil ihres Beitrags zurückerstattet. Die nöthigen Nachzahlungen können oft sehr erheblich sein. Beides ist namentlich für einen Geschäftsmann, der Gewicht darauf legen muss, den Umfang seiner Verpflichtungen stets im Voraus übersehen zu können, in hohem Grade unbequem.

Indess kommt bei einer gut verwalteten Gegenseitigkeits-Anstalt mit sehr ausgedehntem Geschäftsbetrieb und grosser Mannigfaltigkeit der Risiken in der That am sichersten die den Risiken wirklich entsprechende Prämie zur Erscheinung, und Zahlungsunfähigkeit ist bei solchen Instituten kaum denkbar.[*]

Stehen die Dinge im Uebrigen gleich; sind die Institute jeder der beiden Arten gut verwaltet, ist ihr Geschäftsgebiet ein sehr ausgedehntes und dabei doch noch bequem übersehbar, so ist die Gegenseitigkeits-Anstalt wenigstens für Diejenigen, welche den Nachtheil der Ungewissheit der Prämien-Ausgabe nicht zu hoch anzuschlagen brauchen, vorzuziehen, eben weil sie im Grossen und Ganzen ihre Leistungen zu niedrigerem Preise zu gewähren vermag. Vor einer, wenn auch musterhaft verwalteten, aber noch jungen, noch wenig ausgedehnten Gegenseitigkeits-Anstalt verdient indess eine alte wohlfundirte als Erwerbsgeschäft betriebene Feuerversicherungs-Anstalt namentlich für Gewerktreibende unzweifelhaft den Vorzug. —

Wenn auch im Allgemeinen die nothwendige Sorge für das Kapital

---

[*] Ueber die Verschiedenheit zwischen der Versicherung als Erwerbsgeschäft und der Gegenseitigkeits-Versicherung vergl. den Aufsatz des Verfassers über „Gegenseitigkeits-Anstalten" in Rentzsch, Handwörterbuch der Volkswirthschaftslehre. Leipzig. Gustav Mayer. 1866. S. 331 ff.

die Kapitalversicherung gegen Brandschaden*) unbedingt gebietet, so giebt es doch Fälle, in denen es räthlich erscheint, von der Versicherungsnahme ganz abzusehn.

Gesetzt, ein Gewerksunternehmer besässe fünf grosse, in ganz verschiedenen Gegenden belegene Etablissements, jedes nicht mit besonders feuergefährlichem Betriebe. In jedem Etablissement betrüge der Preis des überhaupt durch Feuer zerstörbaren Kapitales 1000,000 Fr.; dieses Kapital wäre aber immer so vertheilt, dass nie durch eine einzelne Feuersbrunst mehr als höchstens der fünfte Theil zerstört werden könnte. Bei 5 ‰ Prämie wären für das Ganze jährlich 25,000 Fr. Prämie zu zahlen. Durch Ersparniss dieser Summe könnte schon ein Fond geschaffen werden, mit Hülfe dessen, ganz abgesehen von den jährlich zuwachsenden Zinsen, ein alle zehn Jahre entstehender Brandschaden, der den vierten Theil des durch Feuer zerstörbaren Kapitales eines Etablissements vernichtete, gedeckt werden könnte.

Der Eigenthümer dieser Etablissements wird richtiger handeln, wenn er die Selbstversicherung übernimmt, sei es nun, dass er ein eigenes Assekuranz-Konto errichtet, wie es grosse Rheder zu thun pflegen, oder dass er ein solches Konto nur fingirt. —

Es können in gewerklichen Unternehmungen angelegte Kapitalien auch durch andere, mit der grössten Vorsicht nicht abwendbare Unfälle (Fälle von force majeure), wie Erdbeben, Ueberschwemmungen, Krieg u. s. w. beschädigt oder vernichtet werden.

Ist das Prinzip der Versicherung auf solche Fälle — wegen völliger Unberechenbarkeit — nicht anwendbar, oder noch nicht angewendet, so muss der Verlust von dem Einzelnen getragen werden so gut es gehen mag.

Nur selten wird es möglich und räthlich sein, für so selten eintretende Verlustfälle einen Reservefond zu errichten.

Bei Aktien- und überhaupt grossen Gesellschafts-Unternehmungen ist es jedoch meist üblich, einen überhaupt statutenmässig zu gründenden Reservefond für derartige unvorhergesehene Fälle mit zu verwenden.

**) Auch die Transportversicherung ist aus demselben Grunde bei für Rechnung des Gewerktreibenden geschehenden Versendungen unbedingt zu empfehlen. Unter Umständen auch die „Spiegelscheiben-Versicherung."

II. Abschnitt.
Die einzelnen Theile des gewerklichen Kapitals.

Cap. 18.
Der Grund und Boden.

I. **Zweck und Bedeutung.** Die Gewerke können die Natur als Gewerbsmittel so wenig entbehren, als der Landbau, dem sie zugleich Stoffe und Kräfte für die Gütererzeugung, und der Handel, dem sie das Areal für Lagerräume, Land- und Wasserstrassen und bewegende Kräfte darbietet.

Die Gewerke bedürfen des Grund und Bodens zu ihren Werkstätten und Vorrichtungen; sie bedürfen der bewegenden Kraft des Wassers, Windes und Dampfes; sie bedürfen der Schwerkraft, der Kohäsion und Adhäsion der Körper.

Allein bei den Gewerken und dem Handel tritt diejenige Kapitalklasse, welche wir als Grund und Boden bezeichnen, so unentbehrlich sie auch ist, an augenscheinlicher Bedeutung zurück hinter die anderen Klassen und hinter die Arbeit.

Der Ertrag, welchen insbesondere der Gewerksbetrieb liefert, besteht in der Regel nur zu einem sehr geringen Theile aus Rente für den mitbenutzten Grund und Boden. Nur die Baugewerke machen eine Ausnahme von dieser Regel.

Von dieser Ausnahme abgesehen, ist es Zufall, wenn bei den Gewerken eine hohe Rente für den mitbenutzten Grund und Boden erzielt wird; bei den Gewerben des Landbaues dagegen bildet diese Rente in der Regel einen sehr wesentlichen Theil des Ertrages, ist die Erlangung einer hohen Rente von Grund und Boden recht eigentlich Ziel und Absicht.

Nichtsdestoweniger muss auch unter den gewerklichen Kapitalien dem Grund und Boden besondere Beachtung gewidmet werden, und wäre es auch nur um deswillen, weil der Grund und Boden die Betriebsstätte, die feste örtliche Grundlage des Betriebes, bildet, weil mit der Wahl des Grund und Bodens zugleich der Sitz des Unternehmens bestimmt, also die Wahl der wirthschaftlichen, gesellschaftlichen und Bildungs-Zustände entschieden ist, innerhalb deren und von denen vielfach beeinflusst, das betreffende Gewerke betrieben werden soll.

Wer Grund und Boden kauft oder miethet, um darauf irgend welche gewerkliche Unternehmung zu gründen — der hat' sich damit zugleich in einen gewissen Kreis von natürlichen, wirthschaftlichen, gesellschaftlichen und Bildungs-Einflüssen, welche auf seinen Betrieb und dessen Erfolg tausendfältig einwirken, mehr oder weniger unwiderruflich eingekauft oder eingemiethet.

Wenn wir daher an dieser Stelle
II. von der Auswahl des Grund und Bodens reden, so heisst dies zugleich soviel, als Betrachtungen anstellen über die verschiedenartigen Rücksichten, welche bei der Wahl des Ortes der Niederlassung zu nehmen sind.

Der Gewerktreibende, dem die Wahl des Ortes für den Betrieb seines Unternehmens freisteht, hat allerdings, wie der Landwirth, auch die natürlichen Verhältnisse dieses Ortes, diese aber nicht ebenso wie der Landwirth, in erster Linie, in's Auge zu fassen.

Für ihn sind gewisse natürliche Eigenschaften des Grundes und Bodens, die für den Landwirth von höchster Wichtigkeit sind, völlig gleichgültig. Er hat meist nicht auf die chemische und physische Beschaffenheit der Erdoberfläche, selten auf die klimatischen und Witterungsverhältnisse des Ortes seiner Niederlassung zu achten. Für ihn kommen weit mehr, als jene natürlichen, die verkehrlichen, die staatlichen, die Bildungs-Zustände dieses Ortes in Betracht.

Es ist kaum nöthig, über die Ausdehnung des Areales, auf dem die gewerkliche Unternehmung begründet werden soll, oder sich bereits befindet, über die Gestalt desselben, über die geographischen Verhältnisse desselben — Alles Verhältnisse, die für den Landwirth von grösster Bedeutung sind — eingehende Erörterungen anzustellen. Es bedarf der Erwähnung nicht, dass ein Gewerksunternehmer sich hüten muss, ein grösseres Areal zu erwerben, als für seinen Betrieb unentbehrlich ist; etwa für eine Fabrikanlage, welche 5 Morgen wohl arrondirten Landes braucht, einen nur wenige Ruthen breiten, aber sehr langen Landstreifen zu erwerben. Und die Warnung ist überflüssig, eine industrielle Niederlassung womöglich nicht in die höchsten, noch bewohnbaren Alpengegenden, oder in die Wüste, oder in ein Gelbfieberland zu verlegen, dazu nicht einen Ort zu wählen, an dem es völlig an Wasser fehlt, oder gar eine ausgemachte Sumpfgegend. Alles das sind selbstverständliche Dinge.

Die politisch-geographische Lage des Landes, in welchem man sich mit seinem Gewerksbetrieb niederlassen will, verdient an dieser Stelle allerdings grössere Beachtung.

Wenn gar keine sonstigen örtlichen Rücksichten weiter entscheidend sind, und die Wahl ganz frei steht, ist es jedenfalls empfehlenswerther, in einem grossen, als in einem kleinen Staate, bei lediglich binnenländischem, aber nicht nur lokalem, Absatze möglichst in dem Verkehrszentrum, statt an der Verkehrsperipherie desselben sich niederzulassen.

Das Erstere ist empfehlenswerth für binnenländischen, aber nicht nur lokalen Absatz wegen des grösseren freien Absatzmarktes, für ausländischen Absatz wegen des präsumtiv kräftigeren Schutzes im Auslande.

Das Letztere ist empfehlenswerth aus dem naheliegenden Grunde, weil von dem Verkehrsmittelpunkte aus besser nach allen Punkten des Gebietes hinzugelangen ist, als von irgend einem Punkte der Peripherie.

Viel bedeutsamer noch, als die Ausdehnung des Staates der Niederlassung sind die politischen und die Rechtsverhältnisse desselben.

Mängel in der politischen Entwickelung eines Staatswesens beeinträchtigen das Gedeihen des Wirthschaftslebens überhaupt wie das der Gewerke insbesondere.

Die deutsche Industrie würde seit dem Mittelalter viel grossartigere Fortschritte gemacht haben, der britischen Konkurrenz gegenüber nie unterlegen sein, wenn Deutschland seit jener Zeit, anstatt ein buntes Konglomerat von ganz- und halbsouveränen Einzelterritorien, die meisten ohne innere staatliche Existenzberechtigung, ein einheitliches, mächtiges, wohlgefügtes Staatsganze gebildet hätte.

Der Absolutismus in allen seinen Formen, die gewaltsame Beförderung und Ueberwachung der Industrie von oben, und die Unsicherheit der öffentlichen Zustände — das sind die grössten Feinde des industriellen Fortschrittes, der unter dem Schutze der Freiheit am besten gedeiht.

Die Geschichte Englands seit der Errichtung der Bill of rights, die Belgiens seit der Gründung dieses Staates, die Preussens seit der Periode der Stein-Hardenbergischen Gesetzgebung, die der Schweiz und der Vereinigten Staaten, zeigt, dass liberale politische Institutionen und die Entwickelung eines straffen politischen Selbstgefühles der Industrie die grössten Dienste leisten.

Die Sicherheit des Staates nach Innen, zum Theil abhängig von einer, den Kulturverhältnissen entsprechenden Staatsverfassung, zum wesentlicheren Theile aber eine Frucht gesunder politischer Anschauungen und lebhaften Gemeingefühles der Bürger, ist eine Grundbedingung der Blüthe der Gewerke. Nur wo diese Sicherheit gewährleistet ist, hat der Industrielle die Hoffnung, die Früchte seiner Anstrengung unverkümmert zu geniessen. Die Spekulation auf Umwälzungen ist die Amme des Schwindelgeistes.

Alle jene Institutionen, wie das Lehnsystem, das Merkantilsystem, zahlreiche Realgerechtsame, Zwangs- und Bannrechte, das Zunft-, Konzessions- und Monopolsystem, ferner alle die Niederlassung erschwerenden Einrichtungen, welche unsere gewerkliche Entwickelung Jahrhunderte hindurch darniedergehalten haben, sind ihrem Ursprunge nach politische Institutionen.

Je weniger die Gewerke durch derartige Einrichtungen beschränkt sind, je freier, selbständiger und unabhängiger der Industrielle als Bürger ist, desto besser ist auch seine wirthschaftliche Lage.

Ist man daher völlig unabhängig in der Wahl des Ortes der gewerklichen Niederlassung, so wird man ihn am besten da wählen, wo volle Rechtssicherheit gewährleistet und der gewerklichen Thätigkeit völlig freie Bahn gelassen ist.

Ein bedenklicher Irrthum wäre es, zu meinen, dass die Situation da am günstigsten sei, wo, wie man sich ausdrückt, „für die Industrie am meisten von Staatswegen geschieht." Diese staatliche Fürsorge ist ein Lotterbett. Sie entnervt, sie vernichtet die Fähigkeit zur Selbsthülfe. Insbesondere gefährlich ist das angebliche Erziehungsmittel der Schutzzölle. Diese sperren die auswärtige Konkurrenz ab und schaffen der inländischen Industrie ein thatsächliches Monopol, welches jedem Fortschritt feindlich ist.*) Zudem leiden die einen Industriellen, wenn auch selbst geschützt, stets auch unter dem Schutze der anderen, deren Erzeugnisse sie als Halbfabrikate brauchen. Bei gewissen Industriezweigen, solchen, deren Erzeugnisse nicht unbedingt nöthig zum Leben sind, bewirkt der Schutz, also die Vertheurung, oft Einschränkung, oder völlige Einstellung des inländischen Verbrauches. Auf ausländischen Märkten aber mit der ausländischen Industrie zu konkurriren, vermag eine Industrie nicht, die in dem Treibhause des Schutz-Systems erzogen ist.

Das Heer rekrutirt sich zum grossen Theil aus den Reihen der industriellen Bevölkerung. Die Stärke, der Druck der Armeelast und ihre Vertheilung — dies sind politische Momente von der grössten Tragweite für das Gedeihen der Gewerke. Wo fortwährend die grössere Zahl aller jungen Männer die kräftigsten Jahre in unverhältnissmässig ausgedehntem Waffendienst verbringen muss, da ist kein Boden für die Gewerke. —

Die Erfahrung zeigt, dass in den freiesten Staaten die Sorge für die Volksbildung die vornehmste Sorge des Gemeinwesens bildet. Diese Sorge kommt den Gewerktreibenden, deren Gedeihen von dem Bildungsgrade der gewerklichen Arbeiter so wesentlich mit abhängt, unmittelbar zu Gute. —

Es steht nicht jedem Gewerktreibenden die Wahl des Ortes für seine Unternehmung vollkommen frei. Ist er durch irgend welche Verhältnisse gebunden an einen Staat, dessen politische Institutionen

---

*) „Wenn irgendwo das Schutzsystem unheilvolle Folgen über ein Land heraufgeführt hat, wenn irgendwo die Industrie durch diese schützende chinesische Mauer eingewiegt worden ist in ein stagnirendes Stillleben ohne Kraft und Entwickelungsfähigkeit, so ist dies Russland. Es giebt kaum ein grösseres Wort, als das der Bibel: „Im Schweisse Deines Angesichts sollst Du Dein Brod essen." Es liegt im Menschen ein Trägheitsmoment, das überwunden sein will durch ein starkes Gegengewicht, durch die vorwärtstreibende Konkurrenz, die nur ein Entweder—Oder übrig lässt: Entwickelung und Wohlstand, oder Rückschritt und Untergang. Im Kern zu leichter Gewinne stockt wie ein Wurm die Schleuderwirthschaft; dies gilt von den überreichen Handelsgewinnen ebenso wie vom Lotto- und Spielgewinn." Dies die Anfangsworte eines trefflichen, aus Petersburg datirten Leitartikels über „die russische Industrie und das Schutzsystem" in No. 7506 der „Weserzeitung" vom 6. Januar 1868, in welchem die geradezu zerstörenden Wirkungen drastisch geschildert werden, welche das russische Schutzsystem auf die dortige, von ihm schlecht erzogene Industrie ausübt.

der Entwickelung der Industrie nicht günstig sind, wo entweder gewisse Gewerkszweige von Staatswegen begünstigt, gewissen ein künstlicher Schutz gewährt, allen nicht völlig freie Bahn gelassen ist; wo die Heereseinrichtung fehlerhaft und verschwenderisch, das Volkserziehungswesen verkümmert ist: so gilt es, im eigenen Interesse schon, keinen Weg unversucht zu lassen, um Reformen nach allen diesen Richtungen hin durchzusetzen.

Der Gewerksmann — der Klein- wie der Gross-Industrielle — ist der geborene Reformer. Wie oft wird gerade von den Angehörigen dieses Standes dieser ihr Beruf verkannt — zum eigenen grössten Nachtheile! Wie oft sehen wir Grossindustrielle, welche die unabhängigsten Leute von der Welt sein könnten, viel eifriger streben nach Orden, Rang und Titeln, als nach dem Ruhme, sich um die Industrie verdient gemacht zu haben durch eifrige Mitarbeit an der fortschreitenden Entwickelung des Staatswesens!

Was die rein wirthschaftlichen Momente anbelangt, welche bei der Wahl des Ortes der gewerklichen Niederlassung in Betracht kommen, so sind diese verschieden, je nachdem mit der Unternehmung auf einen bereits fühlbar gewordenen, oder voraussichtlich hervortretenden örtlichen Bedarf gerechnet wird, oder auf solchen keinerlei Rücksicht genommen zu werden braucht.

Es lassen sich nur gewisse Gewerke namhaft machen, die unter allen Umständen und ihrer Natur nach in die eine oder die andere Kategorie gehören. Die meisten Gewerke gehören, je nachdem sie im Kleinen oder im Grossen betrieben werden, bald in die eine, bald in die andere Kategorie.

Alle Baugewerke gehören, wenn man absieht z. B. von den jetzt hie und da entstehenden Häuserbaufabriken (Stuttgart), in die erste Klasse; ebenso alle Gewerke, deren Thätigkeit in einem sogenannten „örtlichen Anbringen" besteht, wie z. B. das Tünchergewerke, die Zimmermalerei, das Tapezierer-, das Ofensetzer-Geschäft.

Die Shawlweberei, die Seidenbandweberei, die Uhrenfabrikation, die Bijouteriewaaren-Fabrikation, ferner die meisten der Industriezweige, welche sich nur mit der Herstellung von Halbfabrikaten befassen, die, bis sie Ganzfabrikate geworden, erst noch manche Entwickelungsstufe zu durchlaufen haben, gehören heutzutage fast durchweg in die zweite Klasse.

Dagegen können die Industrieen, welche sich mit der Zubereitung von Nahrungsmitteln, der Herstellung von Kleidungsstücken, von Geräthen u. s. w. befassen, lediglich für den örtlichen Bedarf ebensowohl wie für den Bedarf aller Welt eingerichtet werden.

Bei denjenigen Gewerken nun, welche lediglich für örtlichen Bedarf bestimmt sind, oder bestimmt sein sollen, haben die Unternehmer mit ziemlich klar vor Augen liegenden wirthschaftlichen Faktoren zu rechnen, wenn es sich um die Wahl des Ortes der Niederlassung handelt und die erstere völlig frei steht.

Ein Ingenieur, der ganze Eisenbahn-Bauten oder Eisenbahn-Brückenbauten übernehmen will, wird nicht daran denken, sich in einer Gegend niederzulassen, in welcher Niemand beabsichtigt und in Jahrzehnten voraussichtlich Niemand beabsichtigen wird, Eisenbahnen zu bauen, und in der es ihm selbst von Vorneherein unmöglich erscheinen muss, die Kapitalisten, z. B. durch Vorlegung von Plänen und günstigen Rentabilitätsberechnungen, zur Gründung einer Eisenbahn-Gesellschaft zu bestimmen. Er wird dort seinen Sitz nehmen, wo er Alles zum Bau von Eisenbahnen hindrängen sieht, und wo er mit Sicherheit annehmen kann, dass es nur noch genügend wirksamer technischer Gutachten bedarf, um Kapitalisten zu dem Entschlusse zu bringen, diese oder jene Linie, oder ein ganzes Linien-Netz in Angriff zu nehmen.

Wären aber schon gewisse Eisenbahnlinien fest projektirt und von Staats- oder Gesellschaftswegen ihre Inangriffnahme beschlossen; handelte es sich nur noch um Techniker, welche den Bau „in Entreprise" nehmen wollen — nun so würde ein Ingenieur als Mitreflektant nur zu rechnen haben, bei welchem Bau sich ihm die besten Aussichten bieten. Er würde sich bewerben müssen um die Bauten, die ihm den grössten Vortheil versprechen, und da, wo er reussirt, würde der natürliche Sitz seiner gewerklichen Niederlassung sein.

Ein Häuserbau-Unternehmer wendet sich selbstverständlich, wenn er die Wahl hat, nicht nach einer herunterkommenden, vom grossen Verkehrstreiben vernachlässigten, durch aufstrebende Konkurrenten in ihrer wirthschaftlichen Existenz gefährdeten Stadt, wenn er nicht etwa sicher voraussieht, dass diesem Orte demnächst wieder ein grosser Aufschwung bevorsteht; sondern er wendet sich nach einem Orte, der sichtbarlich im Aufschwunge begriffen ist, wo der Bedarf nach Häusern täglich auf's Neue fühlbar wird, oder durch das Hinzutreten eines ausgezeichneten Technikers mit Sicherheit geweckt werden kann.

Wenn er eine gewisse Spezialität im Hochbaufach vertritt (als Brauerei-, Ziegelei-, Spinnerei-, Zuckersiederei- u. s. w. Baumeister), sind ihm die Wege noch bestimmter vorgezeichnet.

Bei der Wahl des Ortes der Niederlassung für solche Gewerke, welche zwar nicht ihrer Natur nach lediglich für den Bedarf einer gewissen Gegend, oder eines gewissen Ortes bestimmt sind, im einzelnen Falle aber doch ausschliesslich diesen in's Auge fassen wollen, wird besonders auf folgende wirthschaftliche Momente Rücksicht zu nehmen sein: 1) die derzeitige Stärke des Angebotes gleichartiger industrieller Unternehmungen. 2) Die Möglichkeit, die, wenn auch augenblicklich starke, Konkurrenz durch bessere und billigere Leistungen aus dem Felde zu schlagen. 3) Die Möglichkeit, durch solche Leistungen eine erweiterte Nachfrage zu erzeugen. 4) Die Pünktlichkeit oder Nachlässigkeit im Bezahlen bei dem Kundenkreis, auf den man rechnet. 5) Die Möglichkeit, an dem betreffenden Orte leicht Kredit auf rein geschäftlichem Wege zu erlangen.

Die verständige Wahl muss sich entscheiden für Orte oder Gegenden, in denen der fragliche Bedarf noch nicht genügend befriedigt, die Möglichkeit der Erweiterung des Bedarfes gegeben, pünktliche Zahlung die Regel, für bedürfnissentsprechende Kreditanstalten hinlänglich gesorgt ist.

Nirgends ist man berechtigt, von vornherein auf grossen persönlichen Kredit zu rechnen. Verfügt man daher nicht über so grosse eigene Mittel, dass man seinen Betrieb überall, sei es wo auch immer, zu eröffnen vermag, so ist es geboten, für den Anfang einen solchen Ort der Niederlassung zu wählen, an dem die Kosten der ersten Betriebseröffnung nicht so hoch sind, dass man sie nicht mit eigenen Mitteln bestreiten könnte.

Diese Kosten sind an verschiedenen Orten sehr verschieden. Ganz abgesehen von gesetzlichen Niederlassungserschwerungen, ist mancher Orten der Kauf- oder Miethpreis von Gewerks-Lokalitäten, sind die Lebensmittel, die Arbeitslöhne sehr theuer, die Roh- und Hülfsstoffe schwieriger zu beziehen, als an anderen Orten. Alle diese Schwierigkeiten gleichen sich aus, wenn nur der erste Anfang überwunden ist. Aber wer diesen sich erleichtern will, mag sich für's Erste nach einem solchen Orte wenden, der in solchen Stücken günstigere Chancen bietet.

Wer gleich von vornherein mit genügenden Mitteln ausgerüstet wäre, oder solche sich bereits erworben hat, würde schlecht rechnen, wenn er sich nur durch das „theurere Leben", die hohen Arbeitslöhne u. s. w. von der Niederlassung in einer grossen Stadt abschrecken lassen wollte. Ein für den örtlichen Bedarf arbeitendes Gewerke hat trotz höherer Auslagen günstigere Aussichten auf Gewinn in einer grossen, als in einer kleinen Stadt oder gar auf dem Lande. Freilich muss der Unternehmer die besonderen Vortheile, welche die grosse Stadt bietet — mannigfaltigere und konzentrirtere Nachfrage, mannigfaltigere Gelegenheit zur Nacheiferung — zu erkennen und zu verwerthen wissen. —

Zum Theil ganz andere wirthschaftliche Momente, als für die auf örtlichen Absatz berechneten Gewerke, kommen bei der Wahl des Ortes der Niederlassung für diejenigen Gewerke in Betracht, deren Erzeugnisse überhaupt nicht für einen nahen Absatzkreis bestimmt sein können, oder doch im einzelnen Falle nicht dafür bestimmt sein sollen.*)

Unter diesen Gewerken hat man zu unterscheiden:

1) solche, welche der Arbeitstheilung nicht sonderlich zugänglich sind. Für diese ist dasjenige Terrain das beste, welches die meisten Konsumtionsvortheile darbietet.
2) solche, welche einer weitgehenden Arbeitstheilung zugänglich sind. Für diese ist dasjenige Terrain das günstigste, welches die meisten und grössten Produktionsvortheile darbietet.

---

*) Wenn wir bei Darstellung dieser Momente nicht nur dem von W. Roscher in der überaus lehrreichen Abhandlung, betitelt: „Studien über die Naturgesetze, welche den zweckmässigen Standort der Industriezweige bestimmen" (Deutsche Vierteljahrsschrift, 1865. Heft II. 2. No. CX.) eingeschlagenen Wege folgen, sondern auch fast ausschliesslich mit dort beigebrachten Beispielen exemplifiziren, so geschieht dies in dankbarer Würdigung der grossen Verdienste, welche sich der berühmte Meister auch auf dem hier fraglichen, bisher noch so dürftig angebauten Forschungs-Gebiete erworben hat. Dabei müssen wir aber offen bekennen, dass wir durch das Studium jener Abhandlung davon nicht überzeugt worden sind, dass „Naturgesetze", nicht menschliche Berechnung, entscheidend wären für die Wahl des Ortes der gewerblichen Niederlassung, während es auch uns klar ist, dass neben natürlichen auch wirthschaftliche Erscheinungen und Thatsachen, welche auf Gesetzen beruhen, der menschlichen Vortheilsberechnung die nöthigen Anhaltepunkte darbieten.

Als Produktions-Vortheile kommen hier in Betracht:
 a. Nähe der Rohstoffe.
 b. Nähe der Hülfsstoffe.
 c. Nähe gut verwerthbarer Naturkräfte.
 d. Vorhandensein reichlicher und gut gebildeter Arbeitskräfte.
 e. Niedriger Zinsfuss.
 f. Bequeme Verwerthbarkeit der Abfälle der Industrie.

Die Regel, dass man in dem Falle sub 1. den Ort der Niederlassung mehr unter Berücksichtigung des Absatzes, in dem Fall sub 2. mehr unter Berücksichtigung der Beschaffung der Erzeugnisse wählen soll, lässt sich begründen durch die Beobachtung, dass bei noch unentwickelter Arbeitsgliederung der Gewerksbetrieb immer an solchen Orten am rentabelsten sich erweiset und zur schönsten Blüthe gedeiht, von denen aus seine Erzeugnisse am bequemsten und sichersten in die Hände der, wenn auch vielleicht immer noch fern wohnenden, Verbraucher übergehen können; dass dagegen bei hochentwickelter Arbeitstheilung die Gewerke an jenen Orten am besten gedeihen, wo der Erzeugung selbst die grössten lokalen Vortheile geboten sind.

Zu 1. (Beispiele). Englische Wollenindustrie zu Anfang des 14. Jahrhunderts ganz auf London als den besten Markt konzentrirt. Später, als in dieser Industrie die Arbeitstheilung mehr heimisch wurde, verbreitete sie sich in die Provinzen. Die kostbare Luxus-Industrie in den frühesten Zeiten ganz, später doch vorzugsweise in den grossen Städten, von wo aus der Vertrieb am leichtesten. Paris ist für die französische, London für die englische, Wien für die österreichische, Berlin für die zollvereinsländische, Petersburg und Moskau sind für die russische Luxus-Industrie die Hauptsitze. Gewisse Artikel, die in minder ausgebildeter Form auch in Provinzialstädten, und da massenhaft gearbeitet werden, erscheinen doch in ihren ausgebildetsten Formen in den Hauptstädten. Stahlfedern in Sheffield und Birmingham; die besten in London. Schlösser in Wolverhampton; die besten in London. Uhren im Jura-, Ain- und Doubs-Departement; die feinsten in Paris.

Zu 2. (Allgemeine Bemerkungen). Die lokalen Vortheile der Erzeugung (vergl. a—f oben) lassen sich, wenn man absieht von den allgemeinen Diensten der Natur, wie sie z. B. in unübertragbarer, unnachahmlicher Weise das Klima darbietet, unter zwei grosse Kategorieen bringen: Reichthum und Nähe der Rohstoffe, Hülfsstoffe, der verwerthbaren Naturkräfte einer-, günstige Arbeitsverhältnisse andererseits.

In beiden Beziehungen ist die grössere Wohlfeilheit bei ziemlich gleicher Güte und die grössere Güte bei ziemlich gleichem Preise, wenn sie auch in manchen Fällen zu ähnlichen Ergebnissen führen, wohl zu unterscheiden.

Aber noch viel wichtiger ist die Eintheilung der Gewerke danach, ob der Preis ihrer Erzeugnisse hauptsächlich vom Rohstoffe, oder von den übrigen dazu verwendeten Kapitalien, oder von der Arbeit abhängt.

Denn hiernach muss es sich richten, welches Gewerbsmittel bei der Wahl des Ortes zu entscheiden hat, falls sie nicht etwa alle auf den nämlichen Ort hinweisen.

Zu 2. a. und b. Die Nähe des Rohstoffes hat unter übrigens gleichen Chancen für die Wahl der gewerklichen Niederlassung um so grössere Bedeutung, desto grösser der Gewichtsverlust ist, welchen die Verarbeitung, d. h. die Ausscheidung der Abfälle, bewirkt; die Nähe der Hülfsstoffe um so grössere, je voluminöser und je schwieriger zu transportiren diese Stoffe sind.

Beispiele: Die Konzentrirung der englischen Töpferei auf den „Potteries" benannten, acht Meilen langen, thon- und kohlenreichen Bezirk der Grafschaft Stafford. — Die erste Verarbeitung der unedlen Metalle überall an die Nähe der Erzgewinnung und des Brennstoffes gebunden. In England sind die meisten Hohöfen in den zugleich kohlen- und eisenreichsten Grafschaften Durham, Northumberland, Stafford, Wales konzentrirt. Die feinere Metallverarbeitung sucht dann häufig andere Vortheile. Kunst-Erzgiessereien oft in grossen Städten, wie Berlin, Wien, München. Holzindustrie blüht vorzugsweise in waldreichen Gebirgsgegenden, z. B. in den schweizer und bairischen Alpen, in vielen Thälern Oberösterreichs, Tirols, Salzburgs, Badens, Würtembergs, in Norwegen, Finnland und Kanada; der Holzschiffbau in urwaldreichen Kolonieen, z. B. Neubraunschweig.

Gewerke, die überseeische Stoffe verarbeiten, haben ihren vortheilhaftesten und gewöhnlichsten Standort in der Nähe des Hafens, in welchem sie vorzugsweise gelöscht werden. Zucker-Raffinerie früher für das Rheingebiet in Holländischen Häfen, für das Elbgebiet in Hamburg; für England noch heute in London, Southampton, Plymouth, Bristol, Liverpool, Leith, Hull; für Frankreich in Bordeaux und Marseille. Bremen (und Umgegend) ist als Haupt-Tabaksmarkt auch der Hauptplatz für Tabaksverarbeitung auf dem Kontinent. — Die englische Baumwollen-Industrie ist fast ausschliesslich in der Nähe von Liverpool und Glasgow vereinigt, also in der Nähe derjenigen Häfen, welche für den Verkehr mit dem Hauptproduktionslande des Rohstoffes besonders günstig liegen. Indess gerade in dieser Industrie kann der Vortheil, welchen die Nähe des Ausschiffungshafens für den Rohstoff gewährt, leicht aufgewogen werden durch einen anderen tief im Binnenlande sich zeigenden Produktionsvortheil, der den Aufwand für die Mitverfrachtung der Abfälle mehr als ausgleicht. — Die Leinen-Verarbeitung steht meist dicht neben der Hervorbringung des Rohstoffes. Freilich nicht blos aus Transportgründen, sondern zugleich darum, weil die Beschaffenheit der Flachsfaser gerade in dieser Industrie das Vorherrschen des Maschinen- und fabrikativen Grossbetriebes besonders lange verzögert, die Hausmanufaktur besonders lange erhalten hat. Wo auswärtiger Flachs verarbeitet wird, scheinen doch wiederum oft Transportvortheile zu entscheiden. Die grosse Leinenfabrikation Englands, welche russischen Flachs verarbeitet, ist an der englisch-schottischen Ostküste, von Leeds bis Dundee, konzentrirt. — Gewisse Industriezweige gedeihen in grossen Städten wegen der hier besonders reichlichen Darbietung ihrer Rohstoffe; das sind Industriezweige, welche gewisse Abfälle eines menschlichen Verbrauchs verarbeiten, der sich in grossen Städten am meisten konzentrirt. Von den Poudrette-Fabriken ganz abgesehen, sind grosse Städte und besonders stark entwickelte Gegenden, z. B. London, Paris, das deutsche Rheinthal, häufig — wegen des starken Fleisch-Konsums — Hauptsitze der Lederfabrikation, der Horn- und Knochen-Industrie.

Zu 2. c. Solche Industriezweige, welche grosses Gewicht auf die wirksame und wenig kostspielige Unterstützung gewisser Natur-, z. B. der Wasser-, Kräfte legen müssen, wählen sich ihren Standort da, wo diese Naturkräfte in der grössten Fülle dargeboten werden. Pochwerke, Schleifwerke, Säge- und Mahlmühlen in Gebirgsthälern.

Zu 2. d. Dass alle eigentliche Kunstindustrie, und zwar ebensowohl die, bei der es auf Schönheit der Form, wie die, bei der es, wie bei der Fertigung von musikalischen Instrumenten, sonst auf künstlerisches Verständniss ankommt, lediglich in den grossen Städten gedeiht, hat, abgesehen von hier sich darbietenden Absatzvortheilen, darin seinen Grund, dass jener Industrie hier ein besonderer Produktionsvortheil in der vielseitigen künstlerischen Anregung der Arbeiter geboten wird. — Gewerkszweige, welche auf die umfangreiche Beihülfe der Maschine noch verzichten müssen, gedeihen am besten in starkbevölkerten Gegenden. Die Reichlichkeit der Arbeit hängt aber nicht allein von der absoluten Bevölkerungsdichtigkeit ab, sondern häufig auch davon, ob die Menschen ausser dem fraglichen Gewerkszweige noch andere Gelegenheiten zu einträglicher Beschäftigung haben, oder nicht. Die frühzeitig entwickelte industrielle Begabung der Bevölkerung so vieler Gebirgsgegenden hängt wesentlich damit zusammen, dass hier die Bevölkerung frühzeitig bis zu der Grenze anwuchs, wo der Ackerbau keiner Ausdehnung mehr fähig war, sie sich nun also, um ferner wachsen zu können, auf den Austausch von Industrieerzeugnissen gegen Lebensmittel etc., oder auf die Vermiethung der Arbeitskraft an grössere industrielle Unternehmungen verlegen mussten.

Zu 2. e. Solche Gewerkszweige, welche wegen der Langwierigkeit der Arbeitsprozesse des Kredits vorzugsweise bedürfen, pflegen in Städten, wo der Zinsfuss am niedrigsten steht, am besten zu gedeihen. Dieser Umstand wirkt mit dazu, die Gerberei vorzugsweise in grossen Städten heimisch zu machen. In Amerika wurden wegen der Höhe des Zinsfusses lange Zeit schon gute Ledersorten zu Stiefelschäften, welche in kürzerer Zeit „gar" werden, als solche zu Sohlen, erzeugt.

Zu 2. f. Mit Rücksicht auf die Verwerthbarkeit der Abfälle ist die Bierbrauerei geeigneter zum städtischen, die Spiritusfabrikation geeigneter zum ländlichen Betrieb. In der Bierschlempe sind weit weniger Aschenbestandtheile und Viehnahrungsmittel enthalten, als in der Branntweinschlempe. (Uebrigens sprechen auch andere (Absatz- und Produktions-) Vortheile dafür, die Bierfabrikation in Städten, die Branntwein-Fabrikation auf dem Lande, zu betreiben.)

Wie auch schon aus dem Vorstehenden erhellt, weisen den Gewerksunternehmer, welcher sich nicht auf örtlichen Absatz beschränken will, oft verschiedene gleich starke Momente — z. B. Nähe der Roh- und Hülfsstoffe, reichliche Arbeitskräfte, gute Transport- oder Verwerthungsgelegenheit für die Produkte — gleichzeitig auf den nämlichen, oft aber weisen ihn gewisse Momente auf jenen, gewisse andere auf diesen Ort der Niederlassung hin. Im ersteren Falle ist die Wahl nicht schwer. Im anderen muss sorgfältig erwogen werden, welcher der lokalen Bedingungen vorzugsweise Bedeutung beizumessen ist.

III. **Erwerbung des Grund und Bodens.** Im Vergleich mit den Landbaugewerben ist es bei den Gewerken eine Ausnahme, dass das zu ihrem Betriebe erforderliche Land, der Grund und Boden, auf dem Wege des Miethhandels erworben wird. Es kommt dies bei'm Kleinbetriebe wohl dann vor, wenn ausser dem Grund und Boden, worauf das Gewerksgebäude steht, kein Grund und Boden erforderlich ist, und jener zugleich mit dem Gebäude erniethet, der Miethpreis für das Land in dem Hausmiethzins mit gezahlt wird.

Bei'm Grossbetriebe wird selbstverständlich, wo ganze Unternehmungen gepachtet werden, auch das zum Betriebe erforderliche Land mit erpachtet.

Wer im Uebrigen ganz mit eigenen Kapitalien arbeitet, kann zuweilen wohl gezwungen sein, fremdes Land, dessen er zum Betriebe bedarf, zu pachten statt zu kaufen, entweder, weil das Land nicht feil ist, oder, weil es voraussichtlich nur für kurze Zeit gebraucht wird, oder, weil der geforderte Kaufpreis augenblicklich eine zu hohe Ausgabe verursachen würde.

Bei der verhältnissmässig bescheidenen Rolle, welche der Grund und Boden als Kapital in den meisten Gewerken — die meisten Baugewerke müssen natürlich ausgenommen werden — spielt, ist es die Regel, den erforderlichen Grund und Boden **käuflich zu erwerben**.

Kauf des Landes. Kaufpreis. Kaufgeschäft. Wo völlige Freiheit der Konkurrenz im Handel mit Land herrscht, richtet sich der übliche Kaufpreis desselben, insofern er nach Geld berechnet wird, einmal nach der **Höhe des Reinertrages**, welcher unter den gegebenen Verhältnissen mit Hülfe der fraglichen Grundstücke erworben werden kann, und dann nach der **Höhe des landesüblichen Geldzinses**.

Unter jener Voraussetzung ist der Kaufpreis des Landes um so höher, je höher der mit Hülfe desselben erzielbare Reinertrag ist — um so niedriger, je höher der Geldzins steht, oder mit anderen Worten: Steigender Reinertrag wirkt erhöhend auf die Landpreise ein, steigender Geldzins ermässigend.

Der Quadratmeter Landes ist mitten in der belebtesten Gegend einer starkbevölkerten und verkehrsreichen Grossstadt vielleicht zehnmal so theuer, als eine Viertelstunde von dem Weichbilde der Stadt, weil dort der z. B. in der Form der Wohnungs-, Komtoir-, Laden-Miethe erzielbare Reinertrag viel höher ist, als hier. Und gleichzeitig ist der Kaufpreis des städtischen Grundes meist höher, als der des ländlichen, weil in den Städten der übliche Geldzins niedriger zu sein pflegt, als auf dem platten Lande.

Zeitweise in einer, wenn auch volk- und verkehrsreichen Grossstadt, in Folge irgend welcher Einflüsse steigender Geldzins würde auf die Kaufpreise des Bodens in dieser Stadt ermässigend einwirken.

Das Zusammenwirken des Reinertrages und des Geldzinses auf die Bodenpreise lässt sich folgendermaassen erläutern:

Der ermittelte Reinertrag, welcher sich durch Benutzung eines gewissen Grundstückes erzielen lässt, ist, in Geld ausgedrückt, als Zins des Kaufpreises zu betrachten. Man muss also, um letzteren zu finden, ersteren „kapitalisiren". Weil dies mit dem landesüblichen, oder für Darlehen mit entsprechender Sicherheit marktmässigen, Zinsfusse geschehen muss, ist der Kaufpreis des Grundstückes zugleich auch abhängig von der Höhe des landesüblichen oder marktmässigen Zinsfusses. Ist der letztere niedrig, so entspricht der Reinertrag einer grösseren, ist er hoch, so entspricht der Reinertrag einer kleineren Geldsumme.

Gesetzt, der Reinertrag sei 100. Bei einem marktmässigen Zinsfusse von 6 pCt. würde sich dann der Kaufpreis nur auf

$$\frac{100}{6} \cdot 100 = 1666.66,$$

bei einem Zinsfusse von 5 pCt. würde er sich auf

$$\frac{100}{5} \cdot 100 = 2000,$$

bei einem Zinsfusse von 4 pCt. aber würde er sich auf

$$\frac{100}{4} \cdot 100 = 2500$$

berechnen.

Die Ermittelung des angemessenen Preises für Grund und Boden, den man erwerben will, erfordert daher eine richtige Schätzung des Reinertrages einmal, und dann eine Anwendung des richtigen — landesüblichen, marktmässigen — Zinsfusses bei der Kapitalisirung.

Wo bei gewerklichen Unternehmungen nicht gewisse, an den Ort gebundene natürliche Hülfskräfte wesentlich in Betracht kommen, wie z. B. bei Gerbereien, Brauereien, Färbereien, Mühlen und sonstigen gewerklichen Anlagen, welche Wasserkräfte brauchen, ist die Rücksicht auf den Reinertrag, welchen der Grund und Boden als solcher dem Unternehmer einbringt, eine so untergeordnete, dass der letztere meist gut thun wird, an solchen Lokalitäten zu kaufen, wo der Reinertrag, welchen das Land bei seiner bisherigen Benutzung erzielen half, oder demnächst erwarten liess, nicht zu hoch ist.

Wer mit seiner Unternehmung aus anderen Gründen nicht an die Stadt gebunden ist, wird mit Rücksicht auf die Landpreise zweckmässiger auf dem platten Lande kaufen, wo der Reinertrag meist niedriger, der Zinsfuss meist höher ist, als in der Stadt.

Wer innerhalb des Weichbildes einer Stadt seine gewerkliche Niederlassung errichten will, wird, wenn ihn nicht dringende Rücksichten nach dem Zentrum der Stadt weisen, mit Rücksicht auf den niedrigen Bodenpreis, sich zweckmässiger in der Nähe der Peripherie, als im Zentrum des Weichbildes, ankaufen.

Andererseits eine gewerkliche Unternehmung, die mitten im verkehrsreichsten Theile der Stadt die besten Chancen des Gedeihens hätte, eben in diesem Stadttheile nicht errichten zu wollen, lediglich mit Rücksicht auf die hier betrachtliche Höhe des Grundpreises, wäre verkehrt. Der Bodenpreis ist hier eben theuer wegen des hohen Reinertrages. An dem hohen Reinertrage aber hat ja vollen Antheil, wer sich mit einem auf die Nähe stark belebten Verkehrs berechneten Unternehmen mitten in diesem Verkehrstreiben etablirt.

Wenn auch, wie oben dargethan, der Zinsfuss auf die Höhe des Kaufpreises von Grund und Boden den entschiedensten Einfluss ausübt, so ist doch diesem mitwirkenden Momente keine so grosse Rücksicht zu schenken, als dem anderen, dem des Reinertrages, weil dieser letztere oft von Quadratmeter zu Quadratmeter, von Strasse zu Strasse, von Ort zu Ort ungemein stark und schnell variirt, während der Zinsfuss für entsprechend sichere Geldanlagen nur in grösseren Entfernungen wesentliche Unterschiede aufweist. —

Der Landwirth hat bei Ermittelung des Reinertrages als mitwirkenden Momentes bei Schätzung des angemessenen Kaufpreises, wenn er Land zu kaufen beabsichtigt, stets vor allen Dingen zu fragen, was er selbst erwarten dürfe, auf dem fraglichen Boden zu erzielen.

Der Gewerksmann dagegen hat, wenn örtliche Rücksichten

bei der Auswahl des Grundes und Bodens für seine Unternehmung nicht ganz wesentlich entscheidend in Betracht kommen, viel häufiger zu fragen: Was bringt das fragliche Grundstück bei seiner dermaligen Anwendung jetzt und was wird es bei gleicher Benutzung wahrscheinlich auf die Dauer dem jetzigen Eigenthümer einbringen? Denn bei der in der Regel geringen Bedeutung gerade dieses Theiles des gewerklichen Kapitales ist die Frage für ihn meist sehr schwer zu entscheiden, was ihm selbst dieses bestimmte Grundstück einbringen werde.

Zwei benachbarte Grundstücke können ihren Eigenthümern bei ihrer dermaligen Benutzung sehr verschiedenartige Reinerträge gewähren, also zu sehr verschiedenen Preisen von ihnen ausgeboten werden. Dem Gewerksmann ist es für seinen Betrieb vielleicht völlig gleichgültig, ob er das eine oder das andere wählt. Er wird fragen müssen: Welches von beiden ergiebt bei jetziger Benutzung den niedrigsten Reinertrag? Und dieses wird für ihn das passendste, weil billigste, sein. —

Die Formen des Grundstückskauf-Geschäftes, die rechtlichen Wirkungen des Abschlusses desselben u. s. w. — diess sind Gegenstände, deren Erörterung der Rechtslehre überlassen werden muss.

Erwähnt sei hier nur, dass es bei Grundstückskäufen öfter, als bei anderen Kaufgeschäften, vorkommt, dass nicht der ganze Kaufpreis sofort baar bezahlt, sondern Stundung eines Theiles desselben und hypothekarische Verpfändung des Kaufobjektes für den gestundeten Rest des Kaufpreises ausbedungen wird.

Eine solche Bedingung ist für den Erwerber besonders dann vortheilhaft, wenn er sich gegen beliebige Kündigung sicher stellt. Wird es ihm möglich, durch sein Unternehmen einen höheren Reinertrag, auch für das Grundstück mit, zu erzielen, als bei'm Abschluss des Kaufgeschäftes angenommen wurde, und ist der Reinertrag höher, als der Zinsfuss, den er an den Verkäufer bezahlen muss, so ist dieser Ueberschuss Netto-Gewinn für ihn, und der Umstand, dass dem Erwerber ein Theil des Kaufpreises frei verfügbar bleibt, erleichtert es ihm, auf eine Steigerung des Reinertrages hinzuwirken.

Wer für 20,000 kauft, und davon 10,000 baar zu zahlen hat, 10,000 gegen Hypothek auf dem Kaufobjekt zu 4 pCt. stehen lassen kann, kann mit diesen 10,000 freiverfügbaren Mitteln auf Erhöhung des gesammten Reingewinns, — darauf hinwirken, dass auch das Grundstück viel mehr, als 4 pCt. des Kaufpreises, einbringt. Hätte er 20,000 baar bezahlen müssen, so hätte er vielleicht höchstens 4 pCt. von dieser Summe als den auf den erkauften Grund und Boden entfallenden Theil seines Gesammtreingewinnes annehmen können, also 800. Bei Zahlung von 10,000 und Stundung der anderen 10,000 wird es ihm vielleicht möglich, mit Hülfe dieses disponiblen Kapitales einen Reinertrag von 1500 zu erzielen. Davon gehen auf hypothekarischem Zins nur 400 ab; bleiben also immer noch 1100 (statt 800) übrig.

Freilich ist eine solche hypothekarische Stundung des Kaufgeldrestes nur bei zweckmässiger Einrichtung des Hypothekenwesens verbreitet und regelmässig vortheilhaft.*) —

Expropriation. Bei einer wichtigen Klasse von Gewerken, den Baugewerken, hat, wie schon oben angedeutet, der Grund und Boden als gewerkliches Kapital eine viel umfassendere Bedeutung, als bei den anderen Klassen. Die Baugewerke brauchen Grund und Boden in der Form des stehenden und in der des umlaufenden Kapitales. In der Form des stehenden Kapitals alle Baugewerktreibenden; in der Form des umlaufenden wenigstens die, welche Bauunternehmungen für eigene Rechnung machen, Grund und Boden kaufen, darauf Baulichkeiten errichten, und diese dann gewerbsmässig verkaufen.

Ein solches Geschäft macht der einzelne Häuserbauunternehmer, die Häuserbau-Aktiengesellschaft, die Eisenbahn-Gesellschaft, sofern sie ihr Absehen nur darauf richtete, die Eisenbahn herzustellen, um sie dann zu verkaufen. Ein solches Geschäft würde — ein in Europa allerdings nicht gewöhnliches Unternehmen — der Ingenieur machen, der den Bau einer Eisenbahn oder einer gewissen Bahnstrecke in der Weise übernähme, dass er auch den Grund und Boden mitlieferte, diesen also vorher für sich erwerben müsste.

Bei solchen Unternehmungen, sofern sie unter den Begriff von für grössere Kreise, vielleicht für das ganze davon berührte Land

---

*) In dieser Beziehung bewährt sich das Bremische „Handfesten-System" vortrefflich. Vergl. B. Miller, Mittheilungen an den 3. volkswirthschaftlichen Kongress zu Köln über die Einrichtung der Handfesten in Bremen. 1861. Revidirte Bremer Handfestenordnung vom 30. Juli 1860 bei Böhmert. Bremer Handelsarchiv. Bremen 1865. C. Schönemann.

angeblich besonders vortheilhaften, „die allgemeine Wohlfahrt befördernden" Unternehmungen gehören, hat man sich gewöhnt, den Ankauf des nöthigen Grundes und Bodens zu erleichtern durch eine gesetzliche, oder auf administrativem Wege erfolgende Ertheilung des Expropriationsrechtes.

Ob die Zwangsenteignung z. B. zum Zwecke der Herstellung von Verkehrsstrassen, vom politischen und allgemein-wirthschaftlichen Standpunkte aus zu rechtfertigen ist, unter welchen Bedingungen und Einschränkungen sie angeordnet werden mag — dies zu entscheiden, ist hier nicht der Ort.

Wohl aber erheischt die andere Frage hier Beantwortung, ob diejenigen Personen, welche ein Unternehmen, dem die Gunst des Expropriationsrechtes zugängig ist, gewerbsmässig betreiben, ein Interesse daran haben, sich jenes Recht verleihen zu lassen, und den Erlass von allgemeinen, oder für spezielle Fälle berechneten Expropriationsgesetzen zu befürworten.

Die für gewisse sogenannte „gemeinnützige" Unternehmungen, angeblich unerlässliche Verleihung des Expropriationsrechtes macht solche Unternehmungen von der **staatlichen Konzession** abhängig.

Allgemein begründet man das Erforderniss der staatlichen Konzession, z. B. für Eisenbahnunternehmungen, mit dem Hinweis auf die Nothwendigkeit des Expropriationsrechtes.

So sagt z. B. Rau*): „Eine Staatsgenehmigung (zum Bau und Betrieb von Privateisenbahnen) ist schon darum nöthig, **weil die Unternehmung des Baues und Betriebes in den Händen von Privaten ist, und weil diese den Boden nicht unter mässigen Bedingungen ankaufen könnten, wenn ihnen nicht zugelassen würde, von dem Zwangsabtretungsgesetze Gebrauch zu machen.**"

Nun ist aber die Staatsgenehmigung zu Eisenbahn-, Kanal- u. s. w. Bauten für die Unternehmer selbst ein lästiges Hinderniss. Die letzteren können nicht bauen wie es ihrer technischen und wirthschaftlichen Einsicht am meisten entspricht; sie können unter Umständen gar nicht bauen.

---

*) Grundsätze der Volkswirthschaftspolitik. 4. Ausgabe. Heidelberg 1854. §. 260. S. 232 der II. Abthlg.

Wenn daher der Grund der behaupteten Nothwendigkeit der Staatsgenehmigung beseitigt, wenn nachgewiesen werden könnte, dass die Unternehmer des Expropriationsrechtes füglich entbehren können: so wäre damit die Staatsgenehmigung selbst, also ein starkes Hinderniss für gewisse, hochwichtige gewerkliche Unternehmungen, als überflüssig dargethan.

Es dürften aber in der That diejenigen nicht Recht haben, welche behaupten, ohne die Verleihung des Expropriationsrechtes seien Privat-Unternehmern Eisenbahnen und andere bauliche Anlagen ähnlicher Art nicht möglich.

Ein Expropriationsgesetz zwingt Widerwillige zur Abtretung ihres Eigenthums gegen im Wege der Abschätzung festzustellende Entschädigung. Nun zeigt die Erfahrung einmal, dass Anlagen der hier fraglichen Art, z. B. Eisenbahn-Anlagen, gerade von den meisten betheiligten Grundeigenthümern einer Gegend — aus leicht erklärlichen Gründen — sehnlichst herbeigewünscht werden, und dann, dass die gesetzlichen Entschädigungstaxen meist sehr hoch ausfallen, viel höhere Entschädigungen für die Zwangsenteignung eines Grundstückes bezahlt zu werden pflegen, als welche der Eigenthümer im Wege der freiwilligen Abtretung seines Rechtes, im Wege des Handels, erlangen würde.

Die Wirkung des Expropriationsgesetzes wird also die sein, dass sich auch solche Grundstücksbesitzer, welche dem Bau sehr gewogen sind, zur Enteignung zwingen lassen, und dass die Landpreise im Ganzen sich schliesslich höher herausstellen, als bei völlig freiem Kaufgeschäft, wo die, welche dem Bau gewogen sind, mässige Preise stellen, die Anderen — Wenigen — vielleicht mit etwas zu hohen Forderungen auftreten, eine völlige Behinderung des Baues aber durch einen einzelnen Grundbesitzer doch nur in den allerseltensten Fällen denkbar ist.

In der Regel würde vermuthlich eine Privatunternehmung bei'm Mangel eines Expropriationsgesetzes nicht nur keine schlechteren, sondern sogar bessere Geschäfte machen, als unter dem Schutze eines solchen Gesetzes.

Nun wird aber behauptet, gerade wegen der Möglichkeit einzelner Fälle, in denen einzelne hartnäckige Grundeigenthümer eine Unternehmung doch völlig vereiteln können, sei ein Expropriationsgesetz unumgänglich nötihg.

Es fragt sich, ob es sich nicht mehr empfiehlt, für solche Fälle den sämmtlichen betheiligten Grundbesitzern einer Gemarkung, oder eines gewissen Bezirkes die Entscheidung über die Weigerung ihres Mitinteressenten durch Stimmenmehrheit anheimzugeben*).

Auf diese Weise würden wenigstens gewisse Unzuträglichkeiten des Expropriationswesens beseitigt, würde es vor allen Dingen möglich werden, Unternehmungen, wie Eisenbahnbauten, von der vielfach so lästigen Staatserlaubniss im Wesentlichen zu emanzipiren.

Wo es sich de lege ferenda handelte, würde ein Gewerksunternehmer als solcher keinen Anlass haben, der bisher meistens üblichen Zwangsenteignungs-Gesetzgebung das Wort zu reden. —

Pacht des Landes. Pachtpreise. Pachtgeschäft. Die Ermiethung ist keineswegs die regelmässige Art der Erwerbung von Land zu gewerklichen Zwecken. Demohngeachtet darf auch diese Erwerbungsart hier nicht übergangen werden.

Sind in der Landwirthschaftslehre Erörterungen darüber anzustellen, welche Art des Landpachtes den Vorzug verdient, ob der Erbpacht, der Pacht auf Lebenszeit, oder der auf Zeit: so kann es, wo der Landpacht zu gewerklichen Zwecken in Frage kommt, keinem Zweifel unterliegen, dass der Pacht auf Zeit in den meisten Fällen die zweckmässigste Form ist.

Wo fremdes Land nur auf bestimmte Zeit gebraucht wird, ist die vorzugsweise Zweckmässigkeit des Zeitpachtes selbstverständlich; wo es aber auf längere Zeit, vielleicht voraussichtlich so lange, als das Unternehmen eben besteht, gebraucht werden wird, empfiehlt sich der Zeitpacht deshalb, weil dann die Möglichkeit gegeben sein muss, baldthunlichst zu der in diesem Falle zweckmässigeren käuflichen Erwerbung überzugehn.

Der angemessene Mieth- oder Pacht-Preis von Land kommt demjenigen Theile des Reinertrags gleich, welcher bei der geeignetsten Art der Benutzung des fraglichen Landes damit erzielt werden kann.

Ein höherer Preis wäre theuer, ein niedrigerer wohlfeil.

---

*) Vergl. hierüber den Aufsatz von O. Michaelis „Die Eisenbahnen und die Expropriation" in Faucher und Michaelis Vierteljahrsschrift für Volkswirthschaft und Kulturgeschichte. Bd. 13. (1866) S. 146 ff. und Bd. 15. S. 152 ff., besonders S. 182 ff.

Was aber im Allgemeinen theuer oder wohlfeil ist, braucht es im einzelnen Falle noch nicht für den Gewerksunternehmer zu sein.

Gesetzt, ein Grundstück verschaffte dem Eigenthümer bei der bisherigen, für seine Lage und Beschaffenheit völlig geeigneten landwirthschaftlichen Benutzung $50x$ Rente. Könnte der Gewerktreibende $60x$ damit verdienen, so wäre der Pachtpreis von $55x$ für ihn noch nicht theuer; könnte er nur $40x$ damit verdienen, so wäre ein Pachtpreis von $45x$ für ihn keineswegs wohlfeil. Im ersteren Falle bezöge er als Nichteigenthümer $5x$ Grundkapitalrente selbst; im anderen Falle müsste er noch $5x$ von seiner sonstigen Rente opfern, um den Eigenthümer zu befriedigen.

Beide Theile werden bei dem Angebot und der Nachfrage ja ihre eigenen Chancen in Rücksicht ziehen und als Maassstab anlegen. Wo der Gewerktreibende nicht gerade ein bestimmtes Grundstück miethen, der Grundeigenthümer ein gewisses Grundstück, wenn er's überhaupt verwerthen will, vermiethen muss, wird sich in der Regel aus Angebot und Nachfrage ein Mittelmiethpreis — zwischen dem bisherigen und dem künftig zu erwartenden Reinertrage — ergeben.

Die meisten der Schwierigkeiten des Pachtgeschäftes, welche sich bei dem landwirthschaftlichen Grundstückspacht herausstellen, pflegen bei dem gewerklichen nicht in Betracht zu kommen. Denn hier handelt es sich meist nicht um eine, das Land in seiner Ertragsfähigkeit wesentlich verändernde oder beeinflussende Art der Anwendung.

Wenn es in der Landwirthschaft besondere Schwierigkeiten macht, die Interessen des Verpächters, der als solcher möglichst die Vortheile der Selbstbewirthschaftung geniessen, und des Pächters, der sich möglichst die Vortheile des Eigenthümers verschaffen will, in Einklang zu bringen, so handelt es sich bei dem Landpachtgeschäft zu gewerklichen Zwecken in der Regel gar nicht um diese gegenüberstehenden Interessen, sondern meist lediglich darum, dass der Pächter möglichst wenig zahlen, der Verpächter möglichst viel Pachtzins einnehmen will. Und dieser Widerstreit muss schon gehoben sein, wenn es gilt, die näheren Erfordernisse des Pachtgeschäftes zu regeln.

Oft liegt dem Pächter gar nichts daran, sich thunlichst als Eigenthümer betrachten zu können; oft will er ja in der That nicht mehr, als nur ein beschränktes, zeitweiliges Nutzungsrecht. (Bleich-, Kohlen-, Holz-, Stein-Lagerplatz.)

Bei der Abfassung des Pachtvertrages kommen folgende Momente in Betracht: 1) Genaue Bezeichnung des Pachtobjektes. 2) Genaue Definition der Rechte und Pflichten beider Theile. 3) Pachtpreis und Modalitäten der Zahlung. 4) Zeit des Beginnes und des Ablaufes des Pachtvertrages. 5) Modalitäten der Uebergabe und Rückgewähr des Pachtobjektes. 6) Besondere Bedingungen. Kaution. Schlichtung von Streitigkeiten durch Schiedsrichter.

IV. Anwendung von Grund und Boden in den Gewerken.

Der Landwirth hat keine Frage so sorgfältig zu erörtern, wie die von der zweckmässigsten Art der Anwendung des ihm zur Verfügung stehenden Landes. Welche Güter vorzugsweise zu erzeugen seien, wenn der möglichst hohe Reinertrag nachhaltig erzielt werden soll, dies ist die Kardinalfrage beim Beginn, wie bei der Fortführung jedes landwirthschaftlichen Betriebes. Zur sicheren Beantwortung dieser Frage bedarf es natur- und wirthschaftswissenschaftlicher Kenntnisse und Untersuchungen.

Unter den Gewerktreibenden haben nach beiden Richtungen hin höchstens die Baugewerktreibenden regelmässig gleich sorgfältige Untersuchungen anzustellen.

Bei den anderen Gewerktreibenden kommen solche Fragen nur etwa dann in Betracht, wenn es gilt, eine mit dem Grund und Boden verbundene besondere Naturkraft (z. B. Wasser-Kraft) zu verwerthen.

In der Regel ist für den Gewerktreibenden, sofern er Grund und Boden zu seinem Betriebe braucht, die Bestimmung, die Art der Anwendung, von vornherein klar vorgezeichnet.

Wo darüber ein Zweifel entstehen kann, welches die beste Art der Anwendung sei, kann man mit Bestimmtheit annehmen, dass das fragliche Land dem Gewerktreibenden nicht unentbehrlich ist.

Es kommt häufig der Fall vor, dass ein Gewerktreibender mit dem ihm unentbehrlichen Areal solches mit erwerben muss, welches er für seinen Betrieb nicht verwerthen kann. Dann handelt es sich darum, dieses Land (z. B. was Eisenbahnen ausser dem Bahnkörper, Bauunternehmer ausser den Bauplätzen, den Lagerplätzen u. s. w. mit erwerben müssen, weil der Eigenthümer auf Theilung sich nicht einlässt) anderweit zu verwerthen. Die Frage, ob das Areal besser verkauft, oder verpachtet wird, ist unter Berücksichtigung des Reingewinnes und nach anderen, nahe liegenden Rücksichten zu entscheiden.

Wäre z. B. anzunehmen, dass das fragliche Land doch später

einmal gut mit verwendet werden könne, so würde, selbst bei geringerem Reingewinne, die Verpachtung dem Verkaufe vorzuziehen sein. Oft kann sogar landwirthschaftliche Selbstbenutzung als einzige zweckmässige Verwerthungsart sich herausstellen.

Cap. 19.

Die Gebäude als gewerkliche Kapitalien.

1. **Verschiedenartige Zwecke der gewerklichen Gebäude.** In allen Fällen, wo von einem Gewerksbetriebe in unserem Sinne des Wortes die Rede ist, erscheint das Vorhandensein von Gebäuden als unerlässliche Bedingung des Betriebes.

Es sind drei Klassen von gewerklichen Gebäuden zu unterscheiden:

1) die grösste Klasse umfasst eigentliche **Häuser** mit dem gemeinschaftlichen **allgemeinen Zwecke des Schutzes gegen störende atmosphärische Einflüsse**.

In diese Klasse gehören die gewerklichen **Wohngebäude** ebenso, wie die **Arbeitsgebäude**, die **Vorrathsgebäude** und die **Maschinenhäuser**.

Je vielfacher störend die atmosphärischen Einflüsse einwirken, desto mannigfaltiger sind die Gebäudearten dieser Klasse und desto grössere Sorgfalt muss auf ihre Einrichtung verwendet werden.

Bald ist es die zusammenziehende Kraft der Kälte, bald die zerstörende atmosphärische Feuchtigkeit, bald die ausdehnende und austrocknende Kraft der atmosphärischen Wärme, bald ist es die Gewalt des Sturmes, bald die Gluth der Sonnenstrahlen, wogegen Arbeiter, Arbeits-Stoffe und Geräthe geschützt werden müssen.

Am umfänglichsten muss das Gebäudekapital dieser Klasse sein, wo alle jene Einflüsse zu verschiedenen Jahreszeiten einwirken.

Im hohen Norden ist der Schutz gegen die hohe Sommertemperatur,- im Süden, nahe dem Aequator, der Schutz gegen die winterliche Kälte nicht nöthig. Im Süden sehen wir daher auch, selbst bei grossen gewerklichen Unternehmungen, das Gebäudekapital dieser Klasse nur in geringem Umfange vertreten. Baumwollspinnereien in Hinterindien werden in grossen, von Bambuswänden umschlossenen, zeltartigen Räumen betrieben; auch ein sorgfältigerer Bau würde das rasche Eintrocknen und Verflüchtigen des Maschinenöls nicht verhindern.

In den mittleren Zonen muss bei der Einrichtung dieser Klasse von Gebäuden gegen alle die wechselnden Einflüsse der wechselnden Jahreszeit gleichzeitig gesorgt sein. Ungemein schwierig ist die Aufgabe, welche dem Architekten in dieser Beziehung gestellt ist. Mit dem möglichst geringen Aufwand soll er Gebäude herstellen, die gleich guten Schutz gegen die Kälte des Winters, die Hitze des Sommers, die Feuchtigkeit und die Stürme des Frühjahrs und des Herbstes gewähren, Räume, die kühl und luftig im Sommer, warm und luftig im Winter, trocken das ganze Jahr hindurch sind.

Die gewerklichen Gebäude dieser Klasse genügen aber auch dann noch keineswegs dem gewerklichen Bedürfnisse, wenn sie dem eben angegebenen allgemeinen Zwecke des Schutzes gegen atmosphärische Einflüsse vollkommen entsprechen.

Unerlässlich ist für alle Gebäude dieser Klasse die Forderung einer, je nach den verschiedenen Gebrauchsarten grösseren oder geringeren **Festigkeit, möglichster Dauerhaftigkeit und Feuersicherheit**.

Unerlässlich ist ferner, was insbesondere die gewerklichen **Wohngebäude** anbelangt, die Forderung der Wohnlichkeit und Bequemlichkeit; sie sollen den Bewohnern einen ebenso gesunden, wie behaglichen, Aufenthalt gewähren; sie sollen eine vortheilhafte Lage zu dem ganzen gewerklichen Etablissement haben. Unerlässlich ist weiter die Forderung, dass eigentliche **Arbeitsgebäude** auch das erforderliche Tageslicht gewähren;*) dass sie bequem übersehbare Arbeitsräume darbieten, dass ihre Einrichtung den Arbeitern zeitraubende Wege erspare. Die **Vorrathshäuser** ferner müssen so eingerichtet sein, dass auf möglichst kleinem Raume möglichst grosse Mengen in möglichst leicht zugänglicher Weise gelagert werden können; dass das Einbringen und Herausnehmen der Vorräthe mit thunlich-

---

*) Eugène Véron sagt a. a. O. S. 271: „Die Erkenntniss des grossen Vortheils reichlichen Tageslichts wirkt jetzt ganz entschieden auf die Konstruktion der Spinnereien und Webereien ein. An Stelle der grossen und vielstöckigen Gebäude, welche nur spärliches Seitenlicht gewähren, baut man jetzt — nach dem neuen Modell — nur Gebäude, die aus vier niedrigen Seitenwänden bestehen und ausser den Eingangsthüren keine seitlichen Oeffnungen haben, dagegen gänzlich mit Glas überdacht sind, welches überall das volle Tageslicht durchlässt. Der Vortheil des vollen Lichtes ist so beträchtlich, dass er, nach der Annahme vieler Fabrikanten, alle Nachtheile dieses Modelles aufwiegt, deren erheblichster bekanntlich in der Unbeständigkeit der Temperatur besteht."

ster Zeit- und Krafterparniss bewerkstelligt werden kann. Die Maschinenhäuser endlich müssen so angelegt sein, dass möglichst wenig Kraftübertragung nöthig ist, möglichst wenig Kraft verloren geht.

Durch das Verhältniss der verschiedenen Hochbauten eines geschlossenen gewerklichen Etablissements zu einander können Massen von Kräften vergeudet oder erspart werden.

2) Die zweite Klasse von Gewerksgebäuden bilden diejenigen Häuser, deren Zweck nicht sowohl in der Abwehr atmosphärischer Einflüsse, als vielmehr mitunter in der Ersetzung mangelnder solcher Einflüsse (man denke an Kunst-Trockenhäuser) oder in der Ermöglichung einer direkteren Einwirkung derselben (Luft-Trockenhäuser), bisweilen in der Herbeiführung gewisser technischer Einwirkungen bestehen, denen die Erzeugnisse, abgesehen von der menschlichen Arbeit, oder der Maschinenleistung ausgesetzt werden müssen.

Die Einrichtung ergiebt sich aus der technologischen Aufgabe.

3) Einen ähnlichen Zweck wie die zweite Klasse hat die dritte Klasse von Gewerksgebäuden, in welche Gebäude gehören, die man nicht als Häuser bezeichnen kann. z. B. Brennöfen, Lohgruben, Schlemmwerke, Wasserleitungen, Wehre u. s. w. Auch die Einrichtung dieser Gebäude muss lediglich der technischen Bestimmung entsprechen.

II. Erwerbung der gewerklichen Gebäude. Wie bei dem Grund und Boden, so ist auch bei gewerklichen Gebäuden die Erwerbung auf dem Wege des Kaufhandels, oder die Erwerbung zu Eigenthum überhaupt (also auch die Herstellung auf eigene Rechnung) die weitaus gewöhnlichste Erwerbungsart.

Anlangend die Herstellung auf eigene Rechnung, so empfiehlt sich der Selbstbau (unter selbständiger technischer Leitung des Unternehmers) im Vergleich mit der Veraccordirung nur da, wo der Unternehmer selbst vollkommen sachverständig ist, und die Projektirung sowie Leitung des Baues der Erfüllung seines gewerklichen Hauptberufes keinen Eintrag thut.

Der Kleingewerktreibende, der zur Miethe wohnt, pflegt auch die Werkstätte mitzumiethen; der Grossgewerktreibende, der ein ganzes Etablissement pachtet, pachtet auch die Gebäude mit.

Bisweilen macht es sich wohl auch für den selbstwirthschaftenden

Eigenthümer nöthig, oder liegt es doch in seinem Interesse, ein oder das andere Gewerksgebäude zu miethen, statt es zu kaufen, oder auf eigene Rechnung zu bauen.

So sind z. B. Bauunternehmer, wenn sie genöthigt sind, ihr Gewerke gleichzeitig an verschiedenen Orten auszuüben, häufig in der Lage, Gewerks-Gebäude oder. Räume (Zeichensäle, Bureaux, Vorrathsschuppen) zu miethen. Ankauf solcher Gebäude würde bei der kurzen Zeit der Benutzung in der Regel nicht lohnen. Selbstherstellung für so vorübergehende Zwecke ist zwar oft geboten (namentlich bei Strassenbauten in schwach bewohnten Gegenden); wo sie es aber nicht ist, und füglich die nöthigen Lokalitäten miethweise erworben werden können, empfiehlt sich die miethweise Erwerbung, mit Rücksicht auf die Kosten, in den meisten Fällen.

Immerhin bleibt die Ermiethung von Gewerksgebäuden, wenigstens in der Grossindustrie, doch die seltene Ausnahme. Wo sie verhältnissmässig am häufigsten vorkommt, eben bei den Baugewerken, spielt das Gebäude-Kapital überhaupt meist eine nur untergeordnete Rolle.

Das Maximum des Miethpreises, welchen der Gewerkstreibende füglich bewilligen kann, ist gleich dem Reingewinne, den er durch Anwendung des fraglichen Gebäudes zu erzielen erwarten darf. Auf einen höheren Miethpreis einzugehen dürfte er sich nur dann entschliessen, wenn ihm lediglich die Wahl bliebe zwischen Selbstbau oder Kauf einer- und Ermiethung andererseits, der Selbstbau oder Kauf aber noch grössere Opfer fordern würde, als die Ermiethung zu einem offenbar zu hohen Preise.

In dem Miethvertrage ist, ausser den für jeden solchen Vertrag überhaupt wesentlichen Punkten (vergl. Capitel 18. sub III.) festzustellen, welchem von beiden Kontrahenten die Pflicht der baulichen Unterhaltung und der Versicherung gegen Feuerschaden obliegen soll. Liegen beide Lasten dem Miether ob, so muss der Miethpreis um den Betrag der Erhaltungskosten und der Versicherungsprämie niedriger sein, als im anderen Falle. Der Mangel unzweideutiger Bestimmungen über diesen Punkt bietet besonders häufig Anlass zu Streitigkeiten zwischen Miethern und Vermiethern.

Bei der Erwerbung der Gebäude auf dem Wege des Kaufhandels, wie bei der Erwerbung derselben für eigene Rechnung, ist je der besondere Zweck, dem die Gebäude dienen sollen, gewissenhaft im Auge zu behalten. Gebäude, welche den Zweck nicht vollständig erfüllen, oder das Bedürfniss überschreiten, also z. B. zu fest, zu massiv, zu geräumig sind, thun dem Reingewinn Abbruch, indem sie entweder den Betrieb hemmen, oder einen zu hohen Kapitalaufwand repräsentiren.

Wo vorhandene Gebäude, sei es zugleich als Zubehör eines ganzen Etablissements, sei es allein, als Gewerksgebäude käuflich erworben werden sollen, ist auf das Sorgfältigste zu erwägen, ob das in ihnen repräsentirte Kapital nicht über den speziellen gewerklichen Bedarf hinausgeht.

Ebenso muss, wo man solche Gebäude für eigene Rechnung erst selbst herstellt, der Zweck derselben für die Bauart, Einrichtung, Grösse und Zahl die oberste Norm bilden.

Bei der Berechnung des Bedarfes an gewerklichen Gebäuden und bei der Veranschlagung des Kauf- oder des Baupreises für dieselben müssen alle nichtgeschäftlichen Rücksichten in den Hintergrund treten.

Aber die Rücksichten auf Wohnlichkeit, insbesondere Helligkeit, Geräumigkeit der Wohngebäude, selbst insoweit diese letzteren lediglich als Kapital zu betrachten sind, ferner auf Helligkeit, Behaglichkeit der Arbeitsräume, ist auch eine geschäftliche Rücksicht. Man kann mit den nämlichen, oft mit geringeren Mitteln, wie hässliche, auch schöne Gewerksgebäude herstellen. Unzweifelhaft sind die letzteren in jeder Beziehung den ersteren vorzuziehen.

Weil man den Zweck der Gebäude nie aus dem Auge lassen darf, empfiehlt es sich, insoweit dies irgend angeht, bei der Veranschlagung des Kaufpreises gewerklicher Gebäude von der Berechnung nach Maassgabe des Reinertrags auszugehen.*)

Wer einen Komplex von Gewerksgebäuden immer nur nach den Herstellungskosten veranschlagen, und nach dem Ergebnisse dieser Rechnung kaufen wollte, würde häufig zu theuer kaufen. Denn ein solcher Gebäude-Komplex enthält oft Gebäude, die für die gewerklichen Zwecke des Käufers gar nicht zu gebrauchen sind, oder zu ihrer gewerklichen Bestimmung mehr als ausreichen. Will man den

---

*) Welcher Zinsfuss bei der Kapitalisirung dieses Ertrages anzuwenden, richtet sich nach der voraussichtlichen Dauer der Gebäude. Der Kaufpreis muss durch den Reinertrag und dessen Zinsen während der Dauer der Anwendbarkeit der Gebäude amortisirt werden.

richtigen Kaufpreis finden, so darf dieses Plus ebensowenig, wie jene überzähligen Gebäude in Anschlag kommen. Das mitveranschlagte und mit erkaufte Plus würde sich hier wie dort als eine Last, als ein „zehrendes Kapital" herausstellen, da der Kaufpreis auch für dieses Plus verzinst, und noch überdies der Unterhalt bestritten werden muss.

Ein Komplex von gewerklichen Gebäuden, welcher bei Schätzung nach den Herstellungskosten auf 100,000 Fr. zu stehen käme, würde zu diesem Preise vielleicht um 25 oder 30 pCt. zu theuer erkauft werden, wenn es sich herausstellte, dass einzelne mitveranschlagte Gebäude für den fraglichen Gewerksbetrieb ganz überflüssig, oder alle für die Verhältnisse des betreffenden Unternehmens viel zu geräumig, oder viel zu prachtvoll sind. Wirklich überflüssige Gebäude des Komplexes könnte man höchstens zum Abbruchspreise kaufen.

III. **Anwendung der gewerklichen Gebäude.** Der in Gebäuden bestehende Theil des gewerklichen Kapitals ist ein verhältnissmässig so beträchtlicher,*) dass die pflegliche Benutzung desselben dringend geboten erscheint.

Es ist wesentlich mitentscheidend für den Reinertrag der Unternehmung, ob mit diesem beträchtlichen Kapital sorglich oder leichtfertig umgegangen wird.

Leicht steigen bei Vernachlässigung der Gebäude, bei Versäumnisss rechtzeitiger Ausbesserung (z. B. der Dachungen) die Erhaltungskosten um das Drei- und Vierfache desjenigen Maasses, auf welches sie bei gehöriger Sorgfalt beschränkt sein könnten.

Zwar sind an sich zweckmässig angelegte gewerkliche Gebäude dem Abnutz viel minder unterworfen, als viele andere Theile des stehenden Kapitales. Aber bei den Gebäuden entziehen sich auch kleine Schäden der Entdeckung viel leichter, als z. B. bei den Ge-

---

*) Eine dem Verfasser vorliegende Berechnung des Kapitalbedarfs einer auf 5000 Bair. Scheffel Malzverbrauch eingerichteten bairischen Maschinenbrauerei weiset einen Gesammtbedarf an Grundkapital von 350,000 Fl. auf, und davon kommen $\tfrac{4}{7}$ bis $\tfrac{5}{7}$, also 200,000 bis 250,000 Fl. lediglich auf die Gebäude. — Nach Engel „Die Baumwollenspinnerei im Königreich Sachsen." Dresden. Rudolph Kuntze. 1856. S. 27 ff. — ward 1855 das Gesammt-Anlage-Kapital von 136 Sächsischen Spinnereien auf 5,511,915 Thlr. oder 9.94 Thlr. pro Spindel, das in den Spinnereigebäuden repräsentirte Kapital aber auf 1,477,850 Thlr. oder 2.66 Thlr. pro Spindel, das in Dampfkessel- und Dampfmaschinen-Gebäuden festgelegte auf 37,750 Thlr. oder 0.07 Thlr. pro Spindel veranschlagt.

räthen und Maschinen, und es bedarf, um solchen Schäden vorzubeugen, oder, um zu verhüten, dass sie grösser werden, einer fortwährenden Aufmerksamkeit und sorgfältigen Kontrole. Durch rechtzeitige Abhülfe solcher kleinen Schäden können oft grosse und kostspielige Reparaturbauten erspart werden.

Vor Allem aber dient es wesentlich zur Erhaltung der Gebäude, wenn dieselben stets auf das Gewissenhafteste gesäubert werden. Nichts nutzt selbst massive Gebäude so rasch ab, als Unsauberkeit.

Reinlichkeit und Ordnung verlangen zwar viel Zeit und viel Arbeitskräfte; aber diese Aufwände an Zeit und Arbeit tragen unvermerkt hohe Zinsen, allerdings nur in Form einer Minderausgabe.

Diese Erheblichkeit des Gebäudekapitals und die auf keine Weise gründlich zu beseitigende Zerstörbarkeit desselben durch Feuersbrunst mahnt dringend zur Versicherung der Gebäude gegen Verlust durch Feuerschaden und zwar ausnahmslos in allen Fällen, wo nicht die sogenannte Selbstversicherung rechnerisch sich mehr empfiehlt. (Vergl. Cap. 17. oben.)

Repräsentiren die Gebäude im einzelnen gegebenen Falle ein verhältnissmässig sehr beträchtliches Kapital, so verursacht die Versicherung zwar eine grosse Ausgabe; aber es werden damit auch entsprechend grosse Vortheile erkauft. Die Ausgabe wird um so grösser, je feuergefährlicher der Betrieb sich darstellt, je weniger die Bauart und die Einrichtung sowie die Lage der Gebäude Garantieen gewährt gegen umfangreiche und stark ruinöse Feuersbrünste.

Was den Betrieb selbst anbelangt, so lassen sich die hiervon herrührenden Gefahren eben so wenig wie die der Lage unter allen Umständen willkürlich und vollständig beseitigen.

Anlangend aber die Bauart und die Einrichtung der Gebäude, so hat es der Unternehmer allerdings, namentlich wo er neu baut, in der Hand, sich eine jährlich wiederkehrende und stark in's Gewicht fallende Prämien-Mehrausgabe zu ersparen.

Muss man für die Versicherung eines Gebäude-Komplexes im Preise von 200,000 Fr. $6°/_{00}$ = 1200 Fr. Prämie zahlen, so summirt sich diese Ausgabe in 10 Jahren mit Zinsen und Zinseszinsen schon auf beinahe 16,000 Fr. Würde man vielleicht mit einem Mehraufwande von 6000 Fr. sich feuersicherer eingerichtet haben, so würde man vielleicht nur $3°/_{00}$ Prämie zu zahlen gehabt und sich zugleich in höherem

Maasse vor dem Eintritt von Betriebsstörungen, die ein Brandschaden stets im Gefolge hat, geschützt haben.

Lediglich, um an der Prämie zu sparen, veranlasst dazu von dem in unserer Zeit mit grösserer Rücksichtnahme auf die Resultate der Schädenstatistik betriebenen Feuerversicherungsgeschäft, richten sich daher auch jetzt überall da, wo das letztere sich gesund entwickelt hat, vielfach Fabrik-Etablissements mit Aufwand aller zu Gebote stehenden technischen Hülfsmittel möglichst feuersicher ein.

Die Feuerversicherungsprämie ist ein Preis, der dem Gesetz der Konkurrenz unterliegt, wie jeder andere. Auch auf Gegenseitigkeit beruhende Feuerversicherungsanstalten können sich jenem Gesetze keineswegs völlig entziehen. Nur bei völliger Freiheit der Konkurrenz stellt sich der angemessene Preis heraus.

Wie bei der Feuerversicherung überhaupt, so hat man namentlich bei der Gebäudeversicherung häufig die Freiheit der Konkurrenz aus Gründen der „Staatsfürsorge" vielfach beschränkt. Insbesondere diesen Zweig der Versicherung behält sich häufig die Staatsregierung sogar ausschliesslich vor. Wir finden wenigstens in vielen deutschen Staaten gesetzlichen Zwang zur Gebäude-Versicherung und meist daneben monopolisirte Staatsversicherungsanstalten.

Im Interesse einer angemessenen Preisstellung muss auch hier der Gewerktreibende für völlige Befreiung der Konkurrenz plaidiren, nicht nur für Aufgabe des Staatsversicherungsgeschäfts, sondern auch für die Beseitigung des Konzessionswesens.*)

---

*) Vergl. des Verfassers Aufsätze über „Feuerversicherung" und „Versicherungswesen" in Rentzsch Handwörterbuch der Volkswirthschaftslehre. — Knoblauch, Fehler und Mängel des deutschen Versicherungsrechts. Magdeburg 1865. — Im Durchschnitt der Jahre 1856—1865 betrug die Versicherungssumme der bei deutschen öffentlichen (Staats- oder Korporations-) Anstalten versicherten Gebäude 8,766,603,806 Thlr. Die Durchschnittsprämie betrug zwar nur 1 Thlr. 25 Sgr. 10 Pf. $^o/_{oo}$, erhob sich aber bei einigen Anstalten über 2, ja 3 $^o/_{oo}$, bei einer sogar auf 6 Thlr. 27 Sgr. 11 Pf. $^o/_{oo}$ und zeigte von Anstalt zu Anstalt erhebliche Verschiedenheiten, welche nicht nur auf Gefahrsverschiedenheiten beruhen können.

Cap. 20.

Rohstoffe und Hülfsstoffe als gewerbliche Kapitalien.

I. **Zweck und Bedeutung der Roh- und Hülfsstoffe.** Keine der oben (Cap. 13.) von uns aufgeführten Kapitalgattungen ist für irgend welchen Gewerbsbetrieb entbehrlich. Hinsichtlich der grösseren oder geringeren Entbehrlichkeit giebt es keinen Rangunterschied unter jenen Gattungen. Könnte man aber einen solchen Rangunterschied begründen, so läge es nahe, der Gruppe der Roh- und Hülfsstoffe, welcher die Kapitaleigenschaft recht eigentlich an die Stirn geschrieben ist, den ersten Rang einzuräumen.

Der Zweck und die Bedeutung dieser Stoffe ergiebt sich unmittelbar aus dem im Cap. 1. entwickelten Begriff der Gewerke, da dort Gewerke genannt wurden „diejenigen Gewerbe der Gütererzeugung, welche sich mit der chemischen und/oder mechanischen Umwandlung, bezüglich der gewerblichen Verwendung der von den okkupatorischen und/oder Landbaugewerben erzeugten Güter beschäftigen."

Die von den okkupatorischen und den Landbau-Gewerben erzeugten Güter bilden eben die Roh- und Hülfsstoffe der Gewerke.

Dabei ist nur nicht zu vergessen, dass oft als Rohstoffe für die eine Industrie fertige Erzeugnisse der anderen, also keineswegs für alle Gewerke lediglich eben aus der Hand der okkupatorischen oder Landbau-Gewerbe hervorgegangene Güter zu betrachten sind. (Leder in der Lacklederfabrikation; Garn in der Weberei; Stabeisen im Maschinenbau.)

Der Zweck ist immer „Verwendung zu neuen Erzeugnissen". Die Bedeutung besteht in der ausnahmslosen Unentbehrlichkeit.

II. **Erwerbung der Roh- und Hülfsstoffe.** Die Erwerbung auf dem Wege des Miethhandels ist bei dieser Kapitalgattung ausgeschlossen. Was man nicht gebraucht, sondern verbraucht — daran muss man unter allen Umständen Eigenthum erwerben; die nothwendige und beabsichtigte Zerstörung der Substanz in ihrer dermaligen Beschaffenheit schliesst die Beschränkung auf Erwerbung von Nutzungsrechten aus.

Abgesehen von dem Falle der Selbsterzeugung (z. B. in der Rübenzuckerfabrikation u. s. w.), wo aber rechnerisch auch die Person des Erzeugers von der des Verarbeiters getrennt, dieser als

Käufer, jener als Verkäufer aufgefasst werden muss, ist der Kaufhandel hier die einzig rationelle Erwerbungsart.

Die Erwerbung auf dem Wege der Selbsterzeugung widerspricht dem Gesetze der Arbeitstheilung, und kann daher nur ausnahmsweise, z. B. bei'm Kleinbetriebe, (der auf dem eigenen Felde gewonnene Flachs wird in sonst arbeitsloser Zeit im Hause des Bauern versponnen, das Gespinnst daselbst verwoben), oder bei solchen Industriezweigen, deren Hauptbedeutung darin liegt, dass sie schwer transportable Güter transportabel machen, (der Forstmann zugleich Schneidemüller; der Thongräber zugleich Ziegelbrenner, Töpfer, Porzellanfabrikant; der Bergmann zugleich Hüttenmann) gute Früchte tragen.

Mit der Landwirthschaft werden industrielle Thätigkeiten — wie Kalkbrennerei, Bierbrauerei, Sprit-, Zucker-Fabrikation — oft vortheilhaft verbunden, nicht, weil für die Zweige, in denen dies vorkommt, der Landwirth als solcher technisch besonders befähigt sein müsste, sondern theils zur besseren Ausnutzung der vorhandenen Kräfte, theils zur besseren Verwerthung schwertransportabler Erzeugnisse, theils, weil die Rückstände dem Hauptgewerbe unentbehrlich sind.

Wo aber auch immer im Grossen die Erzeugung und die Verarbeitung, bezüglich Verwendung der Roh- und Hülfsstoffe in der Hand des gleichen Unternehmers liegt, muss doch, wie schon angedeutet, nicht nur rechnerisch, in der Buchführung, der Unternehmer als Käufer und Verkäufer jener Stoffe dargestellt werden, sondern macht sich auch meistens eine Theilung der Leitungsarbeiten nöthig, die um so vollständiger durchgeführt werden muss, je mehr die betreffenden Betriebszweige verschiedenartiger Vorbildung bedürfen, und je ausgedehnter der Betrieb ist. —

Um die angemessenen Kaufpreise der Roh- und Hülfsstoffe zu ermitteln, muss der Unternehmer sich zwar vor allen Dingen fragen, welcher Gewinn durch die Verarbeitung und bezüglich Verwendung der verfügbaren Stoffe verdient werden könne.

Allein durch die Beantwortung dieser Frage wird doch höchstens die Grenze bestimmt, bis zu welcher ein Preisangebot wirthschaftlich gerechtfertigt ist.

Bei den meisten Roh- und Hülfsstoffen der Industrie stellen sich durch vielfältige Konkurrenz Marktpreise fest, und diese bilden eine unumstössliche Norm.

Es fragt sich nur:
1) Von wo sollen die fraglichen Stoffe bezogen werden?
2) Wie vermag man sich, auch bei feststehendem Marktpreise, schon bei'm Einkaufe der Konkurrenz gewachsen zu machen?

Anlangend die erste dieser Fragen, so bietet sich bei einigermassen ausgebildeten Verkehrsverhältnissen dem Gewerksmann nicht zwar für alle, aber doch für die meisten Roh- und Hülfsstoffe ein ausgedehnter und mannigfaltiger Bezugsmarkt dar. Auch kann er sich Preiskourante von aller Welt Enden, so wie Proben und alle diejenigen Materialien, die zur Grundlage der Kalkulation dienen, auf's Leichteste verschaffen.

Eine richtige, alle in Betracht kommenden Verhältnisse sorgfältig erwägende Kalkulation wird über die beste Bezugsquelle keinen Zweifel lassen.

Es kommt aber in Betracht: a) die für den Betrieb entsprechendste Qualität der Roh- und Hülfsstoffe; b) die Preisverschiedenheiten bei gleich entsprechender Qualität; c) die Unterschiede im Betreff der Sicherheit, Schnelligkeit, Bequemlichkeit, sowie der Kosten des Bezuges von dem fraglichen Orte.

Man kann nur an eine solche Bezugsquelle denken, wo die beste, d. h. die für den fraglichen Betrieb passendste, Waare zu haben ist. Unter denjenigen Bezugsquellen, die sich in dieser Beziehung gleichstehen, kann nur diejenige gewählt werden, wo man am billigsten einkaufen und von wo man am billigsten beziehen kann.

Bei schwerwiegenden Stoffen, z. B. der Kohle, kommt selbstverständlich der Transportpreis oft bei Weitem mehr in Betracht, als der Loko-Verkaufspreis. Von zwei Kohlenzechen, auf denen der Zechenpreis gleich guter Kohle um 25 pCt. differirt, wäre es verkehrt, diejenige zu wählen, an welcher der Preis der niedrigere ist, wenn der Frachtpreis für die Kohlen, welche man von dort bezieht, um 60 pCt. theurer wäre*).

---

*) Welche wichtige Rolle gerade bei der Kohle der Frachtpreis spielt, geht aus Folgendem hervor: Berlin ist von dem oberschlesischen Kohlenrevier 72.9, Wien nur 55.3 Meilen entfernt; es kostete aber der Ctr. gute oberschlesische Stückkohle im Jahre 1863 in Berlin 42.9, in Wien dagegen 93.8 österr. Kreuzer. In Triest kostet Ostrauer Kohle Fl. 1.72, bessere englische Kohle nur 1 Fl. Papier pr. Zollctr. — Peez u. Pecher. Die österr. Kohlentarife. Wien 1865. Verlag des Vereins der österr. Industriellen.

Gesetzt, auf der Zeche A. kostet der Ctr. $10x$; auf der Zeche B der Centner gleich guter Kohle $7.5x$; die Transportkosten von A nach C, dem Orte der Unternehmung, betragen aber $7.5x$, von B nach C dagegen $12x$, so beträgt der Preis

von A-Kohlen in C . . $10 + 7.5 = 17.5x$.
„ B- „ „ C . . $7.5 + 12 = 19.5x$.

Es kann kein Zweifel sein, dass man, trotz des höheren Zechenpreises, von A beziehen muss.

Bei den meisten Roh- und Hülfsstoffen sind nun freilich die einzelnen Posten, welche bei der zum Behufe der Ermittelung des richtigen Bezugsplatzes anzustellenden Kalkulation in Betracht kommen, sehr komplizirt.

Gesetzt, eine Mainzer Meubles-Fabrik wolle Mahagoniholz beziehen. Sie fände die Preise notirt

In Rotterdam	In Bremen	In Hamburg
zu 35 Fl.	zu Ldor. Thlr. 17.29 grte.	zu 38 Mrk. Bco.

per 100 Kubikfuss.

Aus dieser Vergleichung ergiebt sich, auch ganz abgesehen von den Transportkosten, noch keineswegs, ob sich wirklich von Hamburg am billigsten beziehen liesse, wie es den Anschein hat. Es fragt sich, wie hoch sich die Einkaufs-Kommission an den drei verschiedenen Plätzen stellt; es fragt sich, ob nicht eine Verkaufssteuer an einem dieser Plätze besteht, die den Ankauf vertheuert; es fragt sich, ob nicht etwa augenblicklich der Geldkurs sehr niedrig steht; es fragt sich, wie Wechsel auf einen oder den anderen dieser Plätze augenblicklich zu kaufen sind.

Und nun kommen erst noch die Frachtkosten und die sonstigen Transportspesen in Betracht. Auch diese setzen sich wieder aus den verschiedenartigsten Posten zusammen, als da sind: die Speditionsgebühr, der Zoll, das Krahn- und Waagegeld, die eigentliche Fracht, die Fracht vom Bahnhof oder dem Hafen in die Fabrik, der Zinsverlust, der sich höher herausstellt bei längerem, als bei kürzerem Transport.

Wenn der Preiskourant unzweifelhaft für Hamburg spricht, so kann vielleicht schliesslich die Kalkulation doch Rotterdam oder Bremen als den richtigeren Bezugsplatz herausstellen.

Oft aber, wenn grosse Eile Noth thut, kann sogar ein benachbarter Binnenort, vielleicht eine Holzhandlung in Mainz selbst, die richtige Bezugsquelle sein — trotz des viel höheren Preises. Eine solche, wenn nur solide, Handlung am Orte selbst würde sogar, wenn es sich um kleine Bezüge handelte, stets der richtige Bezugsort sein. Denn, da sie im Grossen einkauft, und stets über die Preise orientirt ist, wird sie kleine Quantitäten billiger liefern können, als der Gewerktreibende sie sich vom Seeplatze verschaffen könnte. Gewisse Kosten sind bei kleinen Quantitäten gleich gross, also im Verhältniss zum Preise grösser, als bei grossen.

Anlangend die zweite der obigen Fragen, so ist es klar, dass man sich jeder Konkurrenz am besten gewachsen macht, wenn man es dahin bringt, **gleich gute, vielleicht bessere Erzeugnisse, als sie, mit durchschnittlich geringeren Auslagen herzustellen.**

Denn dann kann man die Preisforderung der Konkurrenten unterbieten. Hätte man z. B. zur Herstellung eines Centners einer gewissen Waare an Roh- und Hülfsstoffen für Fr. 1. — weniger gebraucht, als die Konkurrenten, so könnte man bei im Uebrigen gleich hohen Kosten, bei gleich guter Qualität der Waare und gleich günstiger Marktlage, den Ctr. um Fr. 1. — billiger lassen, und dabei den nämlichen Reingewinn erzielen, wie die Konkurrenten bei einem um Fr. 1. — höheren Preise.

Nun aber liegt die Möglichkeit jener Kostenersparniss keineswegs immer darin, dass man die Roh- und Hülfsstoffe auf dem billigeren Markte kauft, oder sie mit absolut billigeren Transportkosten bezieht, als die Konkurrenten. Häufig vielmehr liegt sie nur in der **besseren Waarenkenntniss, dann in dem Ankauf im Grossen und endlich in der Gewohnheit der Baarzahlung.**

Die genaue Waarenkenntniss ermöglicht es, dass man stets nur Prima-Qualität bekommt, und **Prima-Qualität in Rohstoffen und Hülfsstoffen kaufen, heisst, an Rohstoffen und Hülfsstoffen sparen.**

Der Minderpreis geringerer Qualität steht bei diesen Stoffen meist nicht im Verhältniss zur minderen Leistungsfähigkeit. Oft ist eine nur um 25 pCt. billigere Waare um 40 — 50 pCt. minder ausgiebig, minder leistungsfähig, als eine um 25 pCt. theurere. Man kann also vermöge einer genauen Waarenkenntniss effektiv mehr bezahlen, als die Konkurrenten und dabei doch billiger kaufen, als sie.

Der Ankauf der Roh- und Hülfsstoffe im Grossen hat überall da, wo dieselben dem Verderb nicht ausgesetzt sind, oder durch rationelle Mittel davor geschützt werden können, den gewissen Vorzug, dass man im Grossen immer billiger einkauft und bezieht, als im Kleinen; dass man ungünstige Preiskonjunkturen ruhig mit ansehen, dass man lange Zeit Stoffe der nämlichen Qualität verarbeiten, dass man einer rasch und mächtig anwachsenden Nachfrage nach fertigen Erzeugnissen ein starkes Angebot entgegensetzen kann, und dass man nicht so häufigen Betriebsstörungen ausgesetzt ist, wie sie bei stets verhältnissmässig kleinem Vorrathe unausbleiblich sind.

Vorsehen muss man sich freilich, dass der grosse Vorrath nicht gerade zu einer Zeit wieder ergänzt werden muss, wo die Preise aussergewöhnlich, und voraussichtlich nur auf so kurze Zeit, dass die Preise der Erzeugnisse nicht gleichmässig steigen, hoch stehen. Hätte man versäumt, zur rechten Zeit zu kaufen, und stiegen nun die Preise erheblich, so würde man zeitweise — bis bessere Konjunkturen eintreten — von dem Prinzipe des Einkaufs im Grossen abgehen müssen.

In einem wichtigen Industriezweige — in der Baumwollenspinnerei — sind die kontinentalen Unternehmer wegen der Entfernung vom Baumwollenmarkte genöthigt, verhältnissmässig viel grössere Baumwollenläger zu halten, als die englischen. Man sieht dies gewöhnlich als eine besondere Ungunst der Lage an. Die Baumwollenkrisis, welche im Jahr 1861 begann, hat indess dargethan, dass das Lagerhalten grosse Vorzüge gewährt. Die Noth war geringer auf dem Kontinent, als in England; nicht blos, weil dort die Baumwollenindustrie minder konzentrirt, minder ausgebildet ist, wie hier, sondern sie war verhältnissmässig geringer, weil die kontinentale Spinnerei länger mit alten Vorräthen arbeiten, meistentheils selbst in der schlimmsten Zeit mit halber oder Viertelskraft fortarbeiten konnte.

Es kann eingewendet werden, dass das „Imgrossenkaufen" und das „Lagerhalten", ganz abgesehen davon, dass es, wenn auch nicht im Ganzen, so doch für den Anfang, für einmal, grössere verfügbare Geldmittel erheischt, auch einen grossen Zinsverlust im Gefolge hat.

Dieser Zinsverlust wird aber, wenn billig eingekauft wurde und die Preise in die Höhe gehen, reichlich aufgewogen durch den Gewinn am Preise, und in allen Fällen wird er aufgewogen durch die

Vortheile eines stets gefüllten Roh- und Hülfsstoff-Speichers, sowie durch den Preisgewinn, den der Engros-Einkauf gewährt.

Julius Faucher, der in einem Aufsatze über die „Baumwollennoth"*) als wirksamstes Mittel, einem solchen Mangel an Baumwolle, wie wir ihn in Folge des Amerikanischen Krieges erlebt haben, zu begegnen, das grössere Vorrathhalten anempfiehlt, kommt auch auf den damit verbundenen Kostenaufwand und Zinsverlust zu sprechen. „Wie viel Vorrath müsste" — fragt er — „in Spinners Händen stets gehalten werden, um der Wiederkehr des „cotton famine" mit allen seinen Schrecken und Verlusten vorzubeugen?" Er nimmt die durchschnittlich erforderliche Speicherung für ganz Europa gleich einem Jahresverbrauche aller Arten an, und rechnet nun folgendermaassen:

„4,000,000 Ballen Baumwolle zum Durchschnittspreise von 6 Pence das Pfund für den ersten Käufer auf Spekulation macht für die Speicherung ein Kapital von 40,000,000 Pfd. St. nothwendig, welches 2,000,000 Pfd. St. an Zinsen verschlingt. Der nothwendige Speicherraum berechnet sich — 36 Kubikfuss für den Ballen angesetzt, und 14 Kubikfuss für den für die Zugänglichkeit nöthigen Raum — auf 200 Millionen Kubikfuss. Nehmen wir den durchschnittlichen Speicherquerschnitt zu 5000 Quadratfuss an — 50 Fuss hoch, 100 Fuss breit — so erhalten wir 40,000 laufende Fuss an dergleichen Speicherbaulichkeit. Die Herstellungskosten des laufenden Fusses zu 250 Pfd. St. gerechnet, giebt an nöthigem Kapital für Speicherbau noch 10 Millionen Pfd. St., so dass 2,500,000 Pfd. St. an Zinsen verschlungen würden."

„Eine grosse Summe! Nichtsdestoweniger aber eingebracht, sobald das Pfund Baumwolle von 5 Sgr. auf 5 Sgr. 4 Pf. steigt! Und zwischen 1861 und 1862 ist der Preis von 5 Sgr. auf 20 Sgr. gestiegen! Also doch keine grosse Summe, den wirklichen Verhältnissen gegenüber. Nur ein solches Jahr unter 43 Jahren, und die Kosten sind eingebracht."

Man kann weiter einwenden: Im Grossen einkaufen und Vorrath halten — das geht nicht bei allen Rohstoffen und Hülfsstoffen. Dies muss zugegeben werden. Es giebt Waare, die überhaupt nur kurze Zeit sich halten lässt, wie z. B. frisches Obst. Es giebt Waare,

---
*) Vierteljahrsschrift für Volkswirthschaft und Kulturgeschichte. Berlin. F. A. Herbig. Jahrg. 1863. I. Band.

welche zwar längere Zeit gehalten werden kann, aber dabei auch an Brauchbarkeit einbüsst, wie Hopfen, Steinkohlen u. s. w. Es giebt Waare, die nur gut erhalten werden kann durch sorgfältige Bearbeitung auf dem Speicher, z. B. Korn. Es giebt Waare, welche bei'm Speichern nicht sowohl an Qualität, als an Quantität einbüsst, welche zehrt, wie z. B. Erdöl, Weingeist. Es giebt Waare, die, weil sie nicht aufeinandergepackt werden darf, grossen und kostbaren Speicherraum für gegebenen Preis fordert. Es giebt endlich Waare, welche hohe Feuerversicherung und andere, welche beständige Bewachung nöthig macht.

Alles dies muss zugegeben werden. Aber die Regel bilden Rohstoffe und Hülfsstoffe, bei denen von Alledem nicht die Rede ist, und, was die Ausnahmen anbelangt, so sind Industrieen, welche mit Roh- und Hülfsstoffen, die der Lagerung widerstreben, arbeiten, des Vortheiles, der aus dem Einkauf im Grossen entspringt, nicht theilhaftig, oder sie müssen auf Mittel sinnen, die natürlichen Hindernisse längerer Lagerung zu beseitigen, oder thunlichst abzuschwächen. —

Auch in der Gewöhnung an Baarzahlung liegt ein erheblicher Vortheil bei'm Einkauf.

Der Vortheil liegt auf der Hand. Der baarzahlende Kunde wird stets besser und billiger bedient, als der Kunde, dem man kreditiren muss. Wäre es nur der Zins, welchen der kreditirende Verkäufer auf den Preis schlagen muss — nun, wer baar bezahlt, macht sich eben auch des Anspruches auf Zinsen von dem gezahlten Kapital verlustig. Aber es ist mehr, als der einfache Zins, was man dem kreditirenden Verkäufer bezahlen muss; er verlangt einen Zins mit Assekuranzprämie; denn er läuft das Risiko, gar nicht bezahlt zu werden. Erhält er baare Zahlung, so darf er nicht nur um den Betrag des Zinses und der Versicherungsprämie, sondern noch um einen weiteren Betrag billiger liefern, weil ihn die stete Verfügung über baare Mittel in den Stand setzt, bei'm Ankauf der Waaren, oder bei'm Einkauf Dessen, was er zur Herstellung der Roh- und Hülfsstoffe bedarf, je die günstigsten Konjunkturen zu benutzen.

Thunlichst im Grossen kaufen, nur das Beste kaufen, baar zahlen und Vorrath halten — das sind Mittel, welche konkurrenzfähig machen.

Es gehören dazu nicht grössere, sondern geringere verfügbare Mittel, als zum gegentheiligen Verfahren. Aber freilich: die Mittel müssen gleich bei'm ersten Beginne des gewerklichen Unternehmens verfügbar sein. Hätte man sie da nicht für ein grosses Geschäft, so wäre dies eine beachtenswerthe Mahnung zum Beginn im Kleinen. Beginnt man erst im Kleinen, nur das Beste zu kaufen, es im Ganzen zu kaufen, es baar zu bezahlen, Vorrath davon zu halten, so wird man dann um so rascher und sicherer zum Grossbetrieb übergehen können.

III. **Anwendung der Roh- und Hülfsstoffe.** Es liegt nicht in der Natur des grossen Vorrathes im Verhältniss zum kleinen, wenn mit ersterem minder sparsam umgegangen wird. Im Gegentheil: mit grossen Vorräthen kann man viel besser sparen, als mit kleinen. Es giebt da nicht so viele unverwerthbare Reste. Aus einem Stück Tuch kann man vielleicht 10 Röcke machen, und es bleibt dann ein Rest für $\frac{1}{4}$ Rock; aus einem viermal grösseren Stück Tuch kann man 41 Röcke machen, und es bleibt dann gar kein unverwerthbarer Rest.

Die erste, hinsichtlich der Anwendung der Roh- und Hülfsstoffe aufzustellende Regel, die der Sparsamkeit, harmonirt daher vollständig mit der hinsichtlich der Erwerbung begründeten Regel des Ankaufs im Grossen. Nur völliger Gedankenlosigkeit könnte es beigehen, zu meinen, wo viel vorhanden sei, könne viel ohne Nachtheil vergeudet werden.

Die Sparsamkeit mit Roh- und Hülfsstoffen bethätigt sich in sorgfältiger Verwahrung, gewissenhafter Buchung des Verbrauches und Bestandes, Schutz vor verderblichen Einflüssen; endlich aber, und vor Allem in der sparsamen Verwendung des für den fraglichen Zweck gewählten passendsten Hülfsstoffes oder Rohstoffes.

Diese letztere Form der Sparsamkeit erfordert bisweilen einen Mehraufwand, wenigstens einen einmaligen, für andere Kapitalien, wie z. B. Maschinen, Geräthe, Vorrichtungen; bisweilen erfordert sie einen solchen nicht, sondern nur geschicktere Arbeiter, oder richtigere Auswahl des Rohstoffes und des Hülfsstoffes.

Eine richtigere Auswahl des Hülfsstoffes würde z. B. in den meisten Theilen von Deutschland darin bestehen, wenn ein Gewerksunternehmer, welcher Feuerung, aber nur zur Wärme-Erzeugung, z. B. zur Heizung einer Dampfmaschine, braucht, von der Holzfeuerung, die er bisher angewendet, zur Kohlenfeuerung überginge. 1 Ctr. Buchenholz koste bei einem Preise von 60 Fr. pr. **Klafter** 2 Fr.,

1 Ctr. Kohlen Fr. 1.25. Da nun die Leistungsfähigkeit der Steinkohle als Brennmaterial sich zu der des Buchenholzes verhält wie 7 : 4, so ist mit Steinkohlen zu ca. 72 c. eben so viel auszurichten, wie mit Buchenholz für 200 c. Der Uebergang zur Kohlenfeuerung involvirt also eine Ersparniss von ca. 64 pCt. Wer also bisher für 2000 Fr. Holz brauchte, braucht künftig nur für 720 Fr. Kohlen, spart also 1280 Fr. für Feuerung.

Wie viel durch geschicktere Arbeiter an Rohstoffen gespart werden kann, lässt sich am deutlichsten aus dem Geschäft aller derjenigen Gewerktreibenden nachweisen, bei denen aus grossen Stücken Theile für das betreffende Erzeugniss zugeschnitten werden müssen. Bei sorglicher Ueberlegung giebt ein gewisses Stück vielleicht 30, bei leichtfertigem Verbrauch nur 20 gleiche Theile, ohne dass man es den Resten ansieht, dass sie durch Unüberlegtheit des Zuschneiders vermehrt wurden. Wie viel kann an Farbe, an Mörtel, an Maschinenöl und anderen Hülfsstoffen ohne Gefährdung des Zweckes durch sorgsames Zurathehalten, wie viel an Heizmaterial durch Geschick und Aufmerksamkeit des Heizers gespart werden!

Bisweilen — so ward oben angedeutet — erfordert die Sparsamkeit mit Roh- und Hülfsstoffen einen augenblicklichen Mehraufwand an anderen — stehenden — Kapitalien. Diejenigen technischen Erfindungen, welche, ohne gerade bessere Erzeugnisse zu ermöglichen, lediglich darauf gerichtet sind, an Roh- und Hülfsstoffen zu sparen, gehören zu den allerverdienstvollsten.

Eine der ersten Rollen in der Reihe der kapitalsparenden Vorrichtungen nehmen solche Feuerungsanlagen ein, welche auf möglichst vollständige Verbrennung der im Feuerungsmaterial enthaltenen Brennstoffe hinwirken. (Es sei hier nur beispielsweise an den Fairbairn'schen Rost, an den Langen'schen Etagenrost, an den Vogl'schen Schüttelpultrost erinnert.)

Andere Vorrichtungen helfen ersparen, indem sie die vollständige Zerkleinerung der in zerkleinertem, z. B. pulverisirtem, Zustande zu verwendenden Rohstoffe ermöglichen, oder indem sie das Verflüchtigen werthvoller Flüssigkeiten und Gase, oder das Verfliegen kostbaren Staubes verhüten.

Einer der grössten Vorzüge der Maschinenanwendung liegt darin, dass sie an Stoffen sparen hilft. Je rascher durch einen Maschinenhammer das Metall verarbeitet wird, um so weniger Heizmaterial verbraucht man. Wie viel weniger Papier hat man seit der Erfindung der Buchdruckerkunst für denselben Inhalt nöthig, als früher bei der Handschrift! Die Tischler können jetzt aus einem 1 Zoll dicken Brette mit der Maschinenfourniersäge 12—16 Blätter schneiden! Früher musste man, um sehr dünnes Leder zu gewinnen, die natürlichen Häute abschaben; was abgeschabt wurde, war Verlust am Rohstoff; jetzt spaltet man die Häute durch Maschinen!*)

Es ist klar, dass, selbst wenn die erste Anschaffung solcher, Roh- und Hülfsstoffe sparender, Maschinen, Geräthe, Vorrichtungen grosse Ausgaben verursachen sollte, es doch unerlässlich ist, sie aufzuwenden, wenn anders der Betrieb günstige Ergebnisse haben soll.

Die Regeln in Betreff der Anwendung der Roh- und Hülfsstoffe lassen sich kurz in folgenden Sätzen zusammenfassen:

1) Roh- und Hülfsstoffe sind genau in der Qualität und Quantität anzuwenden, wie es der damit zu erzielende Zweck erheischt. Ein grösserer Verbrauch ist Kapitalvergeudung; durch ein geringeres Maass des Verbrauches können die angestrebten Zwecke nicht vollständig erreicht werden.

2) die Roh- und Hülfsstoffe sind mit äusserster Sparsamkeit anzuwenden, d. h.: das unbedingt erforderliche Quantum ist in einer Weise anzuwenden, dass dadurch der höchstmögliche Vortheil erzielt wird.

Die Anwendung erfordert die sorgfältigste Kontrole und das Personal ist auf's Strengste an Sparsamkeit zu gewöhnen.

3) Da die meisten Roh- und Hülfsstoffe theils dem Verderb durch Witterungseinflüsse, theils der Vernichtung durch andere elementare Einflüsse, theils der Entwendung und der Veruntreuung ausgesetzt sind, so sind sie gegen diese Verluste sorgsam zu schützen. Geboten ist neben der vorsichtigen Behütung vor Feuersgefahr jedenfalls auch die Versicherung gegen Verlust durch Feuerschaden überall da, wo Selbstversicherung nicht rechnerisch richtiger. (Vergl. Cap. 17. oben.)

4) Ueber Ab- und Zugang und Bestand der Roh- und Hülfsstoffe ist gewissenhaft Buch zu führen.

---

*) Diese und ähnliche Beispiele s. bei Roscher Ansichten der Volkswirthschaft. V. S. 177 ff.

Cap. 21.*)

Geräthe, Werkzeuge und Maschinen als gewerkliche Kapitalien.

I. Zweck und Arten. Die Bedeutung der Geräthe, Werkzeuge und Maschinen für die Gewerke beruht darin, dass sie die gewerkliche Arbeit unterstützen.

Es hält schwer, begrifflich Geräthe, Werkzeuge und Maschinen, konsequent auseinander zu halten. Es giebt Geräthe, von denen es schwer zu sagen ist, ob man sie nicht besser als Werkzeuge oder Maschinen bezeichnen sollte. Und umgekehrt: es giebt Werkzeuge und Maschinen, die füglich auch Geräthe genannt werden können. Wollte man es versuchen, ein unterscheidendes Merkmal festzustellen, so würde dasselbe am besten so zu bestimmen sein, dass man sagt: Geräthe dienen dem gemeinschaftlichen Zweck — Unterstützung der gewerklichen Arbeit — mittelbar, Werkzeuge und Maschinen dienen ihm unmittelbar.

Dann wäre das Baugerüst ein Geräth, die Maurerkelle und die Zimmeraxt wären Werkzeuge, der Krahn zum Aufwinden der Steine und Balken wäre eine Maschine.

Aber die Unterscheidung hat an dieser Stelle keinen wissenschaftlichen Werth; denn sie gehört nicht zu denjenigen Unterscheidungen, welche einen klaren Einblick in das Wesen des Gewerksbetriebs verschaffen, und ohne welche man nicht im Stande wäre, das System von Regeln für den rationellen Gewerksbetrieb vollständig und lückenlos zu entwickeln.

Beschränkt man sich darauf, als gemeinschaftlichen Zweck der Geräthe und Maschinen den der Unterstützung der gewerklichen Arbeit anzuerkennen, so leuchtet es erstens ein, dass es sich hier um

---

*) Nach der Zusammenstellung der verschiedenen Kapitalgattungen im Eingang des Cap. 13. oben könnten an dieser Stelle besondere Betrachtungen über die dort als „Lebensmittel im weitesten Sinne des Wortes" bezeichnete Gattung erwartet werden. Der Zweck und die Bedeutung dieser Klasse von Kapitalien liegt aber so sehr auf der Hand, die zweckmässigste Form der Erwerbung ebenso wie das Geschäft der Erwerbung und die Anwendung der in diese Klasse gehörigen Gewerkskapitalien — alles dies ergiebt sich so sehr aus der Natur der Sache, dass über diese Dinge eingehende Erörterungen nicht angestellt zu werden brauchen. Zumal, was sich hier sagen liesse, nicht den Gewerken Eigenthümliches sein kann.

eine in sich abgeschlossene, von allen anderen durch ein wesentliches Merkmal sich unterscheidende Kapitalgattung handelt. Denn der gewerbliche Zweck des Grund und Bodens, der Gebäude, der Roh- und Hülfsstoffe, der Lebensmittel im weitesten Sinne des Wortes, und des Geldes liegt in der That nicht in der Unterstützung der gewerblichen Arbeit. Zweitens aber bietet jener gemeinschaftliche Zweck die Grundlage zur Feststellung der Unterarten dieser Kapitalklasse.

Die letzteren ergeben sich nämlich ohne Weiteres aus der Beantwortung der Frage: „In welcher Beziehung unterstützen die Geräthe, Werkzeuge und Maschinen die gewerkliche Arbeit?"

Die Antwort lautet folgendermaassen:

1) Einige gewähren dem Arbeiter einen bequemen Standort für seine Gewerksarbeit.
2) Einige helfen ihm Materialien festhalten und Lasten bewegen.
3) Einige erleichtern die Mischung, die chemische und mechanische Umwandlung von Flüssigkeiten.
4) Einige dienen zur Theilung, Zerkleinerung, Umformung, Zusammenfügung fester Stoffe.
5) Einige unterstützen die menschlichen Sinne bei der Gewerksarbeit.
6) Einige endlich sollen den Arbeitenden vor, seiner Gesundheit schädlichen, Einflüssen, welche sich in Folge der gewerklichen Verrichtung geltend machen, bewahren.

Anlangend die Unentbehrlichkeit dieser Kapitalklasse für den Gewerksbetrieb, so steht dieselbe keiner anderen nach.

Wir sehen zwar chemische und mechanische Umwandlungen mit Stoffen vornehmen ohne die Beihülfe von Geräthen, Werkzeugen und Maschinen. Es werden erstaunliche Leistungen blos mit Hülfe der menschlichen Gliedmaassen und unter geschickter sinnreicher Verwerthung der Naturkräfte, vollbracht. Aber mit der Entwickelung der gewerklichen Gütererzeugung geht die Ausbildung und umfänglichere Anwendung der gewerklichen Geräthe, Werkzeuge und Maschinen Hand in Hand. Man weiss oft nicht, ob die Entwickelung der Industrie die Ausbildung der die industrielle Arbeit unterstützenden Kapitalien mehr förderte, oder ob, umgekehrt, der Ursprung eines neuen industriellen Fortschrittes in einem Fortschritte der Ausbildung der Geräthe, Werkzeuge und Maschinen zu suchen ist.

II. **Die Erwerbung der Geräthe, Werkzeuge und Maschinen.**
Die Erwerbung der Kapitalien dieser Klasse auf dem Wege der eigenen Erzeugung ist in manchen Fällen geradezu geboten, in anderen wenigstens zweckmässig, in anderen, ja weitaus in den meisten Fällen, ist sie unbedingt zu widerrathen.

Geboten ist sie da, wo die fraglichen Gegenstände dem individuellen gewerklichen Bedarfe so angepasst sein müssen, dass nur der Unternehmer selbst sie dem Zwecke entsprechend herstellen oder unter seiner unmittelbaren Leitung entsprechend herstellen lassen kann.

Man könnte sich allenfalls eine Fabrik von Lehrgerüsten für Gewölbebauten denken, aus der die Bauunternehmer ihren Bedarf entnehmen könnten. Allein jedes solche Gerüst müsste doch erst am Orte des Bedarfs zusammengefügt und vielfach abgeändert werden; auch werden die alten Materialien zu jedem weiteren Bau in entsprechend veränderter Gestalt wieder benutzt — so lange bis sie ganz unbrauchbar sind. Es wäre viel zu umständlich und kostspielig, die alten Materialien Behufs der Umänderung immer wieder nach der Fabrik zu senden.

Es wäre denkbar, dass eine Fabrik die hölzernen Formen, Schablonen etc. für Giessereien, Thon- und Cementwaaren-Fabriken fertigte. Aber der hinsichtlich der Grösse und Gestalt ausserordentlich wechselnde Bedarf wird jedenfalls zweckmässiger in der Giesserei, in der Thonwaaren- oder Cementwaaren-Fabrik gefertigt.

Die, meist sehr einfachen, Geräthe und Werkzeuge, welche bei der Glasindustrie gebraucht werden, pflegen meistens kaum in einer besonderen Werkstätte hergerichtet zu werden; die wichtigsten Geräthe und Werkzeuge richtet sich jeder Arbeiter nach seinem Bedarfe selbst zu.

Ebenso werden in der Steindruckerei die Steine, in der Kupferstecherei die Platten, in der Schriftgiesserei die Matrizen und Patrizen, in der Bijouterie-Waaren-Fabrikation die Pressformen nicht so wie sie gebraucht werden, gekauft, sondern in der Fabrik, oder der Werkstätte, oder dem Atelier, wo sie gebraucht werden, selbst vor- und zugerichtet. Ein Dritter würde diese Geräthe dem individuellen und wechselnden Bedarfe nicht so anpassen können, als wer sie selbst unmittelbar benutzen muss.

Nicht eben geboten, aber doch zweckmässig ist es, dass der Unternehmer diejenigen Geräthe und Werkzeuge selbst erzeugt, welche massenhaft gebraucht werden, sich sehr rasch abnutzen, immer von Neuem vorgerichtet werden müssen, und keine besondere Kunstfertigkeit bei der Herstellung erfordern.

Aus diesem Grunde pflegen mit Bergwerksunternehmungen Werkzeug- und Geräthe-Schmieden, sowie Zimmerwerkstätten verbunden zu sein. Deshalb werden wohl bei grossen Hafen-, Strassen-, insbesondere Eisenbahn-Bauunternehmungen die Transportgeräthe, wie Karren u. s. w., die Werkzeuge der Erdarbeiter, die Sprengwerkzeuge u. s. w., ferner die Rammen, in eigenen, von dem Hauptunternehmer unterhaltenen, Wagen-, Stellmacher-, Zimmer- und Schmiede-Werkstätten hergestellt und ausgebessert.

Auch wird eine Fabrik, welche Transmissionen fertigt, ihren eigenen Bedarf an Transmissionen, eine Werkzeug- und Maschinen-Fabrik ihren eigenen Bedarf an Werkzeugen und Maschinen mitunter zweckmässig selbst beschaffen — auch dies keineswegs immer. Denn nicht immer entspricht der Bedarf, für welchen solche Unternehmungen arbeiten, auch gerade ihrem eigenen Bedarfe an Gegenständen der nämlichen Gattung.

Es kann zweckmässig sein, dass eine Dampfmaschinenfabrik ihre eigenen Dampfmaschinen selbst fertigt. Ob es aber zweckmässig ist, dass sie sich auch ihren Bedarf an Transport- und Fabrikations-Maschinen, also z. B. an Krahnen, Drehbänken, Frais- und Schraubenschneide-Maschinen selbst beschafft, muss in den meisten Fällen bezweifelt werden.

Unbedingt zu widerrathen ist die Selbsterzeugung des Bedarfes an Geräthen, Werkzeugen und Maschinen überall da, wo dieselbe eine von der eigentlichen Hauptleistung des Unternehmers ganz verschiedenartige Thätigkeit erfordern, wo sie die eigentliche Hauptthätigkeit ungebührlich unterbrechen, die Kräfte zersplittern würde.

Dies wird aber der regelmässige Fall sein. In der Regel wird die Selbsterzeugung jener Gegenstände alle jene Nachtheile im Gefolge haben, welche einer mangelhaften Arbeitstheilung eigen sind. In der Regel wird sie sich darstellen als Kraft- und Geld-Vergeudung. In der Regel wird es billiger und in jeder Beziehung vortheilhafter sein, die erforderlichen Geräthe, Werkzeuge und Maschinen auf dem Wege des Ankaufes zu erwerben.

Wenigstens da, wo die Industrie einen hohen Grad von Ausbildung erreicht, eine genügend fortgeschrittene Arbeitstheilung auch für den spezifischen Kapitalbedarf der Industrie hinreichend gesorgt hat.

Es ist gerade eine der Ursachen der grossartigen Machtentfaltung der englischen Industrie, dass sie konzentrirt ist, dass neben jedem Hauptgewerbe auch alle Hülfsgewerbe vollkommen vertreten sind.

Bekanntlich ist in keinem Lande die industrielle Arbeitstheilung so konsequent durchgeführt, wie in England. Man wendet dort die Arbeitstheilung nicht nur auf die Personen, sondern auf ganze Städte und Gegenden an. Wem träten nicht bei Nennung der Namen Leeds, Sheffield, Birmingham, Manchester u. s. w. ganz bestimmte Industriebilder vor die Seele!

Ein Hauptvortheil dieser Konzentrirung besteht darin, dass sich um jede Hauptindustrie auch alle Hülfsgewerbe ansiedeln, da sie den Markt nahe haben und immer sicheren und grossen Absatz erwarten können. Da werden dicht bei der Hauptfabrik auch diejenigen Geräthe, Werkzeuge, Maschinen fabrikmässig erzeugt, deren sie bedarf, und immer von anderen Händen. Da wäre die Selbsterzeugung dieser Dinge Thorheit; denn ein Etablissement, welches z. B. Jahr ein Jahr aus Rollen oder Spindeln für Spinnereien fertigt, kann dieselben besser und billiger, billiger schon wegen der grösseren Massenerzeugung, anfertigen, als die Spinnerei, welche der Rollen und Spindeln bedarf.

„Die merkwürdige Erscheinung einer solchen lokalen und geographischen Arbeitstheilung" — sagt Hermann Schulze in seinen „nationalökonomischen Bildern aus Englands Volksleben"[*]) — „erklärt sich zunächst aus dem praktischen Geschäftssinn der Engländer. Eine solche Konzentration der Industrie hat natürlich den grossen Vortheil, dass Alles, was zu einem bestimmten Gewerbszweige gehört, in einem solchen Distrikt am vollkommensten vorhanden ist. Jeder Gewerbszweig bedarf einer Menge von Nebengewerben, welche sich in seiner Umgebung niederlassen und ihm in die Hände arbeiten."

Ueberall da, wo so die geographische Konzentrirung es ermöglicht, dass selbständige Etablissements für die Herstellung von Ge-

---

*) Jena, Fr. Mauke 1853. S. 268. — Ueber den Einfluss der Konzentration auf die Entwickelung der Schweizerischen Uhrenindustrie vergl. A. Emminghaus. Schweiz. Volkswirthschaft. Leipzig. Gustav Mayer. 1860. Bd. 1. S. 273 ff.

räthen, Werkzeugen und Maschinen entstehen, und ihre Rechnung finden, ist die Selbsterzeugung solcher Gegenstände durch den Unternehmer durchaus zu widerrathen*).

Wo die Selbsterzeugung nicht thunlich, oder nicht geboten ist, erscheint in der Regel die käufliche Erwerbung als das Richtigste.

Miethweise Erwerbung von Gegenständen der hier fraglichen Kapitalgattung kann nur bei'm Kleinbetrieb, oder doch nur ganz ausnahmsweise bei'm Grossbetrieb, sich empfehlen.

Bei'm Kleinbetrieb ist sie, namentlich insofern es sich um Kraftmaschinen handelt, eines jener Mittel, welche dem Kleinunternehmer die Konkurrenz mit dem Grossunternehmer noch eine Zeit lang ermöglichen können. Namentlich das Vermiethen von Göpelwerken und Lokomobilen wird zweifelsohne mehr und mehr für den Kleinbetrieb in Aufnahme kommen. Häufiger vielleicht in der Form des genossenschaftlichen, als des Privatunternehmer-Ankaufs, und so, dass die Genossenschaft die fraglichen Motoren u. s. w. an die Genossen vermiethet. Es muss dann Jeder diejenigen Verrichtungen, bei denen er sich der Maschine bedienen will, auf die Termine konzentriren, für welche er die Maschine miethen kann.

Bei'm Grossbetriebe hat die miethweise Erwerbung schon deshalb keinen Sinn**), weil sich da meistens nicht gewisse einzelne Verrichtungen auf gewisse Termine konzentriren lassen, vielmehr bei rationeller Betriebseinrichtung alle Geräthe, Werkzeuge und Maschinen unablässig gebraucht werden, und der Miethpreis in der Regel höher zu stehen kommen würde, als dem Reinertrag entspricht.

Nur bei Ermiethung eines ganzen Etablissements auf Zeit werden selbstverständlich meistens Geräthe, Werkzeuge und Maschinen als Inventar mit vermiethet. Es wäre das Gegentheil meist wenig günstig für den Pächter. Für ein Etablissement ohne solches

---

*) Freilich nicht jede Industrie leidet die Konzentrirung. Unsere Dezentralisation aber, auch in den Gewerken, welche Konzentrirung vertrügen, wird stets ein Faktor sein, der bei unserer Konkurrenz mit gleichartigen englischen Unternehmungen mit in Rechnung zu ziehen ist.

**) Ein eigenthümliches und in vieler Beziehung lehrreiches Beispiel von Triebkraft-Vermiethung wird jedoch das grossartige Unternehmen des Herrn H. Moser in Schaffhausen, welcher bekanntlich die Wasserkraft des Rheins durch kühne und gelungene Anlagen zu verwerthen beabsichtigt, darbieten. Vergl. darüber: Max Wirth's Gewerbekalender für 1868. S. 70 ff.

Inventar würden sich, wenigstens bei Verpachtung auf kurze Zeit, keine Pachtlustigen finden.

Für den Ermiether oder Pächter eines ganzen Etablissements kommt es wesentlich in Betracht, ob er untaugliches, unzweckmässiges oder überflüssiges Inventar mit übernehmen muss, oder nicht. Im ersteren Falle wird durch den Ueberschuss an nicht brauchbaren Gegenständen der Miethpreis für das ganze Inventar verhältnissmässig gemindert.

Denn der Miethpreis dieses Inventars berechnet sich für den Miether nach dem auf das Inventar entfallenden Theil des Reinertrages, den er zu erzielen erwarten darf. Diese Rente kann er äussersten Falles bieten. Der Vermiether kann günstigsten Falles den üblichen Zinsfuss des Anschaffungspreises, nach Abzug des Abnutzes, und eine Entschädigung für den weiteren Abnutz, fordern. Zwischen diesen Grenzen wird der Handel schwanken.

Das Inventar an Geräthen, Werkzeugen und Maschinen, welches mit einem ganzen Etablissement vermiethet wird, wird am besten taxirt übergeben, und zwar so, dass der Miether oder Pächter am Schlusse des Pachttermines entweder die Gegenstände selbst in gleich gutem Zustande (wenn er nicht im Miethpreise zugleich mit Entschädigung für den Abnutz zahlen muss), oder so, wie sie bei sorglichem Gebrauch geworden sind (wenn eine solche Entschädigung im Miethpreise mitgezahlt wurde), oder die Taxe für die Gegenstände in baarem Gelde zurückzugeben verpflichtet ist. Für baare Rückzahlung muss eventuell ebenfalls eine Abminderung im Voraus fixirt werden.

Die Mitverpachtung der hier fraglichen Kapitaltheile mit einem ganzen industriellen Etablissement macht in der Regel bei'm Abschluss des Pachtgeschäftes grosse Schwierigkeiten. Je klarer beide Theile über das Wesen des Kapitales sind, je leichter werden sie über diese Schwierigkeiten hinwegkommen. —

Abgesehen von dem Falle, wo Selbsterzeugung geboten oder zweckmässig ist, abgesehen weiter von dem Falle, wo ein ganzes industrielles Etablissement „mit Schiff und Geschirr" verpachtet wird, bildet beim Grossbetriebe die käufliche Erwerbung der Geräthe, Werkzeuge und Maschinen die durchschlagende Regel.

Wer ein ganzes Etablissement käuflich an sich bringt, wird in der Regel auch die zubehörigen Geräthe, Werkzeuge und Maschinen mitkaufen müssen.

Diese Kaufsbedingung kann für den Käufer in hohem Grade lästig sein, da gerade bei dieser Kapitalgattung die Wahl sich nach der individuellen Einsicht, nach der Gewöhnung, ja nach gewissen Betriebsliebhabereien richtet, und das ganze Geschäft dadurch verleidet werden kann, dass man Gegenstände von grösster Wichtigkeit für den Betrieb mit übernehmen soll, obwohl sie von ganz anderer Beschaffenheit sind, als man sie wünschen muss.

Unbedenklich ist eine solche Bedingung nur dann, wenn für die fraglichen Gegenstände nicht mehr gefordert wird, als dem Betrage entspricht, welchen man durch ihre Anwendung mit Sicherheit glaubt verdienen zu können. Dann hat man wenigstens den Vortheil, in dem fraglichen Etablissement gleich alles das bewegliche stehende Kapital vorzufinden, dessen man zum Betriebe bedarf, und also den Betrieb nicht unterbrechen zu müssen. Mit etwas unzweckmässigeren Geräthen, Werkzeugen und Maschinen gleich fortarbeiten zu können, ist meist vortheilhafter, als Alles mit einem Male neu, wenn auch zweckmässiger, anschaffen zu müssen — schon um deswillen, weil man bei der käuflichen Erwerbung eines ganzen Etablissements in der Regel doch auch die darin beschäftigt gewesenen Arbeiter mit übernehmen muss, und diese an das alte „stehende Zeug" gewöhnt waren.

So sehr auch nämlich ein neues Geräth oder Werkzeug oder eine neue Maschine an Zweckmässigkeit die gleichartigen älteren Gegenstände übertreffen mag — die Vorzüge treten doch nicht alsbald, sondern immer erst dann zu Tage, wenn die Arbeiter die frühere Angewöhnung vergessen und an den Gebrauch, bezüglich die Bedienung der neuen solchen Gegenstände sich gewöhnt haben.

Da die mit einem ganzen Etablissement zu erkaufenden Geräthe, Werkzeuge und Maschinen oft, in Rücksicht auf den Preis, den erheblichsten Theil des Kaufobjektes ausmachen, sind sie natürlich bei'm Anschlage ganz vorzugsweise mit zu berücksichtigen.

Auch bei diesen Gegenständen, würde ein, nach den **Herstellungs- oder Neuanschaffungs-Kosten**, selbst unter Berücksichtigung des Abnutzes, bemessener Kaufpreis häufig zu hoch sein — dies überall da, wo man voraussieht, dass es, theils wegen unzweckmässiger Beschaffenheit und Anordnung solcher Gegenstände, theils wegen zu reichlichen Vorrathes an denselben, theils, weil man den technischen Betrieb nach ganz anderen Grundsätzen glaubt einrichten zu müssen, unmöglich sein wird, jenen Kaufpreis entsprechend verzinst zu halten.

Die Grenze Dessen, was in einem gegebenen Falle für alle mitzuerkaufenden Geräthe, Werkzeuge und Maschinen höchstens gezahlt werden kann, kann nur festgestellt werden nach Maassgabe Dessen, was man damit verdienen kann. Der zu erwartende Reinertrag muss den Ausschlag geben. Dieser mit dem entsprechenden Zinsfuss kapitalisirt, ergiebt den angemessenen Kaufpreis, welcher oft weit niedriger sein kann, als der Betrag der Herstellungskosten nach Abzug des Abnutzes.

Bei'm Ankauf neuer Gegenstände der hier fraglichen Kapitalgattung muss es als durchschlagende Regel gelten: **Auf Kosten der Qualität nicht am Preise zu sparen.** Bei'm Arbeitslohne und bei den Unterstützungsmitteln der Arbeit rächt sich kleinliche Knauserei am empfindlichsten. Auch das ist eine durchschnittliche Eigenthümlichkeit der **englischen Industrie**, dass sie, was Geräthe, Werkzeuge und Maschinen anbelangt, **niemals in erster Linie nach dem Billigsten, sondern stets in erster Linie nach dem Besten greift**, unbekümmert um die Höhe der augenblicklichen Auslage.

Ein um 100 pCt. höherer Preis für ein um 200 pCt. tauglicheres — dauerhafteres, sparsameres, minder Kraft beanspruchendes — Werkzeug ist ja doch thatsächlich ein billigerer Preis. Die Arbeitsstockungen und die Reparaturkosten, welche schlechte Geräthe, Werkzeuge und Maschinen verursachen, zehren unablässig an der Existenz der industriellen Unternehmung — ganz zu geschweigen des Umstandes, dass auch die Erzeugnisse selbst unter Mängeln jener Unterstützungsmittel der Arbeit an der Qualität beträchtlich leiden.

Ob nun im einzelnen Falle ein so und so hoher, oder ein um wieviel niedrigerer Preis angelegt werden soll — dies richtet sich bei solchen Gegenständen, von denen überhaupt ermittelt werden kann, welchen Reingewinn ihre Anwendung, und auf welche Dauer sie ihn der Unternehmung bringen wird, lediglich nach dem Ergebniss dieser Reinertragsschätzung. Handelt es sich um Einführung einer neuen Maschine, die man voraussichtlich 10 Jahre wird brauchen, und mit der man voraussichtlich alljährlich den Reinertrag des Unternehmens gegen früher um 100 wird erhöhen können, so ist derjenige Kaufpreis der angemessene, welcher der

Summe gleichkommt, zu welcher jene in 10 Jahren jährlich eingehenden 100 nebst Zinsen*) von Jahr zu Jahr anwachsen würden. Wäre der Zins, zu welchem man das gesammte in dem Unternehmen angelegte Kapital durch diese Unternehmung verwerthen kann = 6 pCt., so würde in dem gegebenen Falle der angemessene Kaufpreis gleich der Summe sein, welche man am Ende von 10 Jahresterminen besitzen würde, wenn man am Anfange eines jeden Jahrestermines 100 mit 6 pCt. Zins auf Zins anlegte. Also gleich 1396. Man würde dann den Reinertrag mit 7.16 kapitalisiren, also

$$\frac{100}{7.16} \cdot 100 = 1396$$

rechnen müssen, um den angemessenen Kaufpreis zu finden.

Ist man aber über den Preis, den man für den fraglichen Gegenstand äussersten Falles anlegen darf, im Klaren, so handelt es sich dann noch darum, an welchem Orte solche Gegenstände von der erwünschten Qualität zum niedrigsten Preise angeboten und von welchem Orte sie am leichtesten und billigsten zu beschaffen sind. Bei der Erwägung dieser Fragen sprechen ähnliche Rücksichten mit, wie die, welche bei'm Bezug der Roh- und Hülfsstoffe vom einen oder anderen Orte im Auge behalten werden müssen. (Vergl. Cap. 20. sub II.)

Bei der Bemessung der Kaufpreise für **kleinere Geräthe und Werkzeuge**, bei denen es nicht möglich ist, im Einzelnen festzustellen, um wie viel ihr Gebrauch in der gewerklichen Unternehmung den Reinertrag der letzteren steigern wird, bleibt in der Regel nichts übrig, als sich den Marktpreisen zu fügen, sie da einzukaufen, wo sie am besten und billigsten zu haben, und von wo sie am billigsten zu beschaffen sind. Bei massenhaftem Bedarf verschafft **Ankauf im Grossen** und unter allen Umständen verschafft **Baarzahlung** Preisvortheile, die man sich nie entgehen lassen sollte.

Bei'm Ankauf grösserer, kostspieligerer Stücke (Dampfmaschinen, Pumpwerke etc.) empfielt es sich, vom Verkäufer sich Konventionalstrafen für nicht rechtzeitige, und leicht realisirbare Garantieen für bestellungsgemässe Lieferung auszubedingen.

III. **Die Anwendung der Geräthe, Werkzeuge und Maschinen.** Wie schon oben sub I. erwähnt, repräsentiren die Geräthe, Werkzeuge

---

*) Für diese Zinsrechnung muss derjenige Zinsfuss angewendet werden, zu welchem sich das ganze in dem Unternehmen angelegte Kapital verwerthet.

und Maschinen meist einen sehr grossen und immer einen sehr wichtigen Theil der gewerklichen Kapitalien.*)

Dieses beträchtliche Kapital will gut zu Rathe gehalten sein.

Die meisten jener Gegenstände sind in allen Gewerken durch Ungeschicklichkeit und unpfiegliche Behandlung leicht zu verderben. Durch Ungeschicklichkeit und Leichtsinn werden hier leicht und unvermerkt grosse Summen vergeudet.

Ungeschickte Behandlung hat überdies, namentlich bei Maschinen, noch den grossen Nachtheil, dass sie oft Arbeitsstörungen und Unterbrechungen, also Zeitvergeudung, verursacht, oder dass mit den verdorbenen Gegenständen zwar weiter gearbeitet wird, aber mühsam und schlecht.

Daher ist der Anwendung dieser Gattung von Kapitalien die grösste Aufmerksamkeit zuzuwenden.

Gebildete Arbeiter sind gerade auch um deswillen ein grosser Segen. Sorgsamkeit ist gerade um deswillen eine so unschätzbare Arbeitertugend.

Ungebildete Arbeiter müssen im Gebrauch jener Kapitalien verständig unterwiesen und auf die Nachtheile, welche eine ungeschickte und leichtfertige Behandlung auch für sie selbt im Gefolge haben muss, aufmerksam gemacht werden.

Man gebe immer den gebildetsten und geschicktesten Arbeitern die am leichtesten durch falsche Anwendung oder Unachtsamkeit zu verderbenden Geräthe, Werkzeuge und Maschinen in Gebrauch. Man kontrolire den Bestand dieser Kapitalien stets auf das Sorgfältigste und halte streng auf zweckentsprechende Verwahrung in den Zeiten der Ruhe. Man prüfe diese Gegenstände rechtzeitig vor ihrer An-

---

*) Nach Engel (Die Baumwollenspinnerei im Königreich Sachsen a. a. O.) waren im Jahre 1855 erforderlich (im Durchschnitt aller sächsischen Spinnereien) auf die Feinspindel

0.15 Thlr. für Wasserräder und Turbinen
0.23 „ „ Dampfkessel und Dampfmaschinen
0.54 „ „ gangbares Zeug
5.19 „ „ Spinnmaschinen
6.11 Thlr. Sa. für Geräthe, Werkzeuge und Maschinen.

Eine Spinnerei von 17,700 Spindeln hatte im Durchschnitt Werkzeuge, Geräthe und Maschinen der obengenannten Gattungen für im Ganzen 125,466 Thlr. nöthig.

wendung und sorge stets rechtzeitig für gebörige Ausbesserung selbst unscheinbarer Schäden.

Es empfiehlt sich, von leicht zu verderbenden Geräthen, Werkzeugen und Maschinen, oder deren Theilen immer thunlichst einige in Reserve zu halten. Allein man hüte sich, diese Reserve anzugreifen bevor es unbedingt Noth thut, und man trage es nicht zur Schau, dass Reserve vorhanden.

Von komplizirten Maschinen mehr, als für den Betrieb unerlässlich nöthig ist, aufzustellen, ist, ganz abgesehen von dem Zinsverlust, den man so erleidet, auch um deswillen unvortheilhaft weil solche Maschinen oft mehr durch Nichtgebrauch, als durch den Gebrauch leiden.*) —

Die Neu-Einführung **arbeitsparender****) Maschinen wird stets, wenigstens bei ungebildeten Arbeitern, grosses Missvergnügen erregen.

Freilich — die Zeiten sind glücklich überwunden, wo ein Webstuhl, wie der berüchtigte „Holländische Bandwebstuhl" als Teufelswerk verschrieen wurde, da auf ihm gleichzeitig vier Sorten Bänder gefertigt werden konnten. Auch würde heute der Erfinder einer neuen Maschine zur massenhaften Herstellung von Uhrentheilen nicht mehr genöthigt sein, diese Erfindung aus Furcht vor seinen Mitbürgern ausser Landes zu verkaufen, wie der Uhrmacher Jeanneret zu Locle gegen Ausgang des vorigen Jahrhunderts. Aber noch vor nicht ganz anderthalb Jahrzehnten bewirkte im Kanton Appenzell, bekanntlich dem Hauptsitze der Schweizerischen Weissfeinstickerei, eine ursprünglich von dem Deutschen Heilmann erfundene, von ihm nach England verkaufte, und von dort unter dem Namen von James Houldsworth eingeführte Stickmaschine zeitweilig die grösste Aufregung und Erbitterung. ***)

Im Ganzen ist man darüber im Klaren, dass sogenannte arbeitsparende Maschinen, wenn sie ja einmal eine Hand entbehrlich

---

*) Englische Spinner haben in Zeiten der Baumwollennoth oft mit effektivem Verlust fortarbeiten lassen, weil sie sich berechneten, dass bei vollständigem Stillstande der Verlust, nicht nur an den Zinsen, sondern auch an der Substanz des Maschinenkapitals noch grösser sein würde.

**) Uebrigens eine stets nur cum grano salis zu verstehende Bezeichnung!

***) A. Emminghaus, Schweizerische Volkswirthschaft. I. S. 277, 253 ff.

machen, statt deren viele andere in desto lebhaftere Thätigkeit versetzen.*)

Aber es ist doch noch jetzt überall eine alltägliche Anschauung, dass die Maschinen den Industriearbeitern vernichtende Konkurrenz machten. Und oft genug wird die Einführung neuer Maschinen Gewerksunternehmern sehr verübelt.

Stets und unter allen Umständen ist es verkehrt, von der Einführung und Anwendung sogenannter arbeitsparender Maschinen abzusehn mit Rücksicht darauf, dass eine grössere oder geringere Zahl von in derselben Industrie bisher beschäftigten Arbeitern dadurch beschäftigungslos werden könnte.

Man unternimmt ja einen Gewerksbetrieb nicht, um Arbeiter zu beschäftigen, sondern um des Reingewinnes Willen. Humanitätsrücksichten, wenn ihnen überhaupt in der Privatwirthschaft eine Rolle zugestanden werden soll, dürfen doch den Blick des Unternehmers niemals trüben, ihn von dem Pfade nach seinem Ziele niemals ableiten.

Es ist das eine grausame Maxime — kann man sagen; aber sie ist es doch nur in der Form; in der Sache ist sie es nicht. **In der That vereinigt sich das Gewinnstreben des Unternehmers mit allen wahren Humanitätsrücksichten.**

Wer die Einführung und Anwendung einer sogenannten arbeitsparenden Maschine über den rechten Zeitpunkt hinaus verzögern wollte um einiger Arbeiter Willen, deren Hände ihm augenblicklich entbehrlich werden würden, würde damit unter Umständen sein ganzes Unternehmen, also das Loos aller seiner Arbeiter gefährden. Denn der minder weichherzige Konkurrent würde mit seinen billigeren und besseren Erzeugnissen den humanen Zögerer aus dem Felde schlagen.

**) Nach einer Mittheilung des „Arbeitgeber" sind im Jahre 1867 in Amerika 170,105 Amerikanische Nähmaschinen fabrizirt worden; „dazu nun die bedeutenden Zahlen englischer, französischer und deutscher, giebt eine Arbeitskraft, vor der man auch ohne Enthusiast zu sein vollen Respekt bekommen kann. Und dabei wird doch heute Niemand mehr behaupten können — was anfänglich die Meisten befürchteten — dass die Nähmaschine irgend Jemandem „sein Brod genommen habe."" Im Gegentheil, Tausende von Schneidern, Tausende von Näherinnen arbeiten heute nicht nur mehr, nicht nur leichter und bequemer, als vor 10 und 12 Jahren, sondern sie verdienen mit ihrer Arbeit auch doppelt und dreifach gegen früher."

„Die Anwendung der Maschinen" — sagt sehr richtig W. Zschweigert[*]) — „geht mit der Theilung der Arbeit Hand in Hand. Ueberall, wo die Anwendung der Maschinen ein gleicheres, regelmässigeres, schöneres oder dauerhafteres Produkt liefert, oder wo es alle die Merkmale einer besseren Brauchbarkeit, und zugleich einen billigeren Preis darbietet, bleibt uns keine Wahl, ob wir ebenfalls diese Maschine in Anwendung bringen wollen, oder nicht; sondern der Gebrauch derselben ist die Bedingung der Konkurrenzmöglichkeit für uns. Die Nichtanwendung solcher Hülfsmittel der Konkurrenz zur Herstellung guter und billiger Waaren, heisst ein Aufgeben der Konkurrenz. Die Gütererzeugung hat nämlich keine Macht, dass das und jenes nach dem bisherigen Verfahren erzeugte Gut gekauft werde. Der Bedarf und die Geneigtheit der Konsumtion wendet sich selbstständig denjenigen Artikeln zu, welche sich als brauchbarer, schöner, billiger empfehlen und der Produzent hat eben den Bedarf zur Richtschnur seiner Produktion zu nehmen, und kann, oder will er dieses nicht, so ist er eben für den betreffenden Artikel aus dem Felde geschlagen und genöthigt, sich einer anderen Produktion zuzuwenden."

Die Maschinenanwendung, wo sie vom technischen Standpunkte aus räthlich und von der Kalkulation gebilligt ist, kann nicht unterbleiben, weil die Gewerksgehülfen die Maschine fürchten wie ihren Todfeind; sie darf nicht unterbleiben aus falschverstandener Humanität, die oft genug nichts Anderes, als der Deckmantel der Schwäche und Energielosigkeit ist.

Cap. 22.

Das Geld als gewerkliches Kapital.

L. Zweck und Bedeutung des Geldes in den Gewerken. Ueberall, wo der Uebergang vom Tauschhandel zum Geldhandel, d. h. dem Handel, in welchem für die erworbenen Rechte Geld gezahlt wird, bereits vollzogen ist, das Wirthschaftsleben überhaupt die ersten Stufen seiner Entwickelung überwunden, insbesondere auch die wirthschaftliche Arbeit sich bereits von der Sklaverei, der Leibeigenschaft und anderen Dienstverhältnissen emanzipirt hat, ist das Geld auch unter den gewerklichen Kapitalien unentbehrlich.

---

[*]) „Das Leben und Weben der Arbeit und die Grundsätze des rationellen Gewerbebetriebs." Plauen. F. A. Neupert. 1863. 1. Theil. S. 287 ff.

Ist das Wirthschaftsleben auf dieser Stufe der Entwickelung angelangt, so kann man sich den Gewerksbetrieb ohne Geld nicht mehr denken; ja der Geldhandel macht eigentlich den Gewerksbetrieb, als ausschliesslichen Beruf einer gewissen Klasse der Bevölkerung, erst möglich. Bei noch vorherrschendem Tauschhandel muss Jeder mehr oder weniger Gewerktreibender sein, und die Regel ist da nicht die Verrichtung von gewerklichen Arbeiten mit der Tendenz, am Preise und im Preise zu verdienen — die Regel ist vielmehr die Verrichtung solcher Arbeiten zur eigenen Bedürfnissbefriedigung.

Wo man immer erst Den suchen muss, der Das brauchen kann, was man erzeugt hat, und der zugleich Das dafür geben kann, wessen man bedarf — da kann man überhaupt nur sehr wenig zum Verkauf erzeugen; es bedarf aller Anstrengung, um nur für sich selbst von heute auf morgen nothdürftig zu sorgen.

Mit der allmäligen Verdrängung des Tauschhandels durch den Geldhandel bildet sich erst die Möglichkeit, aber auch die Nothwendigkeit eines besonderen Standes von Gewerktreibenden aus.

Wo, wie bei uns heutzutage, dieser Stand vollkommen ausgebildet, und nach den Gesetzen der Arbeitstheilung tausendfältig gegliedert ist — da bildet aber auch andererseits das Geld einen unentbehrlichen Bestandtheil des gewerklichen Kapitals.

Da ist dem Gewerksmann das Geld unentbehrlich

1) zur Erwerbung des Landes oder Grund und Bodens für seine Unternehmung;
2) zur Erwerbung aller derjenigen sonstigen Kapitalien, welche auf dem Wege des Kauf- oder Miethhandels erworben werden müssen; zur Versicherung dieser Kapitalien (z. B. gegen Verlust durch Feuerbeschädigung) und zur Instandhaltung der stehenden unter diesen Kapitalien;
3) zur Bezahlung des Arbeitslohnes, insoweit derselbe nicht Naturallohn ist;
4) zur Bezahlung der öffentlichen Abgaben, die mit dem Betriebe des Gewerkes zusammenhängen, also insbesondere der Staats- und Gemeindesteuern, Zölle u. s. w.

Unter Umständen

5) zur Bildung eines Reservefonds für unvorhergesehene Fälle.

Dass das Geld den Gewerksunternehmer in den Stand setzt, rein persönliche Bedürfnisse zu befriedigen, welche über das Maass seiner gewerklichen Bedürfnisse hinausgehen, ist nicht als ein besonderer Zweck des Geldes bei'm Gewerksbetriebe anzuführen.

Der Reinertrag der Gewerke pflegt wie der jedes anderen Gewerbes in Geld berechnet und dargestellt zu werden. Dass der Gewerksmann nun, wenn ihm von seinen gewerklichen Einnahmen nach Abzug aller Betriebsunkosten noch ein Ueberschuss — Reinertrag —, welcher sich in Geld berechnet und darzustellen pflegt, übrig bleibt, diesen zu persönlichen Zwecken verwenden kann, ist nicht eine Besonderheit des durch den Betrieb von Gewerken erworbenen Geldes, kommt für die Betrachtung des Geldes, als **gewerklichen Kapitales**, nicht in Frage.

II. Die Erwerbung des Geldes in den Gewerken. Der Gewerksmann erwirbt, wie die meisten übrigen Kapitalien, so auch das Geld, auf dem Wege des Handels und zwar ebensowohl durch **Kaufhandel**, wie durch **Miethhandel**.

Das Geld gehört zu denjenigen Kapitalien, welche — abgesehen natürlich von Schenkungen, Erbschaften u. s. w. — **nur auf dem Wege des Handels erworben werden können**.

Der Weg der Selbsterzeugung, der zur Erlangung von Roh- und Hülfsstoffen, Geräthen, Werkzeugen und Maschinen, beschritten werden kann, ist hier ausgeschlossen.

Durch **Kaufhandel wird das Geld in den Gewerken erworben, indem gewerkliche Erzeugnisse verkauft werden**. Indem der Maschinenfabrikant eine Maschine für 1000 Fr. verkauft, kauft er sich 1000 Fr. für die fragliche Maschine. Die Absicht des Geschäftes geht darauf hinaus, Geld zu erwerben, womit Roh- und Hülfsstoffe, Geräthe, Werkzeuge und Maschinen, sowie Lebensmittel gekauft, Grund und Boden, Gebäude und bauliche Vorrichtungen kauf- oder miethweise erworben, Arbeitslöhne bezahlt werden können.

Durch **Miethhandel erwirbt der Gewerksmann Geld, indem er von seinem Kredit Gebrauch macht**.

Es liegt in der Natur des Geldes, da es sich für den Gewerksmann als **umlaufendes Kapital** darstellt, dass der Miethhandel hier ein anderer ist, als bei den Theilen des **stehenden Kapitals**.

Ermiethete stehende Kapitalien gehen nach Ablauf des Miethkontraktes unverändert und als die nämlichen Gegenstände, vielleicht nur durch den Gebrauch abgenutzt, an den Vermiether zurück. Bei taxirt übergebenem stehenden Kapital findet, wenn die Taxe bei der

Uebernahme bezahlt wird, gar keine eigentliche Kapitalvermiethung statt. Wird die Taxe nicht bei der Uebernahme bezahlt, sondern nur Seitens des Pächters die Verpflichtung übernommen, bei der Pachtabgabe Gegenstände der nämlichen Gattung und Art, welche den festgestellten Taxpreis haben, zurückzugeben, so kommt dieses Geschäft in seiner wirthschaftlichen und rechtlichen Natur der Geldmiethe sehr nahe, unterscheidet sich von derselben aber doch noch in wesentlichen Punkten.

Völlig ihrer Natur und ihren Wirkungen nach gleich der Ermiethung von Geld würde die, wie anderwärts gezeigt, ganz ungewöhnliche, Ermiethung von anderen umlaufenden Kapitalien, z. B. Rohstoffen, sein. Hier wie dort können im gewöhnlichen Verlaufe der Dinge nicht die nämlichen Gegenstände zurückgegeben werden; denn das Recht, welches hier wie dort durch den Miethhandel erworben wurde, wäre nicht sowohl ein Benutzungs-, als vielmehr ein Verbrauchsrecht. Verbrauchte Gegenstände lassen sich nicht wieder zurückgeben, sondern nur andere von gleicher Beschaffenheit, in gleicher Quantität, zu dem nämlichen Preise.

Ermiethete umlaufende Kapitalien, und so auch das ermiethete Geld, gehen, wenn sie auch nicht einen Vermögenszuwachs des Miethers involviren, doch thatsächlich wie rechtlich in die freie Disposition des Miethers über.

Derselbe übernimmt weiter keine Verpflichtung, als die, nach Verlauf der für das Miethgeschäft gesetzten Frist, entweder die nämlichen, oder andere Gegenstände von gleicher Beschaffenheit und gleichem Preise zurückzugeben und während oder nach Ablauf dieser Frist den vereinbarten Miethpreis zu entrichten.

A. Erwerbung des Geldes durch Kaufhandel.

Die im Betreff der Erwerbung des Geldes durch Kaufhandel, oder die für den Verkauf und bei dem Verkauf gewerklicher Erzeugnisse massgebenden Grundsätze sind verschiedenartig zu formuliren, je nachdem es sich um Arbeit auf Bestellung, oder um Arbeit auf Lager, um Ausführung von Bestellungen oder um Verkauf vom Lager handelt.

Bei einer grossen Zahl von Gewerksunternehmungen ist von vornherein und ihrer Natur nach das Arbeiten auf Vorrath ausgeschlossen. Bei anderen kann ebensowohl auf Vorrath, wie auf Bestellung gearbeitet werden. Bei noch anderen ist das Arbeiten auf Vorrath, für eine zur Zeit der Herstellung der Erzeugnisse noch ungewisse Kundschaft die fast ausnahmslose Regel.

Der Ingenieur z. B., selbst, wo er in der That selbständiger Privatunternehmer ist, arbeitet nie!„auf Vorrath", nie für eine noch ungewisse Kundschaft.

Die sämmtlichen sogenannten Gewerke des örtlichen Anbringens, wie das Maler-, Tüncher-, Decorateur-Gewerk, können nicht auf Lager, auf Vorrath, sondern nur auf Bestellung arbeiten; ebenso Maschinen-Fabriken, die sich nur mit der Konstruktion solcher Maschinen befassen, welche eine ganz besondere, örtliche Bestimmung haben; ferner Kunsterzgiessereien, die nur Originale giessen; ebenso endlich alle eigentlichen Reparaturgewerke.

Dagegen alle diejenigen Industrieen, bei denen es auf die Herstellung von Massen gleichartiger Artikel, alle diejenigen, bei denen es auf Herstellung von Halbfabrikaten ankommt, pflegen regelmässig auf Vorrath, für eine noch ungewisse Kundschaft, für den Markt zu arbeiten.

In die mittlere Klasse, in die Klasse der Gewerke, welche theils auf Bestellung, theils auf Vorrath, vielleicht vorzugsweise gern auf Bestellung, aber, wenn solche ausbleibt, auf Vorrath arbeiten, gehören . z. B. die Hochbaugewerke, ferner die meisten Maschinenfabriken, gewisse Erzgiessereien (namentlich solche, die nach einem, wenn auch künstlerischen, Modell viele Exemplare giessen), ferner Möbelfabriken u. s. w.

Der wesentliche wirthschaftliche Unterschied zwischen dem Verkauf auf Bestellung und dem Marktverkauf ist der, dass dort der Preis im Voraus bestimmt ist, hier dagegen der von zufälligen Umständen abhängige Marktpreis entscheidet.

1. Verkauf auf Bestellung.

Wer auf eine Bestellung eingehen will, muss, wenn nicht ganz besondere gewerkliche Rücksichten ein Anderes gebieten, den Preis so feststellen, dass er für sämmtliche baare Aufwände, sowie für den Abnutz der stehenden Kapitalien entschädigt wird, und ausserdem einen angemessenen Reingewinn bezieht. Der zu vereinbarende Preis muss ihm die verbrauchten, beziehungsweise verausgabten, umlaufenden Kapitalien vollständig ersetzen und für den Abnutz und die Verzinsung der stehenden Kapitalien eine volle antheilige Entschädigung gewähren. Ausserdem aber muss er dem Unternehmer einen Gewinn verschaffen, ohne den derselbe sein Kapital und seine Arbeitskraft nicht in dem immerhin sorgenvollen und riskanten Betrieb eines Gewerksunternehmens anlegen würde.

Aus geschäftlichen Rücksichten mag ausnahmsweise einmal auf diesen Ueberschuss verzichtet werden. Es geschieht dies öfter namentlich bei jungen Unternehmungen, welche, die Konkurrenz unterbietend, Kundschaft gewinnen wollen, und darauf rechnen, dass die feste Kundschaft, mit Rücksicht auf die gute Beschaffenheit des Erzeugnisses, fest bleiben werde, auch wenn später höhere Preise berechnet werden würden.

Der Verzicht bleibt immerhin gefährlich. Es ist ungewiss, ob man damit erreicht, was man erreichen will. Gewiss ist dagegen, dass man in jedem einzelnen Falle solcher Verzichtleistung zu kurz kommt.

Aber freilich — eine Geschäftseröffnung erfordert überhaupt stets Opfer. Man muss die neue Firma bekannt zu machen suchen. Die beste Reklame besteht unter Umständen darin, dass man nur überhaupt Erzeugnisse unter die Konsumenten bringt; die Waare mag dann für ihren Verfertiger werben. Und dieses erstmalige Hinausbringen mag man sich immerhin Etwas kosten lassen.

Ausser so zu Reklamezwecken in Ausnahmefällen wird der Gewerksunternehmer nie die Konkurrenz auf Kosten seines ganzen Reingewinnes unterbieten dürfen.

Nicht nur solche Gewerktreibende, welche regelmässig für eine noch ungewisse Kundschaft, „für den Markt" arbeiten, und sofern sie dies thun, sondern auch Diejenigen, welche auf Bestellung arbeiten, und indem sie dies thun, haben in der Regel mit mehrfacher oder vielfacher Konkurrenz zu kämpfen.

Denn der Begehrer bestellt da, wo er am besten und billigsten bedient wird.

Die wichtigsten Waffen in diesem Kampfe mit konkurrirenden Anbietern sind: **Genaueste Kalkulation; eingehendste Sach- und Geschäfts-Kenntniss; strengste Solidität.**

Wer die besten Roh- und Hülfsstoffe, die besten Geräthe, Werkzeuge und Maschinen zu den verhältnissmässig billigsten Preisen sich verschafft hat; wer die willigsten, fleissigsten, sparsamsten und geschicktesten Arbeiter hat; wer sich das richtigste Bild von dem spezifischen Bedürfniss des Bestellers zu machen vermag und dieses Bedürfniss am sichersten zu treffen weiss, der wird in seiner Forderung am mässigsten sein und dabei doch am meisten verdienen können.

Ist man in allen diesen Stücken in so günstiger Lage; hat man dann richtig kalkulirt und die Preisforderung gestellt — aber die Konkurrenz fordert doch noch weniger: so kann man mit Ruhe auf den Auftrag verzichten; man kann sicher sein, dass der glücklich konkurrirende Anbieter auf die Dauer nicht zu konkurriren vermag.

Unter keinen Umständen mag man sich verleiten lassen, an der Qualität des Erzeugnisses, anstatt am Preise, zu verdienen.

Ein Unternehmer kann in seiner Branche ganz konkurrenzlos sein. Es wäre verkehrt, diesen Vortheil nicht ausbeuten zu wollen. Aber es wäre unwirthschaftlich, in der Ausbeutung dieses Vortheiles so weit zu gehen, dass die Kunden sich veranlasst fühlen könnten, auf Mittel zu sinnen, durch welche auch der einzige Anbieter ihnen entbehrlich wird.

Auch in einer konkurrenzlosen Lage mag man darauf verzichten, durch Ueberforderung immer mehr zu gewinnen; es ist auch in solcher Lage auf die Dauer vortheilhafter, den Gewinn zu suchen in Heranziehung immer weiterer Kundenkreise, in immer rationellerem insbesondere sparsamerem, Betrieb, in immer grösserer technischer Vollendung. —

Wer auf Bestellung arbeitet, kann entweder praenumerando oder postnumerando, oder theils im Voraus, theils nachträglich bezahlt werden. Ganze oder theilweise Pränumerando-Zahlung ist natürlich für den Gewerktreibenden vortheilhaft, kommt aber selten vor, und kann, wo sie nicht üblich ist, nicht gefordert werden, ohne den Besteller bedenklich zu machen. Es sei denn, wo man es mit einem notorisch oder präsumtiv schlechten Zahler zu thun hat, für den man auf Bestellung Arbeiten auszuführen im Begriff steht, die anderweit nicht zu verwerthen sein würden.

In solchem Falle wird unter Umständen besser Deposition der Kontraktssumme, als Vorausbezahlung, ausbedungen werden.

Die sonstigen Vortheile der Vorauszahlung — rechtzeitige Verfügbarkeit der nothwendigen Geldkapitalien — wird sich ein kreditfähiger Geschäftsmann in der Regel besser, als auf jenem Wege, vielmehr auf dem des Kreditnehmens von Dritten sichern.

Ist, wie meistentheils, Postnumerando-Zahlung bedungen, so muss bei der Preis-Kalkulation hierauf Rücksicht genommen werden; die früheren baaren Auslagen müssen im Preise mit verzinst werden bis zum Momente der Preiszahlung.

Späte Nachzahlung der ganzen Summe, oder ratenweise Abzahlung muss sich der Unternehmer bisweilen, namentlich in solchen Fällen, gefallen lassen, wo es sich um ein grosses Objekt und für den Besteller darum handelt, für etwaige Mängel in der Leistung, die sich nicht sofort herausstellen, sich schadlos halten zu können.

Jedenfalls nimmt man, wo späte Nachzahlung des Ganzen oder allmälige Abzahlung in Raten ausbedungen wird, bei der Preis-Kalkulation auch auf die Zinsen, welche vom Tage der Ablieferung bis zum Tage der vollständigen Bezahlung erwachsen, und auf die man ein gutes Recht hat, Rücksicht. —

Einer Garantieforderung für die Qualität ist es gerechtfertigt, Sicherheitsforderung für den Preis gegenüberzustellen.

Bevor man auf eine solche Garantieleistung eingeht, muss man darüber klar sein, dass und inwiefern dieses Zugeständniss gemissbraucht werden kann. Es kommt bekanntlich viel auf die Art der Anwendung (z. B. der Handhabung einer Maschine, der Benutzung eines Gewerbsgebäudes, der Behandlung einer Waare) an, ob der gelieferte Gegenstand die Ansprüche erfüllt, deren Erfüllung gewährleistet ist. Der Unternehmer hat alle Ursache, sich davor zu sichern, dass er nicht in Anspruch genommen wird wegen solcher Mängel, die nur von verkehrter Anwendung herrühren.

Ueberhaupt empfiehlt es sich, bei Annahme grösserer Bestellungen stets das, was beiderseits zu leisten ist, durch schriftlichen Kontrakt klar und unzweideutig festzustellen. Bei einem Zug-um-Zug-Geschäft, als welches sich der Verkauf vom Lager häufig darstellt, wäre dies eine unnöthige Formalität.

Ein solcher Lieferungskontrakt würde insbesondere über folgende Punkte Bestimmungen enthalten müssen:

a. über das Objekt der Lieferung. (Grösse, Gewicht, Stück-

zahl), Leistungsfähigkeit, Stoff, Zusammensetzung, äussere Ausstattung etc.)
b. über die Ablieferungszeit und den Ort der Lieferung;
c. über den zu zahlenden **Preis**, über die Formen, Termine und sonstigen Modifikationen der Zahlung;
d. über etwaige **Konventionalstrafen** auf Seiten des Lieferanten und **Verzugszinsen** auf Seiten des Bestellers;
e. über die Art, wie Streitigkeiten zwischen den Kontrahenten entschieden werden sollen.

2. Marktverkauf.

Wer auf Lager, auf Vorrath, für eine noch ungewisse Kundschaft arbeitet, hat selbstverständlich das Interesse eines möglichst raschen und sicheren Verkaufes zu möglichst hohen Preisen.

Der Vortheil des raschen Umsatzes liegt auf der Hand.

100 Ctr. einer gewissen Waare, welche zu 100 Fr. per Ctr. verkauft werden kann, verschlingen, auch wenn sie bei Lagerung an der Qualität nicht verlieren, wenn sie erst ein Jahr nach der Vollendung verkauft werden können, zu 5 pCt. 500, zu 6 pCt. 600 Fr. Zinsen. Der Unternehmer kann nun bei'm Verkauf nicht

$$10,000 + 500 \text{ oder } 600 \text{ Fr.}$$

fordern, wenn der Konkurrent, der gleich nach der Fertigstellung der Waaren dieselben verkaufen konnte, nur

$$10,000 \text{ Fr.}$$

fordert. Und, während der Letztere nun gleich nach der Fertigstellung der ersten 100 Ctr. wieder 10,000 Fr. zur Verfügung hat, um die Rohstoffe, Hülfsstoffe, Arbeitslöhne etc. für ein zweites Hundert Ctr. zu bezahlen, musste der Erstere sich zu diesem Zwecke vielleicht 9500 Fr. leihen, also auch dafür wieder Zinsen zahlen.

Es fragt sich, durch welche Mittel namentlich ein rascher und vortheilhafter Verkauf thunlichst gesichert werden kann.

Die wirksamsten Mittel sind: Die genaue und sorgfältige Erforschung der Natur und Stärke des Marktbedarfes; die technische Befähigung, diesen Bedarf seiner Qualität nach vollständig zu befriedigen, und die Sicherung der Möglichkeit, dem wachsenden Bedarf nachzufolgen durch entsprechende Mehrerzeugung, bei abnehmendem Bedarfe aber auch die Erzeugung des betreffenden Artikels rechtzeitig und entsprechend einzuschränken.

Die Käufer werden am liebsten und regelmässigsten da kaufen, wo sie wissen, dass ihr Bedarf nicht nur hinsichtlich der Quantität, sondern auch hinsichtlich der Qualität jederzeit sicher und vollkommen befriedigt wird.

Nun kann man freilich nicht in allen Industriezweigen sich in der Erzeugung und dem Angebot willkürlich in kurzem Wechsel ausdehnen, oder einschränken, ohne erhebliche Verluste zu erleiden, und bestünden diese Verluste auch nur darin, dass man — bei einer Ausdehnung des Betriebes — vielleicht die Vorräthe an stehenden und umlaufenden Kapitalien zu einer Zeit vergrössern muss, welche dazu besonders unvortheilhaft erscheint, und dass man — bei einer Einschränkung des Betriebes — eingelernte Arbeiter entlassen, theure Gebäude, bauliche Vorrichtungen, Geräthe, Werkzeuge und Maschinen unbenützt stehen lassen muss.

Aber solche Industrie-Unternehmungen, bei denen eine Einschränkung oder Ausdehnung des Betriebes, oder der Uebergang zu einer anderen Waarengattung, wenn die bisher erzeugte nicht mehr abzusetzen ist, ohne Verluste nicht zu bewerkstelligen sind, werden gut thun, sich stets nur in dem Maasse zu vergrössern, wie ihre **feste Kundschaft** wächst, und müssen sich doppelt angetrieben fühlen, diese feste Kundschaft durch strengste Solidität sich zu erhalten. —

Was den Verkauf selbst anbelangt, so gilt auch hier als oberste Regel die, **die Konkurrenz nicht lediglich im Preise, sondern durch die Qualität der Waare zu bekämpfen**, d. h. dadurch, dass man womöglich den Geschmack und Bedarf der Abnehmer richtiger zu treffen sucht, als die Konkurrenten, und dass man das Versprochene immer vollkommen so leistet, wie man es versprochen hat.

Ist es nicht möglich, in dieser Beziehung die Konkurrenten zu überbieten, so ist es vielleicht möglich, **unbeschadet des Gewinnes doch niedrigere Preise zu stellen, als sie.**

Dies wird dann möglich sein, wenn man bessere Roh- und Hülfsstoffe, bessere Geräthe, Werkzeuge und Maschinen zu niedrigeren Preisen zu beschaffen, den ganzen Betrieb zweckmässiger und sparsamer einzurichten, die Arbeitstheilung konsequenter durchzuführen, die Arbeiter sich williger zu erhalten versteht, als sie. (Ueberall springt der Segen einer rationellen Regelung des Verhältnisses zwischen Arbeitgebern und Arbeitern in die Augen!)

Nur, wenn man wirklich für Erzeugnisse gleich guter Beschaffenheit niedrigere Preise stellen kann, ohne sich Verlusten auszusetzen, kann es frommen, den Konkurrenten durch niedrigere Preisberechnung entgegenzutreten. —

Ferner, als die Konkurrenten, vom Absatzmarkte, muss man freilich, um mit ihnen zu konkurriren, sich fast stets eine Gewinn-Einbusse gefallen lassen, wenn es nicht möglich ist, wesentlich Besseres zu wesentlich niedrigeren Kosten herzustellen.

Bietet A. dem Begehrer ein Erzeugniss zum Preise von 5 x am Sitze seines Unternehmens an, die bis zum Abnehmer zu verfrachten 1 x kostet, so kann B. als Konkurrent, wenn das Erzeugniss vom Sitze seiner Unternehmung bis zum Abnehmer 2 x zu verfrachten kostet, doch auch nur 6 x fordern, wenn die Bestimmung getroffen ist, dass der Lieferant, und nur 4 x, wenn die Bestimmung getroffen ist, dass der Abnehmer die Transportkosten zu tragen hat. A. bezieht in jedem Falle 5 x, B. in jedem Falle nur 4 x. Er muss zusehen, ob es ihm möglich ist, um 1 x billiger zu produziren, als A. Ist das nicht möglich, so muss er sich, wenigstens da, wo er mit A. konkurriren will, mit einem vielleicht um Vieles niedrigeren Gewinne begnügen. —

Wenn man auf Lager, oder Vorrath, für eine noch ungewisse Kundschaft arbeitet, so kann man entweder die Erzeugnisse **bei sich lagern**, und nun die Nachfrage, die man durch Bekanntmachungen, Aussendung von Reisenden, oder Proben, Beschickung von Ausstellungen, Musterlagern etc. anregt, abwarten, oder man kann den **Verkauf Andern in Kommission geben**.*)

Das Letztere ist nur räthlich, entweder, wenn man das Glück hat, einen sehr gewandten und zuverlässigen Kommissionär zu finden, oder bei Artikeln, von denen man weiss, dass sie an gewissen Orten

---

*) Häufig beruhen ganze und ausgedehnte Industriezweige lediglich auf dem Kommissionsverkaufs-System, vielleicht sogar in der Weise, dass der Kommissionär gegen besondere Provision Vorschüsse auf die Waare giebt. So z. B. — freilich nicht zu ihrem Vortheile — die gesammte Schwedische Eisenindustrie. Vergl. hierüber den Aufsatz über „die schwedische Eisen-Industrie" in No. 808 des „Bremer Handelsblattes" vom 6. April 1867.

stets gesucht sind, an denen man doch eine eigene Niederlassung nicht errichten kann.

Im ersteren Falle miethet man sich gewissermaassen eine Fähigkeit, die man selbst nicht besitzt; im anderen Falle ergänzt man den Mangel, der darin liegt, dass man mit seiner Unternehmung sich nicht an dem günstigsten Verkaufsplatze niedergelassen hat.

In beiden Fällen muss man, selbst, wenn man einen ganz zuverlässigen Kommissionär gefunden, diesem die unterste und die oberste Verkaufs-Grenze feststellen. Denn er kann „der Waare den Markt verderben", wenn er, selbst bei völliger Konkurrenzlosigkeit, zu hohe Preise fordert, selbst obwohl zu solchen Preisen eine Zeit lang grosse Massen abgesetzt werden könnten.

Einem unzuverlässigen Kommissionär jene Grenzen zu eng zu ziehen, würde doch fruchtlos sein; einem zuverlässigen Kommissionär gegenüber wäre es durchaus zu widerrathen.

Andere, als persönliche Bürgschaften, dass der Kommissionär redlich handeln werde, sind selten zu erlangen, können auch nur dann helfen, wenn sie leicht realisirbar und gross genug sind.

Jedenfalls muss mit dem Kommissionär, auch bei nur zeitweiliger Geschäftsverbindung, ein förmlicher Kommissionsvertrag abgeschlossen werden.

Wer die Verkaufsprovision, oder Kommisionsgebühr und die sonstigen Unkosten bis zum Verkauf tragen muss, der Eigenthümer der Waaren, oder der Käufer derselben — das hängt lediglich von dem Preise ab, der im einzelnen Falle erzielt werden kann.

Giebt der Produzent A. eine Partie Waaren, deren Preis er auf 1000 Fr. kalkulirt hat, gegen 10 pCt. Verkaufsprovision in Kommission, so muss er die Provision von dem Gewinne, den er sich berechnet hat, bestreiten, wenn der Kommissionär wirklich nur 1000 Fr. löst. Würde er aber 1200 Fr. lösen, so trüge der Käufer die Provision und A. gewönne überdies noch 80 Fr. —

Ebenso beim Eigen- wie bei'm Kommissions-Verkauf vom Lager kommen Zug-um-Zug- und Kredit-Geschäfte vor, d. h. ebensowohl im einen wie im anderen Falle kann man sofort baare Zahlung erlangen, oder muss man sich längere oder kürzere Zahlungsfristen gefallen lassen.

Das Zug-um-Zug-Geschäft mit sofortiger Baarzahlung ist in der grossen Mehrzahl der Fälle günstiger für den Verkäufer, als das

Kreditgeschäft, weil er dabei keine Gefahr läuft, den Preis zu verlieren — eine Gefahr, die durch hohen Zinsfuss bei'm Kreditgeschäft doch nur abgemindert, nicht aber aufgehoben wird.

Wer keinen Kredit zu geben braucht, braucht auch meistens keinen zu nehmen. Wer für seine Erzeugnisse den richtig kalkulirten Kaufpreis baar ausbezahlt erhält, kann die Rohstoffe, Hülfsstoffe und Arbeitslöhne für ein grösseres Quantum von Erzeugnissen, als er soeben verkaufte, baar bezahlen, und die Baarzahlung namentlich der Roh- und Hülfsstoffe hilft, wie an anderer Stelle gezeigt, konkurrenzfähig machen.

Sobald ein gewerkliches Unternehmen zu einigermassen geregeltem und geordnetem Betriebe gelangt ist, der Unternehmer die Schwierigkeiten des ersten Anfanges glücklich überwunden hat, ist es meist nicht nöthig, statt gegen baar, auf Kredit zu verkaufen. Möglich, dass sich die Konkurrenten durch lange Kredite einen grösseren Kundenkreis gleich für den Anfang erwerben. Aber es ist nicht die wünschenswerthe Kundschaft, die man nur durch lange Kredite heranziehen kann. Wenn man in dieser Beziehung den Konkurrenten nicht nachgiebt, sie aber durch grössere Solidität und billigere Preisstellung, welche durch die Baarzahlung und den Gross-Ankauf der Roh- und Hülfsstoffe u. s. w. ermöglicht wird, zu überholen sucht, so wird man sich vielleicht langsamer, aber sicherer eine grössere und werthvollere Kundschaft erwerben, als sie.

Selbstverständlich ist die Annahme von nicht alsbald fälligen, guten Tratten oder trassirten Wechseln in Zahlung nicht unter dem Gesichtspunkte der Kreditirung des Kaufpreises zu betrachten.

Ein Gewerksunternehmer, der von seinen Kunden gute Drei- oder Sechs-Monats-Wechsel in Zahlung annimmt, kann ja diese Wechsel alsbald, wenn auch gegen Diskont, der dann in der Factura erscheinen würde, verkaufen. —

Verkauft man durch einen Kommissionär, so wird man freilich auf Baarempfang der Zahlung für jede einzelne Post verzichten müssen; denn man vermag ja nicht immer zu kontroliren, wann und wieviel im einzelnen Falle der Kommissionär verkauft.

Man kann ihm höchstens zur Pflicht machen, stets nur gegen Baar zu verkaufen und die eingenommenen Gelder regelmässig, z. B. monatlich, zu remittiren, nach Abzug natürlich seiner Verkaufsprovision.

Wo man genöthigt wäre, vom Lager, selbst oder durch den Kommissionär, auf Kredit zu verkaufen, z. B. weil das in dem betreffenden Geschäftszweige oder in der betreffenden Gegend feststehende Usance ist, da muss man selbstverständlich seine Kunden hinsichtlich ihrer Kreditwürdigkeit prüfen, und, wo es sich um grössere Posten handelt, Sicherheit zu erlangen suchen, z. B. durch Bürgschaftsforderung.

Auch ist es dann unerlässlich, entweder die Zinsen für die Zeit zwischen Lieferung und Zahlung bei der Preis-Kalkulation zu berücksichtigen, oder sie auf der Factura ausdrücklich zu berechnen.

Endlich ist es unerlässlich, das Ziel, wenn es nicht bereits usancemässig feststeht, ausdrücklich vertragsmässig festzustellen, und zwar ein Ziel so kurz als möglich. Ein geordneter Geschäftsbetrieb verlangt, dass man genau wisse, wann man Zahlung zu erwarten hat. Für den Fall nicht rechtzeitiger Zahlung müssen in dem Vertrage Verzugszinsen ausbedungen werden.

Am sichersten ist es immer, auch da, wo man nicht umhin kann, Kredit zu geben, Zahlung in guten Wechseln zu fordern, welche nach Verlauf der usance- oder vertragsmässigen Frist fällig sind. Man hat dann, obwohl der Käufer befriedigt ist, doch den Vortheil möglichster Sicherheit und sofortiger Verwendbarkeit des Kaufpreises.

Es ist an dieser Stelle schliesslich noch zweier Formen zu gedenken, in denen sich der Verkauf vom Lager, oder der Marktverkauf, sei er nun eigener oder Kommissionsverkauf, sei er Baarzahlungs- oder Kredit-Verkauf, hie und da zu vollziehen pflegt: nämlich des Verkaufs nach Probe und des Verkaufs auf Probe oder auf Besicht.

Wer nach Probe verkauft, verpflichtet sich zu liefern nach Massgabe einer Probe, welche er dem Käufer oder der Käufer ihm vorgezeigt hat. Fällt die Lieferung probemässig aus, so muss der Käufer sie annehmen; fällt sie nicht probemässig aus, so kann er die Annahme ablehnen, unter Umständen auch Schadloshaltung fordern.

Dieses Geschäft kommt besonders häufig vor da, wo man grössere Partieen von Industrieerzeugnissen an Exporteurs, aber auch da, wo man dergleichen durch Geschäftsreisende an ständige oder neue Kunden verkauft.

Man muss sich unter allen Umständen genau probemässige

Lieferung zur strengsten Pflicht machen. Nichts straft sich unerbittlicher, als Leichtfertigkeit in dieser Beziehung.

Genau probemässige Lieferung in allen Fällen, selbst, wenn sie mit namhaften Opfern verbunden wäre, ist an und für sich schon ein Mittel zur Erwerbung fester und guter Kundschaft. Wem man in dieser Beziehung vollständig vertrauen kann — Dem bezahlt man gern einen höheren Preis, als seinen in diesem Punkte vielleicht minder gewissenhaften Konkurrenten. Auch aus diesem Grunde ist es sehr wichtig, dass man gewissenhafte und zuverlässige Hülfsarbeiter hat, sie streng kontrolirt und ihr Interesse thunlichst an das der Unternehmung zu fesseln versteht.

Leichtfertigkeit in diesem Punkte kann der Keim zum Ruin eines bis dahin blühenden Unternehmens werden.

Der Verkauf auf Probe oder auf Besicht hat eine ganz andere Bedeutung, als der Verkauf nach Probe. Er bindet zunächst nur den Verkäufer. Der Käufer kann vom Geschäft zurücktreten, wenn das Objekt seinen Wünschen nicht entspricht.

Der Vertrag kann entweder den Käufer verpflichten, binnen einer gewissen Frist den Rücktritt ausdrücklich zu erklären — erklärt er sich dann nicht, so ist der Kauf perfekt —; oder der Vertrag enthält keine solche Verpflichtung, dann ist die Folge des Mangels der Erklärung nicht Perfektion des Geschäftes. Dasselbe wird dann vielmehr erst perfekt, wenn der Käufer die Annahme erklärt hat.

Für den Gewerksunternehmer ist der erstere Fall natürlich günstiger. Wo er überhaupt genöthigt ist, auf Besicht, auf Probe zu verkaufen, liegt es in seinem Interesse, dem Kauflustigen eine, womöglich kurze, Frist zu stellen und ihn ausdrücklich zu verpflichten, sich über Annahme oder Nichtannahme zu erklären.

Muss nach dem Vertrag die Waare zur Besichtigung z. B. an den Wohnort des Kauflustigen transportirt werden, so ist auch darüber eine Bestimmung zu treffen. wer die Transportkosten, etwaigen Verderb u. s. w. zu tragen hat.

Diese Art des Verkaufs kommt besonders häufig bei Maschinen vor, kann aber auch bei Wohnhäusern, desgleichen bei solchen Artikeln vorkommen, die nur geprüft werden können durch Verbrauch.

Im letzteren Falle wird in der Regel aus dem Verkauf auf Probe im Perfektionsfalle ein Verkauf nach Probe werden, im Falle der

Nichtperfektion aber das Verhältniss sich so gestalten, dass der Kauflustige nur die verbrauchte Probe bezahlt.

Bei Lebensmitteln heisst der Verkauf auf Probe bezeichnend auch „Verkauf auf's Kosten". (Ein Fleisch-Extrakt-Fabrikant A. verkauft an B. auf Probe für 1000 Fr. Fleisch-Extrakt und sendet eine Probebüchse zu 20 Fr. Will B. die Lieferung nicht annehmen, so bezahlt er nur die Probe und giebt die entsprechende Erklärung ab. Anderenfalls erfolgt die Sendung der 50 Büchsen an ihn; das Geschäft ist perfekt.)

B. Erwerbung des Geldes durch Miethhandel.

Auch der von Haus aus reichlich mit Geldkapital ausgerüstete Gewerksunternehmer kann nicht nur ausnahmsweise in die Lage kommen, mit Kredit wirthschaften zu müssen, sondern es für seinen Interessen entsprechend halten, regelmässig mit Kredit zu wirthschaften.

Wer unkündbare oder doch entsprechend langfristige Darlehen zu 6 pCt. erhalten und vielleicht zu 10 pCt. verwerthen kann, würde nicht zu rechtfertigen sein, wenn er die Vergrösserung seines Unternehmens lediglich aus dem Grunde unterlassen wollte, weil sie ohne Inanspruchnahme des Kredites nicht durchführbar wäre.

Man kann nicht sagen, dass der Gewerksmann durchweg nur kurzen Kredites bedürfe, oder dass der Kredit, den er in Anspruch zu nehmen habe, lediglich Personalkredit sei. Es wäre nicht richtig, gewerklichen Kredit, solchen wie ihn der Gewerksmann braucht, und kurzfristigen Personalkredit für Ein und Dasselbe zu halten. Es giebt gewerkliche Unternehmungen, bei denen das Kapital rasch, und solche, bei denen es, trotz rationellsten Betriebes, langsamer „umgesetzt" wird. Ein Bauunternehmer, dessen Geschäft sehr flott geht, wird unter allen Umständen sein Kapital in einem gewissen Zeitraume nicht so oft umsetzen, als ein Rübenzuckerfabrikant mit ebenfalls flottem Geschäftsbetriebe. Jenem ist nur mit längerem Kredit gedient. Dieser wird vielleicht nie in die Lage kommen, langen Kredit in Anspruch nehmen zu müssen.

Und weiter: Der Bauunternehmer, so weit er auf Vorrath arbeitet, wird häufig gut thun, sich nicht allein auf seinen persönlichen Kredit zu verlassen, sondern hypothekarische Sicherheit anzubieten; er wird dann mit niedrigerem Zinsfuss auskommen.

Der Rübenzuckerfabrikant, der nicht zugleich Landwirth ist, kann, wenn er nicht auf Vorrath, sondern auf feste Vorausbestellung arbeitet, höchstens seine Fabrikgebäude verpfänden; im Uebrigen wird er lediglich auf persönlichen Kredit angewiesen sein.

Dem Gewerksunternehmer bieten sich zur Deckung seines Kreditbedarfes verschiedene **Kreditformen** dar:

1) **Die Darlehnsaufnahme gegen blossen Schuldschein.**

Nur in den seltensten Fällen wird es möglich sein, auf diesem Wege grössere Summen zu erlangen.

2) **Bezahlung der Roh- und Hülfsstoffe etc. mit eigenen oder trockenen, erst nach einer gewissen Frist fälligen Wechseln.**

Aber wir haben gesehen, dass der Kauf auf Kredit für den Gewerksunternehmer nicht räthlich ist, und immer wird auch die Zahl der Verkäufer nur gering sein, die sich mit solcher Zahlung zufrieden erklären.

3) **Bestellung von Hypotheken an Immobilien, oder von Faustpfand an Mobilien, z. B. dem Waarenlager.**

Das Erstere lohnt nur bei längerem Kredit und bei solchen Gewerken, die mit grossem Grundkapital zu wirthschaften haben, das Letztere geht nur bei den Gewerken, welche auf Lager arbeiten, und es geht selten ohne Vermittelung von Banken.

4) **Es kann sich der Unternehmer, wo er auf Bestellung arbeitet,** von seinen Kunden gleich bei der Annahme der Bestellung, also praenumerando, mit **Tratten bezahlen lassen, die erst nach längerer Zeit fällig sind, und nun diese Tratten vor Ablauf der Frist verkaufen, diskontiren.**

Aber selten werden sich Kunden auf eine solche Bedingung einlassen, und es ist nicht unbedenklich für den Gewerksunternehmer, sie zu stellen. —

In allen diesen Fällen aber ist der Gewerksunternehmer mit seinem Kreditbedürfniss dem Zufall anheimgegeben, hat er keine Gewissheit, den begehrten Kredit auch zu erhalten dann, wann und in dem Umfange, in welchem er ihn gebraucht, ist er nicht berechtigt, eintretenden Falles Kredit zu fordern.

Alle diese, überaus wichtigen, Vortheile werden dagegen erreicht durch Gründung von **Kreditinstituten,** bei denen die Gewerbtreibenden selbst zugleich Kreditnehmer und Kreditgeber sind, und denen zugleich Geldkapitalien von anderen Seiten in der für den Gewerksmann verwerthbaren Form zufliessen, Kreditanstalten oder Banken, welche die geschäftliche Vermittelung zwischen dem, nutzbringende Anlage suchenden, Kapitalisten und dem kreditbedürftigen Gewerktreibenden übernehmen.

Je nach dem verschiedenartigen Kreditbedürfniss der verschiedenen Gattungen von Gewerktreibenden müssen verschiedenartige solche Anstalten vorhanden sein, bezüglich von den Gewerktreibenden in's Leben gerufen werden.

Diejenigen Gewerktreibenden, welche, wie z. B. die Baugewerke, vorzugsweise längeren Kredits bedürfen und hypothekarische Sicherheit anzubieten haben, werden sich zur Errichtung von Hypothekenkredit-Anstalten zu vereinigen haben.

Solche Banken sammeln die Geldkapitalien, welche hypothekarische Sicherheit suchen. Den Darleihern wird der gesammte Grundbesitz der vereinigten Genossen verpfändet. Der einzelne Genosse, welcher des Kredits bedarf, ist berechtigt, das Institut bis zum Delaufe eines gewissen Betrages der Taxe seiner Grundstücke in Anspruch zu nehmen.

Das Zweckmässigste ist, wenn die Genossen als Schuldner des Institutes nicht nur die ihnen gemachten hypothekarischen Darlehen verzinsen, sondern auch durch ratenweise Zahlung tilgen. Nur so ist es möglich, dass das Institut seinen Schuldnern gegenüber auf Kündigung verzichtet, den Gläubigern aber ein beschränktes Kündigungsrecht einräumt.

Eine empfehlenswerthe Einrichtung besteht ferner darin, dass den Gläubigern au-porteur lautende verzinsliche Pfandbriefe ausgestellt werden, die dann, wenn das in der Bank vorhandene Kapital zeitweise nicht beschäftigt ist, angekauft werden könnten.

Diejenigen Gewerktreibenden, welche vorzugsweise kurzen Kredit brauchen, werden am besten Institute nach Art der Vorschuss-Vereine gründen.

Sie vereinigen sich zu einer Genossenschaft, welche jedes Mitglied verpflichtet, durch einmalige oder Ratenzahlungen Antheile zu erwerben, und welche zugleich alle augenblicklich verfügbaren Mittel der Genossen und anderer Einleger als Depositenbank verwaltet. Jeder Genosse hat Anspruch auf Kredit bis zur Höhe seines Guthabens, und braucht, wenn er nur soviel verlangt, keine Sicherheit zu leisten. Verlangt er weiteren Kredit, so muss er Sicherheit durch Bürgschaft, Verpfändung von Werthpapieren oder Waarenlägern etc. leisten.

Die Mittel zu solchen, die Gesammtguthaben übersteigenden, Vorschüssen nimmt die Genossenschaft unter sammtverbindlicher Haftung aller Genossen auf.

Die Verwaltung, da sie als Depositenbank zugleich die Vermögensverwalterin aller Genossen ist, lernt nach und nach die Kreditwürdigkeit derselben genau kennen.

In einer einigermassen verkehrsreichen Gegend wird die Anstalt, wenn sie sich nur als eine wahre Depositenbank bewährt, nie, oder selten nöthig haben, grössere Anleihen zu machen. Wenn sie aller Welt Konten in laufender Rechnung eröffnet und gleichzeitig das Checksystem eingeführt, werden ihr die zu Darlehen an ihre Genossen erforderlichen Gelder stets in reichlichem Maasse zufliessen. Fehlte es einmal, so wäre es nur nöthig, den Zinsfuss für Kontokorrent-Einlagen zu erhöhen. Würde zeitweise soviel Geld zufliessen, dass es durch Vorschüsse an die Mitglieder nicht verwerthet werden könnte, so kann es vielleicht durch Wechseldiskontirung gut verwerthet, und müsste jedenfalls zeitweise der Zinsfuss für Kontokurrent-Einlagen herabgesetzt werden.

Solche Institute bieten den Gewerktreibenden den unschätzbaren Gewinn, dass sie ihnen einen jederzeit realisirbaren Anspruch auf Vorschüsse gewähren, und dass der Gewinn des gesammten Bankgeschäfts den verbundenen Genossen selbst wieder zufliesst.

III. Die Anwendung des Geldes in den Gewerken. Es ist kaum nöthig, zu bemerken, dass wie in anderen Gewerben, so auch in den Gewerken, die Geldkapitalien ebenso wie alle anderen Kapitalien, mit äusserster Sparsamkeit angewendet werden müssen.

Diese Sparsamkeit besteht nicht darin, dass man die Befriedigung gewerklicher Bedürfnisse verzögert, weil sie vielleicht hohe Geldauslagen erfordern würde, sondern darin, dass man nur da Geld ausgiebt, wo dies im Interesse des Unternehmens unbedingt erforderlich ist, und nur soviel, aber auch nicht weniger, als erforderlich, um das mit der Auslage Bezweckte auch sicher zu erreichen; ferner darin, dass man sich immer dessen erinnert, dass das Geld nur Nutzen gewährt, wenn und indem man es ausgiebt.

Die grösste Sparsamkeit mit Geld kann sich also — so paradox dies auch klingen mag — unter Anderem darin bewähren, dass man alles nicht für den nächsten Augenblick erforderliche Geld stets alsbald ausgiebt.

Sehr übel angebracht wäre die Sparsamkeit mit Geld da, wo es sich um Zahlung von Arbeitslöhnen, Ankauf von Roh- und Hülfsstoffen, Geräthen, Werkzeugen und Maschinen handelt. Das Theuerste zu miethen, bezüglich zu kaufen und den Preis sofort zu zahlen, möglichst im Ganzen zu kaufen: das ist hier oft die grösste Sparsamkeit.

Geldkapitalien, welche man nicht augenblicklich und voraussichtlich auch in der nächsten Zukunft nicht in der gewerklichen Unternehmung braucht, muss man zweckmässig anderweit zu verwerthen suchen.

Besonders segensreich für diesen Zweck erweisen sich Depositenbanken, welche jede Depositen-Einlage vom Tage der Einzahlung an verzinsen, und, indem sie Verfügung über die Depositen-Guthaben durch Checks gestatten, die jederzeit honorirt werden müssen, den Einlegern die Sorge der Baarschafts-Verwahrung und Verwaltung abnehmen.

Stände dem Gewerksunternehmer in seiner Gegend ein solches Institut nicht zur Verfügung, wäre aber ebenda der Gewerksbetrieb hoch und mannigfaltig entwickelt, so würde es im eigensten Interteresse der Betheiligten liegen, auf die Begründung eines solchen Institutes, welches grössere Vortheile, namentlich grössere Sicherheit, zu bieten vermöchte, als das Privat-Bankier-Geschäft, aus eigener Initiative Bedacht zu nehmen.

Denn nur, wo solche Banken vorhanden und bequem zugänglich sind, wird es möglich, die wichtige Regel zu befolgen, welche dem Gewerktreibenden vorschreibt, zwar stets baare Kasse zu halten, aber nie im eigenen Hause und nie so, dass die Baarschaft sich nicht verzinst.

Vierter Theil.
Die Hülfsmittel der Gewerke und deren Benutzung.

Cap. 23.
Das Wesen und die Arten der gewerklichen Hülfsmittel.

Wie an anderer Stelle gezeigt, sind die Mittel, deren sich der Gewerktreibende zur Erreichung seiner Zwecke zu bedienen hat, entweder **Gewerbsmittel**, oder **Hülfsmittel**.

Nachdem im II. und III. Theile dieses Lehrbuches das Wesen der Gewerbsmittel (Arbeit und Kapital) geschildert und die für die Erwerbung und Anwendung derselben massgebenden Grundsätze festgestellt worden sind, hat die Betrachtung nunmehr zu den gewerklichen Hülfsmitteln fortzuschreiten.

Unter **Hülfsmitteln der Gewerke** sind zu verstehen diejenigen öffentlichen Anstalten, Einrichtungen und wirthschaftlichen Institute, deren Dienste nicht von einzelnen Gewerktreibenden ausschliesslich in Anspruch genommen werden können, sondern entweder der Gesammtheit der Gewerktreibenden oder dem gesammten Wirthschaftsleben eines gewissen Verkehrsgebietes zu Gute kommen.

Die eigene oder ermiethete fremde Arbeit, mit welcher der Gewerktreibende wirthschaftet, ist ebenso wie das eigene oder ermiethete fremde Kapital, welches in einem gewerklichen Unternehmen verwendet wird, Gegenstand der ausschliesslichen Verfügung des Unternehmers.

Die Dienste der öffentlichen Verkehrs-, Kredit-, Gewerksbeförderungs-Anstalten, welche der einzelne Gewerktreibende in Anspruch nimmt, werden gleichzeitig vielen anderen Gewerktreibenden und Nichtgewerktreibenden dargeboten. Diese Anstalten sind ein Erzeugniss der gesammten wirthschaftlichen Kultur; sie sind, wenn auch bisweilen, hinsichtlich ihrer Begründung und Verwaltung, privatwirthschaftliche Unternehmungen Einzelner (Banken, Eisenbahnen, Versicherungsgesellschaften), doch hinsichtlich ihrer Leistungen Gemeingut des Wirthschaftslebens ganzer Verkehrskreise, und erfüllen ihre Aufgaben um so sicherer, je mehr sie dies sind.

Berechnet sind sie entweder, wie die Gewerbekammern, Gewerbebanken, Gewerbe- oder Industrie-Börsen, von Gewerktreibenden begründete Märkte und Messen, zunächst auf das Bedürfniss der Gewerktreibenden, oder sie sind, wie die öffentlichen Strassen, die Posten, Eisenbahnen, Telegraphen, Häfen, Docks, die allgemeinen Banken und Kreditinstitute, die Versicherungsanstalten, dem Handels- und Transport-Bedürfnisse aller Klassen der Bevölkerung gewidmet.

Jene kann man als **unmittelbare**, diese als **mittelbare Hülfsmittel der Gewerke** bezeichnen.

In der Allgemeinen Wirthschaftslehre gilt es, theils diese Anstalten als Glieder des Organismus der Gesammtwirthschaft in ihrem Wesen und ihren Leistungen kennen zu lehren, theils die Grundsätze festzustellen, nach denen sie eingerichtet und verwaltet sein müssen, um ihre Aufgaben in einer dem gesammten Wirthschaftsleben erspriesslichen Weise lösen zu können. In der Allgemeinen Handelslehre würden die Grundsätze festzustellen sein, von denen sich die Unternehmer einiger dieser Anstalten (Banken, Eisenbahnen, Telegraphen) bei der Einrichtung, der Verwaltung und dem Betrieb derselben leiten lassen müssen, wenn mit diesen Unternehmungen dauernd hoher Reingewinn erzielt werden soll.

Hier, in der Allgemeinen Gewerkslehre, gilt es, **ein System von Regeln für die Art der Benutzung jener Anstalten zum Zwecke des rationellen Gewerksbetriebes Seitens der Gewerksunternehmer** zu entwickeln.

Cap. 24.

Die unmittelbaren Hülfsmittel der Gewerke und deren Benutzung durch die Gewerktreibenden insbesondere.

Unter den unmittelbaren Hülfsmitteln der Gewerke finden wir erstens solche, welche entweder der **gewerblichen Bildung oder Fortbildung**, oder der **praktischen Förderung gemeinschaft-**

licher gewerklicher Interessen dienen, und zweitens solche Institute, welche auf die Erleichterung des Absatzes der Gewerkserzeugnisse, oder auf Vermittelung speziell des gewerklichen Kredites berechnet sind. Diese Gruppen sollen in der nachstehenden Darstellung thunlichst auseinandergehalten werden.

I.

1. **Die gewerklichen Fachschulen.** Die Hauptaufgabe dieser Anstalten besteht zwar in der fachlichen Vorbildung künftiger selbständiger Gewerktreibender. Allein erschöpft ist ihre Aufgabe hiermit noch keineswegs.

Vielmehr sollen sie, und namentlich die höheren solchen Bildungsanstalten, zugleich die Zentralpunkte gewerkswissenschaftlicher Forschung sein, wie die Universitäten Zentralpunkte der Forschung auf anderen wissenschaftlichen Gebieten; und es wird mit Recht von ihnen vielfältige Anregung zu gewerklichen Fortschritten auch über ihren nächsten Wirkungskreis hinaus gefordert.

Sofern sie aber dieser Anforderung entsprechen, liegt es im eigensten Interesse der Gewerktreibenden, mit solchen Bildungsanstalten sich in regem geistigen Verkehr zu erhalten, die von ihnen ausgehenden Forschungen sorgsam zu beachten, um den Preis unverhohlener und unbefangener Mittheilung über selbstgemachte Beobachtungen und Erfahrungen sich von den Vertretern der theoretischen Forschung Raths zu erholen, aus eigenen Mitteln die Sammlungen und sonstigen Lehrmittel solcher Anstalten zu bereichern, und dagegen das Recht, in jenen Sammlungen selbst wieder Belehrung zu suchen, sich zu sichern.

Es giebt der — kaum noch betretenen — Wege viele, deren Benutzung es ermöglichen würde, dass, wie gewerkliche Bildungsanstalten aus den Vorgängen des praktischen Gewerkslebens, so Gewerktreibende aus der wissenschaftlichen Thätigkeit der gewerklichen Bildungsanstalten reichen Segen schöpfen.

2. **Die gewerkliche Fachliteratur.** Die gewerkliche Fachliteratur ist neben industriellen Reisen ohne Zweifel das wirksamste, überdies das leichtest zugängliche Fortbildungsmittel. Es wird dasselbe heutzutage in allen Kulturstaaten fast für alle Zweige des Gewerksbetriebes und für den Kleinbetrieb ebenso mundgerecht, wie für den Grossbetrieb, dargeboten — ebensowohl in der Form selbständiger

Lehrbücher und Monographieen, wie in der Form von Reiseberichten, Beschreibungen, Fachjournalen.

Die Benutzung dieser Gattung von gewerklichen Hülfsmitteln kann eine doppelte sein: der Gewerktreibende kann hier nehmen und geben, und Beides in einer gleichmässig seine Interessen fördernden Weise.

Das „Geben" besteht theils in der Mittheilung eigener Erfahrungen und Entdeckungen, welche meist viel erspriesslicher ist, als die Geheimnisskrämerei, da sie auch den Leser zur Mittheilung seiner Erfahrungen und Entdeckungen anspornt; theils in der blossen Berichterstattung über die Organisation und die Resultate des eigenen Betriebs. Solche Berichterstattung ist jedenfalls die erlaubteste, aber auch die wirksamste Form der Reklame. Leider wird, namentlich in Deutschland, dieses wichtige Hülfsmittel des Fortschrittes von Gewerktreibenden noch viel zu wenig benutzt, sei es, dass kleinliche Konkurrenzfurcht, sei es, dass Mangel an Vertrauen in die Wirksamkeit solcher schriftstellerischer Thätigkeit, sei es, dass Mangel an Fähigkeit, oder eingebildeter Zeitmangel davon zurückhält.

Das „Nehmen" besteht selbstverständlich im aufmerksamen Lesen, im „Fortschreiten mit der Fachliteratur"; darin, dass man sich auf der Höhe des gewerklichen Fortschrittes erhält, im Prüfen und Verarbeiten des Gelesenen, in der Anwendung der unmittelbar anwendbaren Ergebnisse des Studiums.

Schriften, welche den gewerklichen Fortschritt, in technischer wie wirthschaftlicher Beziehung, widerspiegeln, sind für den einzelnen Gewerktreibenden oft das einzige Mittel, sich über diesen Fortschritt zu unterrichten. Ohne diese Anregung ist Verkümmerung und Einseitigkeit das unabwendbare Loos auch des vielseitigst gebildeten und grossartigst angelegten Geistes.

Die Zeit, die solchem Studium gewidmet wird, ist fruchtbar verwandte Arbeitszeit. Die, bei verständiger Oekonomie geringfügigen, Kosten, die dieses Hülfsmittel beansprucht, sind Auslagen, die mit Zinsen wiedererstattet werden.

3. **Gewerbevereine.** Wenn richtig organisirt, stehen diese Institute auf der Grenzscheide zwischen den gewerklichen Bildungsmitteln und den Mitteln zur praktischen Förderung gemeinschaftlicher gewerklicher Interessen. Unter den bekannteren deutschen Gewerbevereinen überwiegt bald die eine, bald die andere Seite der Aufgabe. Vereine mit lediglich praktischer Tendenz sind z. B. der Handels-

und Gewerbeverein für Rheinland und Westphalen und der Schlesische Zentralgewerbeverein.*) Als ein Verein, der vorzugsweise gewerkliche Bildungszwecke verfolgt, dürfte der Gewerbeverein für Hessen-Darmstadt zu nennen sein. Der Verein deutscher Ingenieure steuert offenbar beiden Zwecken mit gleichen Kräften zu.

Bei eigentlichen gewerklichen Interessentenvereinen liegt die Gefahr nahe, die gemeinsamen Interessen auf einer falschen Bahn zu verfolgen, das gesammte Wirthschaftsleben als den Interessen eines einzelnen wirthschaftlichen Berufsstandes dienstbar zu betrachten. So zeigt denn auch die Erfahrung, dass solche Vereine ihren Genossen durch systematische Verengung des Gesichtskreises — (wie oft sind industrielle Vereine zu Gunsten des Schutzzolles auf Erzeugnisse der industriellen Unternehmungen ihrer Genossen in die Schranken getreten, als seien die Konsumenten um der Industrie Willen, nicht die Industrie um der Konsumenten Willen in der Welt!) — oft thatsächlich mehr geschadet, als genützt haben. Aber doch nur insofern es sich um die Vertretung öffentlicher Interessen nach aussen durch eine bestimmte einzelne Klasse von Standes-Interessenten handelt, ist das Mittel der Interessentenvereine verwerflich. Wo gemeinsame Sonderinteressen ohne Zweifel vorliegen und Schutz verlangen, der andere Klassen nicht beeinträchtigt und den die Einzelnen sich zu gewähren zu schwach sind — da die Berechtigung der Interessentenvereine leugnen zu wollen, hiesse z. B. die Gesundheit des Grundsatzes der wirthschaftlichen Selbsthülfe leugnen.

Ein Gewerkverein, den man Arbeitgeber-, Unternehmer-, oder Fabrikantenverein nennen könnte, und der sich die Aufgabe stellte, zum Gegenstande seiner Untersuchungen und Empfehlungen, seiner Thätigkeit überhaupt, alle diejenigen Anstalten, Einrichtungen, Maassregeln zu nehmen, welche einzelne Gewerksunternehmer oder mehrere gemeinschaftlich begründen, bezüglich treffen können und sollten, um das Interesse ihrer Arbeiter mit dem ihrigen inniger zu verknüpfen, das Verhältniss zu jenen zufriedenstellender und beglückender für beide Theile zu gestalten — das wäre auch ein Interessentenverein, und zweifelsohne ein sehr wohlberechtigter.**) Nicht minder berechtigt wäre ein Verein von Industriellen mit dem Zwecke der gemeinschaft-

---

*) Hierher gehört jedenfalls auch die im II. Theile dieses Buches mehrfach rühmend erwähnte Mühlhäuser Société industrielle.

**) Eingehend und warm empfohlen ist die Begründung solcher Vereine im

lichen Beschaffung von Privatverkehrsmitteln, von Roh- und Hülfsstoffen u. s. w., zur Errichtung und Erhaltung von Zivil-Ingenieur-Büreaux u. s. w.

Es können auch freie gewerkliche Vereinigungen offenbar sehr Erspriessliches leisten für die Befreiung der Arbeit und des Handels, für die Erleichterung und Sicherung des Verkehrs, für die Reform der Steuerverfassung u. s. w. Indem sie dies thun, verfolgen sie aber nicht lediglich gewerkliche, sondern allgemein wirthschaftliche Interessen, und würden sie ihre eigene Wirksamkeit schwächen, wenn sie sich die natürliche Kampfgenossenschaft anderer Berufsstände fern hielten.

Das recht eigentliche Thätigkeitsgebiet der Gewerkvereine ist die Förderung gemeinschaftlicher geschäftlicher Interessen und die Förderung der fachlichen Bildung der Genossen.

Auf dem eigentlichen Bildungsgebiete wirkt die persönliche Berührung und der Gedankenaustausch zwischen den Fachgenossen Wunder — mehr als Anregungs- wie als eigentliches Belehrungsmittel. Und man darf, wenn man die Segnungen unseres erleichterten Verkehrs aufzählt, nicht vergessen, dass auch die fachliche Vereinsthätigkeit durch ihn erst ermöglicht worden ist.

Was die Wirksamkeit solcher Vereine für die Förderung der gewerklichen Fachbildung anbelangt, so braucht nur daran erinnert zu werden, dass die meisten unserer hervorragenden Fachjournale solchen Vereinen entweder nur ihre Entstehung verdanken, oder gänzlich von ihnen erhalten und herausgegeben werden.

Der einzelne Gewerktreibende hat jedenfalls das lebhafteste Interesse, dem gewerklichen Vereinswesen als dienendes wie als empfangendes Glied seine volle Theilnahme zuzuwenden.

Die Betheiligung an der Thätigkeit solcher Vereine, deren Existenzberechtigung unzweifelhaft ist, behütet ihn vor Einseitigkeit und Verengung des Gesichtskreises, verschafft ihm, sofern die Tendenz des Vereins eine geschäftliche ist, aber auch positive geschäftliche Vortheile.

Wer die Leistungen solcher Vereine unterschätzt — und wie

„Bremer Handelsblatt" No. 842 vom 30. November 1867 in der Abhandlung: „Vorschlag zur Ausnutzung der Koalitionsfreiheit in besonderer Weise."

häufig begegnet man so geringschätzigen Urtheilen! — ist ihrer Segnungen allerdings nicht werth.

Wer sie richtig beurtheilt, an seinem Theile fördert, umfänglich benutzt, wird tausendfältigen Gewinn davon tragen.

4. **Die sogenannten Gewerbekammern.** Auch diese Institute stehen, wenn einigermaassen zweckentsprechend organisirt, noch auf der Grenzscheide zwischen Förderungsanstalten der gewerklichen Bildung und Anstalten zur praktischen Förderung gemeinsamer gewerklicher Interessen.

Die gewerkliche Fachbildung fördern sie z. B. mittelbar durch Bibliotheken, Mustersammlungen, die mit ihnen verbunden zu sein pflegen, unmittelbar durch Gründung und Erhaltung gewerklicher Fachschulen.

Der Schwerpunkt ihrer Thätigkeit liegt aber doch thatsächlich auf der Seite der Förderung unmittelbar praktischer gewerklicher Interessen.

In der Regel wirken sie namentlich mit bei der die Gewerke betreffenden Landesgesetzgebung, sei es durch Begutachtung vorliegender Gesetzesvorschläge, sei es, indem sie selbst die Initiative zur Revision bestehender oder zum Erlass neuer Gesetze ergreifen.

Die Organisation der Gewerbekammern kann sehr verschiedenartig gedacht werden.

Sie können eigentliche Staatsbehörden mit administrativen oder exekutiven Befugnissen sein. Sie können Standesbehörden sein, errichtet auf Grund eines Staatsgesetzes, in manchen Stücken der Regierung verfassungsmässig dienstbar, in den meisten Fällen aber aus eigener Initiative handelnd. Sie können endlich blos Vorstände und amtliche Organe freier Vereinigungen von Gewerksgenossen sein, höchstens von der Regierung ausgestattet mit dem Rechte der juristischen Persönlichkeit, und dafür verpflichtet, auf Erfordern Gutachten und Auskunft über Fragen der gewerklichen Technik und über die Bedürfnisse des gewerklichen Lebens zu erstatten.

Die deutschen Gewerbekammern sind meist Institute der zweiten Art, und in der Regel verbunden mit Handelskammern.*)

---

*) Ueber die verschiedenen Formen der Organisation vergl. den Artikel: „Handels- und Gewerbekammern" in Rentzsch Handelswörterbuch der V.-Lehre. — Ueber die Organisation der Preussischen Handelskammern vergl. Mascher, das deutsche Gewerbewesen, Potsdam E. Düring 1866. S. 649 ff. — Die Errich-

Aber die dritte Form ist jedenfalls weit vorzuziehen. Es ist eine Form, die aus dem Bedürfnisse naturgemäss hervorwachsen und dem Bedürfnisse sich anbequemen, da aber, wo kein Bedürfniss vorliegt, ausser Anwendung bleiben kann.

In dieser Form würden sich die Gewerbekammern von freien Gewerbevereinen nur unterscheiden durch die innigere Verbindung mit der Staatsregierung.

Eine Gewerbekammer dieser Art würde namentlich in den Bereich ihrer Thätigkeit zu ziehen haben, und auch die unter anderen Formen bestehenden Handelskammern pflegen in den Bereich ihrer Thätigkeit zu ziehen folgende Gegenstände: 1) die ganze, den Gewerksbetrieb betreffende Staatsgesetzgebung. Hier wäre auf Lücken und Gebrechen aufmerksam zu machen, z. B. auf die Beseitigung von Niederlassungserschwerungen hinzuwirken, wären die Beschränkungen, denen die Errichtung industrieller Anlagen unterliegt, auf das möglichst niedrige Maass zu reduziren; 2) die Erstattung von Gutachten über administrative, die Gewerke berührende Maassregeln, auf Erfordern, oder aus eigener Initiative; 3) die Anregung zur Errichtung von, den Gewerbebetrieb befördernden, Instituten, Anstalten und Unternehmungen, wie Banken, Eisenbahnen, Telegraphenstationen, Postkursen, Schulen, Musterlagern, Ausstellungen u. s. w.; 4) Sammlung und Veröffentlichung von Nachrichten über den Bedarf ferngelegener Absatzmärkte und über die Bezugsquellen für Rohstoffe, Hülfsstoffe, Werkzeuge, Maschinen u. s. w., sowie über den Arbeitsmarkt; 5) Errichtung und Leitung naturwissenschaftlicher (chemi-

---

tung von Gewerbekammern in Baden betreffend, vergl. Dietz, Die Gewerbe im Grossh. Baden. Karlsruhe. Braun'sche Buchhandlung. 1863. S. 270 u. 315. — Die bei Rentzsch a. a. O. allgemein ausgesprochene, den Gewerbekammern günstige Meinung können wir nicht theilen. Ob eine Staatsregierung solcher Organe bedarf, mag dahingestellt bleiben. Dem einzelnen Gewerktreibenden werden Privatvereine zur Förderung specieller geschäftlicher Aufgaben meist besser dienen, als Gewerbekammern, die bei der grossen sachlichen Ausdehnung ihres Kompetenzkreises sich um spezielle Bedürfnisse wenig bekümmern können. Diejenigen solchen Institute, welche am ersprieslichsten wirken, leisten Das, was eigentlich politische Kreis-, oder Bezirks- und Landesvertretungen leisten müssten. Die oben empfohlene freieste Form der Organisation hat wenigstens das Gute, dass sie da, wo das Bedürfniss es nicht fordert, nicht in's Leben tritt. Wie viele staatlich organisirte Handels- und Gewerbekammern haben so gut wie gar keine Wirksamkeit aufzuweisen!

18

scher und physikalischer) Versuchsstationen; 6) Anstellung und periodische Publikation statistischer Erhebungen über den Gang des Handels und der Industrie.

Die Thätigkeit einer solchen Gewerbekammer kann sehr mannigfaltig sein. Die erste Bedingung ihrer Erspriesslichkeit besteht darin, dass die einzelnen Gewerktreibenden sich nicht scheuen, dem Institute einen Theil ihrer Zeit und Kraft zu widmen, dass sie sich lebhaft an den Wahlen betheiligen, dass sie das Institut mit Rath und That fördern, dass sie ihm ihre Erfahrungen, soweit diese dem Ganzen dienen können, unverhohlen mittheilen, dass sie die Dienste des Institutes vielfach und ohne Zurückhaltung benutzen. Je mehr der Einzelne giebt, je mehr empfängt er zurück. Das Gemeinnützige ist hier meist auch privatnützlich.

Besonders über die grosse Zurückhaltung in der Mittheilung statistischer Daten hört man die Vorstände von Gewerbekammern häufig klagen. Die Scheu vor der Oeffentlichkeit sollte ein längst überwundener Standpunkt sein. Wer „die Konkurrenten in das eigene Geschäft nicht hineinsehen lassen" will, verräth wenig Muth und Fähigkeit, den Kampf mit ihnen zu bestehen, und hat den Nachtheil davon, dass auch seinen Blicken Vieles verhüllt wird, was ihm zu wissen nützlich wäre.

II.

5. **Die Industriebörsen.** Wie die Handelsbörse zur Konzentrirung von Nachfrage und Angebot in Handelsobjekten, zur Zeitersparniss bei'm Abschluss von Handelsgeschäften, zur Fixirung der kaufmännischen „Meinung" dienen soll, so sind die Industriebörsen, wie sie hie und da in neuerer Zeit entstanden sind, bestimmt, theils in Gegenden, wo der Grosshandel wenig, die Grossindustrie aber stark entwickelt ist, für gewisse erforderliche Kapitalien (Rohstoffe, Hülfsstoffe, Maschinen) ebenso, wie für den Absatz der Industrie die Stelle der Handelsbörsen zu ersetzen, theils lediglich einen geschäftlichen Vereinigungspunkt für diejenigen Industriellen zu bilden, welche gegenseitig Anbieter und Abnehmer sind, also z. B. Spinner und Weber, Weber und Färber, Stabeisenfabrikanten und Maschinenbauer.

In keiner dieser beiden Gestalten hat das Institut der Industriebörsen bisher recht gedeihen wollen. Wo sich ein Bedürfniss nach Handelsbörsen geltend macht, liegt kein Grund vor, statt solcher,

Industriebörsen zu gründen. Sind die Industriellen, welche sich gegenseitig in die Hände arbeiten, und deshalb vielfach geschäftlich miteinander verkehren, einander so nahe, dass die Gründung einer Industriebörse überhaupt in Frage kommen kann, so ist dieses Institut überflüssig. Wohnen sie weit voneinander, und können die Industriebörsen also nur selten abgehalten werden, so ist ein regelmässiger Geschäftsverkehr auf der Börse nicht möglich.

Allenfalls als periodische persönliche Berührungspunkte zwischen Geschäftsleuten, die viel miteinander zu verkehren haben, und zur Abkürzung vieler und umfänglicher Korrespondenzen, sowie zur Besprechung über Gegenstände gemeinsamen Interesses haben die Industriebörsen in ihrer jetzigen Gestalt einigen Werth.

Wo sich aus solchen, oder auch aus streng geschäftlichen Rücksichten ein Bedürfniss nach börsenähnlichen Instituten speziell für die Gewerktreibenden einer gewissen Gegend geltend macht,*) muss sich der einzelne Gewerktreibende, weil dann unter allen Umständen Einer der Interessenten, selbstverständlich angetrieben fühlen, das Zustandekommen eines solchen Institutes in der angemessensten Form, unter Berücksichtigung anderwärts gemachter Erfahrungen, mit allen Kräften zu fördern, und es, sobald es in's Leben getreten, eifrig zu benutzen.

6. **Gewerbebanken.** Bei einer sachgemässen Auffassung der Banken erscheinen dieselben als wichtige Hülfsmittel des Handels, des gewerbsmässigen ebenso wie des ungewerbsmässigen. Die Arten der Banken bestimmen sich nicht sowohl nach den Berufsständen, denen sie vorzugsweise dienen sollen, als nach den Geschäften, welche sie betreiben.

Die Unterscheidung in Landwirthschafts-, Gewerks- und Handels-Banken würde, wo sie sich aus thatsächlich bestehenden Verhältnissen ergäbe, auf eine nicht zweckmässige Entwickelung des Bankwesens schliessen lassen; jede nach vernünftigen Grundsätzen eingerichtete Bank muss allen Berufsklassen gleichmässig dienen.

Wenn trotzdem Banken unter der besonderen Firma von Gewerbe- (soll eigentlich heissen Gewerks-) Banken existiren, so ist damit noch nicht erwiesen, weder, dass Gewerktreibende ein ganz

---

*) Dass dies irgendwo irgendeinmal der Fall sein könne, darf a priori nicht in Abrede gestellt werden.

spezielles eigengeartetes Bankbedürfniss hätten, noch dass durch die bestehenden sogenannten Gewerbebanken irgend ein besonderes Bedürfniss der Gewerktreibenden ausschliesslich befriedigt würde. Gewöhnlich werden solche Banken Darlehen auf kurze Zeit geben, die Beleihung von Industrieerzeugnissen mit in ihren Geschäftsplan aufnehmen, das Diskont- und das Kontokorrent-Geschäft begünstigen.

Ausser den Hypothekenbanken thun dies aber alle rationell eingerichteten Banken, und andererseits Hypothekenbanken verschliessen sich keineswegs dem Verkehr mit Gewerktreibenden.

Man kann also annehmen, dass, wo von Gewerbebanken die Rede ist, es sich gewöhnlich nur um einen besonderen, zufällig gewählten Namen von Banken handelt.

Ueber die Benutzung von Banken Seitens der Gewerktreibenden sind im Cap. 22. die wesentlichen Grundsätze festgestellt; weiter unten wird noch einmal auf den Gegenstand zurükzukommen sein.

7. **Märkte und Messen.** Die Sphäre ist eng, innerhalb derer die Märkte und Messen bei hochentwickelter wirthschaftlicher Kultur noch lebensfähig und segensreich wirksam erscheinen. Ueberall da, wo die wesentlichsten Beschränkungen des inländischen Handels beseitigt, wo die Verkehrsstrassen und Transportgelegenheiten vielfältig entwickelt sind, dem Personen- und Güter-Verkehr Beides — die Sicherheit und die Schnelligkeit — gewährleistet ist, erscheint die wirthschaftliche Existenzberechtigung der Märkte und Messen mehr als zweifelhaft; überall da kann es nur auf Vorurtheilen beruhen, wenn solide Gewerktreibende noch Gewicht auf das Messgeschäft legen.*)

Die grösste Bedeutung verbleibt aber selbst da, wo die Zeiten der Universal-Messen und Märkte längst vorüber sind, jedenfalls den sogenannten **Spezialmärkten**, welche, wie z. B. Holz-, Hopfen-, Leder-, Vieh-, Honig-, Woll-, Oelsaat-, Hanf-, Flachs-, Tabak-, Baumwollen-Märkte, der Industrie ein konzentrirtes Angebot wichtiger Roh- und Hülfsstoffe bieten, ihnen einen lehrreichen Ueberblick über die Qualität und Quantität der Erzeugung gewisser Artikel in ganzen Gegenden und Landstrichen gewähren, und ihnen eine vollständige Assortirung ihres Lagers ermöglichen.

---

*) Eine Begrenzung des wirthschaftlichen Berechtigungsgebietes der Messen und Märkte s. in dem Aufsatze des Verfassers über „Messen und Märkte" im 5. Jahrg. (1867) Bd. I. der Vierteljahrschrift für Volkswirth. und Kulturgesch. von Faucher und Michaelis.

Die Entstehung solcher Märkte an den geeigneten Orten und die zweckmässige Einrichtung derselben mit allen Kräften zu befördern, liegt gewiss im Interesse der Gewerktreibenden, und der Besuch eines solchen Spezialmarktes wird für den Fachmann, auch wenn er nicht als Käufer auftritt, stets überaus belebrend sein.

Nur lassen sich für die Bedürfnisse aller Klassen von Gewerktreibenden nicht wohl Spezialmärkte einrichten, und ist es jedenfalls auch in den gewerklichen Fächern, denen Spezialmärkte nützlich sein können, gerathen, sich mit seinen Einkäufen nicht lediglich auf dieselben zu verlassen, da es immerhin zweifelhaft ist, ob man das Begehrte überhaupt, oder ob man es in der erforderlichen Quantität vorfindet, und ob die konzentrirte Nachfrage nicht für die Dauer des Marktes die Preise stark in die Höhe treibt. Es ist geboten, sich rechtzeitig für den Fall vorzusehen, dass der Spezialmarkt das Gehoffte bietet.

8. **Ausstellungen.** Ueber den Werth von Industrie-Ausstellungen, als wichtigen Hülfs- und Förderungsmitteln der Gewerke, ist heutzutage nicht mehr zu streiten; ihr Werth nach dieser Richtung hin ist anerkannt.[*]

Die Vortheile, welche solche Ausstellungen dem Gewerktreibenden bieten, bestehen theils in der Herbeiführung eines regelmässigen persönlichen Verkehrs zwischen gewerklichen Fachgenossen, theils in tausendfältiger, erspriesslicher Gedankenanregung, theils in der raschen Verbreitung der Kenntniss neuer industrieller Hülfsmittel und Arbeitsmethoden, theils darin, dass sie die Anknüpfung vortheilhafter Geschäftsverbindungen erleichtern, theils endlich darin, dass sie den Wetteifer der Techniker anregen, wo sie ihnen vollkommnere, und ihren Muth stärken, da wo sie ihnen bereits überholte Leistungen vorführen.

Daher ist denn auch das Interesse, welches eigentlichen Geschäftsleuten — seien dies nun Kaufleute, oder industrielle Unternehmer, oder sonstige Techniker — eine Industrieausstellung, und insbesondere eine internationale, einflössen muss, durchaus einleuchtend und fasslich. Sie sind, auch wenn sie nicht Aussteller sind, die eigent-

---

[*] Vergl. hierüber des Verfassers Aufsatz: „Ein Wort über Industrieausstellungen überhaupt und die Pariser Weltausstellung von 1867 insbesodere" in Bd. III. Heft 3. und 4. der „Ergänzungsblätter." Hildburghausen. Bibliogr. Institut. 1867. 1868.

lichen Akteurs bei dem grossen der Welt dargebotenen Schauspiele; in den Pausen, in denen sie nicht selbst auf den Brettern sind, bilden sie doch den meistbetheiligten und meistbegünstigten Theil des Publikums.

Wer nur kauft, um wieder zu verkaufen, findet hier ein Musterlager, wie es ihm keine Messe, und selbst die grösste nicht, wie es ihm die sämmtlichen Magazine einer Weltstadt nicht darbieten: er findet die Artikel seines Faches aus aller Welt Enden zusammengerückt und zu bequemer Vergleichung nebeneinander; sein Interesse verkörpert sich in Adressen- und Preisnotizen, die er sammelt, in Kalkulationen und Bestellungen, die er vornimmt.

Aehnlich wer kauft zu industrieller Verwendung; wer also darauf angewiesen ist, Rohstoffe, Hülfstoffe, Halbfabrikate, Werkzeuge, Geräthe, Maschinen für seine industrielle Unternehmung Jahr aus Jahr ein auf's Neue zu beschaffen, und wer in der Rechnung geübt ist, welchen Einfluss eine Ersparniss an diesen Kapitalien auf die Höhe seines Gewinnes ausüben muss. Er findet andere solche Kapitalien, als deren er sich bisher bediente; die Qualität ist besser, aber der Preis ist höher; oder die Qualität ist geringer, aber der Preis ist auch niedriger; oder die Qualität ist besser und der Preis ist niedriger. Sein Interesse an der Ausstellung übersetzt sich alsbald in eine Preis- und Spesenkalkulation, und, wenn das Ergebniss günstig, in Bestellungen — Bestellungen, die er mit solcher Zuversicht des Gelingens auf keine andere Weise realisiren könnte. Denn nirgends sonst bot sich ihm eine solche Fülle von Proben des Angebots gleichzeitig dar.

Anders wer ausstellt, um Kunden zu gewinnen. Sein Interesse an der Ausstellung verkörpert sich in den Buchungen seines Bestellbuches. Bleiben die Folien leer, während die der Konkurrenten sich füllen, so gilt es, mit Beiseitesetzung verblendenden Neides und Missmuthes zu prüfen, was hieran Schuld ist. Nicht immer natürlich ist es die Inferiorität der ausgestellten Waare, oder die Höhe ihrer Preise. Bisweilen ist es der Umstand, dass die besonderen Vorzüge der ausgestellten Gegenstände nicht gehörig zur Geltung gebracht sind. Daraus ist eine gute Lehre zu ziehen. Bisweilen der Umstand, dass die ausgestellten Waaren für einen andern Geschmack und Kundenkreis berechnet sind, als derjenige, der zufällig hier repräsentirt ist. Dann kann das Leerbleiben des Bestellbuchs nicht entmuthigen; man hätte nur auf seine Füllung gar nicht rechnen sollen. Bisweilen der Umstand, dass man dem Markte, der seine Begehrc[†] hierher sandte, zu fern steht. Dann fragt es sich, ob nicht Konsignations- und Agenturgeschäfte am Platze wären. Bisweilen aber auch der Umstand, dass man in Qualität und Preisen auf dem Weltmarkt überholt ist. Ein unschätzbarer Gewinn, wenn die Ausstellung diesen Umstand dem Aussteller, wie empfindlich auch immer, deutlich macht!

Auch für andere Geschäftsleute, die es nicht eben unmittelbar auf das Kaufen oder Verkaufen absehen, ist der Nutzen der Ausstellungen evident, ja unter Umständen unberechenbar gross. Ihr Interesse verkörpert sich in den verstohlenerweise*) abgenommenen Croquis, oder den aus dem Gedächtniss entworfenen Zeichnungen, in den Maass-, Stoff-, Fadenzahl-, Gewicht- und Preisangaben seines Notizbuches, den gesammelten Adressen und Beschreibungen, den eingezogenen Erkundigungen; die Erfolge seines Besuches stehen ihm vor der Seele als ein treues Bild von der Stufe, welche er mit seinen eigenen Leistungen, verglichen mit denen Anderer, erreicht hat; er lernt Vorbilder kennen, und es wächst ihm der Muth, wenn er Stufen des Fortschrittes repräsentirt sieht, die er bereits übersprungen hat; sein Forschungsgebiet ist begrenzt; er kann seine ganze Kraft darauf konzentriren; fleissiges Studium macht ihn bald zum Herrn der Situation. Für ihn ist die Ausstellung zugleich ein lehrreiches Stelldichein; sie rückt ihm Personen und Dinge in bequemste Nähe, die er sonst vielleicht nie, oder nur um den Preis zeitraubender und kostspieliger Reisen hätte kennen lernen können.

Was das Ausstellen anbelangt, so weiss man heute zur Genüge, dass auch hierzu Geschicklichkeit und Ueberlegung gehört. Worauf es hiebei ankommt — das ist nicht sowohl das besonders schöne und glänzende, als vielmehr das zweckmässige Arrangement. Der Beschauer muss sofort das Wesentliche erkennen; zweckmässige, kurze, treffende Erläuterungen müssen ihn über das Bemerkenswerthe, aber nicht äusserlich Sichtbare, belehren.

Es dürfen nicht sogenannte Schaustücke, etwa lediglich für die Ausstellung mit besonderen Anstrengungen und Kosten gearbeitet, sondern nur Erzeugnisse der regelmässigen gewerklichen Thätigkeit,

---

*) Leider ist das Abzeichnen auch auf der letzten — Pariser — Weltausstellung wieder verpönt gewesen.

ausgestellt werden. Rechnet man auf Erwerbung ständiger Kundschaft, so muss man die Ausstellung so ansehen, als handle es sich um Einleitung von Verkaufsgeschäften nach Probe.

Bemerkenswerthes aus der Geschichte und Organisation der eigenen Unternehmung, frei von Marktschreierei und Ruhmredigkeit, den ausgestellten Gegenständen in Form von Druckschriften beizufügen, wird in vielen Fällen besonders erspriesslich sein.

Cap. 25.
Die mittelbaren Hülfsmittel der Gewerke und deren Benutzung durch die Gewerktreibenden inebesondere.

Unter „mittelbaren Hülfsmitteln" der Gewerke hat man solche öffentliche Anstalten, Einrichtungen und wirthschaftliche Institute zu verstehen, welche nicht allein auf das spezielle Bedürfniss der Gewerktreibenden berechnet, sondern dem Handels- und Transportbedürfniss aller Klassen der Bevölkerung gewidmet sind.

Aus den verschiedenartigen Zwecken ergeben sich folgende Klassen mittelbarer Hülfsmittel:

1) Transportanstalten und Transportbetriebseinrichtungen;
2) Kreditanstalten;
3) Versicherungsanstalten;
4) Einrichtungen zur regelmässigen Verbreitung geschäftlicher Notizen im Publikum.

Was 1., die Transport-Anstalten und Transportbetriebs-Einrichtungen, also die Land- und Wasserstrassen, die Häfen, Docks und Lagerhäuser, die Eisenbahn-, Frachtschiff-, Post- und Telegraphen-Kurse, anbelangt, so liegt das Interesse der Gewerktreibenden an diesen Anstalten und Einrichtungen zu sehr auf der Hand, als dass hierüber ausführliche Erörterungen nöthig wären. Haben doch diese Anstalten und Einrichtungen die Aufgabe, dem Gewerktreibenden den mehr oder minder sicheren, mehr oder minder raschen Bezug von Kapitalien und Arbeitskräften zu gewährleisten und ihm die Verwerthung seiner Erzeugnisse durch Annäherung der Absatzmärkte zu ermöglichen!

Für die Benutzung dieser Anstalten und Einrichtungen durch den Gewerktreibenden lassen sich spezielle Regeln nicht aufstellen. Das spezielle Bedürfniss muss hier entscheiden.

Es stellen sich für den Zweck des Gewerktreibenden häufig mehrere Transportstrassen und Transportbetriebseinrichtungen gleichzeitig zu Gebote, z. B. neben der Eisenbahn die gewöhnliche Landstrasse, der Seeweg, ein Strom, ein Kanal, oder mehrere Eisenbahnen, mehrere Landstrassen, mehrere gleichartige Wasserstrassen, die miteinander konkurriren; aber auch neben den staatlichen die private Transport-Dienstleistung.

Von den verschiedenen Arten von Transportwegen hat jede ihre spezifische Aufgabe zu lösen, hat jede ihre besonderen Vorzüge und Mängel.

Hat der Gewerktreibende z. B. für den Bezug von Kapitalien für seine Unternehmung die Wahl zwischen der gewöhnlichen Landstrasse, dem Schienenweg, verschiedenen Wasserstrassen, so darf diese Wahl nicht nur mit Rücksicht auf die Transportkosten getroffen werden.

Die sorgfältige Berechnung, welche der Wahl vorausgehen muss, hat neben den Transportkosten auch die grössere oder geringere Sicherheit des Transportes zu berücksichtigen.

So kann der nominell theuerste doch der effektiv billigste Transportweg, unter Umständen aber der nominell billigste auch der effektiv zweckmässigste Bezugs- oder Absatzweg sein.

Wer in Folge grosser und dringender Bestellungen seine Vorräthe an Rohstoffen und Hülfsstoffen rasch ergänzen muss, wird, wenn ihm der Eisenbahn- und der Kanalweg zu Gebote steht, sich vielleicht ausnahmsweise für den um 50 pCt. theureren Eisenbahnweg entscheiden müssen und sich dabei doch noch gut stehen.

Auch wo Transportwege derselben Art konkurriren, entscheidet der nominelle Transportpreis nicht allein; der theurere kann der billigere, der billigere kann der theurere Weg sein.

Endlich können auch auf einem und demselben Wege die Interessen der Betriebsverwaltung eigenthümliche, auf den ersten Blick unerklärliche Frachtsätze vorschreiben. Die Seefracht auf derselben Dampferlinie und demselben Schiffe kostet in der Regel von New-York nach London nicht weniger, als von New-York nach Amsterdam, Bremen, Hamburg und umgekehrt. Kann daher der New-Yorker Fabrikant Rohstoffe oder Hülfsstoffe für seine Unternehmung gleich gut in Hamburg, Bremen, Amsterdam, London kaufen — der Frachttarif hindert ihn nicht, von dem fernsten dieser Märkte zu beziehen.

Ebenso sind aus bekannten Gründen*) auch auf ein und derselben Eisenbahnlinie die Frachten für grössere Entfernungen oft effektiv billiger, als für kleinere. Der fernere Bezugs- oder Absatzmarkt kann also unter Umständen rücksichtlich der Frachtkosten günstiger sein, als der nähere; geographisch ferner, ist er doch ökonomisch näher.

Ob, wo die staatliche mit der privaten Transportbetriebs-Leistung konkurrirt, — was z. B. bei der Fahrpost auf der nämlichen Poststrasse dann der Fall sein kann, wenn die Staatspost kein Fahrpost-Monopol hat —, es richtiger ist, jene, oder diese in Anspruch zu nehmen, lässt sich ebenfalls nur auf dem Wege der Kalkulation entscheiden, bei welcher ebensowohl der Tarif, wie die Sicherheit, Präzision und Raschheit der Beförderung gleichzeitig in Frage kommen. Vorurtheile dürfen den Gewerktreibenden nicht bestimmen, ebensowenig für, als gegen die Wahl der einen oder der anderen Art von Dienstleistung.

Alles, was zur Ermittelung des angemessensten Transportweges, der besten Transportanstalt, oder Transportbetriebs-Einrichtung dienen kann, also Strassenkarten, Tarife, behördliche Bekanntmachungen u. s. w., muss der Gewerktreibende, insoweit er die Dienste jener mittelbaren Hülfsmittel seiner Unternehmung überhaupt zu beanspruchen hat, sich zu verschaffen suchen, und zum Gegenstande eines eingehenden Studiums machen.

Auch das muss ein Gegenstand sorgfältiger Erwägung für ihn sein, ob und wo es zweckmässiger ist, eigentliche Transportgeschäfte selbst zu besorgen, oder sich dabei der Mittelspersonen, also

---

*) Beschwerden über Differenzialtarife auf Eisenbahnen Seitens der Frachtinteressenten sind meistens unbegründet. Dass die Frachtkosten für die Eisenbahnverwaltungen bei Verfrachtungen auf längere Strecken verhältnissmässig niedriger sind, als bei solchen auf kürzere, begreift sich leicht, da gewisse Theile jener Kosten sich gleich bleiben, mag das Gut nun auf 100 oder auf 2 Meilen verfrachtet werden. Aber auch die absolut niedrigere Preisstellung für lange, als für kurze, Frachten kann vollkommen gerechtfertigt sein. Sie ist es z. B., wenn auf längeren Kursen eine Konkurrenz zu bekämpfen ist, die für kürzere nicht droht, wenn für längere Kurse sich stets volle Waarenladungen, etwa auch volle Rückladungen finden, für kürzere aber nicht, so dass das Frachtmaterial sich dort trotz geringerer Preise besser rentirt, wie hier. Vergl. hierüber die treffliche Arbeit von O. Michaelis über „Die Differenzialtarife der Eisenbahnen" in der Vierteljahrschrift für Volkswirthschaft und Kulturgeschichte. II. (1864) 1. S. 28 ff.

vorzugsweise der Spediteure, zu bedienen. Meist wird man für die Speditionsgebühr, selbst wenn dieselbe anscheinend hoch ist, mehr als ausreichend entschädigt durch die grossen Vortheile, welche auch diese Art von Arbeitstheilung bietet. Nur würde die Meinung irrig sein, dass man durch die Nähe des Spediteurs der Mühe des Studiums der Transportverhältnisse überhoben werde. Denn die Prüfung der Speditionsrechnungen erfordert ja doch vollständige Kenntniss dieser Verhältnisse.

2. **Kreditanstalten.** Kreditanstalten können als **Kreditnehmer** und als **Kreditgeber** dem Gewerktreibenden die allerwichtigsten Dienste leisten. Als Kreditnehmer, indem sie ihm seine augenblicklich verfügbaren Geldkapitalien verwahren, verwalten und verzinsen. Als Kreditgeber, indem sie ihm, entweder ohne weitere Sicherheit, oder gegen Bürgschaft, oder Wechsel, oder durch Beleihung von Grundstücken, Waarenlägern u. s. w. Darlehen geben, deren er zur Fortführung oder zum schwungvolleren Betriebe seines Unternehmens bedarf. Denn die Kreditanstalten, insbesondere die Banken, sind ja recht eigentlich die Reservoirs, in denen sich die auf der einen Seite verfügbaren Geldkapitalien sammeln, um sich andererseits den Unternehmungen zuzuwenden, die ihrer bedürfen und sie verzinsen können.

Je bequemer durch ein ausgebildetes Kredit-, insbesondere Bank-System dem Gewerktreibenden die Gelegenheit ebensowohl zur Anlegung, wie zur Entleihung von Geldkapitalien dargeboten ist, mit um so grösserer Vorsicht muss er von diesen Diensten Gebrauch machen.

Die Anlegung von zeitweilig entbehrlichen Geldkapitalien darf nur bei unzweifelhaft sicheren Instituten und nur in der dem Interesse des Gewerktreibenden entsprechendsten Form bewirkt werden. Handelt es sich nur um für kurze Zeit entbehrliche Kapitalien, so wird das Depositengeschäft ohne, oder mit ganz kurzer, Kündigungsfrist die zweckmässigste Form sein, selbst wenn es nur ganz mässigen, oder selbst gar keinen, Zinsertrag gewährt.

Anlangend die Entleihung, so bieten sich, wie schon angedeutet, verschiedene Formen für dieses Geschäft dar. Welche Form aber der Gewerktreibende im einzelnen Falle auch wählen möge: sein Interesse gebietet, nie mehr zu leihen, als er nach vorsichtiger Erwägung der Umstände bei Ablauf des Vertrages voraussichtlich ohne Gefahr für sein Unternehmen zurückzuzahlen vermag, und sich vor willkürlicher Kündigung sicher zu stellen insbesondere, wenn er das entliehene Geldkapital in Geschäften verwendet, für deren vollständige Abwickelung keine Frist vorherbestimmt werden kann, oder die zu ihrer vollständigen Abwickelung langer Zeit bedürfen.

3. **Versicherungsanstalten.** Nicht nur die Feuer-, auch die Lebensversicherung (im weitesten Sinne des Wortes) ist unter den mittelbaren Hülfsmitteln der Gewerke zu erwähnen.

Die Feuerversicherung insofern, als sie es dem Gewerksmann möglich macht, den durch Feuersbrunst entstehenden Schaden zu repariren, ohne dass zu dem Ende ein grosser Reservefond gesammelt werden müsste, und weiter insofern, als der auf genossenschaftlichem Wege beschaffte Ersatz den Fortbetrieb des Unternehmens nach Wiederherstellung des Zerstörten ermöglicht; endlich als Mittel zur Erhöhung des Kredites.

In dieser letzteren Eigenschaft — als Krediterhöhungsmittel — hat auch die Lebensversicherungspolice ihre gewerkliche Bedeutung. Ihr Besitz bekundet verständige Sorge für die Zukunft, und die Wahrnehmung solcher Sorgfalt ist ein wichtiges Beruhigungsmotiv für den Gläubiger, dem überdies jenes Dokument als Unterpfand gegeben werden kann. Ausserdem aber kann sich der Gewerktreibende durch das Mittel der Lebensversicherung die Sorge um das materielle Wohl der Seinigen wesentlich erleichtern — eine Sorge, deren Druck schwer und die Thatkraft stark beeinträchtigend, wenigstens auf gewissenhaften Gemüthern lastet.

Anlangend die Benutzung der Versicherungsanstalten, so muss man sich vor der Wahl unter den sich darbietenden konkurrirenden Anstalten folgende Fragen beantworten:

a. Welche der konkurrirenden Anstalten lässt ihrer Verfassung, ihrer Verwaltung und ihrem geschäftlichen Rufe nach am sichersten erwarten, dass sie den eingegangenen Verpflichtungen fortdauernd auf das Gewissenhafteste werde entsprechen wollen und können? Diejenigen Anstalten, welche dem Publikum regelmässig den klarsten Einblick in den Stand ihrer Geschäfte gewähren, welche in ihren Versicherungsbedingungen die eigenen Verpflichtungen am wenigsten verklausuliren, welche am sparsamsten und umsichtigsten verwaltet werden, das grösste Arbeitsgebiet und innerhalb ihrer (sachlich klug begrenzten) Aufgaben die mannigfaltigste Thätigkeit haben, und sofern es Aktien-Anstalten sind, trotz erheblicher Konkurrenz, ihren Theilhabern den grössten Reingewinn bei gleichzeitig genügender Ausstattung der Reservefonds, gewähren, werden vorzugsweise in Betracht zu ziehen sein.

b. Welche der konkurrirenden Anstalten arbeitet mit dem den wissenschaftlichen Grundsätzen und den genau beobachteten Erfahrungen am meisten entsprechenden Tarife? Namentlich bei Lebensversicherungsanstalten kann die Billigkeit der Prämien allein keinenfalls schon maassgebend für die Wahl sein.

c. Gegen welche der konkurrirenden Anstalten hat man Aussicht, seine Ansprüche, falls sie auf den Rechtsweg verwiesen werden sollten, am sichersten durchzusetzen? Ausländische Gesellschaften, wenn sie nicht gesetzlich gezwungen sind, im Inlande Recht zu nehmen und zu geben, können in dieser Beziehung bedenklich sein. —

Das Versicherungsgeschäft erfordert, auch nach Abschluss der Police, fortwährende Aufmerksamkeit. Säumigkeit in dieser oder jener Beziehung (in der Prämienzahlung, in der Versicherungs-Erneuerung, in der rechtzeitigen Anzeige anzuzeigender Veränderungen etc.) kann oft unersetzliche Verluste zur Folge haben.

4. Einrichtungen zur regelmässigen Verbreitung geschäftlicher Notizen im Publikum. Unter diesen Einrichtungen sind namentlich Anzeigeblätter zu verstehen. Der Gewerktreibende erfährt aus ihnen Bezugsquellen für Kapitalien und Arbeitskräfte ebensowohl, wie ihm die Nachfrage nach seinen Erzeugnissen daraus ersichtlich wird. Zugleich aber sind sie das Mittel, dem Publikum vorzuführen, was man ihnen anzubieten hat.

Die Fragen: „Welche Anzeigeblätter soll man halten? In welche soll man inseriren? Was und wie soll man inseriren?" erfordern eine sehr sorgfältige Erwägung. Denn oft hängt das Gedeihen einer gewerklichen Unternehmung von der Auffindung und Benutzung eines nützlichen Inserates und von der verständigen Benutzung der Hülfsmittel der Reklame ab.

Die erste Frage ist dahin zu beantworten: Man soll diejenigen Anzeigeblätter halten, in denen man erfahrungsmässig am häufigsten Notizen findet, die dem eigenen Unternehmen zu Statten kommen können. Die Kosten können nur entscheiden, wo es sich um in dieser Beziehung gleich nützliche Blätter handelt.

Die Entscheidung der zweiten der obigen Fragen ist nach zweierlei Gesichtspunkten zu treffen. Man muss wissen, in welchen Verkehrskreisen der stärkste Bedarf nach Erzeugnissen der Art wie man sie anzubieten hat, schon vorhanden ist, oder geweckt werden kann, und wo es am leichtesten sein wird, die Konkurrenz aus dem Felde zu schlagen, und man muss wissen, welche Blätter den dortigen Interessenten am meisten zu Gesicht kommen, und welche bei ihnen das meiste Vertrauen geniessen.

Was die dritte der obigen Fragen anbelangt, so ist es bekannt, dass das Inseriren, dass die Reklame überhaupt, eine Kunst ist, die gelernt sein will. Das erste Erforderniss einer wirksamen Reklame ist, dass sie auf Menschenkenntniss beruhe, dass sie Eindruck mache. Ein gutes Inserat ist stets ein psychologisches Meisterstück. Man muss seinen künftigen Kundenkreis kennen und ihn zu behandeln wissen. Unter Umständen hat man auch mit den Schwächen der Menschen zu rechnen. Verschiedenartige Gewerkserzeugnisse erfordern eine ganz verschiedenartige Fassung des Inserates. Häuser, die man an den Mann bringen will, muss man in anderer Form anzeigen, als Parfümerieen, Ziegelsteine und Cement anders, als Konserven oder Delikatessen, musikalische Instrumente anders, als Jauchenpumpen, Exstirpatoren und Dreschmaschinen.

Man kann Unsummen auf Inseratgebühren verwenden und keinen einzigen Kunden gewinnen, und ein einziges geschickt gefasstes Inserat kann Hunderte von Kunden anziehen.

Es ist nicht zu läugnen, dass in der Regel auch die geschicktest gefasste Anzeige erst bei konsequenter, unter Umständen vielmaliger, Wiederholung Erfolg hat. Man muss sich, wenn man nicht Gefahr laufen will, die ganzen, bereits aufgewandten, Kosten einzubüssen, die Mühe der Wiederholung nicht verdriessen lassen.

Vor Grosssprecherei, vor übertriebener Anpreisung, überhaupt vor unwürdiger Behandlung des Reklamenwesens sollte man sich ernstlich hüten. Vor Allem gefährlich ist es, mehr zu versprechen, als man zu leisten vermag. Man verdirbt sich dadurch den Kredit unter Umständen für alle Zeit.

Fünfter Theil.

Die Wahl der gewerklichen Betriebsart und Betriebs-Einrichtung.

Cap. 26.

Einleitung.

Die Vorliebe zur Begründung und Fortführung eigener, selbstständiger Unternehmungen beherrscht die Mehrzahl der Gewerktreibenden im Anfange ihrer Laufbahn. Sie ist auch vollkommen erklärlich und gerechtfertigt.

Es befriedigt vielleicht nachträglich nicht Jeden die, wenn auch mühsam errungene, Selbstständigkeit in dem Maasse, als er sich's vorgestellt. Der Unternehmer hat mit Sorgen und Gefahren zu kämpfen, die der Gewerksgehülfe nicht kennt, und die oft ihren Reiz verlieren, wenn man sie aus eigener Erfahrung kennen gelernt.

Auch eignet sich nicht Jeder zum selbstständigen Unternehmer. Nicht Jeder hat gleichzeitig die technische und die wirthschaftliche Befähigung, welche die selbstständige Stellung erheischt. Ein ausgezeichneter Techniker kann ein sehr mittelmässiger Betriebschef sein, und ein Gewerksmann, der besonders befähigt ist, die Organisation des Betriebes einzurichten, und den kaufmännischen Theil des Unternehmens zu leiten, kann als Techniker doch zu schwach sein, um als selbstständiger Unternehmer zu prosperiren. Anlangend die Befähigung, so sind zwar die persönlichen Eigenschaften das Entscheidende. Wer persönlich nach jeder Richtung hin befähigt ist zur selbstständigen Unternehmung, bei Dem setzt man voraus, dass er, wenn ihm auch das nöthige Betriebskapital nicht von Haus aus zur Verfügung steht, doch die nöthige Energie besitze, sich jenes durch Erparungen und Kreditverwerthung zu verschaffen. Aber zu verkennen ist doch nicht, dass die Schwierigkeiten des Beginnes der eigenen Unternehmung auch für den persönlich (wirthschaftlich und technisch) Befähigtsten fast unüberwindlich sein können, wenn ihm nicht von Haus aus wenigstens ein kleiner eigener Betriebsfond zur Verfügung steht.

Die Fragen also, welche der Gewerksmann, der dem allgemeinen Zuge nach Begründung einer eigenen Unternehmung zu folgen im Begriff steht, in erster Linie sich vorzulegen hat, sind: die Frage, ob die Selbständigkeit dauernde Befriedigung gewähren wird, die Frage, ob die persönliche Befähigung zur selbständigen Unternehmung nach allen Richtungen hin ausreicht, und die Frage, ob ein für den Anfang genügender Betriebsfond verfügbar ist.

Fällt aber die Prüfung in jeder Beziehung günstig aus, so gilt es doch, vor Beginn der eigenen Unternehmung erst noch über weitere, nicht nur technische, sondern auch wirthschaftliche, Vorfragen völlige Klarheit zu erlangen, so gilt es, zu wählen unter den verschiedenen möglichen Betriebsarten und Betriebseinrichtungen.

Soll das Geschäft — so lautet die eine dieser Vorfragen — im Kleinen oder im Grossen betrieben werden? Soll es — so lautet die andere — auf Manufaktur-, oder auf Fabrik-Betrieb angelegt werden? Soll — so lautet die dritte — Einzel-, oder Gesellschaftsbetrieb, und, im letzteren Falle, welche der sich darbietenden Erwerbsgesellschafts-Formen, gewählt werden?

Von der richtigen Entscheidung dieser Vorfragen hängt das Gedeihen der eigenen Unternehmung grossentheils ab. Eine unrichtige Entscheidung wird oft zu spät bereut.

Es ist eine der wichtigsten Aufgaben der Allgemeinen Gewerkslehre, die leitenden Gesichtspunkte für die Entscheidung jener Fragen festzustellen. Mit der Lösung dieser Aufgabe haben wir uns in den drei folgenden Capiteln zu beschäftigen.

Cap. 27.

Kleinbetrieb und Grossbetrieb.

W. Roscher[*] schildert die Unterschiede zwischen dem Klein- und dem Grossbetrieb so treffend als möglich[**] folgendermaassen:

---

[*] In den schon citirten „Ansichten der Volkswirthschaft" in der Abhandl. IV. (über Industrie im Grossen und Kleinen) S. 119 u. 121.

[**] Die Grenzen sind bekanntlich sehr unbestimmt, die Uebergänge, wenigstens bei hochentwickelter Arbeitstheilung, sehr allmälig.

„Bei'm Kleinbetriebe steht die persönliche Arbeitskraft im Vordergrunde, die in manchen Fällen sehr ausgebildet sein kann; ebendeshalb arbeitet der Unternehmer unter seinen Gehülfen, mit ähnlichen Werkzeugen wie diese. Der Grossindustrielle dagegen hat nicht sowohl Gehülfen um sich, wie Arbeiter*) unter sich; sein vornehmstes liebstes Instrument ist die Maschine,**) d. h. also ein Kapital, das ungleich mehr Arbeit gekostet hat und wiederum mehr Arbeit ersetzt, als die gewöhnlichen Werkzeuge. In seinem Geschäft wiegt überhaupt das Kapital weit mehr über die gemeine Arbeit vor. . . . Die Grenze sehe ich darin, dass in der Grossindustrie ein gebildeter Mann schon durch die blosse Oberleitung vollständig beschäftigt wird, im Handwerke dagegen diese Oberleitung dem Unternehmer noch Zeit genug übrig lässt, um auch an der unmittelbaren Ausführung Theil zu nehmen, was zugleich sein allgemeiner Bildungsstand durchaus nicht verschmäht."

Jedenfalls stellt die Grossunternehmung ebensowohl an die Persönlichkeit, wie an die ökonomische Lage des Unternehmers andere Anforderungen, als die Kleinunternehmung.

Sie stellt andere Anforderungen an die Persönlichkeit. Der Grossunternehmer muss befähigt sein zur Oberleitung eines Unternehmens, welches in solchem Umfange betrieben wird, dass die Leitungsgeschäfte allein schon die Kräfte eines gebildeten Mannes in Anspruch nehmen. Der Kleinindustrielle muss befähigt sein, sich an den eigentlichen unmittelbar technischen Gewerksarbeiten mit zu betheiligen und dabei doch zugleich den ganzen Betrieb zu überwachen.

Ebenso die technische wie die wirthschaftliche Bildung des Grossunternehmers muss umfassender sein wie die des Kleinunternehmers. Aber der erstere braucht nicht in allen den Zweigen seines Geschäftes, die er beurtheilen können muss, ebensolche,

---

*) Die Gegenüberstellung von „Gehülfen" und „Arbeitern" folgt dem Sprachgebrauch des gewöhnlichen Lebens, beruht aber bekanntlich nicht auf einer gerechtfertigten Unterscheidung und sollte in wissenschaftlichen Darstellungen überall vermieden werden.

**) Dieses unterscheidende Moment dürfte kaum als wesentlich zu betrachten sein. Selbst angenommen, dass ein Unterschied zwischen Werkzeugen und Maschinen zu begründen wäre: Ist ein Schneider ein Grossindustrieller, der nur mit wenigen Gehülfen arbeitet und die Nähmaschine benutzt, wo er kann? Und ist eine Hunderte von Arbeitern, aber keine Maschine beschäftigende Glashütte mit Rücksicht auf letzteren Umstand eine Kleinunternehmung?

(nur durch fortwährende Uebung zu erwerbende) Geschicklichkeit zu besitzen, wie der Kleingewerktreibende in den verschiedenen Verrichtungen seines Gewerkes. Er muss die Bewegung der Preise der Arbeit und der Kapitalien, den Stand der Bezugs- und Absatzmärkte sorgfältiger beobachten, als der Kleingewerktreibende. Aber er braucht nicht, wie dieser, seine Arbeit zu theilen zwischen Handthierung einerseits, Leitung und Beaufsichtigung des Betriebes, Beobachtung des Marktes andererseits.

Die Entscheidung der Frage: ob Klein- oder Grossbetrieb? ist daher zuvörderst abhängig von der Entscheidung der anderen, ob man sich mehr befähigt fühlt zu der eigentlich technisch-gewerklichen Mitarbeit, mit der die Leitungsgeschäfte nur Hand in Hand gehen, oder ob man sich die technische und wirthschaftliche Befähigung zutrauen darf, welche ausreicht zur Organisation und zur Leitung eines Betriebes, in dem man nicht als Gleicher unter Gleichen steht, und der sich in der Regel auch in grösseren Dimensionen bewegt.

Die Prüfung der Befähigung ist zugleich eine Prüfung der Naturanlagen und des Grades der Vorbildung.*) Entscheidend ist weder die Naturanlage allein, noch die Vorbildung allein, die übrigens, wo die natürliche Anlage fehlt, diese auch nie ersetzen kann. Aber auch die natürliche und durch die sich darbietenden Bildungsmittel geschulte Befähigung entscheidet nicht allein. Wesentlich mit entscheidend ist auch die persönliche Neigung. Nicht Jeder, der persönlich befähigt wäre zum Grossbetriebe, ist auch gleichzeitig dazu geneigt. Denn es sind ganz andere Anforderungen, welche Grossunternehmungen, als welche Kleinunternehmungen auch an den Willen des Unternehmers stellen. Wer nicht zu wagen liebt; wer kleinen, aber sicheren Gewinn grösserem aber minder sicherem vorzieht; wer grössere Neigung hat, sich als Gleicher unter Gleichen mit der eigentlich

---

*) Dass, wenn auch die Erscheinung nicht selten ist, dass gerade auf dem Gebiete der Gewerke Kleinunternehmer als Autodidakten, als „self made men" sich aufschwingen zu den höchsten Staffeln des Grossbetriebes, für den Durchschnitt der den Gewerken sich Widmenden eine andere Vorbildung erforderlich ist, sofern sie dem Grossbetriebe, eine andere, sofern sie dem Kleinbetrieb sich zuwenden — darüber herrscht heute kein Zweifel mehr. Die Vorbereitungszeit kann und muss dort eine längere sein wie hier. Die technische Hochschule bildet die Bildungsstätte für jene, die Gewerkschule die Bildungsstätte für diese Klasse. Dort überwiegt die Wissenschaft, hier die Uebung.

ausführenden Gewerksarbeit zu beschäftigen, wie als Chef nur zu organisiren und zu leiten; wer lieber mit dienen, als allein herrschen mag — der wird trotz seiner Befähigung zur Grossunternehmung besser thun, sich dem Kleinbetriebe zuzuwenden.

Die Grossunternehmung stellt aber ferner auch andere Anforderungen an die ökonomische Lage des Unternehmers, als die Kleinunternehmung. Dort hat das Kapital im Vergleich zur Arbeit eine hervorragendere Bedeutung, wie hier. Es ist vergleichsweise im Reingewinn der Grossunternehmung mehr Kapitalrente enthalten, als in dem der Kleinunternehmung. In zwei im Wesentlichen gleichartigen Unternehmungen, von denen die eine eine Gross-, die andere eine Klein-Unternehmung ist, kann der Reinertrag ($= x$) vollkommen gleich sein. Nennen wir die Arbeitsrente A, die Kapitalrente C, so ist hier wie dort
$$A + C = x.$$
Aber, während, wenn $x = 100$ ist, dort, bei'm Grossbetriebe, vielleicht $A = 30$ und $C = 70$ ist, so ist hier, bei'm Kleinbetriebe, vielleicht $A = 45$ und $C = 55$.

Dieses Ueberwiegen der Kapitalrente bei'm Grossbetriebe liegt theils in der Möglichkeit besserer Verwerthung des Kapitals, theils in der Nothwendigkeit des Vorhandenseins vergleichsweise grösserer Kapitalmassen.

Der Grossunternehmer muss also von vornherein über einen grösseren Kapitalfond verfügen können.

Und so kann, trotz der Befähigung und Neigung zum Grossbetriebe, der Mangel an genügendem Kapitalfond den Gewerksmann, wenn er überhaupt die selbständige Unternehmung einer anderweiten Verwerthung seiner Kräfte vorzieht, doch zwingen, im Kleinen wenigstens zunächst zu beginnen. —

Ein Gewerksmann, der dem Zuge nach Selbständigkeit zu folgen im Begriff steht, der mehr als ausreichend zum Kleinbetriebe und ausreichend zum Grossbetriebe befähigt, auch geneigt ist, eine Grossunternehmung zu gründen, und über einen genügenden Kapitalfond verfügen kann, kann, da der Zweck des Gewerksbetriebes im Reingewinn besteht, nicht zweifelhaft sein, sich dem Grossbetriebe zuzuwenden.

Denn — ceteris paribus — giebt der Grossbetrieb eine verhältnissmässig höhere Rente, als der Kleinbetrieb, verwerthet der Gewerksmann seine Arbeitskraft und sein Kapital besser in Gross-, als in Klein-Unternehmungen.

Wenn Jemand, der seine Arbeitskraft als Chef einer Kleinunternehmung verwerthet, welche 10,000 x Kapitalauslagen im Jahre erfordert, 600 x Reingewinn erzielt, so werden davon vielleicht 400 x, = 4 pCt. des Kapitals, Kapitalrente und 200 x Arbeitsrente sein. Der Grossunternehmer aber wird — ceteris paribus — mit einem Kapital von 100,000 x 7000 x Reingewinn erzielen, wovon vielleicht 5500 x = 5$\frac{1}{2}$ pCt. Kapital- und 1500 x Arbeitsrente sind, also
    1) Eine höhere Arbeitsrente (1500 : 200)
    2) Eine höhere Kapitalrente (5$\frac{1}{2}$ pCt. : 4 pCt.),
obwohl in der Kleinunternehmung die Arbeitsrente ein verhältnissmässig grösserer Theil der ganzen Rente ist, als in der Grossunternehmung. (Dort 2 : 4, hier 1$\frac{1}{2}$: 5$\frac{1}{2}$).

Diese Erscheinung erklärt sich leicht. Die Anstrengung des Chefs einer Grossunternehmung muss intensiv wie extensiv grösser sein wie die des Meisters einer Kleinunternehmung. Die Arbeitsrente muss auch für **grössere Vorbereitungsaufwände mit aufkommen**. Und die Arbeit des Grossunternehmers ist gleichmässiger, nicht so zersplittert in verschiedenartige Verrichtungen, also wirksamer, also mit Recht besser bezahlt. Das Kapital aber — die Gewerbslokalitäten ebenso wie die Roh- und Hülfsstoffe, Geräthe, Werkzeuge und Maschinen — wird bei'm Grossbetriebe **besser ausgenutzt**, wie in der Kleinunternehmung.

Um die Thatsache, dass der Reingewinn des Grossbetriebes verhältnissmässig grösser ist, als der des Kleinbetriebes, durch ein Beispiel*) zu bestätigen, braucht man nicht handwerks- mit fabrikmässig betriebenen Geschäften zu vergleichen; es genügt schon die Vergleichung zwischen Gross- und Klein-Fabriken.

In den fünfziger Jahren kamen in den Baumwollspinnereien des Königreichs Sachsen**)
  von unter bis 1000 Spindeln 31.52 Arbeiter auf 1000 Spindeln
  „ 6001 „ 7000 „ 22.05 „ „ „ „
  „ über 12000 „ 19.65 „ „ „ „

---

*) Einige solche Beispiele bei Roscher a. a. O. S. 125 ff.
**) Vergl. E. Engel in der schon zitirten Schrift „Die Baumwollenspinnerei im Königreich Sachsen."

Also die Arbeitslohn-Auslage war geringer in grösseren, als in kleineren Spinnereien.

Ferner: durch 1 Thlr. Anlagskapital wurde jährlich in Spinnereien von

unter bis 1000 Spindeln ein Ertrag von   17 gr. 0.9 pf.
6001 „ 7000 „ „ „ „ 1 Thlr. 2 „ 6.4 „
über 12000 „ „ „ „ 1 „ 6 „ 4.6 „

erzielt.

Es sind also die Anlagskosten im Verhältniss zu der Gesammtproduktion grösser in kleinen, als in grösseren Spinnereien.*)

Und es leistet auch durchschnittlich eine Spindel in grösseren Spinnereien mehr, als in kleineren. Denn von Garn No. 20 wurden durchschnittlich im Jahr gesponnen in Spinnereien von

unter bis 1000 Spindeln 22.30 Pfd. pr. Spindel
6001 „ 7000 „ 40.64 „ „ „
über 12000 „ 47.77 „ „ „

Um einen grösseren Ertrag zu erzielen, braucht man also in grösseren Spinnereien einen geringeren Spindelaufwand; das Kapital — die Maschinen — wird besser ausgenutzt.

Aus diesen Angaben erklärt sich die Erscheinung des grösseren Reinertrages vom Grossbetriebe schon zur Genüge.

Freilich schadet auch Unterbrechung und Stillstand, sowie unglückliche Spekulation bei Grossunternehmungen nicht nur absolut, sondern auch verhältnissmässig mehr, als bei Kleinunternehmungen. Daher kann vielleicht in Wirklichkeit lange Jahre hindurch die Rente von allen Grossunternehmungen eines Landes geringer sein, als die von den entsprechenden Kleinunternehmungen.

---

*) Dasselbe ist auch für andere Unternehmungen nachweisbar. E. Engel sagt z. B. in seiner Schrift: „Die Branntweinbrennerei in ihren Beziehungen zur Landwirthschaft etc." Dresden. Rudolph Kuntze. 1853. (S. 20): „Nach den uns vorliegenden, sehr zuverlässigen Unterlagen schwanken die in den Gebäuden, Apparaten und Geräthschaften der Brennereien ruhenden Kosten, wenn man sie auf die Durchschnittsproduktion der gedachten Anstalten reduzirt, zwischen 7 Thlr. 1 Ngr. bis 7 Thlr. 20 Ngr. pr. Eimer; in einigen kleineren Brennereien erreichen sie sogar die Höhe von 8 Thlr. pr. Eimer." Auch was die Betriebskosten anbelangt, finden wir in der erwähnten, nach vielen Richtungen hin überaus lehrreichen Schrift die Annahme von der ungünstigeren Lage des Kleinbetriebes vollkommen bestätigt.

Gleich rationellen und gleich schwungvollen Betrieb vorausgesetzt muss aber die Rente dort verhältnissmässig grösser sein, wie hier.

Cap. 28.

Manufakturbetrieb und Fabrikketrieb.

Es giebt Gewerke, die weder manufaktur- noch fabrikmässig betrieben werden können. Z. B. alle Baugewerke, alle Gewerke des örtlichen Anbringens, gewisse Reparaturgewerke. Wer eines dieser Gewerke ergreift, hat sich nur zu fragen: „Klein- oder Grossbetrieb? Einzel- oder Gesellschaftsbetrieb?" nicht aber auch: „Manufaktur- oder Fabrikbetrieb?"

Es giebt aber ferner Gewerke, die, wenn sie im Grossen betrieben werden sollen, nur entweder manufakturmässig, oder fabrikativ, oder ebensowohl manufakturmässig, wie fabrikativ betrieben werden können.

Wer ein Geschäft der letzteren Art ergreift, muss sich schon eine grössere Zahl von Fragen vorlegen; er muss nämlich fragen 1) „Klein- oder Grossbetrieb?" Und, wenn die Antwort zu Gunsten des Grossbetriebes ausfällt: 2) „Manufaktur- oder Fabrikbetrieb?" Endlich 3) „Einzel- oder Gesellschaftsbetrieb?"

Es giebt — so deuteten wir soeben an — Gewerkszweige, die sich beim Grossbetrieb nur zum fabrikativen, nicht zum Manufaktur-Betrieb eignen. Die Zuckersiederei, die Bierbrauerei, der Maschinenbau, der Bau von eisernen Schiffen, die Mehl- und Düngerbereitung die Papier-, Lackleder-, Gummiwaaren-Bereitung — das sind jedenfalls solche Gewerkszweige. Diese Gewerkszweige haben folgende Eigenthümlichkeiten mit einander gemein: Sie bedürfen sämmtlich entweder grosser Gewerkslokalitäten, oder grosser Maschinen, oder grosser Geräthe-Vorräthe, oder grosser Roh- und Hülfsstoffmassen, oder gleichzeitig von allen diesen Kapitalien grosse Massen, die auf einen Raum konzentrirt sein müssen. Und die Erzeugnisse sind entweder, wie bei'm Schiffs- und Maschinenbau, zwar individuell sehr verschieden, aber doch nur unter einheitlicher Leitung in demjenigen Etablissement herstellbar, wo die dazu erforderlichen Vorrichtungen und Kräfte konzentrirt sind, oder sie sind, wie bei den übrigen genannten Gewerken, gleichartige Massenerzeugnisse ohne jede individuelle Verschiedenheit und Besonderheit der einzelnen Partieen.

Wo diese Merkmale zusammentreffen, ist, falls man sich für den Grossbetrieb entschieden hat, der fabrikative Betrieb das allein Richtige, wäre Manufakturbetrieb durchaus verkehrt.

Wenn wir andererseits gewisse bedeutende Industriezweige, wie z. B. die Brüsseler Spitzenfabrikation, die St. Galler Weissfeinstickerei, die Seidenweberei von Crefeld, Lyon, St. Etienne, Spitalfields, die Pariser und Kaschmirer Shawlfabrikation, die Solinger und Lütticher Gewehrfabrikation, die Metallwaaren-Industrie von Birmingham und Sheffield, die Erzeugung von Uhrentheilen im Schwarzwald, in der Schweiz und in England in hoher Blüthe und gleichzeitig doch bei'm manufakturmässigen Betriebe beharren sehn, so liegt der Schluss nahe, dass in manchen Gewerken der Grossbetrieb am besten gedeihen muss in der Form der **Manufaktur**. Und so ist es in der That.

Es giebt Industriezweige, die ihrer Eigenthümlichkeit nach besser in zahlreichen kleinen, wenn auch für einen grossen Unternehmer arbeitenden Werkstätten, als in eigentlichen Fabriken betrieben werden, und zwar deshalb, weil zur Herstellung der Erzeugnisse viel Ruhe, viel individuelle Geschicklichkeit und wenig Maschinenkraft erforderlich ist; oder weil jedes Erzeugniss ein individuelles Kunstprodukt darstellt, zu dessen Vollendung sich nicht füglich Viele in die Hände arbeiten können. Wo solche Industrieen, wie z. B. die Brüsseler Spitzenfabrikation,*) ausnahmsweise einmal äusserlich fabrikativ statt manufakturmässig, betrieben werden, beobachtet man sofort, dass dieses Zusammensitzen der Arbeiterinnen in **einem** Saale keinen technischen, und überhaupt höchstens den Zweck hat, ihnen einen gesunden, hellen, gut ventilirbaren Arbeitsraum zu verschaffen.

Die berühmte Seidenindustrie in Crefeld wird in dem Maasse manufakturmässig betrieben, dass in der Fabrik selbst nur das Aufziehen der Kette, das Aufspulen des Einschlages und später die Appretur der fertigen Gewebe, nicht aber das Weben selbst erfolgt, welches vielmehr kleine Meister je in ihren Wohnungen besorgen.

---

*) Eingehende und sehr lehrreiche Details über diesen Gegenstand s. bei Roscher a. a. O. S. 140 ff. Der Roscher'schen lehnt sich die obige Darstellung der Unterschiede zwischen Manufaktur und Fabrik im Wesentlichen an.

Die Solinger Klingenfabrikation wird ebenso wie die Birminghamer und Sheffielder Metallwaaren-Industrie und die Lütticher Gewehrfabrikation nicht in Fabrikgebäuden betrieben; die Lütticher Gewehre werden im Etablissement des Unternehmers nur zusammengesetzt.

Wo und insoweit in dem betreffenden Gewerkszweige so die technischen Bedingungen zum eigentlichen Fabrikbetriebe fehlen, die technischen Bedingungen des manufakturmässigen Betriebes dagegen gegeben sind, ist, sobald man sich für den Grossbetrieb entschieden hat, die Wahl der Betriebsart ebenfalls nicht schwer; man muss sich zu manufakturmässigem Betriebe entschliessen; fabrikativer Betrieb wäre irrationell.

Es giebt aber weiter, wie bereits oben angedeutet, Gewerkszweige, die ebensowohl fabrikativ, wie manufakturmässig betrieben werden können.

In diesen Gewerkszweigen erheischt die Wahl der Betriebsart besondere Sorgfalt, Vorsicht und Ueberlegung.

Wo in solchen Gewerkszweigen nicht natürliche Verhältnisse den manufakturmässigen Betrieb ganz entschieden begünstigen, vermag er auf die Dauer nicht mit dem Fabrikbetrieb zu konkurriren.

Aber solche natürliche Verhältnisse sprechen allerdings ein gewichtiges Wort mit. Es kommt darauf an, ob an dem Orte, wo man sich mit seiner Unternehmung niederzulassen gedenkt, derartige natürliche Verhältnisse walten.

Ueberall, wo das landwirthschaftliche Kleingewerbe als Hauptgewerbe doch noch Zeit übrig lässt zu einer gewerklichen Nebenbeschäftigung, wo klimatische Einflüsse den kleinen Landbauer lange Zeit im Wesentlichen an's Haus fesseln, und er Geschick wie Neigung zur industriellen, nicht aber Neigung zur fabrikativen Beschäftigung hat, wird man manche grössere Gewerksunternehmungen, die sonst in der fabrikativen Form am besten gedeihen, schon wegen der niedrigen Arbeitslöhne, mit Vortheil manufakturmässig einrichten können. (In Bengalen Hausweberei neben dem Ackerbau, weil letzterem, wegen der grossen Hitze im Freien, nur wenige Stunden des Tages gewidmet werden können; ähnliche Gründe erklären gutes Gedeihen gewisser Manufakturzweige am Ganges, in Malabar, am Himalaja; in Schweden und Russland begünstigt der lange Winter manche Manufakturen,

z. B. die Mobilienschnitzerei, die Fertigung von Wanduhren, die Weberei ganz augenscheinlich).*)

Wo aber die Fabrik und die Manufaktur unter sonst gleichen Bedingungen miteinander wetteifern, da muss die erstere regelmässig den Sieg davontragen, da kann also die Wahl vortheilhaft nur zu Gunsten des fabrikativen Betriebes entschieden werden.

Die Fabrik kann die Arbeitstheilung viel weiter treiben. Wer abwechselnd wobt und pflügt, der wird im Weben schwerlich dieselbe Virtuosität erlangen, als wer sich diesem Geschäft ausschliesslich widmet. Das Kapital ist bei'm Haussystem sehr zersplittert. Die Arbeit des Unternehmers ist mit der des Gehülfen nur sehr lose verknüpft. Die Vertheilung der Geschäfte auf viele kleine Werkstätten erschwert die Kontrole der Qualität erheblich. Die oft hervorgehobenen sittlichen Vorzüge der Hausindustrie, die, wenn sie wirklich nachweisbar wären, natürlich dem Unternehmer auch ganz wesentlich zu Gute kommen würden, sind wenigstens nicht nachweisbar eine Konsequenz des Haussystems und keineswegs nur diesem eigen.

Auf gleichem Boden mit der Fabrik konkurrirend unterliegt die Manufaktur. So ist die ostindische Baumwollen-Manufaktur der Baumwollenfabrikation von Lancashire, die schlesische und irische Leinweberei als Manufaktur der Fabrikation von Schottland erlegen. Je länger der hoffnungslose Kampf fortgesetzt wird — je schlimmer für die Unterliegenden — Unternehmer wie Gewerksgehülfen. Wo nicht technische Gründe oder natürliche Verhältnisse die Manufaktur der Fabrik entschieden überlegen machen, kann die verständige Wahl sich stets nur für fabrikativen Betrieb entscheiden.

Cap. 29.

Einzelbetrieb und Gesellschaftsbetrieb.

Sehr mannigfaltig müssen die Erwägungen sein, welche der Entscheidung der Frage vorherzugehen haben, ob das Unternehmen, welches der Gewerktreibende begründen will, von ihm allein begründet und fortgeführt werden, oder ob er sich von vorneherein oder nach-

---

*) Näher ausgeführt bei Roscher a. a. O. S. 167 ff.

mals zu diesem Behufe mit Anderen assoziiren, und welche der verschiedenen Erwerbsgesellschaftsformen eventuell gewählt werden soll.

Zu berücksichtigen ist dabei die **Persönlichkeit** und die **ökonomische Lage des Unternehmers**, die **Art der Unternehmung** und die **Eigenthümlichkeit der sich darbietenden Erwerbsgesellschaftsform**.

Nicht jeder Unternehmer und nicht jedes Unternehmen passt für den Gesellschaftsbetrieb überhaupt, und, wo dies auch der Fall, da fragt es sich immer noch: welche Gesellschaftsform ist im gegebenen Falle möglich? und ist die mögliche Form für den Unternehmer bei seiner Persönlichkeit und seiner ökonomischen Lage, ist sie für das Unternehmen bei den technischen und wirthschaftlichen Eigenthümlichkeiten des letzteren passend?

Jede der denkbaren Erwerbsgesellschaftsformen erheischt bei jedem der Gesellschafter ein gewisses **Opfer an Selbständigkeit**. Der vergesellschaftete Unternehmer ist nicht mehr in dem Maasse Herr seiner Entschliessungen und seines Willens wie der Einzelunternehmer. Es fordert daher der Gesellschaftsbetrieb die Fähigkeit der **Unterordnung** und der **Nachgiebigkeit** von den Gesellschaftern. Diese Fähigkeit aber ist nicht Jedem gegeben. Sie ist namentlich in Angelegenheiten, in denen man doch stets sein eigenes Interesse im Auge hat, auch schwierig zu erwerben.

Andererseits: **Der Gesellschafter trägt nie die volle Verantwortlichkeit des Einzelunternehmers.** Es giebt Naturen, die vor dieser vollen Verantwortlichkeit zurückschrecken; es giebt aber andere, welche durch das Gefühl der Verantwortung nur zu **freudigerem und energischerem Schaffen angetrieben werden**, und ohne solchen Antrieb in Missmuth und Schlaffheit versinken würden.

Wer sich nicht fähig fühlt, sich unterzuordnen, und wer ohne das Gefühl der vollen Verantwortung für seine Handlungen nicht freudig und thatkräftig schaffen zu können vermeint — der wird, wenn ihm die Wahl zwischen dem Einzel- und dem Gesellschaftsbetrieb freisteht, sich für den letzteren nicht entscheiden dürfen.

Der Gesellschaftsbetrieb hat vor dem Einzelbetrieb an **persönlichen Annehmlichkeiten**, und — gleiche Kapitalkräfte hier wie dort vorausgesetzt — **auch an wirthschaftlichen Vortheilen, durchaus nichts voraus**. Ein mit Unabhängigkeitssinn und

Unternehmungslust ausgerüsteter, technisch genügend vorgebildeter und mit ausreichendem Kapital oder Kredit versehener Unternehmer muss sich als Einzelunternehmer glücklicher fühlen und ökonomisch rascher vorwärts kommen, wie als Gesellschafter.

Aber es giebt Fälle, wo, obwohl alle persönlichen Bedingungen zum Einzelbetriebe erfüllt sind, es doch an Kapital oder Kredit fehlt, und deshalb die Einzelunternehmung doch nicht, oder nicht in der vortheilhaften Ausdehnung begonnen, oder überhaupt nicht, oder doch nicht in dem durch die Konkurrenzverhältnisse gebotenen Umfange fortgeführt werden könnte, wo also nur die Wahl gelassen ist zwischen Nichtbeginn oder Nichtfortsetzung der Unternehmung einerseits und Beginn im Gesellschaftsbetriebe, Fortsetzung mit Hülfe einer Erwerbsgesellschaft andererseits.

Widerstrebt die Persönlichkeit des Unternehmers jedem Gesellschaftsbetriebe ganz entschieden — allerdings ein seltener Fall —, so muss er von dem Beginne oder der Fortführung des fraglichen Unternehmens absehen.

Im anderen Falle gilt es, seine Abneigung zu bekämpfen, seiner wirthschaftlichen Existenz zu Liebe. Und es kommt dann weiter darauf an, **sich zu entscheiden für die eine oder andere Gesellschaftsform**.

Nicht immer ist jede der gegebenen Erwerbsgesellschaftsformen möglich, theils, weil sich nicht für jede Gesellschafter finden würden, theils, weil nicht jede für jedes Unternehmen passt.

Solche Gesellschaften, bei denen die einzelnen Gesellschafter nicht nur mit einem bestimmten, vielleicht gar geringen, Theile ihres Vermögens, sondern mit ihrem ganzen Vermögen für die Schulden der Gesellschaft haften müssen, sind **meist schwierig in's Leben zu rufen**.

Solche Gesellschaften, bei denen die Leiter in ihren Unternehmungen von dem Willen und den Ansichten vieler Theilhaber, oder einer komplizirten Körperschaft abhängig sind, **Gesellschaften überhaupt mit einem verwickelten Verwaltungs-Organismus**, taugen nicht für solche gewerkliche Unternehmungen, welche sich bei der Anschaffung ihrer Kapitalien und bei dem Verkaufe ihrer Erzeugnisse nach rasch wechselnden Konjunkturen richten müssen, und nur gedeihen können bei grosser Beweglichkeit der leitenden Kräfte. Solche Gesellschaften taugen allenfalls für gewerkliche Unternehmungen, deren Geschäfte ruhig und regelmässig verlaufen und sich langsam abwickeln, wie z. B. Häuser-, Strassen-, Hafen-, Kanal- und Eisenbahn-Bau-Unternehmungen, Berg- und Hüttenwerke; viel weniger aber für Gewerksunternehmungen, deren Erzeugnisse für einen sehr mannigfaltigen und veränderlichen Abnehmerkreis bestimmt sind, und bei denen die **kaufmännische** Leitung gleiche oder grössere Schwierigkeiten bereitet, **als die gewerklich technische**, also z. B. die Quincailleriewaaren-Fabrikation, die Seidenbandweberei, die Mode-Artikel-Fabrikation, die Spiel- und Bijouteriewaaren-Fabrikation. —

Im Nachfolgenden sollen einige Anhaltepunkte für die Prüfung der gewerklichen Verwerthbarkeit der einzelnen verschiedenen Erwerbsgesellschaftsformen dargeboten werden.

Wir betrachten zuvörderst

1. **Die Aktiengesellschaft.** Das Wesen derselben besteht bekanntlich in der Kapitalbetheiligung einer Mehrheit von Individuen an einer und derselben wirthschaftlichen Unternehmung in der Weise, dass jeder Betheiligte einen gewissen Kapitalbetrag **wagt**, nach Maassgabe seiner Betheiligung für Verluste einsteht und am Gewinne partizipirt, aber nie mehr verlieren kann, als den Betrag seiner Betheiligung. Der Gesammtgewinn wird unter die Gesellschafter nach Verhältniss ihrer Kapitalbetheiligung repartirt. Die Leitung pflegt einem von der Gesammtheit der Aktionäre gewählten Verwaltungsrathe, der seinerseits wieder den vollziehenden Direktor wählt, und die sonstigen Beamten anstellt, übertragen zu sein. Statutarisch pflegen die Funktionen der Generalversammlung, die des Verwaltungsrathes und die der Direktion festgestellt und begränzt zu sein.

Je besser die Aktiengesellschaft organisirt ist, je vorsichtiger muss dagegen Vorkehr getroffen sein, **dass mit den Interessen, mit dem Vermögen der Aktionäre leichtfertig umgegangen wird.** Und diese Vorsorge erheischt eine komplizirte Verwaltung. Es eignet sich daher die Aktiengesellschaft nur für solche Geschäfte, bei denen ein sehr ruhiger, schwerfälliger, unter Umständen sogar schleppender Geschäftsgang nicht erhebliche Nachtheile im Gefolge hat.

Man kann annehmen, dass diejenigen gewerklichen Unternehmungen, bei denen das Grund-, vielleicht überhaupt das 'stehende Kapital eine hervorragende Rolle spielt, dem Betriebe durch Aktiengesellschaften noch am ersten zugänglich sind.

Der Gewerksmann, der ein Unternehmen begründen, oder in grösserem Umfange, als bisher, fortbetreiben will, der darauf angewiesen ist, zu dem Ende sich zu assoziiren, und der es zweckmässig findet, die Form der Aktiengesellschaft zu wählen, hat selbstverständlich nicht nur das Interesse eines Aktionärs, sondern er wird darauf denken, auch die Leitung des Betriebes, an dem er vielleicht mit erheblichen Kapitalbeiträgen betheiligt ist, in seine Hände zu bekommen; er wäre ja sonst nicht mehr Gewerktreibender, sondern er wäre einfach Kapitalist, Rentier wie die anderen Gesellschafter. Seine Aufgabe wird es sein, den ganzen Plan, das Programm, des Gesellschaftsunternehmens zu entwerfen, zur Aktienzeichnung aufzufordern, und im Gesellschaftsvertrage sich die technische Leitung des Unternehmens, womöglich mit einem Gehaltfixum, zugleich aber mit einem Prozentantheile am Reingewinn, auszubedingen. Hat die Gründung der Gesellschaft besondere Aufwände an Zeit, Kosten und Kräften verursacht, so ist er durchaus berechtigt, überdies eine volle Vergütung dieser Aufwände zu fordern. Der Unternehmer wird in seinem eigenen Interesse auf jede vernünftige Maassregel zur Kontrole seiner Handlungen sich einlassen, aber darauf bestehen müssen, dass das Gebiet, innerhalb dessen er aus eigener Entschliessung zu handeln befugt ist, nicht zu sehr eingeengt werde. Präzise und unzweideutige Kompetenzbestimmungen müssen das Verhältniss nach beiden Richtungen hin völlig klar stellen.

2. **Die offene Gesellschaft.** Zwei oder mehrere Personen betreiben ein Geschäft auf gemeinschaftliche Rechnung. Die Gesellschafter haften solidarisch mit ihrem ganzen Vermögen für die Verpflichtungen der Gesellschaft. Die Gewinnvertheilung wird zwischen ihnen vertragsmässig geregelt. Bei'm Mangel einer desfallsigen Bestimmung wird der Gewinn nach der Kopfzahl der Gesellschafter vertheilt. Dies die wesentlichsten charakteristischen Merkmale dieser Gesellschaftsform. Sie ist diejenige, welche man gewöhnlich als „Kompagniegeschäft" bezeichnet.

Für den Gewerktreibenden, welcher diese Art von Erwerbsgesellschaft wählt, ist die Persönlichkeit der Gesellschafter von der grössten Bedeutung. Um die Persönlichkeit der Theilhaber einer Aktiengesellschaft pflegt sich der Gründer wenig zu kümmern. Dieselben wechseln ja auch, wenigstens wenn die Aktien auf den Inhaber lauten, fortwährend. Die Theilhaber einer offenen Gesellschaft dagegen müssen völlig miteinander harmoniren, wenn das Unternehmen gedeihen soll. Denn hier hat jeder Gesellschafter das Recht der Einsprache gegen jede geschäftliche Maassnahme. Es gilt also, bei der Wahl des oder der Kompagnons mit grösster Vorsicht zu verfahren, und, wenn es nicht gelingt, den passenden Kompagnon zu finden, lieber auf diese Gesellschaftsform gänzlich zu verzichten. Glückt aber die Wahl, so ähnelt der Geschäftsbetrieb in dieser Form am meisten in seinen Schatten- und Lichtseiten dem Einzelbetriebe. Insbesondere, wenn etwa der Unternehmer die Geschäftsführung und einen höheren Gewinnantheil sich vertragsmässig sichern, und es dahin bringen konnte, dass die anderen Gesellschafter sich der gewöhnlich und von Haus aus ihnen zustehenden Mitentscheidungs- und Einspruchs-Rechte begeben.

Unter so günstigen Verhältnissen passt diese Form des Gesellschaftsbetriebes nahezu für jede Art von Gewerksunternehmungen.

Bei grosser Verschiedenartigkeit der Gesellschafter und, wenn unter ihnen keine Uebereinstimmung über die wichtigsten geschäftlichen Fragen herbeizuführen ist, auch Bestimmungen fehlen, durch welche einem einzelnen Theilhaber die Geschäftsführung übertragen wird, passt die offene Gesellschaft für jede Art von Gewerksunternehmungen gleich schlecht; am schlechtesten aber für die, welche zu ihrem Gedeihen der stärksten Zentralisation des Betriebes bedürfen.

Jedenfalls ist die offene Gesellschaft diejenige Form, in welcher der gewerkliche Gesellschaftsbetrieb am häufigsten auftritt.

3. **Die Kommandit- und die stille Gesellschaft.** Bei beiden haften bekanntlich ein oder mehrere Gesellschafter mit ihrem ganzen Vermögen, während einer oder mehrere andere nur mit einer gewissen Kapitaleinlage am Geschäft betheiligt sind, und über diese hinaus für die Verbindlichkeiten der Gesellschaft nicht einstehen. Der nur mit einer bestimmten Kapitaleinlage betheiligte Gesellschafter — Kommanditist bei der Kommandit-, stiller Gesellschafter bei der stillen Gesellschaft — giebt seinen Beitrag zum Betriebe eines Geschäftes, um, statt fester Zinsen, Antheil am Gewinn zu haben, und trägt, wenn sich statt des Gewinnes Verlust ergiebt, bis zur Höhe seiner Kapitaleinlage und mit dieser zur Deckung derselben bei. Soweit gleichen sich bekanntlich beide Gesellschaftsformen. Die Kommanditgesellschaft aber tritt auch nach Aussen hin als Gesellschaft auf und

hat ein eigenes, aus den Einlagen der Komplementare und Kommanditisten gebildetes Gesellschaftsvermögen, welches für die Schulden der Gesellschaft haftet; sie hat eine selbständige Persönlichkeit; die Einlage des Kommanditisten ist gegen die Ansprüche der Privatgläubiger des Komplementars gesichert; sie haftet nur für die Geschäftsschulden.

Die stille Gesellschaft dagegen tritt nach aussen hin gar nicht als Gesellschaft hervor. Die Einlage des Gesellschafters wird nicht als Sondergeschäftsfond betrachtet, sondern geht vollständig in das Vermögen des Komplementars über, wie ein Darlehen, und ist gegen die Ansprüche der Privatgläubiger des letzteren nicht gesichert. Bei einem Konkurse tritt der stille Gesellschafter, dem Kridar gegenüber, wie jeder andere Gläubiger auf, und fordert von der Masse, was er verabredungsgemäss bei Auflösung der Gesellschaft zu fordern hat.

Die Geschäftsführung ruht bei der Kommandit- wie bei der stillen Gesellschaft lediglich in den Händen des Komplementars; die Kommanditisten und stillen Gesellschafter haben nur das Recht der Büchereinsicht.

Fasst man die eben geschilderten charakteristischen Merkmale beider Gesellschaften näher in's Auge, so muss es sofort einleuchten, dass, wenn ein Gewerksunternehmer, der sich zum Gesellschaftsbetriebe entschlossen hat, Gelegenheit findet zur Gründung einer Kommandit- oder stillen Gesellschaft, dies bei Weitem die günstigste Form für ihn ist, zumal, wenn er als einziger Komplementar fungiren kann.

In der That bilden die Kommandit- und die stille Gesellschaft auch in der Regel die beliebteste Form, in der sich technische Berufsbildung sowie grosser persönlicher Kredit einerseits und Beschäftigung suchendes Kapital andererseits miteinander assoziiren.

Aber, da der Komplementar ganz unbegrenztes Vertrauen beanspruchen muss, finden sich selten Kommanditisten oder stille Gesellschafter; namentlich finden sich nicht häufig solche, die für ganz grosse Unternehmungen grosse Kapitalsummen hergeben mögen, zumal, wenn der Komplementar selbst mittellos ist.

Die für den Gewerksunternehmer als Komplementar günstigere von beiden Formen ist natürlich die der stillen Gesellschaft, da die Einlage des stillen Gesellschafters völlig in das Vermögen des Komplementars übergeht.

Ist der Gewerksunternehmer alleiniger Komplementar, so kann man nicht sagen, dass unter dieser Form nicht jedes gewerkliche Unternehmen nicht eben so gut gedeihen könnte, wie im Einzelbetriebe. Ist er nur einer von mehreren Komplementaren, so ähnelt seine Stellung diesen gegenüber der eines Theilhabers einer offenen Gesellschaft.

In allen Fällen ist die ökonomische Lage des Komplementars selbstverständlich durchaus nicht so günstig, als die des mit gleichen eigenen, oder geliehenen Kapitalien arbeitenden Einzelunternehmers.

Wer als Einzelunternehmer zu seinem Geschäftsbetriebe 200,000 Fr. geliehen, und 20,000 Fr. Reingewinn erzielt hat, hat bei fünfprozentiger Verzinsung nur 10,000 Fr. an die Gläubiger abzugeben, und behält 10,000 Fr. für sich. Wer aber als Komplementar einer Kommandit- oder stillen Gesellschaft mit 200,000 Fr. eingeschossenem und 20,000 Fr. eigenem Kapital arbeitet, muss bei 20,000 Fr. Reingewinn vielleicht 17,362 Fr. an die Kommanditisten oder stillen Gesellschafter abgeben und behält nur 2638 Fr., d. h. nur 1638 Fr. mehr, als den Zins des eigenen Kapitals, zu 5 pCt., für sich.

Zwar können die Bestimmungen über die Gewinnvertheilung vertragsmässig so getroffen werden, dass der Antheil des Komplementars ein verhältnissmässig grösserer ist, als der der Kommanditisten oder stillen Gesellschafter; aber mehr, als den blossen Zins, den sie auch für Darlehen bekommen würden, pflegen diese doch immer zu beanspruchen, einen Theil seiner Arbeitsrente wird der Komplementar also doch stets opfern müssen. Als Einzelunternehmer brauchte er ein solches Opfer wenigstens in der Regel nicht zu bringen.

Was ferner

4. die Kommanditgesellschaft auf Aktien anbelangt, so vereinigt diese Form, wie sie auch rechtlich eine Kombination der Aktien- und der Kommanditgesellschaft ist, einige Vorzüge und Mängel der ersteren mit einigen Vorzügen und Mängeln der letzteren Form. Es kann nur ausnahmsweise gerathen sein,*) statt einer der einfachen

---

*) Am besten geeignet ist diese Form für die Industrial Partnership (vergl. Cap. 10. II. J. oben), da hier viel darauf ankommt, die Haftbarkeit der Kommanditisten zu begrenzen und den Unternehmern doch die Leitung zu sichern, wenn auch unter Kontrole eines Aufsichtsrathes, den diese Form — im Gegensatz zur reinen Kommanditgesellschaft — statuirt.

Grundformen diese komplizirtere Form zu wählen. Gerathen ist es jedenfalls da, wo man auf dem Wege der einfachen Kommanditgesellschaft das erforderliche Kapital nicht erlangen könnte, und doch ein Unternehmen zu begründen vorhat, welches die verhältnissmässige Schwerfälligkeit der Aktiengesellschaft nicht vertragen würde. —

Es bleibt endlich noch mit einigen Worten zu gedenken

5. der Produktivgenossenschaft. Rechtlich ist diese Form — eine Frucht des genossenschaftlichen Geistes unserer Zeit — noch wenig ausgebildet. (Das Allgemeine Deutsche Handelsgesetzbuch z. B. gedenkt ihrer noch nicht.) Und doch steht dieser Form allem Anscheine nach eine grosse Zukunft bevor.

Das Charakteristische der Produktivgenossenschaft besteht in Folgendem: Eine beliebige Anzahl von Gewerktreibenden vereinigt sich zur gemeinschaftlichen Betreibung eines Unternehmens — jeder als Unternehmer und Gehülfe in einer Person. Kapitaleinzahlungen der Genossen bilden den eignen Geschäftsfond. Für die Verbindlichkeiten der Genossenschaft haften alle Genossen sammtverbindlich, Einer für Alle, mit ihrem ganzen Vermögen. Der Reingewinn wird zu gleichen Theilen unter die Genossen vertheilt, jedoch nicht, bevor ein gewisser Prozentsatz zur Verzinsung der Kapitaleinzahlungen abgezogen worden. Geschäftsverluste werden von den Genossen zu gleichen Theilen getragen. Die verschiedenartige Befähigung und Betheiligung der Genossen wird durch Lohnsätze von verschiedener Höhe während des Betriebes getroffen.

Diese Form ist zwar bestimmt, unbemittelten und unselbständigen Gewerktreibenden, welche, wenn sie zur selbständigen Einzelunternehmung schreiten wollten, nur an Kleinunternehmungen denken könnten, einige der Vortheile der Grossunternehmung zu verschaffen; allein die Thätigkeit des einzelnen Genossen behält doch den Charakter des Kleinbetriebes, da er eben, wie der Kleingewerktreibende, zugleich Unternehmer und Gehülfe ist.

Die Produktivgenossenschaft ist zwar eine höchst bedeutsame und jedenfalls zukunftsreiche Erwerbsgesellschaftsform. Aber sie stellt, was die Aufopferung der Selbständigkeit anbelangt, stärkere Anforderungen, als alle anderen Gesellschaftsformen, an den einzelnen Gesellschafter, und erheischt Eigenschaften des Charakters, wie sie nur durch die Noth und durch eine langjährige Erziehung im genossenschaftlichen Geiste erworben werden.

Wer seinen Anlagen und seiner Vorbildung nach für gewerkliche Grossunternehmungen geeignet ist, wird, selbst bei'm Mangel an Kapitalien für eine solche, doch in der Regel besser thun, von dieser Gesellschaftsform abzusehen. Ihm bieten sich entweder andere, entsprechendere, Gesellschaftsformen, oder Wege dar, seine Gaben und Kräfte anderweit, wenn auch zunächst vielleicht nicht in selbständigen Stellungen, besser zu verwerthen.

Die Produktivgenossenschaft ist recht eigentlich die Gesellschaftsform für kleine Gewerktreibende in denjenigen Gewerkszweigen, in denen die Grossindustrie der Kleinindustrie vernichtende Konkurrenz macht. Hier giebt es nur zweierlei Arten der Hülfe: entweder man muss sich in den Dienst der Grossindustrie stellen, oder man muss sich auf dem Wege der Produktivgenossenschaft konkurrenzfähig machen gegen die Grossindustrie, der man bei'm selbständigen kleinen Einzelbetriebe unfehlbar erliegen müsste.

Sechster Theil.

Die gewerkliche Buchführung.

Cap. 30.

Einleitung.

Die allgemeine Gewerkslehre soll ein System von Regeln für den rationellen Betrieb der Gewerke bilden. Diese Regeln sind aus den Gesetzen des Wirthschaftslebens abzuleiten.

Der Gewerksbetrieb muss sich als rationell bewähren in der Erwerbung und Anwendung der Gewerbsmittel — Arbeit und Kapitalien — und der Hülfsmittel der Gewerke, wie in der Wahl der gewerklichen Betriebsart und Betriebseinrichtung. Aber es ist ein rationeller Gewerksbetrieb auch nicht denkbar ohne die grösste Ordnung des Betriebes und ohne dass ein Mittel vorhanden ist, fortwährend zu prüfen, ob und inwieweit das gewerkliche Ziel — Reingewinn — wirklich erreicht wird, oder ob und wo das Unternehmen Gefahr läuft, von diesem Ziele sich zu entfernen, welchem Theile des Geschäftes etwa zu geringe, welchem zu grosse Aufwände gewidmet wurden, ob die aufgewandten Kosten sich bezahlt machen, oder ob vielleicht ihre Aufwendung unwirthschaftlich war.

Das System von Regeln für den rationellen Gewerksbetrieb würde des Abschlusses und der Vollständigkeit ermangeln, wenn in ihm die Regel der Ordnung und die andere Regel fehlte, dass der Gewerktreibende sich jederzeit Rechenschaft über den dermaligen Stand seiner Unternehmung zu geben in der Lage sein muss.

Es kann aber bei der Aufstellung dieser Regeln in ihrer Allgemeinheit nicht bewenden; es muss auch der Weg gewiesen werden, auf dem es dem Unternehmer am sichersten gelingt, jene Grundsätze in die Wirklichkeit einzuführen.

So haben wir auch in der Lehre von der gewerklichen Hülfsarbeit uns nicht auf die blosse Aufstellung des Grundsatzes der thunlichsten Interessenbetheiligung beschränkt, sondern ausführlich nachgewiesen, wie dieser Grundsatz am besten, und innerhalb welcher Grenze nur zu verwirklichen sei. Diese Betrachtung führte uns beispielsweise zur Empfehlung des Accordlohnes für gewöhnliche Gewerksgehülfen und des Tantième-Systems für die Leitungsgehülfen.

Die Frage nach der besten Verwirklichung des Grundsatzes der Ordnung und der Selbstkontrole im Gewerksbetriebe ist zu beantworten durch den Hinweis auf die Nothwendigkeit **einer geregelten und dem betreffenden Unternehmen vollkommen angepassten Buchführung.**

Der Grundsatz der Ordnung, aus dem sich der weitere Grundsatz der Selbstkontrole von selbst ergiebt, lässt sich nämlich dahin erläutern: Der Gewerksmann soll es dahin bringen, dass er im Stande ist, nicht nur sich selbst, sondern erforderlichen Falls auch Anderen jederzeit Rechenschaft über alle Einzelheiten des Geschäftsbetriebes und die Ergebnisse desselben zu geben, d. h. mit andern Worten er soll jederzeit nachweisen können, wie gross sein Aktiv- und sein Passiv-Vermögen ist, aus welchen Bestandtheilen beide zusammengesetzt sind, welche nähere Bewandniss es mit diesem oder jenem, vielleicht schon geraume Zeit zurückliegenden, Geschäftsvorfalle hatte, und ob sich der Geschäftsfond innerhalb eines gewissen Zeitraumes vermehrt oder vermindert hat, in welchem Maasse, aus welchen Gründen.

Auch der befähigtste Unternehmer würde, wenn er die strengste Ordnung in diesem Sinne aufrecht erhalten will, schon in kleinen Unternehmungen nicht, noch weniger aber in grossen, sich lediglich auf sein Gedächtniss verlassen können, welches auch im glücklichsten Falle nicht im Stande sein würde, allen jenen Anforderungen zu genügen, und dessen Schätze den Augen anderer Personen verborgen wären, welches im gewöhnlichen Laufe der Dinge seinen Dienst plötzlich versagen könnte, und jedenfalls nur mit dem Unternehmer selbst lebt.

Die Gewerksunternehmer, wenigstens die grösseren, sind daher, ebenso wie die Kaufleute, schon frühzeitig auf das naheliegende Auskunftsmittel gekommen, sich zur Unterstützung des Gedächtnisses über jeden Geschäftsvorfall gewisse Notizen zu machen.

Solche Notizen heissen in der Geschäftssprache „Buchungen."

Der Begriff einer Buchung, wie man ihn heutzutage versteht, ist jedoch damit noch nicht erschöpft. Buchungen sind nicht nur Notizen über gewisse Geschäftsvorfälle in beliebiger Form. Es gehört zu dem Begriff der Buchung ausserdem, dass die Aufzeichnungen nach gewissen, ein für alle Male feststehenden Regeln, nach einer bestimmten Methode geschehen.

Buchungen in diesem Sinne zu machen ist nicht nur eine dringende Forderung des eigenen Interesses des Gewerktreibenden, sondern auch nach den Gesetzgebungen der meisten Kulturstaaten eine gesetzliche Pflicht.*)

Durch langjährige Uebung sind zwei verschiedene Hauptmethoden der Buchführung ausgebildet worden, nämlich die „Einfache" und die „Doppelte oder Italienische Buchhaltung oder Buchführung."

Die charakteristischen Eigenthümlichkeiten dieser beiden Methoden, welche nicht etwa als willkürliche oder zufällige Schöpfungen des kaufmännischen Verstandes, sondern als die zwei einzig möglichen, im Einzelnen freilich vielfachen Modifikationen zugänglichen Formen der Versinnlichung des Geschäftsganges und Standes aufzufassen sind, sollen nun im Folgenden dargestellt und es soll dabei zugleich das nöthige Material zur Beantwortung der Frage geliefert werden, für welche Gattungen von Gewerksbetrieb die eine, für welche die andere von beiden Methoden sich besser eignet.

Bevor wir jedoch zu dieser Darstellung übergehen, mag an dieser Stelle noch die Bemerkung Platz finden, dass die Buchführung zwar nicht in derselben Weise für den Gewerksbetrieb unentbehrlich ist, wie die Gewerbsmittel und die unmittelbaren und mittelbaren

---

*) Diese Pflicht ist z. B. im Vierten Titel („von den Handelsbüchern") des Allg. Deutschen Handelsgesetzbuches ausgesprochen. Allerdings soll nach Art. 28. nur „Jeder Kaufmann" verpflichtet sein, Bücher zu führen. Nach Art. 4. aber ist als Kaufmann im Sinne des Gesetzbuches anzusehen, „wer gewerbsmässig Handelsgeschäfte betreibt." Und nach Art. 272. gehört zu den Handelsgeschäften u. A. auch die gewerbsmässige „Uebernahme der Bearbeitung und Verarbeitung beweglicher Sachen für Andere, wenn der Gewerbebetrieb des Uebernehmers über den Umfang des Handwerks hinausgeht." Dass die Grenze des Handwerksbetriebes heutzutage unmöglich mehr zu bestimmen ist, macht eigentlich die Verpflichtung zur Führung von Büchern zu einer ganz allgemein für alle Gewerktreibenden verbindlichen.

Hülfsmittel, dass zwar z. B. die Verbesserung der Buchführung nicht in derselben Weise auf den Betrieb einwirkt, wie etwa eine bessere Arbeitstheilung, oder die Anwendung besserer Rohstoffe, Hülfsstoffe, Werkzeuge und Geräthe; dass aber eine wohlgeordnete und den speziellen Bedürfnissen vollkommen angepasste Buchführung ohne Zweifel als eine unerlässliche Vorbedingung des gewerklichen Fortschrittes insofern betrachtet werden muss, als sie und sie allein die Möglichkeit verschafft, allen Mängeln des Betriebes auf den Grund zu kommen und ihnen gründlich abzuhelfen, die Stärke der starken Seiten des Betriebes zu erkennen, und vorsichtig zu schonen. Musterhafter und fortschreitend sich entwickelnder Betrieb ist nicht denkbar ohne eine in ihrer Anlage den spezifischen Bedürfnissen der Unternehmung angepasste und mit Genauigkeit und Umsicht behandelte Buchführung. Die technische und wirthschaftliche Befähigung des Unternehmers wird in den Werkstätten so gut wie in den Geschäftsbüchern sich widerspiegeln. Vernünftiger Fortschritt ist dort nur denkbar, wenn hier sich Planmässigkeit und Ordnung zeigt. Und so kann man in der That behaupten, dass die Arbeit der Buchführung in nicht geringerem Maasse entscheidend ist für das Gedeihen der Unternehmung wie die Arbeit der gewerklichen Gütererzeugung selbst, wie die Arbeit der Erwerbung der Kapitalien und des Verkaufs der Erzeugnisse.*)

---

*) Als Schriften, aus denen vielfältige Belehrung über das Wesen und die zweckmässige Errichtung der Buchführung zu schöpfen ist, mögen hier nur folgende genannt werden: Schiebe, Die Lehre von der Buchführung. Grimma. 4. Auflage. 1861. — A. Braune, Praktische Anleitung zur Einfachen und Doppelten Buchführung. Gotha. W. Opetz. 1863. Sehr klar und sachverständig. Mit feinem Verständniss namentlich das Hervorgehen der einen Buchführung aus der anderen, des einen Buches aus dem anderen, entwickelnd. — E. Stern. Vollständige Anleitung zur Buchführung für die Gewerktreibenden. Darmstadt. 1867. Elementar, aber eingehend und instruktiv; leider nur die Einfache Buchführung behandelnd, der der Verfasser auch, gewiss nicht mit ausreichendem Grunde, wegen angeblich grösserer Zeitersparniss, für kleinere und mittlere Gewerksunternehmungen, den Vorzug vor der Doppelten Buchführung einräumt. Die Doppelte Buchführung führt einfacher und sicherer, als die Einfache, zu dem Ziele, welches mit der Buchführung überhaupt angestrebt werden muss. Die Praxis hat nur noch keine so bequeme und einfache Form dieser Buchführung ausgebildet, dass man auch dem kleinsten Gewerksmann ihre Vorzüge leicht ad oculos demonstriren könnte.

Cap. 31.

Die Einfache Buchführung.

Von den genannten beiden Methoden der Buchführung ist die Einfache die ältere. Die Benennung rührt erst her aus den Zeiten des Aufkommens der anderen Methode. Ursprünglich sind alle Buchungen, jedenfalls in chronologischer Folge, in einem einzigen Buche gemacht worden, und zwar lediglich zur Unterstützung des Gedächtnisses, nicht mit der Absicht, sich ein ziffermässiges, à jour gehaltenes, Bild des jeweiligen Standes des Geschäftes zu verschaffen. Je klarer das Bedürfniss zum Bewusstsein kam, auch diese weitere Aufgabe durch das Mittel der Buchführung zu lösen, um so augenscheinlicher wurde die Unzulänglichkeit eines einzigen Buches. Man half diesem Mangel ab durch Kreirung mehrerer Bücher, in welche man die Buchungen des ursprünglich einzigen, und auch später fortgeführten, Buches übertrug, so dass nun in diesen mehreren Büchern sachlich geordnet ward, was in jenem Grundbuche nur chronologisch verzeichnet wurde. So ist die Einfache Buchführung in ihrer heutigen Gestalt lediglich das im Laufe der Zeit erlangte Resultat des Versuches, die Mängel zu beseitigen, welche sich aus der Führung nur eines einzigen Buches ergeben; sie ist dieses eine Buch mit den nach und nach daraus hervorgegangenen anderen Büchern, ein Buch, in welches Alles gebucht wird, und verschiedene Auszüge aus diesem einen Buche. Der historische Ursprung würde aber die heutige Benennung dieser Methode nicht rechtfertigen. Diese Benennung deutet nicht auf das ursprünglich einzige Buch hin, sondern vielmehr darauf, dass auch dann noch, als mehrere Bücher geführt wurden, jede Eintragung doch, von der chronologischen Notiz abgesehen, nur einmal, „Einfach" gemacht wurde, während man in der Doppelten Buchführung, wie später gezeigt werden wird, jede Eintragung mindestens zweifach, auf verschiedenen Seiten verschiedener Bücher, bewirkt.

Das ursprünglich einzige Buch der ältesten Buchführung wird früher das „Buch" schlechtweg, vielleicht „das Geschäftsbuch" genannt worden sein. Es wurde später beibehalten und im Wesentlichen in der alten Weise fortgeführt, erhielt aber nun, zur Unterscheidung von den neu hinzugekommenen Büchern, einen besonderen Namen; es ist das „Memorial" unserer heutigen Einfachen Buchführung.

In dieses Buch wird jeder Geschäftsvorfall so eingetragen, wie er sich ereignet und dann, wann er sich ereignet. Das Memorial ist die fortlaufende Chronik des Geschäfts. Geschehene Verkäufe und Käufe, aufgenommene Darlehen, gemachte Zahlungen, gemachte oder eingegangene Bestellungen — alles dies wird im Memorial vermerkt. Das Buch hat eine Datums- und eine Geldrubrik, letztere zur besonderen Vormerkung der vereinnahmten oder verausgabten Summen bei solchen Buchungen, bei denen es sich überhaupt um Geld-Ausgaben oder Einnahmen handelt.

Jede einzelne Buchung heisst „ein Posten" und wird von jeder anderen augenfällig gesondert.

Kleine und regelmässig wiederkehrende Einzelposten pflegen in anderen kleinen Büchern notirt und in das Memorial nur periodisch als „Gesammtposten" übertragen zu werden (z. B. Porti, Haushaltungs-, Allgemeine Geschäfts-Unkosten).

Ohne Weiteres und in der Form, in der man das erfahren muss, giebt aber das Memorial keinen Aufschluss darüber, ob das Geschäftsvermögen sich in einem bestimmten Zeitraum vermehrt oder vermindert hat, noch darüber, wieviel an Kapitalien jeder Art vorhanden ist, noch darüber, was die Schuldner des Geschäfts diesem schulden, seine Gläubiger zu fordern haben.

Damit man zu jeder beliebigen Zeit erfahren könne, ob und um wie viel in irgend einem verflossenen Zeitraum das Geschäftsvermögen sich vermehrt oder vermindert habe, muss man bei'm Beginne des Geschäftes die Bestandtheile dieses Vermögens besonders verzeichnen, dann in regelmässigen Perioden alle die Posten aus dem Memorial ausziehen, welche eine Vermögens-Vermehrung oder Verminderung involviren, und das Ergebniss dieser Zusammenstellung mit der Summe jenes ersten Verzeichnisses vergleichen.

Die Aufstellung des Verzeichnisses des Geschäftsvermögens pflegt man „Inventur," das Verzeichniss selbst „Inventarium" zu nennen. Das Inventarium bildet die Grundlage der sogenannten „stehenden," das Memorial die Grundlage der sogenannten „laufenden" Buchführung.

Das Inventarium wird zweckmässig in drei getrennten Rubriken aufgemacht. Die erste Rubrik würde die Bestandtheile des Aktiv-Vermögens, die zweite die Geschäfts-Schulden, die dritte die Vergleichung zwischen Aktiv-Vermögen und Schulden, also das

Reinvermögen, enthalten. Die erste und zweite Rubrik mögen dann wieder in entsprechende Klassen getheilt werden.

Die meisten Posten der ersten Rubrik müssen zum Behufe der Inventur abgeschätzt werden; die Schätzung muss den Tagespreis treffen.

Wollte man nun, nach Verlauf des ersten Jahres nach Aufstellung des Inventariums ermitteln, ob und um wie viel das Geschäftsvermögen in diesem Zeitraum sich verändert hat, ob der effektive Baargeld-, Grundstück-, Waaren- etc. Bestand dem buchmässigen Bestande entspricht, ob, wie viel und wem das Geschäft schuldet, ob, wie viel, von wem es zu fordern hat, so wäre es unter Umständen ein sehr zeitraubendes und mühsames Beginnen, nun erst aus dem Memorial alle die Posten auszuziehen und zusammenzustellen, welche auf jene Fragen Antwort geben; ein Versehen wäre bei dieser Arbeit leicht möglich.

Deshalb pflegen gleich bei'm Beginne des Geschäftes neben dem Inventar und dem Memorial noch andere Bücher angelegt, und in diese dann die erforderlichen Buchungen aus dem Memorial regelmässig und fortlaufend übertragen zu werden.

Für die meisten gewerklichen Unternehmungen werden etwa acht solche Auszüge, die man dann Bücher nennt, erforderlich sein und ausreichen.

Diese Bücher sind, unter den im Laufe der Zeit üblich gewordenen Benennungen, folgende:

1. das Kontokorrent-, oder Haupt-Buch oder Reskontro;
2. das Kassabuch;
3. das Grundstück- und Gebäude-Buch oder Skontro;
4. das Roh- und Hülfsstoff-Buch oder Skontro;
5. das Geräthe-, Werkzeug- und Maschinen-Buch oder Skontro;
6. das Lager-Buch oder Waaren-Skontro;
7. das Büreau-Utensilien-Buch oder Skontro;
8. das Wechselbuch oder Wechselskontro.

Ueber Zweck und Einrichtung dieser Bücher mögen folgende Bemerkungen genügen:

Ad 1. Das Kontokorrent- oder Hauptbuch oder Reskontro soll jeder Zeit Auskunft geben darüber, was diejenigen Personen, mit denen das Geschäft in regelmässiger Verbindung steht, ihm und was es ihnen schuldet.

Man pflegt in diesem Buche für jede Person, mit der man bereits mehrfach in geschäftlichem Verkehr gestanden hat und voraussichtlich auch künftig geschäftlich verkehren wird,*) ein „Konto anzulegen," „ihr ein Konto zu eröffnen." D. h. man bestimmt zwei gegenüberliegende Seiten des Hauptbuches, welche man mit dem Namen des Betreffenden überschreibt, für diejenigen Auszüge aus dem Memorial, welche solche Geschäftsvorfälle betreffen, durch welche die fragliche Person Gläubiger oder Schuldner des Geschäfts geworden ist.

Die eine Seite dieses Buches (die „Soll- oder Debet"-Seite) ist zur Eintragung derjenigen Posten bestimmt, durch welche der Betreffende Schuldner, die andere (die „Haben- oder Kredit"-Seite) zur Eintragung derjenigen Posten, durch welche der Betreffende Gläubiger des Geschäfts geworden ist.

Jeder Posten wird unter seinem Datum eingetragen, gewöhnlich unter Verweisung auf andere Bücher, aus denen der gebuchte Vorfall näher ersichtlich wird, also namentlich auf das Memorial und das Inventarium.

Will man nun zu irgend einer Zeit erfahren, wie viel das Geschäft irgend einem der Konto-Inhaber schuldet, oder von ihm zu fordern hat, so bedarf es nur einer Addirung der Posten jeder der beiden Seiten seines Konto's. Den Betrag, um welchen das „Soll" grösser wäre, als das „Haben," würde er schuldig sein, den Betrag, um welchen das „Haben" grösser wäre, als das „Soll," würde er zu fordern haben. Ergeben beide Seiten einen gleich grossen Betrag, so ist „das Konto ausgeglichen, balanzirt oder saldirt."

Unter „Saldo" versteht man nämlich die Differenz der Summen der entsprechenden beiden Seiten eines Konto's. Bei'm „Abschluss" der Konten, der periodisch (monatlich, vierteljährlich etc.) zu geschehen pflegt, wird der Saldo als solcher auf der Seite gebucht, deren Summe die geringere ist; die Summen werden dann auf beiden Seiten gleich. Die Summe aller gleichzeitigen Saldis der Soll-Seite des Hauptbuches, welche dann auf die Haben-Seite übertragen

---

*) Gewöhnlich richtet man im Hauptbuch noch ein „Konto pro Diverse" ein. Man bucht da, was solche Geschäftsfreunde schulden, oder was man solchen schuldet, von denen man noch nicht weiss, ob es lohnen würde, ihnen ein besonderes Konto zu eröffnen, da es fraglich ist, ob man mit ihnen in regelmässigen Geschäftsverkehr treten wird.

werden, ist gleich der Summe Dessen, was das Geschäft den Personen, welchen Konten eröffnet wurden, schuldet, der „Gesammtsaldo zu Lasten des Geschäfts" in diesem Verkehr. Die Summe aller gleichzeitigen Saldi's der Haben-Seite des Hauptbuches, welche dann auf die Soll-Seite übertragen werden, ist gleich der Summe Dessen, was das Geschäft von den Personen, welchen im Hauptbuche Konten eröffnet sind, zu fordern hat, der „Gesammtsaldo zu Gunsten des Geschäfts" in diesem Verkehr.

Ist der Gesammtsaldo zu Gunsten des Geschäfts grösser, als der zu Lasten des Geschäfts, so ist das Guthaben des Geschäfts an die Konten-Inhaber grösser, als deren Forderungen, und umgekehrt.

Dass und wie das Inventar jederzeit bequem aus dem Hauptbuche ergänzt werden kann — was übrigens in der Regel nur von Zeit zu Zeit an bestimmten Terminen zu geschehen pflegt —, leuchtet sofort ein.

Würde eine Ergänzung des Inventars aus dem Hauptbuche vor dem Termine, an welchem dessen Konten abgeschlossen werden, vorzunehmen sein, so würde man alle jene Konten durch eine fingirte Ausgleichung abschliessen, d. h. überall die Saldi's ermitteln, auf die betreffende Seite buchen, alle Seiten addiren, und die Saldi's dann auf die entgegengesetzte Seite, als wo sie mit addirt wurden, „aufs Neue vortragen" müssen. Dieser Vortrag hätte unter dem Datum der Inventur zu erfolgen. Alle vorgetragenen Saldi's wären sodann in dem Inventar, je nachdem sie zu Gunsten, oder zu Lasten des Geschäfts lauten, unter der Rubrik der Forderungen oder unter der der Schulden zu verzeichnen. Aus dieser Inventarisirung ergiebt sich alsbald, ob, im Vergleich mit der letztvorgehenden oder irgendwelcher früheren Inventur, die Geschäftsforderungen oder die Geschäftschulden gewachsen, oder die gleichen geblieben sind.

Ad 2. Das Kassabuch. In das Kassabuch werden alle die Kasse betreffenden Posten des Memoriales auszugsweise gebucht. Die Einrichtung ist ähnlich wie die des Hauptbuches. Es werden zu den Buchungen stets zwei gegenüberliegende Seiten benutzt, von denen die eine mit „Einnahme" oder „Soll," die andere mit „Ausgabe" oder „Haben" überschrieben ist. Auf die erstere Seite wird bei Eröffnung des Buches aus dem Inventar zunächst der Kassenbestand übertragen; sodann werden hierher aus dem Memorial alle in die Kasse fliessenden Einnahmen gebucht, während die andere (die „Haben- oder Ausgaben-)Seite alle in der gleichen Zeit gemachten baaren Ausgaben, auszugsweise aus dem Memorial, aufzunehmen hat.

Um zu irgend einer Zeit den Sollbestand der Kasse zu ermitteln, hat man nur die Buchungen jeder der beiden Seiten des Kassenbuchs zu summiren; die Differenz der Summen ergiebt den Soll-Kassen-Bestand. Die Ausgabenseite kann hier selbstverständlich niemals die grössere Summe ergeben, da man der Kasse nicht mehr entnehmen kann, als ihren Bestand.

Trägt man die gefundene Differenz zwischen den Summen beider Seiten auf die „Haben"-Seite über, und vollzieht man nun die Addition, so werden selbstverständlich die Summen beider Seiten gleich. Diese Manipulation bezeichnet man mit dem Ausdruck: „Die Kasse abschliessen."

Diesen Abschluss pflegt man periodisch — allmonatlich, oder vierteljährlich — zu wiederholen. Nach jedem Abschluss wird die zur Ausgleichung auf der Haben-Seite gebuchte Differenz aufs Neue als Bestand auf die Soll-Seite vorgetragen. Fällt, wie z. B. stets bei'm Jahresschluss, der Kassaschluss mit einer neuen Inventur zusammen, so wird der aus dem Kassabuche sich ergebende Kassabestand zugleich auch als solcher in dem neuen Inventarium gebucht.

Periodisch den wirklichen Kassenbestand durch Zählung zu prüfen, mit dem buchmässigen Sollbestand zu vergleichen, empfiehlt sich aus naheliegenden Gründen.

Ad 3—7. Die verschiedenen Materialien-, Waaren- und Vorrathsbücher oder Skontro's. Diese Bücher sind unumgänglich nöthig für die Inventur. Sie werden eröffnet mit einem, mit der betreffenden Rubrik des Inventariums gleichlautenden, Verzeichnisse derjenigen Kapitalien — denn um Kapitalien handelt es sich hier stets — über deren Ab- und Zugang das betreffende Buch Auskunft geben soll. Sodann wird jede Buchung des Memorials, welche eine Veränderung im Bestande der fraglichen Kapitalien betrifft, auszugsweise in dem betreffenden Skontro vorgemerkt, und zwar auf der einen Seite immer der Abgang, die Verminderung, auf der anderen die Vermehrung, der Zugang. Jede Seite enthält ausser den zu Verweisungen (auf das Kassabuch, das Inventar und Memorial) dienenden Spalten, eine Datums- und eine Spalte für Gewicht-, Mass- oder Stückzahlen, endlich in der Regel eine Preis-Spalte. Werden für die sämmtlichen in den Skontro's gebuchten Kapitalien und die damit vorgegangenen Veränderungen Preisangaben aufgenommen, so muss bei denjenigen Kapitaltheilen, welche dem Abnutz unterliegen, jedenfalls, auch wenn sonst keine Veränderungen damit vorgegangen sind, zur Zeit des Abschlusses auch jener Abnutz, in entsprechenden Prozenten des zu Buche stehenden Preises, mit verzeichnet werden. (Hätte eine Maschine am 1. Januar 100 x gekostet, und wäre sie im Laufe des Jahres durch Reparaturen, die 20 x kosteten, so gut im Stande erhalten worden, dass sie am Jahresschlusse völlig als neue Maschine zu betrachten wäre, so würden am Jahresschlusse von dem Preise, mit dem die Maschine zu Buche steht — 120 x — $\frac{1}{4}$ als Abnutz zu kürzen sein). Die sämmtlichen in den Skontro's verzeichneten Kapitalien sind so wie sie bei Aufmachung der neuen Inventur zu Buche stehen, in das neue Inventarium einzutragen.

Ad 8. **Das Wechselbuch oder Wechselskontro.** Dieses Buch entsteht durch Auszüge derjenigen Buchungen des Memorials, welche das Wechselgeschäft betreffen. Gewöhnlich wird die eine Seite dieses Skontro's für die Buchung der eingehenden und die gegenüberliegende Seite für die Buchung der ausgehenden Wechsel benutzt. Auf der einen Seite ist dann das Datum des Einganges, die Nummer des Wechsels, der Name Dessen, von dem man den Wechsel empfangen hat, der Name des Trassaten, die Verfallzeit, der Zielplatz und die Valuta, d. h. der Betrag, über welchen der Wechsel lautet, zu verzeichnen, während auf der anderen Seite das Datum der Abgabe und der Name Dessen, an den man den Wechsel abgegeben hat, sowie ebenfalls die Valuta, gebucht wird.

Bei'm Abschluss des Wechsel-Skontros werden die in der Frist seit dem letzten Abschlusse nicht abgegebenen, also noch im Portefeuille befindlichen Wechsel auf der Eingangs-Seite wieder vorgetragen. Das Inventarium empfängt aus dem Wechsel-Skontro die am Tage der Inventur noch im Portefeuille befindlichen Wechsel.

Kassirt man einen Wechsel ein, anstatt ihn weiter zu begeben, zu Zahlungen zu verwenden, so wird er in der Ausgangs-Seite des Wechsel-Skontros ebenfalls gebucht, aber als „einkassirt."

Die ebengenannten acht Bücher werden in jedem grösseren gewerklichen Unternehmen, welches sich auf die Einfache Buchführung beschränkt, ungefähr in der nämlichen Form, wie oben angegeben, vielleicht aber theilweise unter anderen Benennungen, geführt werden müssen. Wären einige darunter entbehrlich, so wären es höchstens die Skontros; unentbehrlich für einen einigermaassen geordneten Geschäftsbetrieb sind jedenfalls das Inventarium, das Memorial, das Hauptbuch und das Kassabuch. Diese vier Bücher werden deshalb auch gewöhnlich als Haupt- oder Grundbücher bezeichnet, während man die Skontros Hülfs- oder Nebenbücher nennt.

Als weitere solche Hülfs- oder Nebenbücher werden in manchen Unternehmungen noch geführt: a. Ein Kommissionsbuch, welches dazu bestimmt ist, einen Auszug über jede eingehende Bestellung aufzunehmen. Ist die Bestellung ausgeführt, so wird die betreffende Notiz durchstrichen. b. Ein Kalkulationsbuch. In diesem wird berechnet, was jede eingekaufte Partie Kapitalien kostet, und zu welchem Preise die fertigen Erzeugnisse verkauft werden können. c. Ein Wechselkopirbuch, welches zur Aufnahme von Abschriften der eingegangenen Wechsel dient, und allenfalls auch das Wechselskontro vertreten kann. d. Ein Briefkopirbuch, welches geschriebene oder auf mechanischem Wege hergestellte Kopieen der abgesandten Briefe enthält. e. Ein Verfallbuch, ein Buch, in Kalenderform, in welches man auf längere oder kürzere Zeit im Voraus einträgt, welche Zahlungen man zu erwarten oder zu leisten hat, oder welche Wechsel einzukassiren oder einzulösen sind. In grossen Unternehmungen pflegt man statt eines Verfallbuches deren drei zu führen, nämlich ein Trattenbuch (zur Verzeichnung der auf das Geschäft gezogenen Tratten), ein Rimessenbuch (zur Notiz der Verfallzeit der im Besitze des Geschäftes befindlichen Tratten) und ein Verfallbuch (zur Aufnahme der Termine, an welchen Buchforderungen oder Buchschulden fällig werden.)

Wer sich für die Einfache Buchführung entscheidet, kann dieselbe innerhalb gewisser Grenzen einfacher oder komplizirter einrichten. Das Wesentliche ist immer, dass aus den Büchern jeder irgend bemerkenswerthe Geschäftsvorfall und die Bewegung, sowie der jeweilige Stand des Geschäftsvermögens ersichtlich wird.

Mehr ist aber durch die Methode der Einfachen Buchführung nicht zu erreichen, wenn die Arbeit der Buchführung nicht sehr verwickelt und mühsam sein soll.

Abgesehen von denjenigen Buchungen des Memoriales, welche für die Inventur nicht zu benutzen sind, enthält eigentlich das Inventarium in der Einfachen Buchführung die Summe dessen, was man durch diese Buchführungsmethode erfahren kann.

Bei'm Beginn des Unternehmens wurde in das Inventarium der Bestand des Geschäftsvermögens nach den verschiedenen Rubriken eingetragen. Bei jeder folgenden Inventur werden aus den anderen Büchern die zu Gunsten des Geschäfts sich ergebenden Saldi in das neue Inventar aufgenommen und zu dem entsprechenden aus dem letzen Inventar verbliebenen Saldo hinzu addirt; sodann werden aus jenen Büchern die zu Lasten des Geschäfts sich ergebenden Saldi zusammengestellt und ebenfalls in das neue Inventar übertragen. Die Summe dieser Saldi (zu Lasten des Geschäfts) abgezogen von der Summe des Saldo-Vortrags aus dem letzten Inventar und der sämmtlichen Saldi's zu Gunsten des Geschäfts im neuen Inventarium, ergiebt den Geschäftsvermögensbestand zur Zeit der Aufmachung der neuen Inventur.

Dieser Bestand kann kleiner sein, als der der vorigen Inventur; dann wurde seitdem mit Verlust gearbeitet. Er kann grösser sein; dann repräsentirt dieses Plus einen seitdem gemachten Gewinn.

Die Einfache Buchführung klärt den Unternehmer also wohl darüber auf, ob er in einem beliebigen zurückliegenden Zeitraum im Ganzen mit Gewinn oder Verlust gearbeitet hat. Aber mehr leistet sie nicht. Sie zeigt namentlich nicht, wie der Gewinn oder der Verlust entstanden ist. Sie zeigt dem Unternehmer also auch nicht, in welchem Zweige seiner Unternehmung er eine richtige Betriebsmethode beobachtet hat, in welchem fortan eine andere Methode beobachtet werden muss. Sie zeigt ihm z. B. nicht, ob er mehr Arbeitslöhne verausgabt hat, als im Preise der Erzeugnisse wiedererstattet wurden, ob seine Maschinen genügend verwerthet wurden, ob die Dampfmaschinen nicht zu viel Kohlen gekostet haben, ob die Verkaufspreise nicht zu niedrig kalkulirt wurden. Kurz — zu einer eigentlichen scharfen Selbstkontrols ist diese Buchführungsmethode ungenügend.

Es wäre nicht unmöglich, auch diesen Zweck mit der Einfachen Buchführung zu erreichen. Es müsste dann nur für jeden Zweig des Gewerksbetriebes, dessen Erfolg kontrolirt werden soll, ein besonderes Buch eingerichtet werden, in welches aus den Grundbüchern alle gerade diesen Zweig betreffenden Posten auszugsweise eingetragen werden müssten. Wollte man sich z. B. eine fortlaufende Uebersicht über den durch den Verkauf einer gewissen Gattung von eigenen Erzeugnissen gemachten Gewinn oder Verlust verschaffen, so müsste man sich ein Kontrolebuch für diese Gattung von Erzeugnissen anlegen. In dieses müsste man aus dem Kassabuche alle zum Behufe der Herstellung jener Erzeugnisse gemachten Auslagen (für Rohstoffe, Hülfsstoffe, Löhne, Steuern u. s. w.), ferner einen gewissen Betrag als durch die Herstellung jener Erzeugnisse veranlassten Abnutz der stehenden Kapitalien eintragen, und diese Auslagen von dem Erlös für gemachte Verkäufe, sowie dem Preise des etwa noch vorhandenen Lagers, abziehen. So würde es klar werden, ob man durch die Herstellung der betreffenden Güter gewonnen oder verloren habe.

Aehnliche Kontrolebücher könnte man für alle Gattungen von Waaren, die man erzeugt, anlegen; man könnte auch zur Ermittelung von Gewinn und Verlust durch Diskont, Agio, Zinsen, Provisionen etc. besondere Nebenbücher einrichten. Aber man würde so zu einer endlosen Reihe von Büchern gelangen; Verwirrung statt Ordnung wäre die unvermeidliche Folge — des Zeitverlustes, den eine solche scheinbare Vervollkommnung der Einfachen Buchführung verursachen würde, ganz zu geschweigen. —

Das Prinzip dieser Buchführungsmethode widerstrebt einer zweckmässigen Fortbildung derselben; bei jedem Versuch der Vervollkommnung muss entweder die Genauigkeit oder die Uebersichtlichkeit preisgegeben werden. Es kann daher diese Methode höchstens brauchbar sein für einen Gewerksbetrieb, der so einfach ist und dessen Geschäfte sich in solcher Regelmässigkeit abwickeln, dass die etwas grössere geistige Anstrengung, welche die Doppelte Buchführung auch in ihrer einfachsten Form verursacht, verhältnissmässig zu den Resultaten dieser Arbeit als zu gross sich herausstellte, da, was durch die Doppelte Buchführung zu erfahren wäre, auch schon so klar vor Augen läge.

Cap. 32.

Die Doppelte Buchführung.

Was man mit der Buchführung überhaupt in erster Linie zu erstreben hat, erreicht man am sichersten durch die doppelte oder italienische Buchführung. (Den letzteren Namen hat man dieser Buchführungsmethode bekanntlich beigelegt, weil sie nach der durch den italienischen Mönch Lucas Paciolo um das Jahr 1504 gegebenen Anregung, zuerst in Italien angewendet worden ist.)

Das Charakteristische dieser Methode besteht darin, dass hier jeder **Geschäftsvorfall mindestens doppelt**, z. B. jeder Kauf als Ausgabe und Einnahme, gebucht und jede Geschäftsvermögens-Vermehrung und Verminderung zugleich vor Augen geführt wird.

Es geht nämlich die Doppelte Buchführung von der Fiktion aus, dass bei jedem, das Geschäftsvermögen irgendwie betreffenden Geschäftsvorfall eine Schuld kontrahirt, oder eine Forderung getilgt wird; es bringt diese Buchungsmethode die einfache Wahrheit, dass ein Gläubiger ohne Schuldner ebensowenig denkbar ist, wie ein Schuldner ohne Gläubiger, in eigenthümlicher Form, und zwar so zur Geltung, dass hier jede Einnahme als Einnahme und Ausgabe, und jede Ausgabe als Ausgabe und Einnahme gedacht und gebucht wird.

Wenn in dem Memorial der Einfachen Buchführung die Thatsache, dass am 1. März 1868 von A. in X. für 1000 Fr. Kohlen gekauft und an B. in Y. für 1100 Fr. Anilin verkauft wurden, aber A. die Zahlung noch nicht empfangen, B. dieselbe noch nicht geleistet hat, folgendermaassen gebucht steht:

	1868.		
1)	März. 1.	A. in X.	Haben
		für von ihm gekaufte Kohlen Fr.	1000
2)	" "	B. in Y.	Soll
		für ihm verkauftes Anilin Fr.	1100

so haben diese Buchungen an und für sich keinen Sinn. Sie müssen ergänzt werden. Denn „A. in X. . . . Haben" bedeutet, dass A. Gläubiger geworden ist, d. h. eine Person, die etwas zu fordern hat. Es muss also eine Person vorhanden sein, gegen welche A. diesen Anspruch geltend machen kann, also ein Schuldner. „B. in Y. . . . Soll" bezeichnet dagegen den B. als Schuldner, was wiederum keinen Sinn hat, wenn man nicht eine zweite Person, der er schuldet, also einen Gläubiger, hinzudenkt.

In beiden Fällen ergänzt man in der Einfachen Buchführung diese Posten stillschweigend, und stellt in Gedanken dem Gläubiger A. das Geschäft als Schuldner und dem Schuldner B. das Geschäft als Gläubiger gegenüber.

Mit einer solchen stillschweigenden Ergänzung begnügt sich aber die Doppelte Buchführung nicht; sie giebt vielmehr dem doppelten Verhältniss, welches durch einen Kauf oder Verkauf mit Kreditirung des Kaufpreises entsteht, in den Büchern einen sichtbaren Ausdruck. Man würde daher die obigen Posten nach der Methode der Doppelten Buchführung schon im Memorial folgendermaassen buchen müssen:

1868.
1) März. 1.   A. in X.   Haben
             Von dem Geschäft
         für von ihm gekaufte Kohlen Fr. 1000

2)   "   "   B. in Y.   Soll
             An das Geschäft
         für ihm verkauftes Anilin Fr.   1100

Im Hauptbuche wird nun nicht nur dem A. und dem B., sowie anderen Personen, mit denen man im geschäftlichen Verkehr steht, sondern auch dem Geschäft, ein Konto errichtet. Und in diesem Konto kommt, was das Geschäft dem A. schuldet, in's Soll, was B. dem Geschäft schuldet, in's Haben.

Verfährt man nun bei allen Einkäufen und Verkäufen so, so muss das Geschäftskonto schliesslich eine Uebersicht über den gesammten, bei diesen Ein- und Verkäufen erzielten Gewinn gewähren. Damit wäre aber noch wenig genug gedient. Denn die Doppelte Buchführung soll ja nachweisen, welchen Gewinn und Verlust der Unternehmer in jedem einzelnen Zweige seines Geschäftes gehabt hat. Durch eine Zerlegung des Begriffes „Geschäft" muss diese Aufgabe zu lösen sein. Setzt man nämlich an die Stelle des Begriffes „Geschäft" die Begriffe: „Geschäft mit stehenden Kapitalien", „Geschäft mit umlaufenden Kapitalien", „Kassa-Geschäft", „Wechsel-Geschäft" etc., errichtet man also satt des Allgemeinen Geschäfts-Konto's ein Grundstücks-, Gebäude-, Geräthe-, Maschinen-, Werkzeug-, Rohstoff-, Hülfsstoff-, Fertige Erzeugnisse-, Kassa-, Wechsel- etc. Konto, und bucht nun jeden Geschäftsvorfall, der eine Vermögensveränderung involvirt, auf jedes der Konten, welche von diesem Vorfall betroffen werden, so muss schliesslich jedes für eine besondere Geschäftsbranche im Hauptbuche errichtete Konto den besonderen Gewinn und Verlust gerado so nachweisen, wie ein alle Branchen umfassendes, allgemeines Geschäfts-Konto den Gesammt-Gewinn und Verlust nachweisen würde.

Die Schwierigkeit besteht dann nur in der gehörigen Vertheilung des einzelnen Geschäftsvorfalles auf die verschiedenen Konto's.

Die Kohlen, deren Preis (in dem obigen Beispiele) dem A. kreditirt wurde, bilden einen Zuwachs des Kohlenlagers, müssen also dem Hülfsstoff-Konto debitirt werden; dieses Konto schuldet sie dem Geschäft. Wenn sie bezahlt werden, müssen sie dem Konto des A. ebenfalls debitirt, dem Kassa-Konto aber kreditirt werden; denn die Kasse, der der Unternehmer jene 1000 Fr. entnahm, hat damit ihre Schuldigkeit gethan.

Dem Konto der fertigen Erzeugnisse werden die fragl. 1000 Fr. in dem Verhältnisse, als die Kohlen verbraucht worden sind, belastet; denn die fertigen Erzeugnisse sind die fingirte Person, welche dem Geschäft den für die Kohlen gezahlten Preis wiedererstatten muss.

Verkauft man nun für 1100 Fr. Anilin, so empfängt das Geschäft von der fingirten Person „fertige Erzeugnisse" 1100 Fr.; diese letztere Person wird also gewissermaassen Gläubiger des Geschäfts bis zum Betrage von 1100 Fr.; dem Konto derselben werden 1100 Fr. kreditirt.

Diese Bemerkungen nur, um vorläufig eine Skizze von den scheinbar sehr verwickelten, thatsächlich aber sehr einfachen und sehr sicher zum Ziele führenden Operationen der Doppelten Buchführung zu entwerfen.

Es fragt sich nun: **Welcher Bücher bedarf man bei dieser Buchführungsmethode, und wie sind dieselben einzurichten?** Diese Frage kann man nicht, wie das leider nur zu häufig versucht wird, durch Aufstellung einer Schablone, nach welcher nun in allen Fällen die Buchführung einzurichten wäre, beantworten. Es ist gerade der grosse Vorzug der Doppelten Buchführung, dass sie auf einem sehr einfachen Grundgedanken ruht, und die grösste Beweglichkeit innerhalb der Grenzen dieses Prinzipes zulässt. Wenn man eine Reihe von Büchern, wie sie in der doppelten Buchführung gehalten zu werden pflegen, anführt, und ihre Einrichtung schildert, so kann diese Darstellung immer nur als Darstellung des in den meisten Fällen durch die Erfahrung Erprobten, nicht aber als Darstellung des in allen Fällen Unumgänglichen, gelten.

Ueblich und zweckmässig, theilweise auch gesetzlich vorgeschrieben ist die Führung dreier Grundbücher, von denen das eine das **Inventurbuch**, das zweite das **Memorial** oder die **Primanota**, das dritte das **Hauptbuch** genannt zu werden pflegt.

Das Inventurbuch oder Inventarium*) ist genau so eingerichtet und wird ebenso geführt, wie in der Einfachen Buchführung. Es dient hier wie dort zur periodischen Verzeichnung der Bestandtheile des Geschäftsvermögens und ihrer Taxe.

Auch das Memorial oder die Primanota pflegt in der Doppelten Buchführung im Wesentlichen so eingerichtet zu sein, wie in der Einfachen. Nur giebt man dort bei jeder Buchführung gleich den (fingirten oder wirklichen) Gläubiger oder Schuldner an, der durch den zu buchenden Geschäftsvorfall entsteht. Den oben beispielsweise angeführten Kohlenankauf und Anilinverkauf würde man daher im Memorial der Doppelten Buchführung (abgesehen von dem Datum und den Verweisungen) etwa folgendermaassen zu buchen haben:

Hülfsstoff - Konto	Soll
an A. in X.	
für von ihm gekaufte Kohlen Fr.	1000
B. in Y.	Soll
an Fertige Erzeugnisse-Konto	
für ihm verkauftes Anilin Fr.	1100

Hiermit ist denn zugleich die Distribution dieser Posten über verschiedene Konten angedeutet. Bei der Eintragung in's Memorial vollzieht sich also schon der wesentliche Theil der Gedankenarbeit, welche die doppelte Buchführung fordert.

Das Hauptbuch der Doppelten Buchführung ist dasjenige Buch, in welchem der Unterschied zwischen dieser und der Einfachen Buchführung am deutlichsten hervortritt. Denn während hier das Hauptbuch nur **persönliche Konten** enthält, und nur dazu dient, festzustellen, in welchem Schuld- und Forderungsverhältniss das Geschäft zu denjenigen Personen steht, mit denen es regelmässigen Verkehr unterhält, enthält das Hauptbuch der Doppelten Buchführung neben solchen persönlichen Konten noch **sachliche oder unpersönliche**, welche auf der Fiktion beruhen, dass einzelne Zweige des Geschäftes bei jedem Geschäftsvorfall entweder als Gläubiger oder als Schuldner auftreten, „erkannt" oder „belastet" werden müssen.

Die persönlichen Konten des Hauptbuches der Doppelten Buchführung haben die nämliche Bedeutung wie die Konten des Haupt-

---

*) Seine Führung ist vorgeschrieben z. B. im Allgem. Deutsch. Handelsgesetzbuch Art. 29 ff.

buches der einfachen. Die sachlichen, oder unpersönlichen Konten jenes Hauptbuches dagegen charakterisiren recht eigentlich den Unterschied zwischen beiden Buchführungsmethoden. Die Zahl und Benennung dieser Konten ist durchaus verschieden in verschiedenen Unternehmungen. Hier gerade lässt die Doppelte Buchführung den grössten Spielraum. Hier gerade bietet sie der freien organisatorischen Geistesthätigkeit des Unternehmers ein fruchtbares Feld.

Der Inhaber einer grossen Maschinenspinnerei würde etwa folgende unpersönliche Konten in seinem Hauptbuche zu errichten haben:

1) Ein Kassa-Konto,
2) „ Grundstücks-Konto,
3) „ Gebäude-Konto,
4) „ Rohstoff-Konto,
5) „ Hülfsstoff-Konto,
6) „ Werkzeug-, Geräthe- und Maschinen-Konto,
7) „ Garn-Konto,
8) „ Büreau-Utensilien-Konto,
9) „ Allgem. Geschäfts-Unkosten-Konto,
10) „ Haushaltungs-Unkosten-Konto.

Die verschiedenen Konto's des Hauptbuches stehen dadurch in einem inneren Zusammenhang miteinander, dass jede Summe, welche in das „Soll" eines derselben gebucht wird, auch im „Haben" eines anderen erscheinen muss, da stets einem Konto als Schuldner ein anderes als Gläubiger gegenübersteht. Werden beispielsweise 1000 Fr. Wochenlöhne gebucht, so müssen diese im „Haben" des Kassa- und im „Soll" des Garn-Konto's erscheinen. Der Preis einer neuen Maschine ist im „Haben" des Kassa- und im „Soll" des Werkzeug-, Geräthe- und Maschinen-Konto's zu buchen, die Verzinsung und der Abnutz der Maschinen im „Haben" des letztgenannten und im „Soll" des Garn-Konto's.

Ausserdem stehen aber die verschiedenen Konto's des Hauptbuches noch in einer anderen Beziehung in inniger Verbindung mit einander.

Von dem Unternehmer, dem Geschäftsinhaber, geht jede einzelne geschäftliche Handlung mittelbar oder unmittelbar aus.

Derselbe führt sich daher selbst in die Buchführung ein und betrachtet sich seinem Geschäft gegenüber als Gläubiger für das demselben zur Gründung und zum Betriebe übergebene Kapital. Er kreditirt daher bei der Eröffnung des Geschäftes sein Konto für den Gesammtbetrag des von ihm eingebrachten Geschäftsvermögens, und belastet, da der Begriff „Geschäft" für die Zwecke der Doppelten Buchführung in seine Bestandtheile aufgelöst werden muss, diejenigen Zweige seiner Unternehmung, denen er Theile seines Vermögens gewissermaassen zur Verwaltung übergiebt. Nach Ablauf jeder Geschäftsperiode haben diese Verwalter — um im Bilde zu bleiben — Rechenschaft abzulegen. Diese Rechenschaftsablage erfolgt auf dem Wege des „Bücher-Abschlusses." Die „Saldi Debet" der sämmtlichen Konten des Hauptbuches kommen dann auf die Kredit-Seite, die „Saldi Kredit" auf die Debet-Seite eines besonderen, nämlich des „Unternehmer-Konto's."

Wird das letztere abgeschlossen, und zeigt es sich, dass der Saldo der Debet-Seite, der auf die Kredit-Seite auf's Neue vorzutragen ist, den Betrag des ursprünglich kreditirten Geschäftsvermögens übersteigt, so bildet der Ueberschuss den Gesammtgewinn.

Aus dem Konto des Unternehmers ersieht man den Gesammtgewinn; die übrigen Konto's liefern sofort den Nachweis, woher dieser Gewinn rührt.

Die Vergleichung des Bücherabschlusses mit der Abrechnung zwischen einem Auftraggeber und seinen Beauftragten ist jedenfalls zutreffend. Denn in der That rechnet der Unternehmer auch mit den unpersönlichen Inhabern von Konten seines Hauptbuche ganz wie mit Beauftragten ab. Er belastet sie für Das, was er ihnen bei'm Beginne des Geschäftes und im Laufe jeder Geschäftsperiode übergiebt, und erkennt sie für Alles, was sie in seinem Namen von den ihnen zur Verwaltung anvertrauten Vorräthen weggeben. Findet sich bei'm Abschluss, dass sie mehr weggegeben, als erhalten haben, so belastet er sie nachträglich für dieses durch den Gewinn entstandene Plus; bei einem sich ergebenden Minus dagegen würde er sie hierfür erkennen müssen.

Sind zur Zeit des Abschlusses — wie in den meisten Branchen, für welche sachliche Konten eröffnet zu werden pflegen —, noch Vorräthe vorhanden, so müssen diese mit in Anschlag gebracht werden.

Ständen z. B, bei'm Abschluss auf dem Garn-Konto einer Baumwollspinnerei folgende Posten

Garn-Konto

Soll				Haben		
Jan. 1.	Vom Unternehmer	Fr. 8000	Jan. 9.	Verkauf		Fr. 1500
„ 6.	Aus der Fabrik	„ 2000	„ 20.	dtto.		„ 900
„ 24.	dtto.	„ 1000	„ 28.	dtto.		„ 600

und die Inventur wiese einen Garnbestand von Fr. 3500 per ultimo Januar auf, so würde das Garn-Konto nachträglich für Fr. 500 zu belasten sein; denn es sind demselben für Fr. 6000 Garne überliefert worden; davon hat es für Fr. 3000 weggegeben; folglich dürften nur noch für Fr. 3000 auf Lager sein. Da aber für Fr. 3500 vorräthig sind, so hat der Unternehmer auch das durch den Gewinn (z. B. Preissteigerung) entstandene Plus von seinem Beauftragten, dem Garn-Konto, zu fordern.

Ausser den drei Grundbüchern pflegen nun auch in der Doppelten Buchführung noch verschiedene Nebenbücher, theils in der Form der Skontro's, theils als sogenannte Hülfsbücher geführt zu werden. Beide Arten von Nebenbüchern bilden nicht eigentlich einen wesentlichen Bestandtheil der Doppelten Buchführung, sondern dienen nur als Hülfsmittel der letzteren, namentlich bilden sie entweder Unterlagen für die Inventur, oder sie dienen zur vorläufigen Notiz kleiner Posten, die dann als Gesammtposten erst in die Grundbücher übertragen werden, oder sie sind, wie das Wechsel-Kopier- und das Brief-Kopier-, das Verfall-, das Kommissions-Buch, auch das Kalkulations-Buch, lediglich dazu bestimmt, gewisse Geschäftsvorgänge, welche in den Grundbüchern nicht zur Erscheinung kommen können, oder nicht gebucht zu werden brauchen, in eine übersichtliche, das Gedächtniss unterstützende Form zu bringen. Die Einrichtung dieser Bücher in der Doppelten Buchführung ist keine andere, als die in der einfachen.

Die Wahl zwischen der Einfachen und Doppelten Buchführung kann für den Unternehmer bei nur einigermaassen komplizirtem Betriebe nicht zweifelhaft sein. In ihrer einfachsten Form selbst verursacht die letztere Methode zwar Lieferes Nachdenken, führt sie aber auch sicherer zum Ziele, als die erstere, die, wenn sie auch nur annähernd eine Kontrole der einzelnen Geschäftszweige ermöglichen soll, gleich sehr komplizirt wird, und, wenn nicht sehr grosse Anspannung der Verstandesthätigkeit, doch grossen Zeitaufwand erheischt.

An einem fingirten Geschäfte die Unterschiede zwischen der Einfachen und der Doppelten Buchführung und die Handhabung beider Methoden darzuthun, würde an dieser Stelle ungeeignet und auch in jeder Beziehung überflüssig sein. Ungeeignet, weil die Allgemeine Gewerkslehre nicht die Aufgabe haben kann, eine Unterweisung in der Führung der Geschäftsbücher zu geben. Ueberflüssig, weil unsere Literatur solche Unterweisungen in Fülle aufzuweisen hat. Dass in den Büchern, welche sich mit der Darstellung der Buchführung beschäftigen, meist keine spezielle Rücksicht auf den Gewerksbetrieb genommen, die Beispiele meist dem Handelsgewerbe entnommen werden, macht sie an sich noch keineswegs ungeeignet, auch Denen, welche sich dem Gewerksbetrieb widmen, zur Unterweisung zu dienen.

www.ingramcontent.com/pod-product-compliance
Lightning Source LLC
Chambersburg PA
CBHW030322240426
43673CB00040B/1251